Reiter (Hrsg.) | Handbuch Hirnforschung und Weiterbildung

S. 110: Wasserzufuhr & Denken

S. 256: Erwartungsabbrüche & Überraschungen

S. 259: Outside the box & Neue Wege gehen

S 282 Lernen, Tagesplanung & Langzeitgedächtnis

S. 300 Aufmerksamkeit & Vortrag / Didaktik

S. 308 Gedächtnisbildung & Vortrag / Didaktik

S. 332 Risiken digitaler Medien

§. 380 Konkrete Tipps für PPP

Die Icons bedeuten:

 Beispiele

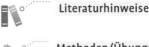 Literaturhinweise

Downloads

 Methoden/Übungen

 Infos

Tipps

Hanspeter Reiter (Hrsg.)

Handbuch Hirnforschung und Weiterbildung

Wie Trainer, Coaches und Berater von den Neurowissenschaften profitieren können

Mit Beiträgen von
Michael Bernecker, Ralf Besser, Cora Besser-Siegmund, Hans-Georg Geist, Uwe Genz, Claudia Gorr, Bernd Heckmair, Inge Hüsgen, Ute E. Jülly, Gertrud Kemper, Julia Kunz, Regina Mahlmann, Barbara Messer, Andreas Meyer, Werner Michl, Carl Naughton, Annette Reher, Arnd Roszinsky-Terjung, Gerhard Roth, Holger Schulze, Torsten Seelbach, Helmut Seßler, Lola A. Siegmund, Manfred Spitzer, Gertraut Teuchert-Noodt

Dieses Buch ist erhältlich als:
ISBN 978-3-407-36629-0 Print
ISBN 978-3-407-29535-4 (PDF)

© 2017 Beltz Verlag, Programm Training, Coaching und Beratung
in der Verlagsgruppe Beltz • Weinheim Basel
Werderstraße 10, 69469 Weinheim
Alle Rechte vorbehalten
Lektorat: Ingeborg Sachsenmeier
Reihengestaltung: glas ag, Seeheim-Jugenheim
Umschlaggestaltung: Antje Birkholz
Umschlagabbildung: © Frauke Ditting

Herstellung: Michael Matl
Satz: publish4you, Bad Tennstedt
Druck und Bindung: Gesamtherstellung: Beltz Bad Langensalza GmbH, Bad Langensalza
Printed in Germany

Weitere Informationen zu unseren Autoren und Titeln finden Sie unter: www.beltz.de

Inhalt

Einführung   13
Hanspeter Reiter

    Hirnforschung begründet Weiterbildungskonzepte   17

    Das Konzept dieses Handbuchs   20

    Ausblick – final, fürs Erste   22

Lerntypen: Persönlichkeitsorientierte Vorlesungsgestaltung   25
Michael Bernecker

    Ergebnisse einer Anwenderstudie des DIM   25

    Das DiSG®-Modell und die typspezifischen Ausprägungen   27

    Die DiSG®-Typen und ihr Lernverhalten   32

    Die Datenerhebung   36

    Die Ergebnisse   37

    Fazit   39

Verarbeitungsmuster des Gehirns im Fokus der Weiterbildung   42
Ralf Besser

    Einleitung   42

    Eine Auswahl der Verarbeitungsmuster des Gehirns   43

    Hier nun die Vertiefung von drei Verarbeitungsmustern   49

    Erste Konsequenzen   58

    Resümee   59

Neurolinguistisches Coaching und die wingwave-Methode   61
Cora Besser-Siegmund, Lola A. Siegmund

    Einführung: wingwave und Neurolinguistisches Coaching (NLC)   62

    Wörter, neuronale Netzwerke und Sprachmatrizen   70

    Die »Vita-Sprache« des Menschen als Coaching-Kompass   72

Emotionsforschung zum Thema wingwave: »Mit Freude läuft es besser!«   76

Geeignete Coaching-Themen für wingwave und NLC   79

Hinweise zur Methode   82

Gehirngerecht Lernen und Lehren: HBDI® und Whole Brain® Thinking   84
Hans-Georg Geist und Herrmann® International

Einführung   85

Die Metapher   89

Anwendungsbereiche und Vorteile   90

Die Auswertung: das HBDI®-Profil   91

Das HBDI® im Lern- und Lehrkontext   95

Validierung und Reliabilität des HBDI®   104

Gehirn und Lernen: Neurodidaktik und Neurokompetenz   106
Uwe Genz

Strategien und Techniken zur geistigen Leistungssteigerung   106

Einleitung   106

Die physiologischen Grundlagen   107

Mentales Training   114

Arbeits- und Lerntechniken   118

Gedächtnistechniken   121

Erleben und Begreifen im turmdersinne   123
Claudia Gorr, Inge Hüsgen

Der turmdersinne als Hands-on-Museum und Akteur
der Wissenschaftsvermittlung   123

Didaktisches Konzept des turmdersinne   124

Das Coaching der Sinne   131

Veranstaltungen   133

Warum Haptik im Coaching wirkt 139
Ute E. Jülly

Hart wie Seide: Fühlen mit Herz, Hand und Verstand 140

Textilien als Sinnstifter 141

Die Sinne und der Tastsinn im Besonderen 142

Wirkungsweisen von Geweben: Textilien im Coaching einsetzen 145

Gewebe als potenzielle Katalysatoren, Generatoren oder als Transmitter
von Erinnerungen und Erkenntnissen 148

Durch Berührung zu neuen Mustern 151

Mnemotechniken: Wozu und wie? 154
Julia Kunz

Mnemotechniken – Geschichte 155

Mnemotechniken – Wirkung im Gehirn 156

Assoziationsmethode 159

Weitergabe der Methoden 165

Langfristiges Erinnern 165

Ihre Teilnehmer als Gäste 167
Regina Mahlmann

Mit Kleinigkeiten große neuronale Wirkung erzeugen 167

Neurotransmitter 169

Glückssystem und Ernährung 173

Das limbische System und Limbic® Map als Praxishilfe 175

Praktische Anregungen 177

Modell »Gast-Sein-Phasen« 182

Neurowissenschaft trifft Weiterbildung: Wie geht »gehirngerecht«? 186
Barbara Messer

Trainings-Trigger fürs Gehirn 187

Wozu Neurodidaktisches? 188

Suggestopädie und Training 197

Das Rezept für gelingende Konzepte   203

Fazit: Gibt es das Konzept, um neurodidaktisch
nach dem neuesten Stand zu arbeiten?   205

LIMBIC – oder was Menschen antreibt   209
Andreas Meyer, Arnd Roszinsky-Terjung

Weiterbildung – warum eigentlich?   210

WIE: Was hat Weiterbildung mit »Belohnung« zu tun?
Oder: Perspektivwechsel dank Limbic®   211

WER: Mit wem haben Sie es zu tun?
Die Limbic®-Basics – die richtige Zielgruppe auswählen   217

WAS: Weiterbildung ist ein Produkt – wie wird es
für Ihre Kunden zuverlässig ein Gewinn?   220

WARUM: Limbic® als strategisches Instrument   223

WOHIN: Die Kombination von Limbic® mit anderen Tools.
Und wohin das in der Praxis führt   226

Zusammenfassung   228

Bewegtes Lernen im Fokus der Hirnforschung   230
Werner Michl, Bernd Heckmair

Von der Hand zum Hirn und zurück   230

Emotionen – die Treibmittel unserer Existenz   231

Der Körper ist die Bühne für die Emotionen   232

Die Rolle von Körper und Bewegung beim Lernen   233

Was bringen diese Erkenntnisse für die Erwachsenenbildung?   234

Gehungen statt Sitzungen   235

Montanalingua – Sprachen lernen in der freien Natur   237

Via nova – ADHS zwischen Alm und Alltag   241

Mal mir ein (Neuro-)Bild mit Worten!   245
Carl Naughton, Gertrud Kemper, Annette Reher

Über die neurodidaktische Wirkung und Wirksamkeit von Metaphern   246

Die Sprengkraft sprachlicher Bilder   246

Wundermittel »Metaphern«   247

Neuro-Anameta: Feuerwerker im Frontalhirn   252

Metaphern und Lernen   254

Metaphern und Denken   258

Metaphern beim Online-Lernen   260

Was bedeuten Motivation und Emotionen für den Lernerfolg?
Kognitions- und neurowissenschaftliche Erkenntnisse   264
Gerhard Roth

Informationsverarbeitung – ein problematisches Konzept?   265

Das limbische System   269

Faktoren, die beim Lehren und Lernen eine wichtige Rolle spielen   272

Schlussbetrachtung   278

Stolpersteine auf dem Weg ins Langzeitgedächtnis   282
Holger Schulze

Einleitung   283

Informationsverarbeitung im Gehirn   284

Lernen verändert den Informationsfluss im Gehirn   285

Informationsspeicherung im Gehirn   288

Zusammenfassung und Schlussfolgerungen   294

Die Kunst des Lehrens – Neurodidaktik   297
Torsten Seelbach

Die Kunst des Lehrens   297

Das Phänomen Aufmerksamkeit   298

Praktisch umsetzbare Schlussfolgerungen in Bezug
auf Aufmerksamkeit   300

Gedächtnis und Erinnerung   302

Informationen über die Gedächtnisbildung
für die Didaktik nutzen   308

Die circadiane Rhythmik   310

Welchen praktischen Nutzen können wir aus
der circadianen Rhythmik ziehen?   312

Zusammenfassung   312

Erkenntnisse der limbischen Hirnforschung für Weiterbildung nutzen   315
Helmut Seßler

Ohne Emotionen geht gar nichts mehr – auch nicht in der Weiterbildung   316

Ihre Teilnehmer und Sie: Emotionen, Werte
und Motive berücksichtigen   322

Sie als selbstständiger Trainer, Coach, Berater   328

Zusammenfassung und Ausblick   330

Risiken und Nebenwirkungen digitaler Medien   332
Manfred Spitzer

Darum geht es   332

Computer und Gehirne   333

Gehirnentwicklung   336

»Paradoxe Festplatte« und kognitive Reserve   340

Mediennutzung in der Kindheit   342

Risiken und Nebenwirkungen   343

Drei Beispiele: Baby-TV, Lesen in der Grundschule und Suchmaschinen
für Referate   345

Was ist zu tun?   348

Mein Brainy: Lernen in kleinen und großen Schaltkreisen   354
Gertraud Teuchert-Noodt

Brainy statt Handy und Navi   355

Mythen: Wie das Lernen nicht funktioniert   355

Realität: Zusammenschau dreier neuronaler Erkenntnistheorien   357

Lernen in kleinen und großen Schaltkreisen   361

Plastizität im Stirnhirn   366

Fazit   371

Kann des Menschen Hirn denn digital?!   374
Hanspeter Reiter

Für und Wider aus Sicht der Neurowissenschaften
zu Weiterbildung zwischen Event und E-Learning   375

Kreuz und quer …   375

Stimmen von Experten: Neurowissenschaften
für und wider E-Learning   378

Kongresse, Messen, Konferenzen   385

Pro und Kontra: Was spricht gegen digitales Lernen,
was denn dafür?   388

Alles lesen – aber wie?   389

Alles E-Learning?!   392

Fazit   392

Zu guter Letzt: Alles auf Anfang!   395
Hanspeter Reiter

So vermarkten Sie sich und Ihre Leistung via Neuromarketing   395

Der Herausgeber   397

Die Autoren   398

Einführung

Hanspeter Reiter

Hirnforschung und Weiterbildung sind durch vielerlei Aspekte miteinander verbunden, so auch dadurch, dass sie sich häufig über *Defizite* definieren. Lange Jahrzehnte speisten Neurowissenschaftler ihre Forschung, indem sie Kranke, Verletzte und sogar Tote untersuchten. Geradezu legendär etwa die Geschichte von Phineas Gage, dem 1848 bei einem Unfall eine Stange durch den Kopf getrieben wurde – und der überlebte. Den medizinischen Berichten ist zu entnehmen, welche Teile seines Gehirns in Mitleidenschaft gezogen wurden. Festgestellt wurde jedenfalls, dass er zwar körperlich und geistig völlig genesen sei, jedoch im Verhalten ein komplett anderer geworden war: »Aus dem besonnenen, freundlichen und ausgeglichenen Gage wurde ein kindischer, impulsiver und unzuverlässiger Mensch. Dieses Krankheitsbild ist heutzutage in der Neurologie als Frontalhirnsyndrom bekannt« (https://de.wikipedia.org/wiki/Phineas_Gage).

Aus solchen Krankheitsbildern im Abgleich mit erkennbaren Veränderungen speiste die Hirnforschung über weitere Jahrzehnte hinweg ihre Erkenntnisse, in welchen Bereichen des menschlichen Gehirns wohl welche geistigen und körperlichen Aktivitäten gesteuert würden. Das betraf auch Gedächtnis, Sprache und Sprechen sowie Emotionen, die als relevant für das Lernen erkannt worden waren.

Und Weiterbildung? Ihr wurde und wird vorgeworfen, primär Defizite ausgleichen zu sollen und zu wollen, Schwächen zu stärken, anstatt sich um das Stärken der Stärken zu kümmern: »Haben wir die Defizitorientierung in der Weiterbildung schon überwunden? Oder wirkt sie im Hintergrund permanent fort? Im Bildungsbereich werden Defizite meist individuell gedacht als fehlende Fähigkeiten und Fertigkeiten der Einzelnen« (Holzer 2010, S. 11). Potenziale seien doch gefragt, Kompetenzen sollten (aus)gebildet werden, so der Tenor dieses beispielhaft zitierten Beitrags.

Inzwischen gelingt es den Neurowissenschaften (Plural, da interdisziplinär), an Gesunden mithilfe von *bildgebenden Verfahren* gesteuert Aktivitäten sichtbar zu machen, ein sogenannter »Quantensprung« (ein winzig kleiner Schritt für die Wissenschaft, ein Riesensprung für die Menschheit?!). Je nach Verfahren wird elektrische Aktivität oder erhöhter Blutdurchfluss gemessen (EEG/Elektroenzephalogramm, fMRT/funktionelle Magnetresonanztomografie) oder mithilfe eines Kontrastmittels Verbleib verortet (PET/Positronen-Emissions-Tomografie).

Unter https://www.dasgehirn.info/entdecken/methoden/bildgebende-verfahren-750/ finden Sie fMRT-Aufnahmen, die das Neuroimaging zeigen.

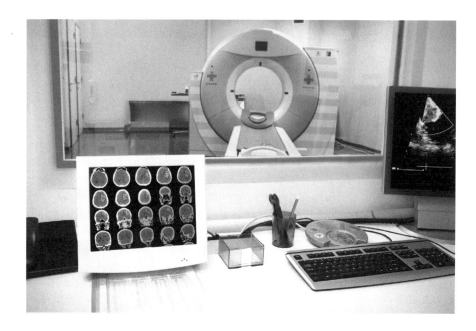

fMRT-Aufnahmen: Die dunklen Flecken zeigen Regionen mit besonders hohem Sauerstoffverbrauch, also mit mehr Aktivität.

Bildgebende Verfahren

- Bildgebende Verfahren (oder Neuroimaging) umfassen unter anderem MRT, das die Hirnstruktur untersucht, sowie fMRT und PET, die die Gehirnaktivität aufzeichnen.
- Diese Verfahren haben bereits zu wertvollen Erkenntnissen über neuropsychologische Mechanismen und psychische Störungen geführt.
- Beim PET wird ein radioaktives Kontrastmittel gegeben, das in die aktiven Bereiche des Gehirns transportiert wird. So ergibt sich eine Art Karte des Gehirns, in der dessen Aktivität dargestellt wird.
- Auch beim fMRT wird die Gehirnaktivität untersucht; hier geschieht dies mit starken Magnetfeldern. Das fMRT ist derzeit die am weitesten verbreitete Neuroimaging-Methode und liefert Erkenntnisse über normale und abnormale neuronale Mechanismen.
- Die aus der Medizin bekannten MRT-Bilder hingegen untersuchen nicht Funktion, sondern Struktur. In der neuropsychologischen Forschung werden zum Beispiel die Größen verschiedener Hirnregionen verglichen, was zu neuen Befunden im Zusammenhang mit psychischen Störungen führen kann.

(nach: https://www.dasgehirn.info/entdecken/methoden/bildgebende-verfahren-750/)

Bildgebende Verfahren haben in den vergangenen zwei, drei Jahrzehnten erst den Einblick ins Gehirn ermöglich – und sie stehen durchaus in der Diskussion: Denn was via fMRT und anderen Verfahren aufgenommen wird, muss via Software interpretiert werden. So entstehen die Farben. Sie sehen quasi kolorierte Filme beziehungsweise Fotos. So können wir die eigentlichen Prozesse aufgrund dieser Visualisierungen nur bedingt erschließen: Letztlich sind es offenbar hormongesteuerte Prozesse, die uns Menschen einerseits beeinflussen und mithilfe derer wir andererseits körperlich umsetzen, was wir mehr oder weniger bewusst tun wollen. Stichworte sind Belohnung und Bestrafung, Glück und Stress, Erstreben und Vermeiden. Das limbische System ist die entscheidende Hirnstruktur, die uns davor bewahrt, Schaden zu nehmen, und dazu verführt, Nützliches zu tun. Über alle diese Vorgänge erfahren Sie mehr in den Beiträgen dieses Handbuchs. Und Sie werden rasch erkennen, dass die Neurowissenschaften zwar wenig wirklich Neues an Erkenntnissen bieten, dennoch deutlich mehr sind als der klassische »alte Wein in neuen Schläuchen«:

Konzepte aus der (Wirtschafts-)Psychologie – beispielsweise die »selektive Wahrnehmung« – sind aufgrund der Erkenntnisse jüngerer Zeit nun schlicht hirnphysiologisch nachvollziehbar: Es ist eine (die?!) ureigene Aufgabe eines menschlichen Gehirns, auf uns mit der Wucht eines Tsunami einprasselnde Sinneseindrücke fast komplett auszublenden. Andernfalls würde unser Gehirn binnen Sekundenbruchteilen kollabieren – und wir würden »unseren Geist aufgeben« ... Nur jener Bruchteil an Information kommt durch, der erforderlich ist, sich in einer Situation zurechtzufinden, sie zu interpretieren und passend zu reagieren. Die folgende Tabelle (nach Scheier 2012) zeigt die sensorische und die Bewusstseins-Bandbreite unserer Sinnesorgane:

Sinnesorgan	Sensorische Bandbreite (Bits pro Sekunde)	Bewusstseins-bandbreite (Bits pro Sekunde)
Auge	10 000 000	40
Ohr	100 000	30
Haut	1 000 000	5
Nase	100 000	
Mund	10 000	

Hehre Aufgabe für Weiterbildner jeglicher Couleur ist es also (auch), auf der einen Seite dafür zu sorgen, dass die Gehirne der Teilnehmenden einer Maßnahme die richtigen Reize durchlassen. Jene nämlich, die zum Lernerfolg beitragen. Und auf der anderen Seite haben sie dafür zu sorgen, dass möglichst viele Sinne adressiert sind, mindestens die drei zentralen des VAKOG-Systems, also: visuell, auditiv, kinästhetisch (Sehen, Hören, Tasten) – lassen wir olfaktorisch und gustatorisch einmal beiseite (zum Thema Riechen und Schmecken s. S. 173 ff., 204, 323). Auch hier bestätigen die Ergebnisse der Hirnforschung Bekanntes, wie etwa die Dual Code Theory, wonach gleichzeitig in Wort und Bild präsentierter Lernstoff besser behalten wird als reiner Text. Andererseits verschlechtern sich die Lernergebnisse, wenn Lesestoff zugleich auditiv geboten wird, etwa beim Vorlesen von Texten in Power-Point (Paivio 1986), was damit zu tun haben mag, dass die Hörzentren des Gehirns beim Lesen sowieso aktiviert sind und somit doppelt gefordert werden (s. S. 265 ff.).

Wie sehr gerade Riechen und Schmecken dazu beitragen, verschüttete Erinnerung wiederzubeleben, ja sogar ins Bewusste zu heben, das wussten wir »immer schon« intuitiv durch eigene Erfahrung – und durch Literatur: Berühmt ist zum Beispiel das Wiedererleben von Swann, wenn ihn der Genuss der Madeleines (Sandgebäck in Form einer Jakobsmuschel, zum Beispiel mit Rumaroma) an seine Tante erinnert, die zum Tee eben diese Madeleines zu reichen pflegte (Proust 2004). Und »erinnern« bedeutet genau dies: etwas Gelerntes wieder aufrufen!

Neurowissenschaften und Weiterbildung haben viel mehr miteinander zu tun als »nur« mit Lehren und Lernen: Inzwischen gibt es eine breite Öffentlichkeit für Neurothemen, gepusht von einigen Protagonisten wie beispielsweise Manfred Spitzer, Gerhard Roth, Gerald Hüther und anderen, von denen einige in diesem Handbuch vertreten sind. Weitere mussten (durchaus bedauernd) aus Zeitgründen absagen: Auch ein Zeichen dafür, wie sehr Medien und Publikum diese Themen an- und aufsaugen!

Stark beschäftigt hat die Trainerszene in den vergangenen Jahren auch folgender Aspekt der Hirnforschung: Spiegelneuronen (sic!). Seit Giacomo Rizzolatti 1992 entdeckt und 1996 beschrieben hat, dass Affen beim Selbstausführen sowie beim Beobachten eines entsprechenden Vorgangs identische Hirnaktivität zeigten, wird Gleiches beim menschlichen Gehirn vermutet. Daraus wird unter anderem abgeleitet, dass menschliche Empathie im Gehirn dort positioniert sei, wo eben diese Spiegelzellen sitzen. Daraus ableiten ließen sich Konzepte für Trainer, Coaches und Berater, die aktuellen, situativen Bedürfnisse ihrer Teilnehmenden (noch) besser zu erkennen und auf sie zu reagieren.

Die Spiegelneuronen

Spiegelneuronen sind ein Resonanzsystem im Gehirn. Das Einmalige an diesen Nervenzellen ist, dass sie bereits Signale aussenden, wenn jemand eine Handlung nur beobachtet. Ein Forscherteam um Giacomo Rizzolatti stieß Anfang der 1990er-Jahre auf diese besonderen Neuronen, als sie mit Makaken experimentierten. Sie stellen fest, dass diese Nervenzellen im Gehirn der Primaten genauso feuerten, wenn sie eine Handlung beobachteten, wie wenn sie diese selbst durchgeführt hätten. Was war konkret geschehen? Giacomo Rizzolatti wies nach, dass im Gehirn eines Makak dieselben neuronalen Prozesse ablaufen, egal, ob er ein eigenes Verhalten zeigt oder dieses nur beobachtet. Hierfür wurden zum Beispiel die Hirnströme gemessen, die auftraten, wenn er eine Nuss fand und verspeiste und wenn er nur durch eine Glasscheibe beobachtete, wie ein Artgenosse dies tat. In beiden Fällen kam es zu identischen Abläufen im Gehirn des Makaken.

Später wurden Spiegelneuronen auch im menschlichen Gehirn nachgewiesen. Sie bringen Gefühle und Stimmungen anderer Menschen beim Beobachter zum Erklingen. Die Nervenzellen reagieren also genau so, als ob man das Gesehene selbst ausgeführt hätte. Sie kommen unter anderem im Broca-Areal vor, das für die Sprachverarbeitung verantwortlich ist. Die Spiegelneuronen könnten somit eine Erklärung dafür liefern, warum wir in der Lage sind, die Gefühle und Absichten anderer Menschen nachzuvollziehen. Die Diskussion dazu ist noch nicht abgeschlossen.

Das Fehlen neurowissenschaftlicher Nachweise für die »Empathiefunktion« beim Menschen ist der Grund dafür, dass ich auf einen entsprechenden Beitrag über Spiegelneuronen hier im Handbuch verzichtet habe. Aber an diesem Beispiel zeigt sich durchaus: Intuitiv verstandene Resonanz wird durch Forschungsergebnisse belegt. Im Neuro-Linguistischen Programmieren (NLP) wird unter anderem mit dem Konzept »Spiegeln« gearbeitet: Mithilfe sowohl der Körpersprache als auch des verbalen Sprechens wird dem Gesprächspartner Gleichklang signalisiert, was meist unbewusst geschieht und als »Programm« dann abläuft, wenn »die Chemie zwischen den Personen stimmt«. Chemie ließe sich beim Gehirn primär mit Hormonen assoziieren ... NLP regt an, sich selbst dieses Angleichen durch (Selbst-) Beobachten einerseits bewusst zu machen, andererseits bewusst aktiv einzusetzen, um so Gleichklang mit dem Gesprächspartner zu erzeugen. (Die gelegentlich diskutierte »Manipulation« ist ein anderes Thema.)

Hirnforschung begründet Weiterbildungskonzepte

Viele Aspekte lassen sich hier zusammenführen, denn zum Beispiel hat Neuromarketing eine Menge mit »Lernen« zu tun: Gedächtnis ... erinnern ...

Weiterbildung im Sinne von »Gehirn und das Geschehen darin verstehen« passiert zum Beispiel im Senckenberg-Museum in Frankfurt, das ein begehbares Gehirn zeigen will. Die künftigen Besucher sollen einen Blick auf die Gehirnrinde werfen können und Hirnaktivitäten wie akustische Reize erleben, wie die FAZ am 06.06.2016 zu berichten wusste. Die Hertie-Stiftung (zusammen mit dem Zentrum für Kunst und Medien und der Neurowissenschaftlichen Gesellschaft) bietet einen multimedialen Zugang kostenlos auf der Homepage www.dasgehirn.info an. In Nürnberg gibt es seit Jahren das interaktive Ausstellungsformat »turmdersinne«, das Erleben ermöglicht. Mehr dazu finden Sie im Beitrag von Claudia Gorr und Inge Hüsgen »Er-Leben und Be-Greifen« (s. S. 123 ff.).

Und wie steht es mit frühe(re)n Quellen zum Themenkreis »Neurowissenschaften und Weiterbildung«? Natürlich hat es lange vor den bildgebenden Verfahren bereits Konzepte gegeben, mit denen Trainer & Co. auf Hirnforscher reagiert haben. Beispielhaft sei die viel zu früh verstorbene Trainerin Vera F. Birkenbihl zu nennen; heute würde man sie als Speaker titulieren. Ihr Standardwerk »Stroh im Kopf« dürfte zum Zeitpunkt des Erscheinens dieses Handbuchs beim Gabal Verlag seine 55. Auflage erreicht haben. Dort hat sie weit vor den Nachweisen der modernen Hirnforschung bereits intuitiv und mit Erfahrungswissen dazu aufgerufen, »vom Gehirnbesitzer zum Gehirnbenutzer« zu werden: Genau darum geht es, nämlich beim Lehren ebenso wie beim Lernen neurophysiologische Abläufe bewusst einzusetzen, den Erfolg von Weiterbildung zu verstärken – statt ihn zu verhindern.

Tipp

Wenn Sie selbst beobachten möchten, was sich rund um Hirnforschung und Neurowissenschaften so tut, dann richten Sie einfach einen entsprechenden Google Alert ein – oder auch mehrere: In der Zeit des Entstehens dieses Buches sind es pro Woche ungefähr vier bis sieben Treffer, die der Alert meldet – natürlich nur zum Teil für Ihr Thema relevant. Doch der »Blick über den Tellerrand« ist häufig sehr nützlich!

Es lohnt sich durchaus, viele kleine Nachrichten aus den Neurowissenschaften wahrzunehmen. So berichtete die MaxPlanckForschung in der Ausgabe »Schlaf« (3.2016, S. 26) über den inneren Metronom »Suprachiasmatischer Nucleus«, der für den Biorhythmus eines Menschen mindestens mitverantwortlich ist und seinen Chronotyp ausmache. Das gilt neben dem Einfluss von Licht auf das Schlafen, via Hormonausschüttung (ACTH, je nach Hell-Dunkel-Verhältnis). Wenn Sie diese Information mit jenen zum Thema »Licht oder Beleuchtung in Tagungsräumen« im Beitrag »Ihr Teilnehmer als Gast « verknüpfen (s. S. 167 ff.), ergibt sich als logische Konsequenz daraus, Lernerfolge durch genügend helles Raumausleuchten abzusichern.

Zum Thema »Lernerfolg emotional vermindern oder verstärken« findet sich in derselben Ausgabe der Artikel »Gut und Böse im Gehirn« (MaxPlanckForschung 3.2016, S. 42): Offenbar gibt es für die Interpretation »eher positiv oder negativ« zwei unterschiedliche Regionen im Gehirn, die einander wechselseitig beeinflussen und auf aktiv beziehungsweise inaktiv »schalten«. Wie wir wissen, verstärkt »eher positiv« den Behaltenswert, »eher negativ« führt dagegen zum Stopp vor dem Übergehen ins Langzeitgedächtnis (s. S. 270). Genau das führt zum Konzept der somatischen Marker von Antonio Damasio (Damasio 2000), wonach wir Gefühle »körperlich« speichern und sie unbewusst reaktivieren, was zu einem »Stopp« (wenn negativ) – oder zu einem »Go« (wenn positiv) führt. – Diese Quellen fehlten übrigens im Google Alert. Das bedeutet: Der Blick in Printausgaben oder die eigene Suche im Internet ist nach wie vor zu empfehlen!

Weitere »Buzzwords« zu Neuro ... und Weiterbildung:

Neuro-Coaching: Nehmen wir die Interpretation von Gerhard Roth (Roth/Ryba 2016), dann geht es darum, »neurobiologische Grundlagen wirksamer Veränderungskonzepte« in die Coachingpraxis zu übertragen. Psychotherapeutische Konzepte werden so neurowissenschaftlich unterlegt und übersetzt. Das Ziel der Autoren ist, mithilfe ihres Persönlichkeitsmodells Coaches und Therapeuten zu briefen, künftig gezielter intervenieren zu können. Vier Ebenen werden in diesem Modell definiert: eine kognitive und drei limbische. Auch hier also wieder das Abstellen auf das limbische System – das Sie in diesem Handbuch wiederkehrend vorfinden –, weil es ein zentrales Momentum für das Agieren und Reagieren von Menschen darstellt (s. Gerhard Roths Beitrag »Was bedeuten Motivation und Emotionen für den Lernerfolg? Kognitions- und neurowissenschaftliche Erkenntnisse«, S. 264 ff.).

Neurodidaktik: Dieser Begriff hätte natürlich auch ein Teil des Titels für dieses Handbuch werden können – doch dieses Etikett ist bereits ziemlich abgenutzt. Denn es wurden unterschiedlichste Bedeutungen hineingedacht und hineingepackt, sodass heute eher unklar ist, was konkret damit gemeint ist! So definiert denn auch Wikipedia: »Neurodidaktik ist ein Sammelbegriff für verschiedene praxisorientierte Ansätze, die für sich in Anspruch nehmen, didaktische beziehungsweise pädagogische Konzepte unter wesentlicher Berücksichtigung der Erkenntnisse der Neurowissenschaften und insbesondere der neueren Hirnforschung zu entwickeln« (https://de.wikipedia.org/wiki/Neurodidaktik). Einige der Beiträge gehen konkret in diese Richtung, etwa der von Torsten Seelbach: »Die Kunst des Lehrens – Neurodidaktik« (s. S. 297 ff.) oder »Gehirn und Lernen: Neurodidaktik und Neurokompetenz« von Uwe Genz (s. S. 106 ff.). Wenn Sie auf der Suche nach entsprechenden Mustern sind, werden Sie sich dort aufgehoben fühlen. Sie werden zudem fündig, wenn Sie Erklärungen suchen, weshalb bestimmtes Verhalten lernfördernd wirkt und anderes wiederum eher das Lernen hemmt. Sie finden also Anregungen dafür, wie Sie Ihre Maßnahmen richtig durchführen, oder wenn schlicht mehr darüber wissen möchten, wie der Mensch lernt, um sich und andere besser zu verstehen…

Neuroleadership plus Emotional Leading: Dieser Hype scheint Mitte der 2010er-Jahre bereits überwunden zu sein. Zugeschrieben wird der Ansatz dem Unternehmensberater David Rock und dem Neurowissenschaftler Jeffrey Schwartz – die beide genau das getan haben, was mehrere der Autoren in diesem Buch vormachen: Reaktionsweisen des menschlichen Gehirns mit dem Verhalten von Führen und Geführtwerden zu verbinden.

Betriebswirtschaftlich definiert das zum Beispiel das Gabler Wirtschaftslexikon (http://wirtschaftslexikon.gabler.de/Definition/neuroleadership.html) und verbindet das Schlagwort unter anderem mit Neuroökonomie und Konsistenztheorie (s. auch die Beiträge von Ralf Besser, S. 42 ff. und Barbara Messer, S. 186 ff.). Womit Führungskräfte gleich doppelt in den Blick genommen werden. Zum einen in ihrer Führungsfunktion generell – und damit als Zielgruppe von Trainern, Coaches und Beratern: Was kann Hirnforschung als Haltepunkten bieten, sich im Alltag entlangzuhangeln? Zum anderen in der Rolle als Personalentwickler, in die sie automatisch rutschen: Wie setze ich das zugleich in Weiterbildung um? Ins Spiel kommen dann wieder gängige Modelle wie DISG oder HBDI und andere, die ebenfalls hier konkret auf Hirnforschung bezogen dargestellt sind.

Inwiefern hilft uns Weiterbildnern denn nun die Hirnforschung weiter? Wie in der Praxis für Teilnehmende gilt für Trainer, Coaches und Berater: Viel Bekanntes wird bestätigt, intuitiv Nützliches erhält beobachtbare Belege. Dazu kommt durchaus Neues, das Sie dazu anregen kann, Ihre Formate, Ihre Präsentation, Ihr Vermitteln unter die Lupe zu nehmen, das eine oder andere leicht zu verändern…

Das Konzept dieses Handbuchs

Vier Perspektiven entwickeln die Vielfalt des Themas für Sie: absolut gehirngerecht. Da ist zum einen der Einblick ins Gehirn, den Ihnen Kollegen verschiedener Disziplinen der Hirnforschung ermöglichen: Wie lernen wir, was erleichtert und was erschwert das Aufnehmen und Behalten? Direkt aus der Praxis bieten Trainer unterschiedliche konkrete Konzepte, damit Sie die gewonnenen Erkenntnisse direkt anwenden können. Dazu finden Sie weitere Trainingskonzepte, die modellhaft aufgebaut sind. Der Kreis schließt sich, indem Vertreter renommierter Persönlichkeitstypologien ihre ursprünglich aus der Psychologie entwickelten Konzepte zur Hirnforschung in Beziehung bringen.

Konkret breiten diese 24 Expertinnen und Experten ihren Erfahrungsschatz aus, einige mehr wissenschaftlich, andere mitten aus der Praxis kommend. Der individuelle Schreibstil ist beibehalten, soweit die Texte auch dem nur bedingt professionellen Leser verständlich bleiben. Im Einzelnen sind das:

Wissenschaftler: Gerhard Roth, Holger Schulze, Manfred Spitzer, Gertraud Teuchert-Noodt – mit Themen wie Strukturen des Gehirns (limbisches System, Amygdala, Belohnungs- beziehungsweise Bestrafungssystem) und Hormone (Glückshormon Oxytocin, Anregungs-, Stress- und Beruhigungshormone), Gedächtnissysteme (episodisch, deklarativ …).

Trainer, Coaches und Berater: Gehirn und Lernen, also gehirngerecht Wissen und Verhalten trainieren: Ralf Besser, Uwe Genz, Bernd Heckmair, Ute E. Jülly, Julia Kunz, Regina Mahlmann, Barbara Messer, Werner Michl – mit einer breiten Palette konkreter Hinweise und Vorlagen für höchst unterschiedliche Themen und Branchen. Diese äußerst praxisorientierten Beiträge nehmen den meisten Raum ein: So finden Sie vielerlei Anknüpfungspunkte als Weiterbildner jeglicher Couleur!

Trainingsmodelle für Themen jeder Art, basierend auf den Erkenntnissen der Neurowissenschaften: Inge Hüsgen, Carl Naughton, Helmut Seßler, Torsten Seelbach.

Persönlichkeitstypologien und das menschliche Gehirn: Michael Bernecker, Cora Besser-Siegmund, Hans-Georg Geist, Andreas Meyer.

Anders als bei einem Lexikon oder einer Enzyklopädie geht es bei einem Handbuch um mehr als das kürzere oder längere Darstellen von Bedeutungen und deren Verknüpfungen: Zusammenhänge werden erläutert und hergeleitet, die Perspektiven und Erfahrungen der Beitragenden verarbeitet – ähnlich wie ein Koch, der zwar Rezepten folgt, diese jedoch individuell interpretiert, Zutaten ergänzt oder weglässt, in der Menge variiert, anders kombiniert und zubereitet. Deshalb finden Sie diese Beiträge in alphabetischer Reihenfolge der Autorennamen: Wenn Sie das komplette Büffet genießen möchten, genießen Sie einfach jeden Gang. Oder Sie entscheiden sich dafür, bestimmte Zutaten herauszupicken: Dazu dienen die Schlüsselbegriffe, die Sie jeweils am Anfang der Beiträge finden: die Tags. Modern ausgedrückt sind die Beiträge also »getagt«: Wo vor allem das limbische System eine Rolle spielt, finden Sie den Begriff eingangs genannt. Das gilt für Beiträge aus allen vier Bereichen. Zudem habe ich jeweils zu den Autoren und ihrem Beitrag jeweils am Anfang eine kurze »Positionierung« in die Gesamtkomposition geschrieben, die direkt auf die Tags folgt. Entsprechend hilft Ihnen die Übersicht, die es als Download unter www.beltz.de direkt beim Handbuch gibt, die passenden Beiträge auszuwählen. Auf ein ausführliches Stichwortverzeichnis haben wir bewusst verzichtet, um Ihnen zu viel Suchen und Blättern zu ersparen. Sie lernen also, wie

Sie lernen möchten: Durch lineares Erschließen des gesamten Themas oder durch Herauspicken dessen, was aktuell Ihre besondere Aufmerksamkeit hat. Oder dadurch, dass Sie neugierig prüfen, was es Neues gibt zu den Themen, die Sie bereits kennen: Sie knüpfen an Bekanntes an – oder entdecken Neues. Beides unterstützt das Lernen sehr, wie die Neurowissenschaften belegen! Es steht Ihnen frei, das Büffet zu genießen, wie Sie es möchten. Das Menü dagegen würde vorgeben, wie Sie gefälligst nach und nach die Gerichte Ihrem Magen zuzuführen hätten ...

Sie werden verschiedene Erkenntnisse der Hirnforschung zu Lernen und Gedächtnis mehrfach besprochen finden – auch das verstärkt durchaus den Lernerfolg: durch Wiederholen in unterschiedlichen Kontexten nämlich! So wie Sie beim Büffet gelegentlich ein Gericht wiederholt zu sich nehmen und so Konsistenz und Geschmack erst richtig zur Geltung kommen. Zusätzlich zu den Tags ist zu jedem Beitrag der Bereich genannt, dem er zuzurechnen ist – sozusagen das erforderliche Geschirr plus Besteck definierend.

Darin verwoben sind auch Buzzwords, wie sie in den vergangenen Monaten immer wieder aufpoppen und mehr oder weniger lang Weiterbildner begleiten: Neurodidaktik, Neuropädagogik, Neurolernen, Neuroleadership und so weiter. Die in diesem Buch verwendeten Begriffe scheinen längerlebig zu sein, da fundiert entwickelt – und passen so bestens zum Etikett des »lebenslangen Lernens«, wie es auch von Politik und Gesellschaft getragen wird, neben Wissenschaft und Weiterbildung.

Ausblick – final, fürs Erste

Und wie geht es weiter, welche möglichen Konsequenzen für Weiterbildner könnten sich ergeben? Im Weiterbildungsverband GABAL e.V. wird zum Beispiel seit den Jubiläums-Impulstagen zum 40-Jährigen diskutiert, wie »man« sich auf das Thema digitales Lehren und Lernen einstellen könnte. Dennoch habe ich auf einen Beitrag zu Games – also zu Serious Games, Computerspielen mit Lernorientierung – verzichtet. Warum? Tatsächlich argumentieren Anbieter wie Anwender gern, auf vielerlei Erkenntnisse der Hirnforschung zu reagieren. Doch viele der zitierten »Studien« halten anscheinend kaum wissenschaftlicher Nachfrage stand: Woher zum Beispiel kommt die Aussage (These?), dass die Gehirne der nach 1970 Geborenen deutlich schnelleres Verarbeiten »fordern« als jene der davor Geborenen? Damit Langeweile vermieden werde? Mag sein, dass Games in gewissem Sinne kurzfristiges Lernen unterstützen, primär indem sie das Belohnungssystem andauernd und wiederkehrend adressieren, etwa durch unmittelbares Feedback auf ein Handeln: »Vieles spricht dafür, dass die Anziehungskraft von Spielen damit zu tun hat, dass sie das Belohnungszentrum des Gehirns aktivieren. In einem Computerspiel locken ständig neue Belohnungen: Zugang zu neuen Levels, bessere Ausrüstung, bessere Fähigkeiten, ein neuer Highscore, Aufdecken von Geheimnissen et cetera. Der Spieler hat einen ständigen Anreiz weiterzuspielen; er will erfahren, wie es weitergeht, wie die Geschichte sich entwickelt, was als Nächstes kommt. Kein anderes Medium bietet diesen Mix aus Belohnung und Entdeckung. Um dieses Prinzip zu verstehen, muss man die Computerspielkultur aus neurowissenschaftlicher Perspektive betrachten. In den letzten Jahren gibt es erste Ansätze zu einem Verständnis des Belohnungssystems und der Rolle des Neurotransmitters Dopamin bei höheren geistigen Leistungen, insbesondere Motivation und Belohnung« (Funktionsweise von Spielen aus neurowissenschaftlicher Sicht, in Marr 2010, S. 37 f.).

Tatsächlich setzen Universitäten und vereinzelt auch Unternehmen Serious Games zur Vermittlung von Lerninhalten ein. Doch bleiben diese Beispiele »einsam«, solange sie isoliert von sonstigen Maßnahmen bestehen, anstatt sie zu begleiten: »Präsenzangebote mausern sich zunehmend zu interaktiven Experimentierräumen, in denen gehirngerecht gelernt werden soll – auch dank neuer agiler Methoden«. Diese Aussage ist zu finden in training aktuell 8/2016 (S. 12 f.). Dennoch gilt es für Trainer, Coaches, Berater – für Weiterbildner jeglicher Couleur –, sich auch mit digitaler Vermittlung von Wissen und Verhalten auseinanderzusetzen, inwieweit das digital möglich sein mag. Daher erhalten Sie am Ende des Handbuchs ein abschließendes Kapitel, das einen kurzen Einblick ins Neuromarketing gewährt: Auf dass Sie Ihre Leistungen bestens vermarkten!

Download

Sie erhalten unter www.beltz.de direkt beim Handbuch eine Übersicht über alle Beiträge als Download. Auch die farbigen Abbildungen aus dem Beitrag von Hans-Georg Geist finden Sie dort.

Literatur und Internet

- Damasio, Antonio R.: Ich fühle, also bin ich. Die Entschlüsselung des Bewusstseins. München: List 2000
- Das GehirnInfo: Bildgebende Verfahren. https://www.dasgehirn.info/entdecken/methoden/bildgebende-verfahren-750/
- Domning, Marc/Elger, Christian/Rasel, André: Neurokommunikation im Eventmarketing. Wiesbaden: Gabler 2009
- Gabler Wirtschaftslexikon: http://wirtschaftslexikon.gabler.de/Definition/neuroleadership.html [24.11.2016]
- Holzer, Daniela: Benennen wir doch endlich Defizite! In: MAGAZIN erwachsenenbildung.at. Das Fachmedium für Forschung, Praxis und Diskurs. Ausgabe 10/2010. Wien

- Marr, Ann Christine: Serious Games für die Informations- und Wissensvermittlung. Wiesbaden: BIT innovativ Band 28, Dinges & Frick 2010
- MaxPlanckForschung: Schlaf. München 3/2016, https://www.mpg.de/10808256/MPF_2016_3.pdf
- Paivio, Allan: Mental Representations: A Dual Coding Approach. New York: Oxford University Press 1986
- Proust, Marcel: Auf der Suche nach der verlorenen Zeit. Unterwegs zu Swann. Bd. 1. Berlin: Suhrkamp 2004
- Roth, Gerhard/Ryba, Alica: Coaching, Beratung und Gehirn. Stuttgart: Klett-Cotta 2016
- Scheier, Christian/Held, Dirk: Wie Werbung wirkt. Freiburg: 2. Auflage Haufe 2012
- Wikipedia: https://de.wikipedia.org/wiki/Neurodidaktik [24.11.2016]; https://de.wikipedia.org/wiki/Phineas_Gage [22.05.2017]

Lerntypen: Persönlichkeitsorientierte Vorlesungsgestaltung

Michael Bernecker

Tags: DiSG, dominant, eLearning, initiativ, stetig, gewissenhaft, Lerntypen, Formate, Vorlesung, Studium

Positionierung

Zu Beginn der Autorenbeiträge gibt es gleich ein Modell, wie es die Praxis schuf: Wie so viele Persönlichkeitstypologien ist auch DiSG auf der Grundlage von C. G. Jungs »psychologischen Typen« entwickelt worden. Auf den ersten Blick fehlt die Nähe zu den modernen Neurowissenschaften. Doch zeigt sich diese rasch, wenn Sie den Weg über ein anderes Modell gehen, nämlich den Limbic Types: Diese aus dem limbischen System abgeleitete Typologie menschlichen Verhaltens ist hier im Handbuch mehrfach verarbeitet (s. Meyer/Roszinsky-Terjung, S. 209 ff., und Seßler, S. 315 ff.).

Aus modernen Erkenntnissen entwickelt benutzt das DiSG – trotz scheinbarer Diskrepanz – vier Typen. Wobei der Erfinder der Limbic Types, Hans-Georg Häusel, inzwischen ähnlich DiSG das Balanceverhalten unterteilt und so ebenfalls zu vier Typen kommt.

Alles schon mal da gewesen? Der entscheidende Punkt ist, dass DiSG durch Erkenntnisse und Studien der Hirnforschung bestätigt ist – und so gestärkt in Aus- und Weiterbildung einsetzbar erscheint.

In der von Michael Bernecker vorgestellten Studie haben seine Firmen (Deutsches Institut für Marketing und YouMagnus) eine erste Gruppe von Studierenden befragt und ihr Lernverhalten DiSG-Typen zugeordnet. Was Sie als Trainer, Coach oder Berater daraus ableiten können, lesen Sie nun am besten gleich selbst.

Ergebnisse einer Anwenderstudie des DIM

Status quo: Wie wird eigentlich an deutschen Hochschulen im Jahr 2017 gelehrt und gelernt? Die Lehr- und Lernformate sind seit Jahrzehnten, wenn nicht gar seit Jahrhunderten im Wesentlichen unverändert. Ein Kanon fester Formate beherrscht die Curricula und Vorlesungsverzeichnisse und spiegelt die wesentliche

Bandbreite der Hochschullehre wider. Im Kern handelt es sich um Veranstaltungsformate wie Vorlesungen, Übungen und Seminare. Selbst im 21. Jahrhundert dominiert unter Wissenschaftlern immer noch der kognitivistische Lernansatz.

Diese Veranstaltungsformate sind bei einem durchschnittlichen Betreuungsschlüssel von 67 Studierenden pro Professorenstelle zwangsläufig eher Massenveranstaltungen als Individualcoachings. Dementsprechend muss man sich die Lehr-/Lernsituation als 1:n-Beziehung vorstellen. Eine Vorlesung als typische Form der Lehrveranstaltung ist demnach zwangsläufig ein standardisiertes Bildungsprodukt, das von verschiedenen Lernern konsumiert wird.

Betrachtet man die Lehrveranstaltung »Vorlesung« als Dienstleistung, kommt zwangsläufig die Frage auf, wie effizient diese Dienstleistung im Sinne der Wissensvermittlung ist und wie die Qualität von den Kunden, also von den Studierenden beurteilt wird.

Menschen lernen unterschiedlich: Vorlesungen sind von der Gestaltung her für eine Masse von Studierenden konzipiert. Neurowissenschaftliche Erkenntnisse zeigen jedoch, dass Menschen ganz unterschiedlich lernen. »Lernen […] ist demnach ein höchst subjektiver Vorgang, mit individueller Struktur und unterschiedlichen Verknüpfungen mit der bestehenden neuronalen Landkarte« (Beck 2003, S. 323).

Einige von uns kennen das: Der eine Kommilitone kam in den Vorlesungen immer sehr gut zurecht und machte scheinbar alles »mit links«, während der andere sich jeden Abschnitt, jede Einheit und jede Formel mit viel Aufwand selbst erarbeiten musste. Das Konzept der Vorlesung kommt also den Studierenden entgegen, deren bevorzugtes Lernverhalten die klassische Hörsaalsituation mit einem Lehrenden vor vielen Lernern ist. Lernende, denen diese Form der Wissensvermittlung weniger zusagt, werden dann schnell als die »schlechteren Studierenden« abgestempelt.

Betrachtet man die aktuelle Schullandschaft, stellt man fest, dass die Individualisierung der Lernprozesse bei Kindern immer weiter fortschreitet. Das bedeutet: Die Art und Weise des Lernens, hat sich in den Schulen bereits geändert. In den Hochschulen ist dieser Trend jedoch noch nicht angekommen.

Vor dem Hintergrund der Vorlesung als Dienstleistungsprodukt steht der motivierte Hochschullehrer nun vor der Herausforderung, eine Lehrveranstaltung zu konzipieren und durchzuführen, die qualitativ hochwertig ist und zu einer hohen Teilnehmerzufriedenheit führt. Gleichzeitig muss er dabei berücksichtigen, dass es sich um eine 1:n-Veranstaltung handelt und die Lerner unter Umständen verschiedene Lerntypen sind. Ein unlösbares Problem?

In der Personalentwicklung haben sich über die Jahre hinweg verschiedene Persönlichkeitsmodelle etabliert. Ohne in die Diskussion einzusteigen, welches Modell nun besser oder schlechter, mehr oder weniger fundiert sei, scheint es aber hilfreich, mit einer etablierten Klassifikation an diese Aufgabenstellung heranzugehen.

Allen Persönlichkeitsmodellen liegt die immanente Aufgabenstellung zugrunde, dass sie den Umgang mit Menschen vereinfachen, die Kommunikation verbessern und je nach Aufgabenstellung einen Mehrwert für die Kommunikation liefern. Warum sollte dies für Lehr- und Lernsituationen nicht ebenfalls gelten?

Persönlichkeitsmodelle können eine Aussage darüber treffen, wie Menschen mit bestimmten Situationen umgehen, also ihr Verhalten erklären. Deshalb ist es naheliegend, dass es aufgrund der jeweiligen Persönlichkeit unterschiedliche Verhaltensweisen in Lernsituationen gibt. Unbestritten ist, dass auch Lehrende den Unterricht aufgrund ihrer Persönlichkeit prägen. Der Verfasser dieses Beitrags arbeitet bereits seit einigen Jahren mit dem DiSG®-Modell und hat mittlerweile mehrere hundert Trainer und Dozenten mit diesem Tool ausgebildet. Dabei hat sich herausgestellt, dass Trainer und Dozenten in Lehrsituationen typspezifisch agieren. Auch bei Teilnehmern kann – je nach Persönlichkeitsausprägung – ein unterschiedlicher Umgang mit der Lernsituation festgestellt werden. Da Teamtrainings eher durch eine interaktive Lehr- und Lernform definiert sind, stellt sich nun die Forschungsfrage, inwieweit der Ansatz in einer Vorlesungssituation genutzt werden kann, die anders konzipiert ist.

Das DiSG®-Modell und die typspezifischen Ausprägungen

Das heutige DiSG®-Modell basiert auf der Arbeit des amerikanischen Psychologen William Moulton Marston. Er postulierte erstmals die Erkenntnis einer Typologie, dass die individuelle Wahrnehmung unserer Umwelt unsere Kommunikation entscheidend beeinflusst. Dabei herrschen grundsätzlich zwei Perspektiven der Persönlichkeit vor. Menschen nehmen ihr Umfeld

- entweder stärker oder schwächer in Relation zu sich sowie
- entweder freundlich oder feindlich wahr (Sugarman/Scullard/Wilhelm 2011, S. 13).

So ergeben sich wiederkehrende Verhaltensmuster – oder auch Verhaltensstile – aus den folgenden Dimensionen: Dominance (Dominanz), Inducement (Veranlassung), Submission (Unterwerfung) und Compliance (Einhaltung, Befolgung) (Marston 1928).

Auf der Grundlage dieser Ergebnisse entwickelte John G. Geier von der University of Minnesota das aktuelle DiSG®-Persönlichkeitsprofil, das sich an den vier Verhaltensausprägungen *Dominanz, Initiative, Stetigkeit* und *Gewissenhaftigkeit* orientiert. Diese Typologie hat in ihren Grundzügen bis heute Bestand. Die aktuellen DiSG®-Persönlichkeitsprofile basieren auf dieser Einteilung, erfuhren über die Jahre hinweg aber eine stetige Weiterentwicklung. Mithilfe von DiSG® werden Verhaltenstendenzen in verschiedenen Situationen schnell sichtbar. Die Methode bietet einen wertfreien Ansatz zur Erkundung verhaltensbezogener Sachverhalte. Das aktuelle Verfahren ermöglicht es, 16 verschiedene Ausprägungen der Persönlichkeit zu klassifizieren (Dauth 2012, S. 18 f.). Für die hier relevante Fragestellung haben wir uns in diesem Beitrag auf vier Grundtypen fokussiert, die im Folgenden kurz vorgestellt werden.

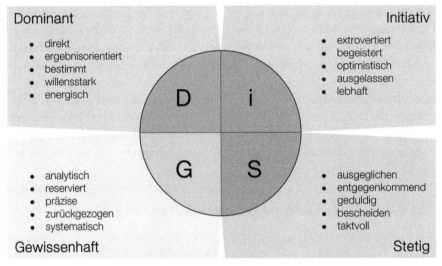

Das DiSG-Modell

D wie dominant: direkt und bestimmt. »Am liebsten bin ich mein eigener Herr und stelle mich gern Herausforderungen.« – Menschen mit dem D-Stil sind motiviert, Probleme zu bewältigen und schnelle Ergebnisse zu erzielen. Sie stellen den Status quo infrage und bevorzugen direkte Kommunikation sowie vielfältige Tätigkeiten und Unabhängigkeit.

Die besonderen Eigenschaften dominanter Menschen sind Willensstärke, viel Selbstvertrauen und ein energisches Auftreten gegenüber anderen (Sugerman u. a. 2011, S. 207). Außerdem zählen Entschlossenheit und Risikobereitschaft zu ihren Stärken. Ihr Umfeld wollen diese Personen aktiv gestalten und formen es durch das Überwinden von Widerstand und Herausforderungen. Im Umgang mit Mitmenschen bevorzugen sie Direktheit und Offenheit. Dominante Personen werden schnell aktiv, handeln konsequent und befürworten demzufolge sofortige Resultate.

Menschen mit dem D-Stil empfinden neue Herausforderungen als motivierend, und sie haben Freude am Wettbewerb. Auch Macht und Autorität spielen eine große, motivierende Rolle. Dominante Personen verfolgen dementsprechend das Ziel, Erfolge und herausragende Ergebnisse zu erreichen.

Ein ideales Umfeld für dominante Personen ist eine starke und einflussreiche Position mit einem abwechslungsreichen und herausfordernden Aufgabenfeld, zudem viel Bewegungsfreiheit und die Möglichkeit zu persönlichem Erfolg und Ansehen. Die Kommunikation mit D-Typen sollte kurz und knapp sein sowie auf Fakten und Resultaten basieren, denn Menschen mit dem D-Stil beurteilen auch andere nach deren Fähigkeiten und erzielten Ergebnissen. Ihnen muss das Gefühl gegeben werden, die Fäden in der Hand zu halten. Ein selbstsicheres Auftreten gegenüber dominanten Menschen ist der erste Schritt zu Akzeptanz und legt die Weichen für ein gegenseitiges Verständnis.

Menschen mit einer hohen D-Ausprägung ängstigt die Vorstellung des Kontrollverlusts in ihrem Umfeld und sie fürchten, von anderen ausgenutzt zu werden. Sie wahren Distanz und brauchen viel Zeit, um Menschen in ihren inneren Zirkel eintreten zu lassen. Dominante Personen wollen um jeden Preis gewinnen, nehmen dabei wenig Rücksicht auf andere und neigen zu fehlender Sensibilität (Straw 2002, S. 15). Sie stellen zu hohe Ansprüche an sich sowie an andere und haben Schwierigkeiten, sich in Teams unterzuordnen. Risiken und Warnungen werden möglicherweise von ihnen übersehen und Details vernachlässigt. In Drucksituationen werden D-Typen schnell ungeduldig und fordernd. Daher benötigen dominante Menschen besonnene Wegbegleiter, die sie korrigieren und ihnen dabei helfen, Risiken besser einzuschätzen. Entwicklungsmöglichkeiten liegen folglich darin, Geduld aufzubringen, anderen zuzuhören und auf deren Bedürfnisse einzugehen. Zudem müssen Menschen mit dem D-Stil lernen, ihre Beweggründe gegenüber anderen ausreichend zu erläutern.

i wie initiativ: Optimistisch und aufgeschlossen. »Ich bin äußerst begeisterungsfähig und stehe gern im Mittelpunkt.« – Menschen mit dem i-Stil sind motiviert, andere zu überzeugen oder zu beeinflussen. Zudem sind sie offen und drücken ihre Gedanken und Gefühle in Worten aus. Am liebsten arbeiten sie im Team.

Personen mit initiativem Verhalten besitzen die Fähigkeit, schnell Kontakte zu anderen zu knüpfen. Sie sind sehr gesellig und geschickt im Umgang mit anderen. Außerdem versprühen sie Elan, Charme und Optimismus, wodurch sie aktiven Einfluss auf ihr Umfeld nehmen können. Sie stehen gern im Mittelpunkt und können sich gut und klar ausdrücken. Es fällt ihnen leicht, die eigenen Gefühle mit anderen zu teilen. Zusätzlich besitzen initiative Personen das Geschick, eine motivierende Atmosphäre zu schaffen sowie die Zusammenarbeit aktiv zu fördern (Dauth 2012, S. 31 f.).

Motivation schöpfen i-Typen aus Gruppenaktivitäten und freundschaftlichen Beziehungen. Ihr Ziel ist es, einen guten Eindruck zu hinterlassen sowie soziale Anerkennung und Zustimmung zu erlangen (Straw 2002, S. 15). Infolgedessen benötigen initiative Personen eine angenehme und freundliche Arbeitsatmosphäre. Die freie Meinungsäußerung, gegenseitige Unterstützung und öffentliche Anerkennung sind relevante Faktoren für ein ausgezeichnetes Arbeitsumfeld. Überdies sollten Aufgaben variieren, wenig Detailarbeit beinhalten und Freiräume gestatten. Initiative Menschen sind leicht zugänglich, aufgeschlossen und schätzen Interaktion. Deswegen beurteilen sie auch andere nach deren Offenheit, sozialer Kompetenz und Begeisterungsfähigkeit.

Ihre größte Befürchtung ist Ablehnung und der Einflussverlust auf das soziale Umfeld. Auch Missbilligung oder die Vorstellung, ignoriert zu werden, zählen zu den Ängsten von Menschen mit initiativem Verhaltensstil. Personengruppen mit i-Stil neigen zu Impulsivität, mangelnder Organisation und geringem Durchhaltevermögen. Es fällt ihnen schwer, Dinge konsequent zu Ende zu bringen, und sie treffen Entscheidungen teilweise subjektiv. Unter Druck reagieren sie öfters planlos und leicht dramatisch. Folglich brauchen initiative Personen andere, die Detail- und Routinearbeiten verrichten sowie systematische, sachliche Vorgehensweisen aufzeigen.

Entwicklungsmöglichkeiten für das i-Profil sind die Fähigkeit, Entscheidungen objektiver zu treffen, sich eine größere Ausdauer anzueignen und für sich selbst Prioritäten und feste Zeitpläne zu setzen.

S wie stetig: Einfühlsam und kooperativ. »Ich bin sehr hilfsbereit und halte mich an Versprechen und Abmachungen.« – Menschen mit dem S-Stil wollen sich ein berechenbares und organisiertes Umfeld schaffen. Sie sind geduldige Zuhörer und lieber Teammitglied als Teamleiter.

Personen mit stetigem Verhalten zeichnen sich aus durch Geduld sowie ruhiges Arbeiten, mit dem Fokus auf Stabilität und Systematik. Pläne zu erstellen, die sie dann Schritt für Schritt in die Tat umsetzen, fällt ihnen leicht. Sie sind gut im Zuhören und zählen Bescheidenheit sowie Loyalität zu ihren Qualitäten. Sie sind Teamplayer und haben demgemäß Spaß an intensiver Zusammenarbeit.

Für Personen mit S-Stil hat die Unterstützung anderer Priorität (Straw 2002, S. 16). Sie verfolgen das Ziel, Stabilität und Harmonie in ihrem Umfeld zu erhalten. Es gelingt ihnen durch Entgegenkommen und konstante Leistungen, Einfluss auf ihre Mitmenschen zu nehmen. Sie wirken beruhigend auf andere und sind gute Vermittler.

Motivation schöpfen Menschen dieses Profils aus aufrichtiger Wertschätzung und Zuspruch. Kooperation und die Möglichkeit zu helfen sind ebenfalls motivierende Quellen. Für stetige Personen ist ein stabiles Umfeld ideal. In einer entspannten und freundlichen Atmosphäre ohne Konflikte fühlen sie sich am wohlsten. Zudem bieten geregelte sowie geordnete Abläufe und ein definiertes Aufgabenfeld optimale Voraussetzungen. Aufgrund der eigenen Verhaltensweise beurteilen stetige Personen auch andere auf Basis von deren Zuverlässigkeit und Aufrichtigkeit. Folglich sind Ehrlichkeit und Anerkennung auch der richtige Weg, um mit S-Typen zu kommunizieren.

Stabilitätsverlust und unbegründete Veränderungen sind für Menschen mit hohem S-Wert ein Graus. Sie scheuen sowohl Unvorhersehbares als auch Unbekanntes. Zudem können sie Harmonieverluste schlecht ertragen und haben Angst, andere zu kränken oder zu enttäuschen. Die Konsequenz ist, dass sich Personen mit S-Stil von ihrer eigenen Selbstlosigkeit und mangelnden Initiative einschränken lassen. Außerdem kommen sie anderen zu sehr entgegen, meiden Veränderungen und zeigen sich des Öfteren unentschieden. Unter Druck geben sie zu schnell nach und halten die eigene Meinung zurück. Stetige Personen benötigen die Hilfe anderer, die sich Herausforderungen direkt stellen und die Fähigkeit besitzen, schnell auf Veränderungen sowie Unvorhersehbares zu reagieren. S-Typen sollten demnach mehr Mut entfalten und sich Konfrontationen bewusst stellen. Ferner sollten sie versuchen, mehr Selbstvertrauen zu zeigen und die eigene Meinung öfters zu vertreten (Dauth 2012, S. 37 ff.).

G wie gewissenhaft: bedacht und korrekt. »Ich analysiere gern und von anderen erwarte ich hohe Standards und Strukturiertheit.« – Menschen mit G-Stil motivieren sich durch das Erreichen hoher Standards. Sie sind diplomatisch, wägen Pro und Kontra genau ab und bevorzugen ein Umfeld mit klar definierten Erwartungen.

Gewissenhafte Menschen besitzen die Fähigkeit, sehr präzise, analytisch sowie standard- und detailbezogen zu arbeiten. Außerdem verfügen sie über die Eigenschaft, diplomatisch zu handeln. Häufig kennzeichnet sie eine reservierte und introvertierte Verhaltensweise. Sie folgen gern Anweisungen und Normen. Für gewissenhafte Personen ist das Arbeiten mit den gegebenen Umständen im Hinblick auf Genauigkeit und Qualität von großer Wichtigkeit. Sie sind darauf bedacht, Stabilität zu erhalten und objektive Abläufe zu schaffen. Trotzdem stellen sie Behauptungen durch kritisches Denken infrage und überprüfen Dinge mit Genauigkeit (Straw 2002, S. 16)

So ist es diesen Menschen möglich, andere durch ihre Logik und hohen Ansprüche zu beeindrucken und zu beeinflussen. Auch ihre Mitmenschen beurteilen sie nach deren Kompetenzen und systematischer Vorgehensweise. Um mit ihnen effektiv zu kommunizieren, sollte eine ruhige und sachliche Ebene gewählt sowie logisch argumentiert werden. Als motivierend empfinden G-Typen es, wenn sie ihre Kompetenzen einsetzen oder neues Wissen erwerben können. Sie bevorzugen klar definierte Leistungserwartungen mit dem Schwerpunkt auf Qualität und Genauigkeit (Dauth 2012, S. 45).

Ein ideales Umfeld bietet dementsprechend Struktur und genau definierte Aufgaben und Ziele. Außerdem sind Bestätigung und Sicherheitsgarantie relevante Faktoren für die bessere Entfaltung gewissenhafter Personen.

Vor Kritik an der eigenen Arbeit, Schlampigkeit und der Tatsache, Unrecht zu haben, fürchten sich Menschen mit einem hohen G-Wert. Sie sind übermäßig kritisch sich selbst und anderen gegenüber und neigen dazu, Aufgaben und Situationen bis ins letzte Detail zu analysieren. Das Zurschaustellen starker Emotionen vermeiden sie möglichst. Überdies fehlt es ihnen durch den Wunsch, zu recherchieren und zu analysieren, an Entschlossenheit. In Stresssituationen erdrücken Menschen mit gewissenhafter Verhaltensweise andere mit Logik und werden teilweise zu stur. Zusätzlich neigen sie dazu, sich von anderen zu isolieren. G-Typen benötigen daher Mitmenschen, die die Delegation von Aufgaben übernehmen, schnelle Entscheidungen treffen und Kompromisse eingehen. Menschen mit G-Stil sollten daran arbeiten, Gefühle anderer zu respektieren und allgemein lernen, besser mit Gefühlen umzugehen.

Entwicklungspotenzial bietet die Fähigkeit, über Fakten hinauszusehen und mehr Optimismus an den Tag zu legen. Sie sollten zudem die Fähigkeit entwickeln, das Verhältnis zwischen Aufwand und Ergebnis abzuwägen und dementsprechend zu agieren.

Die DiSG®-Typen und ihr Lernverhalten

Aufbauend auf diesem Modell stellt sich nun die Frage, welche Auswirkungen die Ausprägung dieser Persönlichkeitstypen auf das Lernverhalten der Studierenden haben. Darüber hinaus ist es spannend, welche Konsequenzen sich daraus für die Gestaltung von Lehrveranstaltungen ergeben. Welcher DiSG®-Typ profitiert von welcher Art der Lehre, und wo geht Potenzial verloren? Genau diese Ergebnisse sind dann auch für Trainer von großem Interesse.

Doch eine Vorlesung als 1:n-Veranstaltung bietet wenig Spielraum dafür, individualisierte Lehr- beziehungsweise Lernsituationen zu schaffen, weshalb sich die Frage stellt, inwiefern den entstehenden Anforderungen überhaupt begegnet werden kann.

Um den Zusammenhang zwischen DiSG®-Typ und Anforderungen an Vorlesungen zu überprüfen, wurden im Rahmen einer Studie aus den Definitionen des DiSG®-Modells zunächst Aussagen über die optimale Lernumgebung der verschiedenen Persönlichkeitstypen abgeleitet und daraus resultierende Hypothesen gebildet.

Die DiSG®-Typen und ihr Lernverhalten

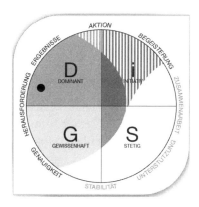

Beispiel D-Persönlichkeit

Thesen zum Anforderungsprofil von D-Studierenden: Studierende, die als D-Typ eingestuft werden können, arbeiten sehr ergebnisorientiert und bevorzugen schnelle und effiziente Lösungen. Eine Vorlesung mit zahlreichen anwesenden Studierenden, die sich beteiligen, entspricht nicht ihrer Vorstellung einer effizient gestalteten Lernumgebung. Die selbstbewusste und direkte Herangehensweise ermöglicht es dominanten Studierenden, sich den Stoff selbstständig und ohne ständige Unterstützung zu erarbeiten.

Die Zusammenarbeit mit anderen ist für diese Studierenden ebenfalls von eher geringer Wichtigkeit, sodass auch eine Seminarsituation mit gegenseitigem Austausch nicht zwingend zum Lernerfolg beiträgt. Der dominante Studierende arbeitet gern in seinem eigenen Tempo für sich allein und ist nicht auf die direkte Bestätigung durch andere Studierende angewiesen. Respekt bringen dominante Studierende vor allem Menschen mit selbstbewusstem Auftreten entgegen, sodass Lehrende bevorzugt werden, die in ihrer Karriere viel erreicht haben und folglich einen guten Ruf besitzen.

Studierende des dominanten Typs bevorzugen kurze und knappe Kommunikationswege, sodass ein regelmäßiger persönlicher Kontakt mit dem Dozenten nicht erforderlich ist. Gelegentlicher Mailkontakt oder die Möglichkeit eines Sprechstundentermins sind vollkommen ausreichend, sodass beispielsweise Onlinevorlesungen gut geeignet sind, diesem Persönlichkeitstyp entgegenzukommen.

Hypothesen

- D-Studierende bevorzugen Onlinevorlesungen gegenüber Präsenzveranstaltungen.
- Dominante Studierende legen mehr Wert auf die Reputation der Referenten als andere Studierende.
- Ein erkennbarer roter Faden in der Vorlesung ist dominanten Typen wichtig.

- Bei Seminarunterlagen ist dominanten Studierenden nicht wichtig, dass alle relevanten Informationen detailliert dargestellt sind.

Thesen zum Anforderungsprofil von i-Studierenden: Studierende, die sich zum initiativen Persönlichkeitstyp zuordnen lassen, zeichnet eine motivierte, aber unstrukturierte Herangehensweise aus. Gerade beim selbstständigen Lernen kann dieser Charakterzug zum Problem werden, da der oftmals komplexe und umfangreiche Vorlesungsstoff eine gute Lernstrategie erfordert. Den i-Studierenden kommt also eine mehr oder weniger direkte Betreuung zugute, die ihnen hilft, Struktur in den Lernstoff zu bringen.

Studierende des i-Typs haben zudem ein hohes Bedürfnis, mit anderen in Kontakt zu treten und sich auszutauschen. In diesem Punkt profitieren die i-Studierenden von Strukturen, die diesen Austausch sowohl mit Kommilitonen als auch mit Dozenten zulassen, wie dies zum Beispiel in Seminaren der Fall ist. In dieser Form der Lehrveranstaltung, die mehr Beteiligung der Studierenden zulässt und auch einfordert, bekommen initiative Studierende die Möglichkeit, ihre eigene Meinung zu äußern und mit den Anwesenden zu interagieren.

Der Einfluss von Studierenden auf den Verlauf eines Seminars ist deutlich größer als der in einer Vorlesung mit teilweise mehreren hundert Anwesenden – auch ein Punkt, der initiativen Studierenden sehr wichtig ist. Anonyme Massenveranstaltungen entsprechen nicht der Natur der i-Studierenden. Um sich besonders gut auf initiative Studierende einzustellen, sollte das Lehrpersonal eine Beteiligung durch Anmerkungen und Beiträge der Studierenden zulassen und dann auch auf diese eingehen.

Hypothesen

- Initiative Studierende bevorzugen Vorlesungen, die Interaktion zulassen.
- i-Studierende neigen eher zu Veranstaltungen, bei denen die Präsenz vor Ort möglich ist.
- Eine hohe Interaktion mit den Referenten ist initiativen Studierenden wichtig.
- Fundierte Belege der vermittelten Inhalte spielen für i-Studierende keine große Rolle.

Thesen zum Anforderungsprofil von S-Studierenden: Besonders ausgeprägt bei Studierenden mit einem stetigen Persönlichkeitstyp ist ein Bedürfnis nach Struktur und Systematik. Mit unstrukturierten Veranstaltungen und Materialien haben sie große Schwierigkeiten; jedoch weisen stetige Studierende auch ein hohes Maß an Geduld auf.

Wichtig ist stetigen Studierenden vor allem ein stabiles Umfeld mit geregelten Abläufen. In gut strukturierten, regelmäßigen Veranstaltungen können sie viel mitnehmen. Wohl fühlen sich S-Studierende in einer entspannten und konfliktfreien Atmosphäre. Es bieten sich für diese Studierenden also Lehrveranstaltungen in Vorlesungsform an, in denen keine ausufernden Diskussionen geführt werden. Wenn sie sich selbst wenig beteiligen müssen und passiv zuhören können, sind S-Typen am zufriedensten.

Stetige Studierende profitieren allerdings auch von der Kommunikation mit anderen, sie arbeiten also nicht so isoliert wie solche mit einem gewissenhaften Persönlichkeitsprofil. Geeignet ist eine klassische Vorlesungssituation, die konstant und ohne große Veränderungen stattfindet, in der aber Kontakt zu anderen Studierenden besteht und gegenseitige Unterstützung und Hilfe möglich ist. Auch Onlinevorlesungen können eine gute Alternative für stetige Studierende darstellen, werden aber weniger gewünscht als klassische Vorlesungen.

Weiterhin ist stetigen Studierenden wichtig, Wertschätzung und eine ehrliche Rückmeldung für die erbrachten Leistungen zu erhalten. Hierzu kann das Angebot einer Sprechstunde beim entsprechenden Dozenten den Raum bieten.

Hypothesen

- Gut strukturierte Vorlesungen sind Studierenden des S-Typs besonders wichtig.
- Präsenzvorlesungen werden von stetigen Studierenden gegenüber Onlinevorlesungen bevorzugt.
- Für S-Studierende ist es wichtig, dass die Seminarunterlagen zu den Veranstaltungen detailliert und nicht nur mit den Basisinformationen gefüllt sind.
- Stetige Studierende legen Wert auf die Bereitschaft der Referenten, für Fragen zu Verfügung zu stehen.

Thesen zum Anforderungsprofil von G-Studierenden: Gewissenhaften Studierenden ist ebenfalls ein hohes Niveau an Strukturiertheit wichtig. Zudem haben sie sehr hohe Standards an sich selbst und an die Personen, mit denen sie agieren. G-Typen sind eher introvertiert, weshalb Lehrveranstaltungen mit wenig Druck zur Beteiligung und Eigeninitiative am ehesten in der Komfortzone dieser Studierenden liegen. Wichtig ist G-Studierenden ansonsten eine klare Definition der Erwartungen der Lehrenden in den Veranstaltungen, sodass sie diesen strukturiert und gut vorbereitet begegnen können. Mit einer sehr genauen Arbeitsweise gehen gewissenhafte Studierende systematisch vor und bilden Ansprüche für ihre Arbeit und die Resultate.

Außerdem sind gewissenhafte Studierende sehr detailgetreu, weshalb sie großen Wert auf eine klare Erläuterung oder zumindest die Bereitstellung detaillierter Informationen zum Stoff legen. So können sie sich sehr genau und umfassend die entsprechenden Inhalte erarbeiten. Die Materialien zur Vorlesung (Skript, Folien und anderes mehr) sollten alle relevanten Informationen enthalten und nicht nur als Leitfaden dienen. Wissen, das über den Vorlesungsstoff hinausgeht, eignen sich gewissenhafte Studierende gern an, da sie oftmals sehr interessiert sind und ihre Kenntnisse erweitern möchten.

Studierende des G-Typs fühlen sich sehr wohl, wenn sie klare Anweisungen befolgen können. Ein gewisses Ausmaß an Vorgaben sowie genau definierte Aufgaben und Ziele, die durch die Lehrenden kommuniziert werden, fördert die Motivation der gewissenhaften Studierenden.

Hypothesen

- Gewissenhaften Studierenden ist es wichtig, dass die Referenten eine gewisse Reputation vorweisen können.
- Gewissenhafte Studierende bevorzugen es, wenn zu den Lehrinhalten Übungen durchgeführt werden.
- Für Studierende des G-Typs sollten die Seminarunterlagen alle relevanten Informationen enthalten.
- Für G-Studierende tragen Praxisbeispiele zur Qualität von Vorlesungen bei.

Die Datenerhebung

Um die aufgestellten Hypothesen zur persönlichkeitsorientierten Vorlesungsgestaltung zu überprüfen, wurde eine explorative Erhebung unter Studierenden an einer privaten Hochschule durchgeführt. Zu diesem Zweck wurde ein quantitativer zweiteiliger Fragebogen entwickelt und den Studierenden ausgehändigt.

Im ersten Teil wurden mit einem Fragenkatalog die DiSG®-Stile der Teilnehmer erhoben. Im zweiten Teil der Befragung wurden die Studierenden mit verschiedenen Aussagen konfrontiert und um ihre eigenen Einschätzungen anhand einer Skala gebeten, die nach dem Schulnotensystem konzipiert ist. In der ersten explorativen Erhebung im Herbst 2016 wurden 38 Studierende befragt. Die Zielgruppe lässt sich wie folgt charakterisieren: Das durchschnittliche Alter der Studierenden beträgt etwa 22 Jahre, die Altersspanne liegt zwischen 19 bis 32 Jahren; mehr als die Hälfte der Befragten ist allerdings 21 Jahre oder jünger. Die Geschlechterverteilung ist fast ausgeglichen, wobei die weiblichen Studierenden etwas mehr als die Hälfte aller Befragten ausmachen. Fast drei Viertel aller Studierenden befinden sich zum Zeitpunkt der Erhebung im zweiten Fachsemester. Einige Teilnehmer studieren aber bereits seit bis zu acht Semestern.

Nach der Auswertung des Fragenkatalogs zu den DiSG®-Persönlichkeiten kann ein Drittel der Studierenden als initiative Persönlichkeit eingeordnet werden (14 Studierende). An der Erhebung teilgenommen haben außerdem zehn stetige und acht gewissenhafte Typen. Die dominante Persönlichkeitsausprägung kommt in der Zielgruppe am seltensten vor (zwei Studierende), und vier Teilnehmer können keinem Typ eindeutig zugeordnet werden.

Die Ergebnisse

Im Rahmen der Datenauswertung wurden die zuvor entwickelten Hypothesen zu den Präferenzen der verschiedenen Persönlichkeitstypen hinsichtlich der Vorlesungsgestaltung überprüft.

Ergebnisse zum Anforderungsprofil von D-Studierenden: Wie vermutet, bestätigen die Ergebnisse der Erhebung, dass D-Studierenden Präsenzvorlesungen nicht wichtig sind. Die Aussage, dass Präsenzvorlesungen durch Onlinevorlesungen ersetzt werden sollen, bewerten Studierende dieses Persönlichkeitstyps im Vergleich zu den anderen Gruppen als eher zutreffend.

Der Reputation der Referenten weisen dominante Studierende im Vergleich mit den anderen Persönlichkeitstypen eine hohe Bedeutung zu. In Bezug auf diese These (»Referent sollte eine gewisse Reputation vorweisen können.«) drücken die Studierenden des D-Typs die höchste Zustimmung aus. Für die anderen Persönlichkeitstypen fällt die Zustimmung deutlich geringer aus.

Ein erkennbarer roter Faden in der Vorlesung ist für D-Studierende äußerst wichtig. Allerdings legen diese Studierenden keinen besonderen Wert darauf, dass die zur Verfügung stehenden Seminarunterlagen alle relevanten Informationen enthalten. Es ist ausreichend, wenn diese als Leitfaden für den Lernstoff dienen und auf das Wesentliche beschränkt sind. Studierenden der anderen Persönlichkeitstypen ist es deutlich wichtiger, dass die Materialien detaillierte Informationen enthalten.

Ergebnisse zum Anforderungsprofil von i-Studierenden: Die Ergebnisse der Erhebung verdeutlichen, dass initiative Studierende Wert auf die Möglichkeit zur Interaktion in den Vorlesungen legen. Die Aussage, dass Vorlesungen interaktiv gestaltet werden müssen, bewerten die Befragten im Durchschnitt zustimmend.

Die Präsenz vor Ort ist i-Studierenden wichtig: Dem Statement, dass Onlinevorlesungen anstatt von Präsenzvorlesungen stattfinden sollen, stimmen sie tendenziell nicht zu.

Fundierte Belege der vermittelten Inhalte durch Literatur interessieren initiative Studierende eher wenig. Von allen Persönlichkeitstypen stimmen die Studierenden des i-Typs dieser Aussage am wenigsten zu. Aber auch die anderen Persönlichkeitstypen legen wenig Wert auf Belege oder weiterführende Literatur.

Initiativen Studierenden ist es zudem wesentlich, dass die Dozenten oder Referenten der Veranstaltungen jederzeit bereitstehen, um auf Fragen oder Anliegen der Studierenden einzugehen. Mit einem Mittelwert von 1,43 auf einer Schulnotenskala wird diese Aussage als sehr wichtig bewertet.

Ergebnisse zum Anforderungsprofil von S-Studierenden: Die Hypothese, dass stetigen Studierenden ausführlich gestaltete Seminarunterlagen zur Vorlesung wichtig sind, lässt sich anhand der Ergebnisse der Erhebung bestätigen. Sie stimmen der Aussage in hohem Maß zu, dass die genutzten Materialien alle relevanten Informationen enthalten und nicht nur als Leitfaden dienen sollten. Die durchschnittlich bewertete Wichtigkeit fällt mit einem Mittelwert von 1,40 deutlich höher aus, als es bei den übrigen Befragten der Fall ist.

Zudem messen Studierende des S-Typs der guten Struktur einer Vorlesung eine hohe Bedeutung zu. Dass sich ein roter Faden durch den gelehrten Stoff zieht, ist ihnen äußerst wichtig und wird mit einem Mittelwert von 1,0 bewertet. Dieser Mittelwert von 1,0 ergibt sich genau dann, wenn wirklich jeder Proband die Note 1 vergibt. Alternativ kann man das auch so formulieren, dass jeder Proband die Note 1 vergeben hat und somit dies als äußerst wichtig ansieht.

Stetige Studierende bevorzugen es, Vorlesungen vor Ort wahrzunehmen. Dem Vorschlag, diese durch Onlinevorlesungen zu ersetzen, stimmen Studierende des S-Typs absolut nicht zu, sodass der Mittelwert bei dieser Aussage negativ ausfällt. Darüber hinaus erwarten stetige Studierende eine gewisse Betreuung durch den Referenten der Vorlesung. Von allen Persönlichkeitstypen erwarten sie am meisten, dass der Referent für Fragen und Anliegen jederzeit zur Verfügung steht.

Ergebnisse zum Anforderungsprofil von G-Studierenden: Die hohen Standards, die gewissenhafte Persönlichkeiten oftmals haben, zeigen sich in den Ergebnissen dieser Erhebung durch die Anforderungen, die die Studierenden an die Referenten haben. Die Gruppe der G-Studierenden nimmt eine gewisse Reputation des Referenten als wichtig wahr.

Außerdem ist diesen Studierenden eine gründliche Auseinandersetzung mit den Lerninhalten wichtig. Im Vergleich zu anderen Persönlichkeitstypen wünschen sich G-Studierende deutlich mehr, dass in der Vorlesung regelmäßige Übungen zu den Inhalten durchgeführt werden. Vorlesungen sollten nach Meinung dieser Studierenden weiterhin vor Ort stattfinden. Mit einem Mittelwert von 4,75 lehnen sie die Umstellung auf Onlinevorlesungen am deutlichsten von allen vier Typen ab.

Gewissenhafte Studierende legen zudem großen Wert auf eine Praxisorientierung in den Vorlesungen. Zum einen bewerten sie Praxisbeispiele als wichtig und zum anderen nehmen sie Gastbeiträge von Referenten aus der Praxis als deutlich wichtiger wahr als Studierende anderer Persönlichkeitstypen.

Fazit

Das Ziel der vorliegenden explorativen Studie war es, eine erste Überprüfung der Anforderungen an die Vorlesungsgestaltung in Abhängigkeit verschiedener Persönlichkeitstypen bereitzustellen. Das hier genutzte Persönlichkeitsmodell DiSG® hat sich in der Praxis über Jahre hinweg etabliert, weshalb eine Einstufung nach diesem Modell erfolgt ist. Mit einer ersten Studie konnten zuvor aufgestellte Hypothesen an vielen Stellen tendenziell verifiziert werden. Diese verdeutlichen, dass – je nach Persönlichkeitstyp – andere Wünsche und Anforderungen an Vorlesungen gestellt werden.

Hinzuzufügen ist, dass die Ergebnisse nur auf einer geringen Fallzahl beruhen, sodass die gewonnenen Erkenntnisse nur als Tendenzaussagen zu werten sind. Weiterhin sind die Teilnehmer dieser Erhebung Bachelor-Studierende an einer Privathochschule und besuchen größtenteils das zweite Fachsemester. Um die aufgestellten Hypothesen tiefergehend zu überprüfen, sollten zudem Studierende öffentlicher Hochschulen und aus unterschiedlichen Fachsemestern befragt werden. Jedoch bildet diese erste Studie das Fundament, um darauf aufbauend größer angelegte Studien durchzuführen, mit denen die Hypothesen einer weiteren Prüfung unterzogen werden können. Die Ergebnisse dieser ersten Studie lassen in jedem Falle den Schluss zu, dass jeder Persönlichkeitstyp individuelle Ansprüche an Vorlesungen besitzt und dass diese direkt vom Persönlichkeitstyp abhängen.

- Dominante Studierende denken rational und bevorzugen knappe, zielgerichtete Kommunikation. Dementsprechend bevorzugen sie einen einfachen und strukturierten Ablauf der Vorlesungen.
- i-Studierende zeichnet eine hohe Teamfähigkeit, aber auch schlechte Organisationsstrategien aus. Sie profitieren folglich von einer interaktiven Gestaltung sowie einem gewissen Rückhalt durch andere.
- Studierende des stetigen Persönlichkeitstyps weisen ein hohes Maß an Systematik und ein Stabilitätsbedürfnis aus. Gut strukturierte Vorlesungen vor Ort sowie die Bereitschaft der Referenten, Hilfen anzubieten, stellen für diese Studierenden die optimale Lernumgebung dar.
- Die Arbeitsweise von gewissenhaften Studierenden ist sehr genau und strukturiert. Dieser Persönlichkeitstyp erwartet detaillierte Materialien zu den Vorlesungen sowie eine praxisorientierte Struktur.

Auffällig ist, dass nahezu alle Studierenden einen großen Wert darauf legen, jegliche relevanten Informationen bereitgestellt zu bekommen. Es wird hingegen nicht gewünscht, Impulse (zum Beispiel in Form von weiterer Literatur) zu erhalten, um sich eigenständig weiterzubilden. Das klassische Ziel eines Studiums, sich selbstständig Wissen anzueignen und sich darauf aufbauend eine eigene Meinung zu verschaffen, verfolgen die Studierenden demnach nicht. Einzige Ausnahme sind die wenigen dominanten Studierenden, denen zwar ein roter Faden wichtig ist, die jedoch am ehesten das Ziel verfolgen, sich über die Vorlesungsmaterialien hinaus mit den Themen zu beschäftigen. Dass die meisten Studienteilnehmer dieses Ziel nicht verfolgen, kann an der Probandengruppe selbst liegen, kann aber zu einem gewissen Teil auch auf die Struktur des Bachelor- und Mastersystems zurückgeführt werden.

Die gewonnenen Erkenntnisse verdeutlichen, dass sich die optimale Gestaltung von Vorlesungen deutlich für Studierende der unterschiedlichen DiSG®-Persönlichkeitstypen unterscheiden. Für die Praxis stellt sich nun die Frage, inwieweit man dieses Wissen einsetzen kann, um in Zukunft Vorlesungen zu gestalten, die optimal an die Bedürfnisse der Studierenden ausgerichtet sind. Dieser spannenden Frage soll auch in naher Zukunft nachgegangen werden.

Über die verschiedenen DiSG®-Persönlichkeitstypen hinweg lassen sich generell zwei Trends feststellen, die für Weiterbildner interessant sind. Allen Studierenden ist es wichtig, dass Vorlesungen einen erkennbaren roten Faden haben. Diese Anforderung kann beispielsweise erfüllt werden, indem der Lehrende die einzelnen Module deutlich in den Gesamtrahmen der Veranstaltung integriert und dies den Studierenden zu Beginn der Vorlesungen mitteilt.

Weiterhin wird die Aussage »Die Hilfsmittel zur Vorlesung werden online zur Verfügung gestellt.« von allen Studierenden mit der Note 1,0 bewertet. Weiterbildende sollten also sicherstellen, dass die relevanten Seminarunterlagen auf einer Onlineplattform zur Verfügung stehen.

Es deuten sich weitere Trends in den Ergebnissen dieser Studie an, die bisher allerdings noch nicht vollständig bestätigt werden können. Dieser spannenden Frage soll auch in naher Zukunft nachgegangen werden. Der Verfasser plant vertiefende Forschungsprojekte, um die Erkenntnisse der ersten explorativen Studie zu überprüfen. Man darf gespannt sein, wie sich die Vorlesungen mit diesem Hintergrundwissen in Zukunft entwickeln werden.

Literatur

- Beck, Herbert: Neurodidaktik oder: Wie lernen wir? Erziehungswissenschaft und Beruf, Heft 3, 2003, S. 323
- Dauth, Georg: Führen mit dem DISG® Persönlichkeitsprofil. Offenbach: Gabal 2012
- Marston, William Moulton: Emotions of Normal People. London: Kegan Paul, Trench, Trubner & Co. 1928
- Straw, Julie: The 4-Dimensional Manager. DISC® Strategies for Managing Different People in the Best Ways. San Francisco: Berett-Koehler 2002
- Sugerman, Jeffrey/Scullard, Mark/Wilhelm, Emma: The 8 Dimensions of Leadership. DiSC® Strategies for Becoming a Better Leader. San Francisco: Berrett-Koehler 2011

Verarbeitungsmuster des Gehirns im Fokus der Weiterbildung

Ralf Besser

Tags: Muster, Neurobiologie, Vigilanz, Erinnerung, Überraschung, Visualisierung, Karten, Trainingseinheit, Intervention

Positionierung

Dieser Beitrag lebt vom Visualisieren, das Ralf Besser aus dem Effeff beherrscht und in seiner Tätigkeit als Weiterbildner täglich vorlebt – wie auch in seinen Ehrenämtern bei Meetings und Konferenzen. Seine selbst entwickelten Materialien bringt er voll in diesen Beitrag ein und macht sie Ihnen verfügbar: Jedes Stichwort hat eine eigene (großformatige) Karte mit Abbild auf der Vorderseite (in diesem Handbuch nur schwarz-weiß abgebildet), ausgiebig (und dennoch kompakt) interpretiert auf der Rückseite. Auf diese Weise können Sie das jeweilige Muster direkt in Ihre tägliche Arbeit als Trainer, Coach und Berater einfügen. »Muster« meint, sich bewusst zu machen, wie das menschliche Gehirn automatisch auf Situationen in einem Prozess reagiert.

Im Grunde immer geht es ums Lernen, wie bei allen Maßnahmen der Weiterbildung: Wie reagiert unser Gehirn worauf in welchen Situationen? Das ist die Frage, die auch für den Erfolg von Weiterbildung relevant ist, welchen Formats auch immer. Ralf Besser hat darauf Antworten entwickelt und präsentiert Ihnen eine Fülle an Chancen, die Sie als Trainer, Coach und Berater umsetzen können. Dabei öffnet er zudem die Schatzkiste seiner Methodenkarten als zusätzlichen Nutzen. Dabei bezieht sich Ralf Besser zwar auf konkrete neurobiologische Gegebenheiten und Abläufe, hat das allerdings jeweils schon praxisrelevant übersetzt ...

Einleitung

Wie lässt sich ob der Fülle der neurobiologischen Erkenntnisse der Überblick und damit die Handlungsfähigkeit bewahren? Die Verdichtung auf Verarbeitungsmuster des Gehirns ist dazu ein gangbarer Weg. Anhand von konkreten Beispielen zeige ich Ihnen Wege auf, von den Verarbeitungsmustern ausgehend Methoden für die Weiterbildung, Führung oder Personalentwicklung abzuleiten.

Die Zahl der neurowissenschaftlichen Veröffentlichungen explodiert förmlich. War vor einigen Jahren noch das Buch »Lernen« von Manfred Spitzer so etwas wie eine »Referenzquelle«, geht sie heute jedoch in der unübersehbaren Zahl der Bücher förmlich unter.

Dieser Titel war, soweit ich mich erinnere, meine erste ernstzunehmende neurowissenschaftliche Literatur, die ich durchgearbeitet habe. Mich sprachen vor allem die darin geschilderten Experimente an, die belastbare Prinzipien ableiten ließen. Einige Resultate beziehungsweise Interpretationen aufgrund der Ergebnisse verdichteten sich, andere wiederum blieben aus meiner Perspektive als erste Hinweise noch vage im Raum stehen. Nach dem dritten oder vierten neurowissenschaftlichen Buch begann in mir die Idee der »Verarbeitungsmuster« zu reifen, um in der Vielzahl der Erkenntnisse wieder Ordnung und Struktur zu schaffen. Ungefähr 30 Verarbeitungsmuster habe ich bisher versucht zu beschreiben. Denkprinzipien des Gehirns, die sich als so stabil beziehungsweise wissenschaftlich belastbar erwiesen, dass es sich lohnt, didaktische Methoden daraus abzuleiten. Mittlerweile gehören diese Prinzipien fast schon zu meinem intuitiven Repertoire. Meine Strategien in der Beratung, im Coaching und in der Didaktik haben sich dadurch nachhaltig verändert. Ich erlebe mich dadurch wesentlich wirksamer, weil ich näher an unserer menschlichen Natur arbeite.

Allerdings muss ich an dieser Stelle meine grundsätzlichen Erfahrungen mit den Erkenntnissen der Neurowissenschaften relativieren. Für mich gibt es auf der Verhaltensebene kein Verarbeitungsmuster, das nicht auch durch bloße Beobachtung an sich selbst und anderen aufzudecken wäre. Kurz: Es gibt nichts Neues. Allerdings werden viele Erkenntnisse in der Didaktik oder im Umgehen mit Menschen im Feld des Lernens verdrängt, ignoriert oder nicht genügend berücksichtigt. Exemplarisch dafür steht für mich das Musterlernen, das im Gehirn wesentlich ausgeprägter und mit mehr Konsequenzen stattfindet als das Faktenlernen. Und immer noch gibt es Train-the-Trainer-Veranstaltungen, wo das »Behalten« erstaunlich stark im Vordergrund steht.

Zunächst erhalten Sie eine kleine Auswahl an Verarbeitungsmustern, die rudimentär beschrieben sind. Anschließend geht es um drei dieser Denkmuster und darum, welche möglichen Ableitungen beziehungsweise Konsequenzen für Weiterbildungsmaßnahmen daraus abzuleiten sind.

Eine Auswahl der Verarbeitungsmuster des Gehirns

Erregung: Lernen geschieht wahrscheinlich über die wiederholte Ausbildung von Erregungsmustern im Gehirn. Je emotionaler und förderlich aufregender Lernen geschieht, desto besser für das Behalten.

Ableitung für das Lernen: Lernen geschieht nicht nur über die Emotionalisierung, sondern auch über den Aufbau von Spannung, die eine motivierende Ausrichtung besitzt. Klarheit über die eigenen motivationalen, also herausfordernden und persönlich gewollten Ziele, kommt dabei ein besonderer Stellenwert zu.

Konsistenzregulation: Unser Gehirn strebt Stimmigkeit an. Inkonsistenz wird über eher unbewusst ablaufende Abwehrmechanismen ausgeregelt.

Ableitung für das Lernen: Es genügt nicht, Inhalte gut aufbereitet zu vermitteln. Ein persönlicher Auseinandersetzungsprozess damit, wie die Themen zum persönlichen Umfeld und auch zur eigenen Person passen, wird ebenfalls benötigt,. Wichtig ist somit ein Prozess der individuellen Anpassung an die eigene, subjektive und objektive Wirklichkeit.

Angstreaktionsmuster: Einmal gelernte, mit Angst besetzte Erfahrungen rufen über die Amygdala gesteuert autonome und unbewusst gesteuerte Verhaltensmuster hervor. Diese Muster sind nicht zu löschen, sondern können nur durch neue und andere Muster langfristig gehemmt werden.

Ableitung für das Lernen: Ist Angst gegenüber dem Lernstoff oder anderen Faktoren im Lernprozess im Spiel, dann kommt es darauf an, dass wiederholt neue positive Reaktionsmuster angeboten und eingeübt werden können.

Schätzen: Informationen, die exaktes Wissen betreffen, und Vermutungen oder Schätzungen werden im Gehirn in unterschiedlichen Bereichen verarbeitet. Das Gehirn verarbeitet Informationen nicht rein rational, sondern verknüpft sie mit mehreren »nichtlogischen« Kategorien.

Ableitung für das Lernen: Im Lernprozess sollte nach Möglichkeit immer beides ermöglicht werden: die bewusste Reflexion über neues Wissen und das freie Assoziieren, Schätzen und Spüren von Inhalten.

Regelextraktion: Das Gehirn filtert scheinbar immer mögliche Regeln hinter den gemachten Erfahrungen und Lerninhalten heraus. Regellernen hat eine höhere Priorität als Faktenlernen.

Ableitung für das Lernen: Dem eigenen Denkmuster des Unterrichtenden, den Prinzipien und dem Anbieten von vielen Beispielen, aus denen Regeln abgeleitet werden können, kommt eine hohe Bedeutung zu. Didaktische Konzepte sollten nicht von der Logik des Inhalts her geplant, sondern von den offenen oder verdeckten Prinzipien des Stoffes her abgeleitet werden.

Emotionen: Wissen wird immer zusammen mit den emotionalen Erfahrungen im Gehirn abgespeichert und damit eingefärbt. In positiver Lernatmosphäre vermitteltes Wissen wird besser behalten, als in negativer Atmosphäre zu lernende Inhalte.

Ableitung für das Lernen: Lernprozesse sind emotional ansprechend zu gestalten. Was jedoch nicht heißt, dass Harmonie und Gleichklang immer im Vordergrund stehen.

Vigilanz: Die bewusste Aufmerksamkeit lässt sich im jeweiligen Moment immer nur auf eine Sache lenken; allerdings kann sie schnell von einem Fokus zum nächsten springen.

Ableitung für das Lernen: Die Aufmerksamkeit auf den Lernstoff sollte immer wieder ganz bewusst neu hergestellt werden. Wie man den Lernstoff für den Lerner öffnet und interessant macht, erfordert besondere Gestaltungsansätze.

Unterschiede: Der Hippocampus ist so etwas wie der Neuigkeitsdetektor im Gehirn. Verstärkt und zur Weiterverarbeitung an den Cortex geleitet wird vor allem das, was sich vom Bekannten oder Erwarteten unterscheidet.

Ableitung für das Lernen: Wissen sollte nicht absolut, sondern im Vergleich zu etwas Bekanntem angeboten werden. Beispiel: »Die neue Software unterscheidet sich von ...«

Spiegelneuronen: Unbewusst werden die Handlungsmuster einer anderen Person, zu der eine Beziehung besteht, innerlich nachgeahmt. Es wird immer überprüft, wie es wäre, wenn man selbst so handeln würde wie das Gegenüber.

Ableitung für das Lernen: Der Lehrende hat daher eine prägende Vorbildfunktion. In jedem didaktischen Prozess erfordert es Klarheit darüber, wie seine eigene Haltung zum Lernstoff oder zu den Rahmenbedingungen ist.

Automatisierung: Neue Verhaltensmuster aktivieren und »belegen« zu Beginn des Lernens größere Areale im Cortex. Je öfter das neue Muster wiederholt wird, desto stärker bildet sich dieser Bereich im Cortex zurück und wird in subcorticale Bereiche und damit in das Unbewusste verlagert.

Ableitung für das Lernen: Neue Verhaltensmuster sollten am Anfang häufig wiederholt werden. Eine zu starke Überlagerung mit anderen, eventuell sogar gegenläufigen Handlungsmustern ist zu vermeiden. Einander nicht ergänzende Handlungen können nur schwer parallel gelernt werden.

Kreuzmodularer Einfluss: Im Gehirn werden Fähigkeiten untereinander ergänzend vernetzt. Das Spielen eines Musikinstruments fördert zum Beispiel das räumliche Vorstellungsvermögen. Dieses Muster trifft nicht auf alles Gelernte zu. So entstehen durch das Lösen von Kreuzworträtseln keine übertragbaren, sondern nur isolierte Fähigkeiten.

Ableitung für das Lernen: Lerninhalte sollten hin und wieder mit Themen aus »anderen Welten« verknüpft, Analogien hergestellt, Fähigkeiten auf verschiedenen Ebenen geübt werden. Zudem können Inhalte angeboten werden, die nicht direkt mit den Lernzielen übereinstimmen, um den Geist anzuregen, eigene Verknüpfungen herzustellen.

Erinnerungen: Erinnerungen werden nicht original abgespeichert. Bei jedem Erinnerungsprozess werden sie sowohl neu zusammengestellt als auch aufgrund der aktuellen Lebenserfahrungen neu eingefärbt. Erinnerungen sind umso exakter, je mehr Einzelheiten – auch gerade unwichtige Wahrnehmungen am Rande – damit verbunden werden.

Ableitung für das Lernen: Neben dem neu zu lernenden Wissen sollte auch der einprägsamen Inszenierung des Lernprozesses erhöhte Aufmerksamkeit geschenkt werden.

Semantische und episodische Gedächtnisfunktionen: Das Gehirn nutzt verschiedene, offenbar unabhängig voneinander ablaufende Strategien, um Inhalte im Gedächtnis zu behalten. Faktenwissen wird anders verarbeitet als persönlich erlebte Geschichten.

Ableitung fur das Lernen: Abstraktes Wissen oder theoretische Inhalte sollten stets mit persönlichen Erlebnissen oder Geschichten verknüpft werden.

Bewegung: Das Gehirn denkt von der Bewegung her. Bei jeder derartigen Vorstellung werden die entsprechenden Areale und Muskeln mitaktiviert, allerdings unterhalb der Erregungsschwelle. Gedanken werden in Bewegungsimpulse umgesetzt und umgekehrt.

Ableitung für das Lernen: Lerninhalte sollten durchgehend durch Bewegung erfahrbar gemacht werden. Sei es durch Abschreiten eines Prozesses, das Durchwandern von Strukturen oder durch die Darstellung in körperlichen Skulpturen.

Repräsentanz: Kein Gehirn verarbeitet Informationen gleich. Jeder ist von seinen Erfahrungen und anatomischen Besonderheiten geprägt. Das bedeutet, dass auch jeder Informationen anders verarbeitet und bewertet. Die Schlüsselfrage lautet: »Wie nehmen Sie die Welt wahr und wie interpretieren Sie Ihre Wahrnehmungen?«

Ableitung für das Lernen: Lernen ist höchst individuell. Und ist der Inhalt noch so klar definiert und scheinbar eindeutig, bildet doch jeder sein eigenes Repräsentationsmuster dazu aus. Daher ist es für das Lernen wichtig, Zeit für die persönliche Reflexion zu geben und diese gezielt auf hohem Niveau zu ermöglichen.

Konsolidierung: Aufgenommenes Wissen oder Erfahrungen werden unbewusst weiterverarbeitet, vor allem im Schlaf.

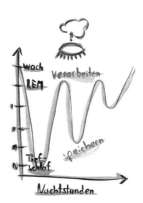

Ableitung für das Lernen: Dem Schlaf kommt für die unbewusste Weiterverarbeitung eine große Bedeutung zu. Inhalte sollten nach einer durchträumten Nacht noch einmal reflektiert werden, weil sich am nächsten Morgen unbewusst neue Bewertungen des Gelernten ergeben haben können. Gerade in Workshops oder Teamentwicklungen wird für die Verarbeitung der Erlebnisse die Nacht benötigt. Das passive Lernkonzert ist die Antwort der Suggestopädie auf die Konsolidierung.

Das vorauseilende Gehirn: Bei einfachen Aufgabenstellungen konnte eindeutig nachgewiesen werden, dass das Erregungsmuster für eine Entscheidung bereits bis zu einer Sekunde – in manchen Versuchsanordnungen sogar mehrere Sekunden – im Gehirn nachweisbar ist, *bevor* die Probanden ihre Entscheidung bewusst vornahmen.

Ableitung für das Lernen: Das Unbewusste oder die Intuition scheint unsere Entscheidungen bereits ohne Beteiligung des Bewusstseins vorzubereiten. Wir erleben uns zwar autark, unsere Handlungen werden jedoch durch unsere Glaubenssätze und Erfahrungen stark vorgeprägt. Die Integration des Unbewussten in den Lernprozess scheint daher unumgänglich, ebenso wie die Arbeit an den Glaubenssätzen sich selbst und dem Lernstoff gegenüber.

Weitere Verarbeitungsmuster: Zu den weiteren Verarbeitungsmustern beziehungsweise Strukturen und Prozessen, hinter denen Strategien des Gehirns verborgen sind, zählen: Generalisierung, Arbeitsspeicher, Motivationssystem, Vorhersage, Priming, Hemmung, Selbstorganisation, Schmerzverarbeitung, Intuition, Negativitätsverstärkung, Assoziation und anderes mehr.

Hier nun die Vertiefung von drei Verarbeitungsmustern

Regel- vor Faktenlernen

Gehirn als »Regelextraktionsmaschine«: Schenkt man den Forschern Glauben, allen voran Manfred Spitzer (Lernen, s. S. 59 ff.), dann ist unser Gehirn nicht für das reine Faktenlernen, sondern für das Prinzipien- oder Regellernen optimiert. Das möchte ich an einem alltäglichen Beispiel verdeutlichen:

Implizite Regeln im Team

Kommt ein Mitarbeiter in ein neues Team, so wird er eine ausgeprägte Wahrnehmung dafür haben, auf welche verdeckten oder geheimen Spielregeln er sich einzustellen hat. Wer hat das letzte Wort? Auf wen wird mehr, auf wen weniger gehört? Wie wird entschieden? Erscheinen alle pünktlich zur Besprechung? Wie wird Kritik geäußert, wie mit Fehlern umgegangen?

Aus diesen vielen Einzelbeobachtungen wird eher unbewusst beziehungsweise implizit abgeleitet, welche Regeln im neuen Team gelten. Werden diese Verhaltensmuster öfter erlebt, bilden sich Glaubenssätze heraus, in ihrer bekannten erweiternden oder einschränkenden Funktion.

Glaubenssätze sind nichts anderes als – meist unbewusst – verinnerlichte Regeln, die sogar zur subjektiven, inneren wahren Weltsicht erhoben werden können. Diese Regeln sind sehr stabil und färben das gesamte Verhalten ein. Nicht umsonst sprechen auch die Systemiker davon, dass es in Beratungssituationen eher gilt, die Verhaltensmuster (patterns) herauszufiltern und daraufhin zu intervenieren, sie zu unterbrechen.

Die Vorteile dieses Verarbeitungsmusters im Gehirn liegen auf der Hand: Verhalten automatisiert sich aufgrund der Lebenserfahrungen, es entsteht Verhaltenssicherheit, nicht jede Situation muss neu analysiert und durchdacht werden – allerdings mit dem Risiko, damit auch einmal falsch zu liegen.

Das Gehirn ist nach Spitzer also eine »Regelextraktionsmaschine«. Es überprüft unbewusst alles Wahrgenommene daraufhin, ob daraus Regeln oder Prinzipien abgeleitet werden können. Hauptsächlich lernen wir solche Muster, die uns grundsätzlich handlungsfähiger machen. »Fast alles, was wir gelernt haben, wissen wir nicht. Aber wir können es.«, so Manfred Spitzer (2002, S. 59 f.). Das Gehirn ist im Prinzip auf das Lernen von allgemein Gültigem aus, Fakten sind einfach für die Orientierung im Leben weniger interessant.

Dieses Prinzip wird beim Spracherwerb ebenfalls angewendet. Vollkommen unbewusst leiten bereits Kleinkinder aus dem Wirrwarr des Gehörten die ersten

Sprachmuster heraus, sprechen sie nach, um in immer komplexere Sprachregeln vorzustoßen. Die deutsche Sprache wird von ungefähr 1 000 grammatikalischen Regeln bestimmt (nach einer Aussage von Manfred Spitzer), die ein Kind unbewusst herausfiltert und anzuwenden lernt, ohne sie benennen zu können. Eine wahre Meisterleistung unseres Denkapparats.

Diese Art von Wissen ist prozedurales/implizites Anwendungswissen (im Gegensatz zum deklarativen Faktenwissen). Dieses prozedurale Wissen kann kaum explizit gelernt werden, es benötigt Zeit und Wiederholungen zum Erwerb. Oder anders ausgedrückt: Grammatik kann man nicht über das Auswendiglernen der Regeln, sondern nur durch das Sprechen der Sprache selbst erlernen. Grammatische Fähigkeiten und das Wissen über Grammatik sind zwei verschiedene Welten.

Welche Konsequenzen ergeben sich nun daraus für die Trainingspraxis? In meinem Kartenset »Neurodidaktik« (Besser 2010) habe ich dazu einige methodische Vorschläge beschrieben.

Regelmäßige Regelreflexion: Die Idee ist einfach: Statt konkrete Inhalte beziehungsweise konkretes Wissen vorzutragen, erhält der Teilnehmer in einem Training nur einige praktische Beispiele zum betreffenden Thema, die das Herausarbeiten von – versteckten – Regeln hinter dem Stoff ermöglichen.

Das können drei Fall- oder Fehlerbeschreibungen, aber auch drei typische Aufgaben sein, hinter denen bestimmte Grundregeln stehen. Warum drei Beispiele? Ein Beispiel ist nicht hinreichend, bei zweien kann es sich noch um einen Zufall handeln, erst ab der Zahl drei entsteht das Gefühl einer Regelmäßigkeit.

Diese Beispiele werden in kleinen Gruppen diskutiert. Die Aufgabenstellung lautet: »Welche grundsätzlichen Prinzipien können Sie aus den drei Beispielen ableiten?«

Solche »Regelreflexionen« können »regelmäßig« in das Training eingebaut werden. So entsteht die Regel, dass es sich lohnt, nach Regeln Ausschau zu halten.

Das virtuelle Interview: Natürlich lassen sich bei einem neuen Stoffgebiet – sei es eine Software oder ein Gesetzestext – die impliziten Regeln auch explizit aufdecken. Zu Beginn oder an bestimmten Stellen der Inhaltsvermittlung führt der Trainer inszenierte Dialoge mit den Entwicklern einer Software oder eines Geräts oder mit den Initiatoren eines Gesetzes durch.

Dieser Dialog kann ungefähr so ablaufen:

Interview mit dem Trainer

Einem Teilnehmer werden vorbereitete Interviewfragen ausgehändigt, die er an den Trainer stellt. Der Trainer schlüpft in die Rolle des Entwicklers und beantwortet die Fragen so, dass die Gestaltungsprinzipien aufgedeckt werden. Mögliche Fragen sind zum Beispiel:

- Was ist Ihr roter Faden, den Sie in die Entwicklung der Software mit eingesponnen haben?
- Wenn sich diese Software am Markt durchsetzt, was verändert sich dann in der Buchhaltung?
- Welche alten Gewohnheiten sollte ich unbedingt zur Seite legen, damit ich die neue Software besser verstehe?
- Was war Ihnen bei der Entwicklung des neuen Gesetzes wichtig?
- Was wollten Sie unbedingt verhindern?
- Wer hat Sie auf die Idee gebracht?

Varianten: In dem Dialog werden nur Fragen dargestellt, die sich die »Erfinder« des zu vermittelnden Inhaltes wahrscheinlich selbst gestellt hätten. Die Antworten zu den Fragen werden am Ende der Inhaltsvermittlung von den Teilnehmern selbst erarbeitet. So bleiben die Spannung und die Aufforderung an das Gehirn erhalten, die Muster selbst herauszufinden.

Musterlernen

Zu viel Methodenabwechslung in einem Training kann kontraproduktiv sein. Warum? Genau dann, wenn hinter den Methoden bestimmte Denk- oder Verhaltensmuster stehen, die für die Teilnehmer zu lernen wichtig sind, dann sollte dieser methodische Ansatz regelmäßig wiederholt werden. Mehr vom Gleichen als sinnvolles Gestaltungselement. Ein Beispiel dazu:

Fremdes Ohr

Bei der von mir entwickelten Methode »Fremdes Ohr« geht es darum, dass die Teilnehmer einen 15- bis 20-minütigen Impuls nicht aus der eigenen, sondern aus einer fremden Perspektive wahrnehmen. Das bietet sich immer dann an, wenn bei bestimmten Inhalten die Reflexion aus verschiedenen betroffenen Rollen heraus sinnvoll ist.

Im Kern läuft die Methode folgendermaßen ab: Die relevanten Rollen werden definiert, die Teilnehmer arbeiten in kleinen Gruppen die Interessen der jeweiligen Rolle heraus und hören dem Beitrag dann auch aus dieser Perspektive heraus zu. Während der Präsentation sind keine Fragen gestattet, um die eingenommene Rollenperspektive besser aufrechterhalten zu können. Nach dem Beitrag tauschen sich die Gruppen zu den Fragen aus:

● Was haben wir herausgehört?
● Welche Fragen haben wir noch?

Daran schließt sich eine rege Diskussion aus den verschiedenen Perspektiven an. Dieses Muster aus verschiedenen Perspektiven heraus wahrzunehmen, kann auch mit anderen Methoden immer wieder aktiviert werden, wie zum Beispiel dem »Perspektiven-Input«, der durchgehenden Rollenvergabe über einen Tag hinaus und anderen Methoden. Durch dieses wiederholte Anwenden des Musters »vielfältiger Perspektivwechsel« wird dieses Prinzip eher verinnerlicht und in das Verhaltensrepertoire übernommen.

Die auf Seite 54 f. besprochene Einwandbehandlung ist ebenfalls eine Methode mit einem ausgeprägten Muster.

Unterbrecher: Auch das Unterbrechen von nicht mehr sinnvollen alten Denkmustern oder Gewohnheiten hat etwas mit dem Regellernen zu tun. Manchmal ist das Ent-Lernen wichtiger, als Neues zu er-lernen.

Wie kann das inszeniert werden? Nachdem sich die Teilnehmer untereinander im Seminar kennengelernt haben und Vertrauen entstanden ist, lässt sich diese Intervention gut einführen. Das Prinzip des Musterlernens sollte im Seminar allerdings bereits angesprochen worden sein, sodass jeder Teilnehmer für sich reflektieren kann, welche Gewohnheiten in Bezug auf den Seminarinhalt sich bei ihm bereits eingeschlichen haben und welche es vielleicht zu verändern gilt.

Musterunterbrecher

Jeweils drei Teilnehmer tauschen sich über ihre persönlichen Muster aus und vereinbaren ein Zeichen, durch das sie sich gegenseitig darauf aufmerksam machen, wenn es wieder auftaucht. Und es bedarf natürlich einer Idee, welche neue, nun »gute« Gewohnheit etabliert werden soll.

Wenn beispielsweise etwas bei der Bedienung der Software nicht funktioniert, probiert ein Teilnehmer bisher stets »wild« mehrere Möglichkeiten aus (altes Muster). Neues Muster: Durchatmen – Nachdenken – Onlinehilfe.

Konsistenzregulation: Scheinbar hat unser Geist ein ausgeprägtes Bedürfnis nach Übereinstimmung und analog dazu eine ebenso ausgeprägte Wahrnehmung für Nicht-Übereinstimmungen. Klaus Grawe (2004) umschreibt dieses menschliche Phänomen mit dem Begriff Konsistenzregulation.

Konsistenz ist die Vereinbarkeit von gleichzeitig ablaufenden neuronalen/psychischen Prozessen. Das heißt, dass parallele Erregungsmuster im Gehirn miteinander in Übereinstimmung sind. Der Organismus strebt grundsätzlich Konsistenz an, Inkonsistenz wird vermieden. Die Regulation findet überwiegend unbewusst statt. Inkonsistenz wird über unbewusste Abwehrmechanismen ausgeregelt.

Paradoxe, also einander widersprechende Botschaften stellen ein nicht zu unterschätzendes Konfliktpotenzial dar. Die »Double Bind«-Theorie von Gregory Bateson bringt diesen Zusammenhang auf den Punkt: Zwei Aussagen auf meist unterschiedlichen Ebenen (verbal und nonverbal) passen nicht zusammen. Ein kongruentes Verhalten des Gegenübers wird dadurch erschwert beziehungsweise unmöglich gemacht.

Das Verhalten einer Mutter, die dem eigenen Kind sagt, wie wichtig es ihr sei und dabei den Blick nicht vom Fernseher abwendet, ist ein solches Beispiel. Das Kind weiß nicht, was wirklich gemeint ist, und steht vor der fast unlösbaren Aufgabe, daraus einen sinnvollen Schluss zu ziehen. Ein Ausweg wäre, auf die Metaebene zu gehen, um dieses Muster offen anzusprechen. Bei Kindern ist diese Fähigkeit allerdings noch kaum ausgeprägt. Bei wiederholter Erfahrung eines solchen inkongruenten Verhaltens der Eltern können sich psychische Verhaltensstörungen beim Kind einstellen.

Ein Experiment, das Joachim Bauer in seinem Buch »Warum ich fühle, was du fühlst« (Bauer 2006) beschreibt, belegt diesen Zusammenhang recht deutlich. Mehrere Versuchspersonen mussten ein recht einfaches Gerät reparieren. Anschließend wurden sie gebeten, anderen wiederum zu erklären, wie diese Reparatur vorgenommen werden kann. Das Ergebnis war eindeutig. »Wenn Gesten und Sprache nicht übereinstimmten, konnte der Kandidat auch das Problem nicht lösen« (Bauer 2006, S. 83).

Kongruentes, ein für sich selbst stimmiges Verhalten wird erschwert, wenn die auslösenden Botschaften oder die eigenen Lebenserfahrungen dazu im Widerspruch stehen. Lässt sich dieser Widerspruch nicht im Außen verändern, besteht die Tendenz, sich die Welt selbst so hinzudenken, dass sie subjektiv wieder als kongruent wahrgenommen werden kann. So ist es zu erklären, dass zum Beispiel Bernard L. Madoff an sein betrügerisches Finanzsystem selbst geglaubt und die Risiken über Jahrzehnte hinweg ausgeblendet hatte. Und die Anleger sind diesem Denkmuster zum großen Teil offensichtlich ebenso verfallen.

Der Gyrus Cinguli, ein Bereich oberhalb des Corpus Callosums (Verbindung zwischen den beiden Gehirnhälften), ist an dieser Verarbeitung wahrscheinlich stark beteiligt. Hier findet eine Überprüfung statt, ob ein Verhalten zu den bisher ausgeprägten Erfahrungen sich mit einem möglichen neuen Verhalten in Übereinstimmung befindet. Anders ausgedrückt: Das Fehlerrisiko von neuem Verhalten wird bewertet und steuert unbewusst unser Verhalten.

Was haben diese Zusammenhänge in Trainings- und Beratungssituationen für eine Bedeutung? Es reicht nicht, Inhalte und Modelle zu vermitteln und didaktisch gut aufzubereiten. Es ist wichtig, unbedingt einen Prozess der inneren Überprüfung einzubauen. Und diese Reflexion sollte sinnlich, emotional und konkret erlebbar gestaltet sein. Die notwendigen Fragestellungen sollten ungewöhnliche und neue Perspektiven eröffnen. Inkongruenz lässt sich nur bedingt rein rational bearbeiten.

Einwandbehandlung: Die Einwandbehandlung stellt für mich eine Kernintervention zur Bearbeitung der Inkongruenz dar. Auf meiner Homepage können Sie sie in einer ausführlichen Form herunterladen.

Einwandbehandlung

In dieser Übung sollen die konkreten Einwände gegenüber dem Lerngegenstand und deren Botschaften in Übereinstimmung mit der eigenen Erlebniswelt gebracht werden. Durch das konsequente, konstruktive und lösungsorientierte Bearbeiten von Einwänden kommen die Teilnehmer nicht umhin, ihre innere Einstellung intensiv zu überprüfen und abzugleichen. Wie läuft sie im Wesentlichen ab?

Zu zweit tauschen sich die Teilnehmer zu bestimmten Zeiten über mögliche Einwände – bezogen auf den Lernstoff – aus. Einwände können hauptsächlich aus zwei Feldern heraus entstehen: aus dem eigenen Arbeitsumfeld und aus den eigenen Lebenserfahrungen.

Die Einwände werden gesammelt und jeder Teilnehmer überprüft für sich, welcher Einwand für ihn besonders zutrifft. Die Bearbeitung erfolgt anschließend in vier Schritten:

1. Erneutes Aussprechen des Einwands.
2. Sammeln von möglichen guten Absichten, die hinter dem Einwand verborgen sein können.
3. Angebote von Lösungen oder anderen Sichtweisen von den anderen Teilnehmern an den Einwandgeber (keine Diskussion, Einwegkommunikation).
4. Auswahl aus den angebotenen Lösungsvarianten durch den Einwandgeber.

Konsistenzcheck: Diese Intervention ermöglicht, die persönlichen Einwände eher intuitiv aufzudecken.

Konsistenzcheck

Die Veränderungen, die durch die Anwendung des neuen Wissens realistisch entstehen können, werden entweder vom Trainer als Angebot vorgegeben und/oder von den Teilnehmern erarbeitet. Sie werden als Schlagwörter oder auch als Sätze notiert.
Jeweils ein Teilnehmer einer Vierergruppe stellt sich in die Mitte und die anderen Teilnehmer gehen um ihn herum, während sie ihm die möglichen Veränderungen wiederholt leise zusprechen. Der Teilnehmer schließt dabei – wenn möglich – die Augen und überprüft, wie sich die Angebote anfühlen. Wo kommen aus der Intuition heraus Abwehrgefühle? Wo scheinen sich die möglichen Veränderungen leicht integrieren zu lassen?
Nachdem alle in der Vierergruppe einmal in der Mitte gewesen sind, diskutieren sie die Fragen, die noch unbedingt geklärt werden sollten. Die aufgedeckten Einwände können anschließend mit der Einwandbehandlung bearbeitet werden.

Pendelcheck: Durch diese Methode werden eher unbewusste Veränderungen beziehungsweise Erkenntnisse am Ende eines Lernprozesses erlebbar.

Pendelcheck

Die Teilnehmer pendeln zwischen den beiden Zuständen »mein berufliches Leben mit und ohne die Veränderungen aus dem Seminar« hin und her.
Auf dem Boden wird mit einem Seil oder mit Metaplankarten eine lange Linie gezogen. Den beiden Seiten wird folgende Bedeutung gegeben: Die linke Seite stellt den beruflichen Alltag »mit« und die rechte Seite »ohne« die Bereicherung durch die Seminarinhalte dar.

Die Teilnehmer werden aufgefordert, langsam an dem Seil entlangzuschreiten und dabei immer wieder von der einen zur anderen Seite zu wechseln. Bei jedem Wechsel wird nachgespürt, wie sich der Unterschied anfühlt.

Dieser Gang längs des Seils wird vom Trainer mit Worten begleitet: »… und nun schreiten Sie wieder in das Feld der Seminarinhalte. Welchen Unterschied nehmen Sie wahr? Und wechseln Sie wieder auf die andere Seite, was nehmen Sie nun wahr?« Dieser Wechsel findet mindestens dreimal statt. Danach tauschen sich die Teilnehmer zu zweit aus.

Die 100-Prozent-Frage: Die Idee, die dahintersteckt, hört sich einfach an und ist es auch. Nur die Wirkung, die sich einstellt, ist oft verblüffend. Die Teilnehmer beantworten sich die Frage, wie ihr Leben anders wäre, hätten sie die Seminarinhalte schon »von Geburt an« (oder zu Beginn ihres Berufes) zu 100 Prozent umgesetzt.

Die 100-Prozent-Frage

Die Teilnehmer werden in mehrere Dreiergruppen aufgeteilt. Sie tauschen sich über folgende Frage aus: »Angenommen, die Seminarinhalte, die wir hier bearbeitet haben, wären schon ›seit deiner Geburt‹ für dich prägend und damit sinngebend gewesen. So, als wenn du die Inhalte in deinem bisherigen Leben schon zu 100 Prozent umgesetzt hättest. Was wäre dann heute in deinem Leben anders?«

Die Steuerung der Aufmerksamkeit

Das Gehirn wird jeden Augenblick mit einer schier unvorstellbaren Menge an Informationen überschüttet. Kein Wunder, dass es wählerisch sein muss, welche Wahrnehmungen es unterdrückt und welche es bis in das Bewusstsein gelangen lässt. Aus den ungefähr elf Millionen Bits, die pro Sekunde von unseren Sinnesorganen aufgenommen werden, gelangen lediglich um die 50 in unser Bewusstsein. An der Steuerung dieses Auswahlprozesses sind mehrere Gehirnregionen beteiligt.

Etwas Anatomie: Der Thalamus – eine Formation am Ende des Hirnstammes – hat eine solche Filterfunktion. Durch diesen Bereich laufen alle Sinneswahrnehmungen, außer den olfaktorischen.

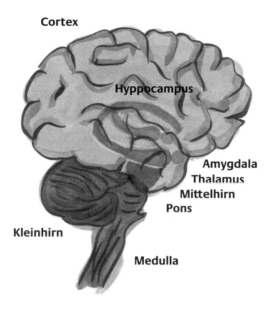

Der Thalamus steuert im Zusammenspiel mit dem Cortex den Scheinwerfer der Aufmerksamkeit. Er wird daher auch als »Tor des Bewusstseins« bezeichnet.

Im Gyrus Cinguli – ein größerer Bereich oberhalb der Verbindung zwischen den beiden Gehirnhälften – findet eine weitere Aufmerksamkeitssteuerung statt. Diese Region ist stark mit dem Stirnlappen vernetzt und steuert die Aufmerksamkeit bei mehreren parallel einströmenden Informationen. Er wird daher auch gern als »Chefsekretärin« bezeichnet. Der Scheinwerfer der Aufmerksamkeit kann zu einem bestimmten Zeitpunkt immer nur auf eine einzige Sache gerichtet werden.

Ein weiterer entscheidender Bereich ist der Hippocampus, der tief im Inneren des Gehirns liegt. Er ist so etwas wie der Organisator der Erinnerung (hauptsächlich der episodischen Ereignisse) und steuert die Informationsverarbeitung über die Frage, welche Aspekte etwas Neues beinhalten. Daher wird ihm häufig der Begriff eines »Neuigkeitsdetektors« zugewiesen.

Der Nucleus accumbens ist wesentlich an der Steuerung des Belohnungssystems über die Verarbeitung des Hormons Dopamin beteiligt. Aktiviert wird diese Funktion interessanterweise durch die Erwartung (und nicht über die Erfüllung) einer angestrebten Belohnung. Motivation entsteht also eher durch den Prozess des Anstrebens. Glücksforscher berufen sich ebenfalls gern auf diese Besonderheit unseres Belohnungssystems.

Erste Konsequenzen

Diese Zusammenhänge habe ich hier nur sehr grob beschrieben. Sie sind in Wirklichkeit wesentlich komplexer. Dennoch reicht es aus, um erste Ableitungen für die Gestaltung von Lernprozessen vorzunehmen. Der Steuerung der Aufmerksamkeit – Vigilanz ist der Begriff der Gehirnforschung dazu – sollte als einer ersten Ableitung ein hoher Stellenwert zukommen. Das Lernen über Unterschiede ist oft sinnvoller als das Lernen abstrakten Wissens. Und schließlich lassen sich mit dem Aufbau von Spannungen oder Erwartungshaltungen mehr positive Lernerfahrungen vermitteln, als zu früh Antworten zu geben. Dazu folgen nun einige Anregungen.

Erwartungsevaluation: Warum muss der Evaluationsbogen immer erst am Ende des Seminars ausgegeben werden? Wie anders ist der gesamte Evaluationsprozess im Training, wenn der Bogen bereits zu Beginn ausgeteilt wird und die Teilnehmer gebeten werden, ihre Vermutungen hineinzuschreiben, wie sie ihn am Ende des Seminars ausfüllen werden? Am besten in der Diskussion mit einem anderen Seminarteilnehmer. Natürlich ist es dann erforderlich, die Fragen im Evaluationsbogen teilweise entsprechend anzupassen. Aufregende Fragen können zum Beispiel sein:

o   Hat der Trainer die Teilnehmer gefordert?
o   Oder: Wurden die Einwände aus der Praxis bis hin zu einer Lösungsmöglichkeit bearbeitet?

Das weckt Erwartungen, richtet die Aufmerksamkeit aus und hält sicherlich – hoffentlich positive – Überraschungen beim wirklichen Ausfüllen der Evaluation am Ende bereit. Natürlich sollten die Fragen wieder zu zweit diskutiert werden, bevor jeder den Bogen für sich ausfüllt. Nicht nur der Hippocampus freut sich über diese etwas andere Art der Evaluation.

Überraschungen: Manchmal sind halbe … (Gedankenpause) … Sätze wirkungsvoller als sogleich vollendete. Sie erzeugen mehr Aufmerksamkeit. Warum? Schon während ein Satz von unserem Geist aufgenommen wird, überprüft das Gehirn, ob das Ende des Satzes vorhersehbar ist. Trifft die Vermutung zu, so wird bereits während des Satzes die Aufmerksamkeit zurückgeregelt.
   Genauso sinnvoll sind ungewöhnliche Fragen:

o   »Wenn die Antwort zu diesem Thema ›Ja‹ ist, wie muss dann eine Frage lauten?«
o   »Wenn Ihr Lebenspartner die ganze Zeit zugehört hätte, welche Frage würde er jetzt stellen?«

- »Ich überlege mir gerade ... (Pause) ... Nein, ich sag es lieber nicht. Was, meinen Sie, sollte ich jetzt nicht sagen?«
- »Wer müsste hier im Raum anwesend sein, damit wir eine heftige emotionale Diskussion über das Thema führen können?«

Das fordert und erhöht schlagartig die Aufmerksamkeit.

Interessant kann auch folgendes Vorgehen in Trainings sein: Statt ein Interview über Fragen zu steuern, gibt der Trainer den Input in kurzen Sequenzen kund und die Teilnehmer überlegen sich jeweils nach den Informationspäckchen passende interessante Interviewfragen.

Die Referenz: Wie lässt sich in Workshops mit Unterschieden arbeiten? Eine Möglichkeit ist die Einführung einer Art Referenz. Das kann die alte Software-Version, der bisherige Personalentwicklungsprozess oder eine andere Abteilung sein. Voraussetzung ist, dass die Referenz aus Sicht der Teilnehmer einen Sinn macht und bekannt ist.

Die Referenz

Der Ablauf kann folgendermaßen gestaltet werden: Auf dem Boden sind mehrere Skalen ausgelegt, auf denen die Teilnehmer entlanggehen können. Am vorderen Ende der Skalen wird die Referenz markiert. Das kann durch ein Flipchart mit einer entsprechenden Bezeichnung geschehen. Bei bestimmten Themen werden die Teilnehmer immer wieder aufgefordert, sich so auf der Skala zu positionieren, wie sie den Unterschied der neuen Inhalte zur Referenz wahrnehmen. Die Teilnehmer haben dann die Möglichkeit, einander in der Skala zu den unterschiedlichen Positionen Fragen zu stellen.

Resümee

Aus diesen Verarbeitungsmustern, deren Zusammenstellung noch lange nicht abgeschlossen ist, lassen sich viele Ideen für den Umgang mit sich selbst, mit anderen und nicht zuletzt für das Lernen und für Veränderungsprozesse ableiten. Bis jetzt habe ich Ableitungen für die Didaktik, für Führungskräfte, für die Personalentwicklung und für die Evaluation erarbeitet. Mehrfach habe ich damit experimentiert, diese Denkmuster für Problemlösungen einzusetzen. In Einzelberatungen bis hin zu Settings der kollegialen Beratung. Es war bisher immer hilfreich. Meine Veröffentlichungen beziehungsweise Produkte zu diesem Themenfeld sind unter www.besser-wie-gut.de zu finden.

Literatur

- Besser, Ralf: Kartenset Neurodidaktik. Bremen: besserwiegut 2006
- Bauer, Joachim: Warum ich fühle, was du fühlst. Hamburg: Hoffmann und Campe 2006
- Grawe, Klaus: Neuropsychotherapie. Göttingen: Hogrefe 2004
- Spitzer, Manfred: Lernen. Gehirnforschung und die Schule des Lebens. Heidelberg: Spektrum 2002

Neurolinguistisches Coaching und die wingwave-Methode

Cora Besser-Siegmund, Lola A. Siegmund

Tags: Neuro, Linguistik, Sprache, Biofeedback, Neurolinguistisches Programmieren (NLP), wingwave, REM-Phasen, limbisches System, Referenz, Emotion, Humor, Freude, Gesundheit, Ressource

Positionierung

In diesem Beitrag wird ein weiteres Modell behandelt. Dieses ist abgeleitet aus dem Neuro-Linguistischen Programmieren (NLP). In dieser Methode steckt Neuro bereits drin. Sie stammt aus deutlich früherer Zeit als die Erkenntnisse moderner Hirnforschung. Bereits Anfang der 1970er-Jahre haben Richard Bandler und John Grinder ihr System aus diversen Quellen der Psychologie und Linguistik entwickelt, das nun die Autorinnen ihrerseits in die wingwave-Methode übersetzt haben. Fokussiert ist das Wirken bestimmter sprachlicher Aussagen auf die Coachees, seien es Wörter, seien es Sätze. Die individuelle Resonanz im schwächenden wie stärkenden Sinn wird durch Biofeedback gemessen, wirkende Worte werden entsprechend im Prozess angepasst.

Der Bezug zu den Neurowissenschaften liegt im Aspekt der Emotionen als Effekt des limbischen Systems: Wie wirken zum Beispiel Humor und Freude auf das Verhalten eines Menschen?

Lernen Sie hier also ein Modell kennen, das sehr viel mit Lernen zu tun hat – und so auch mit Ihnen als »lehrende Person«, wie auch immer Sie Ihre Rolle konkret interpretieren. Abzuleiten lässt sich aus wingwave vieles – auch unabhängig vom Modell –, sodass Sie für Ihre Arbeit als Weiterbildner abstrahieren können, was die Autorinnen konkret am Modell vorstellen. Prüfen Sie für sich, was Sie für sich ableiten können. Lassen Sie sich entsprechend anregen. Übrigens sind die beiden hier alphabetisch direkt aufeinander folgenden Autoren Ralf Besser und Cora Besser-Siegmund weder verwandt noch verschwägert, das sei »der guten Ordnung halber« erwähnt ... Freuen Sie sich nun auf das Autorinnenduo Cora Besser-Siegmund und Lola Ananda Siegmund!

Einführung: wingwave und Neurolinguistisches Coaching (NLC)

Damit Sie als Leser dieses Beitrags die Anwendung von wingwave und NLC in der Coaching-Praxis von Anfang an nachvollziehen können, begleiten wir unsere Ausführungen mit einem konkreten Coaching-Beispiel.

Emotionale Blockade verhindert Karriereschritt

Der leitende Ingenieur Andreas S. strebt schon länger die nächsthöhere Führungsebene als Abteilungsleiter in seinem Unternehmen an, hat aber leider ein dafür notwendiges Assessment-Center nicht bestanden. Er berichtet, er habe sich über sich selbst gewundert: »Ich war unnötig aufgeregt und bin vor allem bei meiner Selbstpräsentation nicht so überzeugend aufgetreten.« Die Beobachter hätten ihm geraten, er müsse sich »mehr zeigen«. »Und die hatten Recht – es war wirklich nicht mein bester Tag.«

Andreas hatte sich inhaltlich und strategisch ausführlich auf das Assessment-Center vorbereitet, aber das habe anscheinend nicht ausgereicht. Weil er deutlich eine für ihn unerklärliche Nervosität registriert hat, möchte er nun wingwave-Coaching ausprobieren. Diese Methode macht speziell die Stärkung einer tragenden emotionalen Balance der Coachees zum Thema – vor allem in Verbindung mit ihrem Leistungskontext.

Im Jahr 2001 wurden die ersten wingwave-Coaches ausgebildet und die Methode veröffentlicht, heute ist das inzwischen gut erforschte Verfahren international verbreitet (Besser-Siegmund/Siegmund 2015a). wingwave versteht sich als Kurzzeit-Coaching-Methode, die vor allem für Menschen entwickelt wurde, die grundsätzlich über ausreichend Know-how und Fähigkeiten verfügen, um ihre Ziele erreichen zu können – nur ihr inneres »emotionales Klima« lässt das Ausleben dieser Potenziale manchmal nicht zu.

Dass diese »Kleinigkeit« bisweilen eine große Wirkung haben kann, hat der Methode wingwave ihren Namen gegeben: Minimaler Coaching-Einsatz für maximalen Coaching-Nutzen führt zu einem zielgerichteten »Schmetterlingseffekt«, der emotionale Blockaden auflöst, positive Emotionen aktiviert und so die Leistungssicherheit der Klienten ermöglicht. Eine Langzeitstudie, durchgeführt unter der Leitung von Marie Luise Dierks, Professorin für Public Health an der Medizinischen Hochschule Hannover, ergab, dass sich die ehemalige Redeangst von Probanden durch wingwave-Coaching sogar in Auftrittsfreude verwandeln konnte (Dierks 2015).

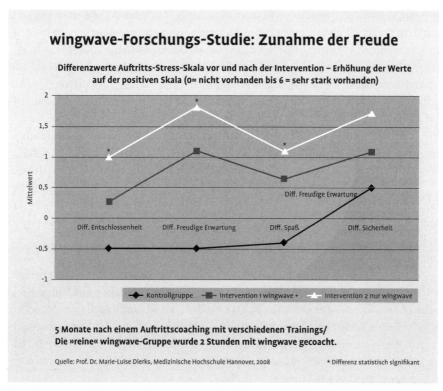

Zunahme der positiven Emotionen beim »Redenhalten« – fünf Monate nach der wingwave-Intervention

Diese und weitere Forschungsprojekte zeigen, dass schon zwei bis drei Sitzungen wingwave-Coaching ausreichen können, damit Coachees isolierte Blockaden wie eine Präsentationsangst uberwinden oder auch im Sport ihre körperliche Leistungsfähigkeit und Bewegungspräzision steigern können.

Die Methodenelemente

wingwave besteht aus drei Methodenelementen:
o Eye Movement Integrator
o NLP und Verhaltenspsychologie
o Sprache als Coaching-Kompass – NLC

Eye Movement Integrator: Der Einsatz »wacher REM-Phasen«, wie man sie auch aus dem EMDR (Eye Movement Desensitization and Reprocessing) oder ursprünglich aus dem NLP kennt, heißt bei der wingwave-Methode »Eye Movement Integrator«. REM steht für den aus der Schlafmedizin kommenden Begriff »Rapid Eye Movement«. Diese schnellen Augenbewegungen treten wiederholt im Nachtschlaf auf. Dies geschieht vor allem dann, wenn die Schläfer besonders emotional aufgeladene Träume durchleben. Man vermutet, dass in dieser Schlafphase das Gehirn Tagesereignisse in die bereits vorhandene innere Erlebniswelt des Menschen integriert und gleichzeitig die emotionalen Wogen glättet, die mit den Erlebnissen einhergingen. Im Ergebnis ist dann die Emotion inklusive ihrer körperlichen Wirkung abgeklungen, aber auf der kognitiven Ebene bleibt das Ereignis im Erfahrungsschatz erhalten. Die REM-Phasen helfen also der Emotion, ihrem Namen alle Ehre zu machen: Der Wortstamm »motio« bedeutet nämlich Bewegung, daher sollte eine gesunde Emotion wieder abfließen, nachdem sie den Körper durchrauscht hat.

Als Beispiel nennen wir gern die Fahrt mit der Achterbahn, die immer mit intensiven Emotionen der Fahrgäste einhergeht, was man deutlich am lauten Kreischen hören kann. Aber wenn die Fahrt beendet ist und die Füße dieser Menschen wieder festen Boden berühren, sollten sie eigentlich auch mit dem Kreischen aufhören. Wenn sie dies nicht tun und beim Popcorn-Kaufen weiterhin kreischen, hat sich die Emotion verselbstständigt. Das bedeutet, sie ist nicht mehr »ereigniskorreliert« und wird so zur Störung.

Das Achterbahnbeispiel mag übertrieben wirken – aber manchmal halten sich Emotionen eben nicht an das, was sie per Wort versprechen und benehmen sich wie eine Blockade. Sie fließen nicht ab, sondern bleiben wie ein permanentes Grundrauschen im neuronalen System hängen. Wir sprechen dann vom »emotionalen Tinnitus« oder von Trickemotionen, die dem Erleben einen Streich spielen. Denn die Betroffenen können sehr gut realisieren, dass ihr Aufgewühlt-Sein nicht dem Tagesereignis »da draußen« entspricht. Genauso beschreibt es der Klient Andreas: Er versteht seine eigene Gefühlswelt nicht und stellt vom Verstand her fest, dass es für seine Nervosität beim Performen im Assessment-Center überhaupt keinen Grund gibt – aber diese Überlegung wirkt nicht gegen die Gefühle. Denn Emotionen und damit auch emotionale Blockaden gehen stets mit einer sehr hohen Aktivität im limbischen System einher. Selbstmanagement über den Verstand wird im Großhirn organisiert, dem sogenannten Cortex. Da aber limbische Impulse stets schneller ablaufen als Großhirnaktivitäten, kann der Verstand – einfach dargestellt – den emotionalen Wellen nichts mehr entgegensetzen.

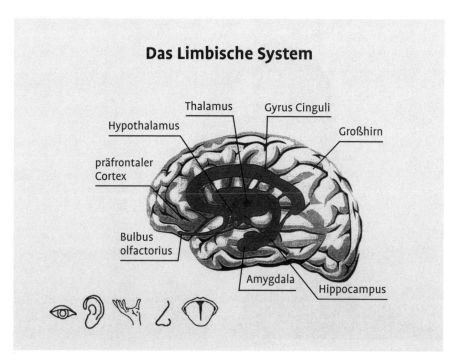

Das limbische System und seine Lage im Gehirn

Wenn sich eine emotionale Beeinträchtigung nicht durch Verhaltenstechniken oder durch den argumentierenden Verstand beeinflussen lässt, könnten dann im Wachsein eingesetzte REM-Phasen das Auflösen emotionaler Blockaden bewirken? Was passiert, wenn man auf diese Weise dem Gehirn tagsüber eine Hilfestellung bei der Emotionsverarbeitung zu einem ausgewählten Thema anbietet, indem man den Blick der Klienten wach mit winkenden Handbewegungen führt? Hört es dann – sinngemäß – mit dem »Kreischen« auf? Diese Frage stellte sich Ende der 1980er-Jahre eine Gruppe von NLP-Experten. Unter anderem gehörten dazu John Grinder und Robert Dilts.

»Wache« REM-Phasen

Die Ergebnisse waren faszinierend: Sogar bei so schweren Beeinträchtigungen wie Kriegstraumata erlebten die behandelten Menschen eine deutliche Befreiung von ihren quälenden Gefühlsblockaden sowie einen innerlichen Abstand zu den Kriegserinnerungen. Später entwickelte dann die Psychologin Francine Shapiro auf Basis dieses NLP-Ansatzes das EMDR, das heute weltweit zu den wirksamsten Verfahren der klinischen Traumatherapie zählt (Shapiro 2013).

NLP und Verhaltenspsychologie: Cora Besser-Siegmund und Harry Siegmund – in Personalunion approbierte Psychotherapeuten und Business-Coaches – entwickelten dann bis 2001 den EMDR-Ansatz speziell für den Coaching-Bereich weiter. Hier geht es um Präsentationssicherheit, Konfliktstabilität, Kreativitäts-Coaching sowie um die Verbesserung physischer Performance beim Sport. Dazu kombinierten sie das Verfahren zudem mit Elementen aus dem Neurolinguistischen Programmieren (NLP) und der Verhaltens- und Kommunikationspsychologie. Beispielsweise:

○ die Veränderung beeinträchtigender Beliefs in einen ich-stärkenden inneren Dialog für eine effektive Selbstmotivation
○ das Arbeiten mit dem Modell der »inneren Persönlichkeitsteile« und dem »inneren Team«

∘ Konfliktmoderation, wobei die zerstrittenen Personen mit wingwave ihre emotionalen Spannungen abbauen, bevor eine Verhandlung beginnt
∘ Timeline-Coaching für positive Zukunftsentwürfe mit dem sogenannten »sozialen Zukunftspanorama«
∘ systemische Organisationsaufstellung

Jedes Jahr gibt es für die Kombinationsmöglichkeiten eine Fortbildung für alle wingwave-Coaches – zu Themen wie Change-Management, Leadership, interkulturelle Kompetenz und anderes mehr.

Sprache als Coaching-Kompass – NLC: Beim dritten Bestandteil der Methode handelt es sich um ein spezielles Verfahren der neurolinguistischen Sprachverwertung. Mit einem gut erforschtem Muskeltest – dem Myostatiktest – gelingt die punktgenaue Wortfindung für die Themen und Ziele des Coachees.

Dieses dritte Methodenelement von wingwave erwies sich im Laufe der Jahre als äußerst wertvoll für die Wirksamkeit eines Kurzzeit-Coachings. Es gibt kein anderes Biofeedback, das im Einsatz in einer Coaching-Situation sekundengenau und präzise auf einen Sprachtrigger reagiert wie der Muskeltonus eines Menschen. Natürlich gibt es Verfahren wie Hautwiderstands- oder Herzkohärenzmessung, aber hier veranschaulichen die Messungen nur einen Trend. Beispielsweise zeigt die Messung im Rahmen einer 20 Minuten dauernden Hypnose, dass sich das Nervensystem mehr und mehr beruhigt. Aber man erfasst nicht den sekundenschnellen Zusammenhang zwischen einem Sprachreiz und dem subjektiven Erleben.

Anders ist dies beim Testen mit dem Myostatiktest: Dabei erforschen Coach und Coachee gemeinsam, welche Sätze oder Wörter besonders deutlich das sub-

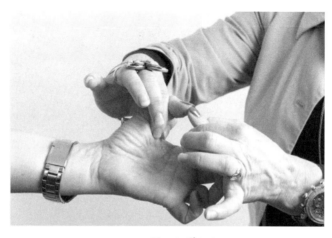

Myostatiktest

jektive Stresserleben des Coachee triggern können oder welche Begriffe besonders stark mit subjektiver Wellness einhergehen. Dabei bildet der Coachee mit maximaler Kraft einen Ring mit Daumen und Zeigefinger. Gleichzeitig wird der Coachee mit Referenzwörtern und Referenzsätzen im Zusammenhang mit seinem Thema konfrontiert.

Ein starkes Testergebnis wird als ein Ausdruck einer tragenden emotionalen Stabilität gewertet, ein schwaches weist auf Irritation, mangelndes Stressmanagement und auf ein negativ gefärbtes subjektives Erleben hin. So identifizieren wir den punktgenauen Coaching-Bedarf des Klienten und können ihn »in Worte fassen«. Weshalb übrigens emotional gefärbte Sprache die physische Kraft eines Menschen signifikant tangiert, beschreiben wir später ausführlich inklusive unserer Forschungsergebnisse. Es sei kurz erwähnt, dass sich die Handmuskeln besonders gut als Indikator für das subjektive Mentalerleben eines Menschen eignen, denn die muskuläre Handsteuerung wird im Großhirn durch ein vergleichsweise großes Gebiet repräsentiert.

Motorischer Homunculus: das Repräsentationsgebiet für die Hände ist vergleichsweise groß (Illustration: Lola A. Siegmund)

Punktgenau die Stressquellen finden – und auch ausschließen!

Bei Andreas testet der Coach das »linguistische Material«, das der Klient im Vorgespräch genutzt hat. Hier das Ergebnis:

Referenzsatz/Referenzwort: Testergebnis

»Assessment-Center« stark
»Ich präsentiere vor den Beobachtern« stark
»Ich darf mich zeigen« stark

Bei diesen Testergebnissen zeigt sich jedoch noch nicht der zutreffende Coaching-Bedarf für Andreas, denn es besteht kein spürbarer Bezug zwischen der Situation »Assessment-Center« und dem Unsicherheitsgefühl, das Andreas erlebt hat.

Der Test wird bei dieser Art des Coachings folgendermaßen gewertet (daher auch der Begriff »Neurolinguistisches Coaching«): Das linguistische Material des Coachees wird als individueller Kompass herangezogen. Würden wir auf Basis der bisher getesteten Aussagen in den Coaching-Prozess einsteigen, laufen wir Gefahr, am Thema »vorbeizucoachen«. Der Klient würde sich wieder mit den Aufgaben des Assessment-Centers beschäftigen, aber dabei sein Problem nicht lösen. Daher suchen wir weiter nach Begriffen oder Sätzen, die wie ein Passwort die Tür zum individuell wirksamen Lösungsweg öffnen können. Fast immer wird man bei der vom Coachee genutzten Wortwahl fündig.

Das Wort »Höhe« führt zur Blockade

Wir testen weitere Aussagen, die Andreas im Zusammenhang mit seinem Thema vorgetragen hat, beispielsweise auch die Beschreibung seiner Ziele.

»Abteilungsleiter« starker Test
»Die nächsthöhere Eben«   schwacher Test
»Ich möchte aufsteigen«   schwacher Test
»Nach oben kommen« schwacher Test
»Höhe« schwacher Test

Alle Begriffe und Sätze, die etwas mit dem Phänomen »Höhe« zu tun haben, erweisen sich als deutlicher Stresstrigger. Wir verwenden übrigens beim Coaching Begriffe wie »Stresstrigger«, »Stressreaktion« umgangssprachlich und meinen damit ein »subjektives Unbehagen« des Coachees, das er oder sie durch die eigene Selbstwirksamkeit für sich nicht zufriedenstellend managen kann. Wir forschten in diesem Fall mit dem Referenzwort »Höhe« weiter (s. S. 73).

Schon an dieser Stelle gibt das Beispiel eine einleuchtende Illustration für den Ansatz des Neurolinguistisches Coachings. Cora Besser-Siegmund und Lola Siegmund haben in den letzten Jahren speziell die neurolinguistischen Erfahrungen aus dem wingwave-Coaching zum Ansatz »NLC« für den generellen Einsatz in psychologischen Verfahren weiterentwickelt. Denn unabhängig davon, welche Intervention Coach oder Therapeut bei psychologisch fundierten Verfahren einsetzen – seien es nun »wache REM-Phasen«, ein Beratungsgespräch, Hypnose, systemisches Coaching oder Formate wie eine Timeline-Arbeit –, macht es Sinn, durch das Testen des individuellen Sprachgebrauchs den »Triggerpoint of Change« der Klienten zu identifizieren. Welche Referenzsätze und -wörter spiegeln das geschilderte Thema des Klienten am meisten spürbar auch auf der Körperebene? Welches Thema ist laut Testung das wichtigste Thema? Und wenn die Intervention stattgefunden hat, gilt das Testen der anfangs gefundenen Referenzsätze und Referenzwörter als Indikator für ein tragendes, nachhaltiges Ergebnis. Zu diesem Grundgedanken haben die NLC-Begründerinnen eine Reihe von internationalen Forschungsergebnissen gesammelt und auf dieser Basis einen Coaching-Prozess definiert, der mit jeder Coaching- und Psychotherapiemethode sinnvoll kombiniert werden kann (Besser-Siegmund/Siegmund 2015b). Der nächste Kapitelabschnitt vermittelt hierzu einen kleinen Überblick.

Wörter, neuronale Netzwerke und Sprachmatrizen

Komplexe neuronale Netzwerke: Bis vor Kurzem dachten die Gehirnforscher, dass Sprache überwiegend eine Aktivierungsangelegenheit der linken Gehirnhälfte sei, denn hier befinden die »klassischen« zwei Sprachzentren: das Broca-Areal und das Wernicke-Areal. 2014 fanden der kalifornische Neurowissenschaftler Alexander Huth und sein Team an der Universität Berkeley mit dem bildgebenden Verfahren der funktionellen Magnetresonanz-Tomografie (fMRT) Erstaunliches heraus: Wörter, die von Menschen in einem inhaltlichen Zusammenhang wahrgenommen werden, können komplexe neuronale Netzwerke aktivieren, die sich überraschend symmetrisch über das ganze Gehirn verteilen (Huth 2016). Dabei kann es sogar sein, dass ein und dasselbe Wort bei völlig unterschiedlichen Netzwerkaktivitäten »mitmacht«, wie Huth es am Beispiel des englischen Wortes »top« erklärt: Mal ist damit einfach nur das räumliche Wort »oben« gemeint, in einem anderen Kontext transportiert es eine Wertung, vergleichbar dem Begriff »Spitzenklasse«. Entsprechend löst es dann – je nach Bedeutung – in unterschiedlichen Arealen des Gehirns Aktivitäten aus.

Huth erklärt seine Gehirnscan-Befunde mit der Tatsache, dass die Probanden besagter Studie nicht mit einzelnen Wörtern befasst waren, sondern dass die Wörter im Zusammenhang mit ganzen Sätzen und Geschichten angeboten wurden. – Deshalb hätten sich dann diese komplexen neuronalen Netzwerke gezeigt.

Wörter können wehtun: Es gibt zudem eine weitere interessante neurolinguistische Studie aus der Schmerztherapie von dem Psychologieprofessor Thomas Weiß und der Diplom-Psychologin Maria Richter von der Universität Jena mit der Überschrift: »Do words hurt?«, auf Deutsch: »Können Wörter wehtun?«. Diese Studie zeigt deutlich, dass auch ein einzeln dargebotenes Wort neben den »klassischen« Sprachzentren ein umfassendes Netzwerk im Gehirn aktivieren kann. Bietet man nämlich Probanden mit einer einschlägigen Schmerzerfahrung nur einzelne »Schmerzwörter« wie »brennend« oder »stechend« an, zeigen sich im Gehirnscan deutliche Befunde im Schmerzzentrum dieser Menschen (Richter 2010). Ist also der Grad der »emotionalen Aufladung« eines Wortes entsprechend hoch, kann anscheinend auch ein einzelner Begriff eine umfassende Netzwerkaktivität in unserer Neurobiologie bewirken.

Buzzwords: Im Reich der subjektiv als positiv empfundenen Emotionen kann dies auch der beliebte Markenname eines Produkts sein – das ist das Ziel jeder Werbestrategie. Die deutsche Psychologieprofessorin Johanna Kißler bezeichnet emotions-konnotierte Begriffe übrigens als »Buzzwords«. Sie und ihr Team konnten nachweisen, dass diese »Buzzwords« insgesamt schneller zu Reaktionen im Gehirn führen als Wörter, die die Probanden als neutral einstufen (Kißler 2007). Wörter transportieren nicht nur Inhalte, sondern sie sind oft mit spezifischen Emotionen und Assoziationen verknüpft – daher schaltet das Gehirn wohl auch seine gesamte Kapazität bei der Sprachaktivierung ein. Diese Netzwerkdynamik wird beim Neurolinguistischen Coaching als Coaching-Tool systematisch genutzt.

Neuromatrizen und Sprache: Thomas Weiß erklärt das Phänomen der schmerzauslösenden Wörter mit dem Konzept der »Neuromatrix« des kanadischen Psychologen Ronald Melzack (Melzack 1999), der das Schmerzerleben als ein komplexes Zusammenspiel unterschiedlicher Gehirnregionen darstellt. Auch ein Wort wie der Begriff »stechend« kommt dann mit einer eigenen Wort-Neuromatrix daher: Es gibt visuelle Komponenten für die Vorstellung entsprechender Geräte, ein »Programm« im Sprachzentrum für das Aussprechen des Wortes, motorische Impulse für die Bewegung, kinästhetische Repräsentationen für materielle Sensationen – beispielsweise beim Nähen oder beim Hineindrücken einer Heftzwecke in eine Korkwand. »Bei den Probanden unserer Studie haben sich dann anscheinend Schmerzmatrix und Wortmatrix miteinander verwoben«, vermutete Weiß bei einem Vortrag zu diesem Thema.

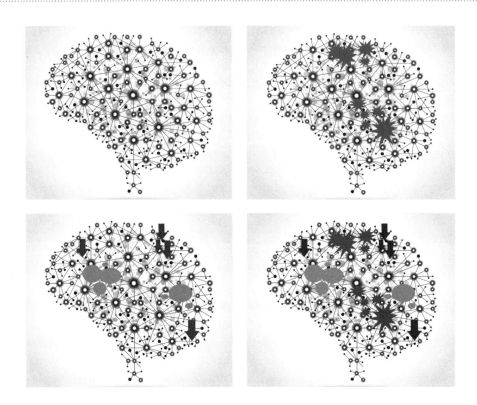

Intuitive Grafiken auf Basis relevanter Gehirnscans (von links nach rechts) 1. Neutrale Basis-vernetzung 2. Schmerzmatrix 3. Wortmatrix für »stechen« 4. Schmerz- und Wortmatrix als gemeinsames Netzwerk

Die »Vita-Sprache« des Menschen als Coaching-Kompass

Wirkung von Wörtern: Alle von uns gefundenen Forschungen zum Thema »Wirkung von Wörtern« legen eine allgemeine Zuordnung der Begriffe in Erlebniskategorien zugrunde. Als Beispiel für »positive Wörter« erscheinen Klassiker wie »Erfolg«, »gewinnen«, »Sonne«, »Liebe«, und als »negative Wörter« kursieren angeblich aversive Begriffe wie »Ekel«, »Gefahr«, »Langeweile« oder »Problem«. Es kann aber auch passieren, dass bei einem Sportler, der bei Olympischen Spielen antritt, das Wort »gewinnen« beim Myostatiktest ein schwaches Ergebnis bringt, weil der Trainer und die Sponsoren das Wort »gewinnen« immer mit physischem Druck in der Stimme aussprechen. Und das Wort »Sonne« verbindet sich mit der Angstmatrix, wenn ein Mensch auf einer Wüstensafari eine Autopanne erlebt hat und bei »stechender« Sonne stundenlang auf Hilfe warten musste. Ebenso gibt es Menschen, bei denen das Wort »Problem« keinesfalls eine Lähmung oder ein

Angstgefühl provoziert. Ganz im Gegenteil: »Problem« ist mit der »Neugiermatrix« verbunden und triggert wegen der entsprechenden Dopaminausschüttung einen belebenden »positiven Kick«. Diese ganz individuelle Emotionsprägung eines Menschen auf Wörter und Sätze nennen wir beim NLC die »Vita-Sprache« eines Menschen.

Neurolinguistisches Coping: Das Phänomen des individuellen Worterlebens im Sinne der Vita-Sprache dürfte auch auf die bekannte Detektivin Miss Marple zutreffen: Auf sie wirkt das Wort »Mord« inspirierend und aktivierend. Dennoch verurteilt sie Morde als verwerflich und moralisch inakzeptabel – vom Verstand her. Würden wir mit dem Myostatiktest bei Miss Marple »Mord« testen, fiele das Ergebnis bestimmt stark aus. Das heißt dann nicht »ich finde Morde gut«, sondern »ich fühle mich dem Thema gewachsen«: Der Mörder bekommt nun ein großes Problem, wenn sich Miss Marple mit kreativen Strategien an seine Fersen heftet. Wir nennen »NLC« manchmal auch »Neurolinguistisches Coping«, da ein starkes Testergebnis bei ausgewählten Referenzwörtern und Referenzsätzen zeigt, dass sich ein Mensch dem mit linguistischen Symbolen gespiegelten Thema gewachsen fühlt oder er beziehungsweise sie – metaphorisch gesprochen – den »Stier bei den Hörnern packen kann.«.

»Hoch oben« ist gefährlich: Wörter wirken also nicht per se gleichermaßen positiv, negativ oder neutral auf alle Menschen. Sie sind vielmehr mit der emotionalen Lerngeschichte der einzelnen Person verknüpft und können deshalb individuell und punktgenau zum Coaching-Thema und zum Coaching-Ziel führen.

Das Thema »Höhe« – die Auflösung der Vernetzung mit der »Panikmatrix«

Andreas scheint sich laut Test dem Thema »Höhe« gar nicht gewachsen zu fühlen. Bei ihm ist genau das passiert, was der Semantikforscher Huth bei seinen Gehirnscan-Untersuchungen am Beispiel des Wortes »top« herausfand: Sein Gehirn reagiert wortwörtlich auf »physische Höhe« und nicht auf »oben sein« im Sinne einer höher dotierten Position im Unternehmen. Es kommt hinzu, dass das Unternehmen in einem Hochhaus untergebracht ist und dass Andreas nach einer Beförderung tatsächlich ein Büro in einem höheren Geschoss beziehen würde.

Mit weiteren Tests, die durch einen systematischen Aussagenbaum führen, finden wir folgende Aussagen und Wörter mit schwachem Testergebnis:

- Alter: vier Jahre   schwacher Test
- »Mutter«   schwacher Test
- »Angst«   schwacher Test
- die eigene Angst   starker Test
- die Angst der Mutter   schwacher Test

Andreas erinnert sich dann an den Spielplatz, der sich in Sichtweite der elterlichen Wohnung befand: »Ich muss sofort an das Klettergerüst denken, ich bin wahnsinnig gern rumgetobt und geklettert – und meine Mutter hat immer Angst um mich gehabt und aufgeregt vom Balkon runtergerufen: ›Nicht zu hoch – du fällst runter!‹ Ich höre immer noch die Panik in ihrer Stimme. Immer wenn sie einmal nicht geschaut hat, bin ich wieder hochgeklettert. Dann kam sie sogar herunter auf den Spielplatz und hat mit mir geschimpft.« Auf diese Weise wurde das Wort »hoch« zum stressenden »Buzzword« für den Klienten, was sich später auch im Sport auswirkte: »Ich war sehr gut in Leichtathletik – allerdings nur bei all den Disziplinen, die geradeaus gehen. In der Tat versuchte ich ab und zu auch einmal Hochsprung, aber ich wich immer aus und lief an der Stange vorbei. Mein Trainer war ratlos.«

Der Klient fokussiert sich in der Hör-Erinnerung auf die Panik in der Stimme seiner Mutter, wenn sie rief: »Nicht so hoch!« und wir führen die wingwave-Intervention durch.

Andreas ist vor allem durch einen sogenannten Spiegelneuronen-Stress beeinträchtigt – er fühlt die Panik der Mutter nach, ist durch den »hysterischen« Tonfall alarmiert: »Es ist, als würde sich mein Magen zusammenziehen«, beschreibt er auf Nachfrage das »Körperecho« auf die Stresserinnerung. Beim ihm hat also das »Kreischen« tatsächlich nicht aufgehört – allerdings hatte sich als Trickemotion in ihm nicht das eigene Gefühl, sondern das gespiegelte Erleben seiner Mutter ungünstig in der Verknüpfung mit der Neuromatrix „Panik" manifestiert.

Schnell verflüchtigt sich dieses Gefühl durch das »Winken« und der Test zeigt, dass dies auch nach der Intervention anhält. Gleiches gilt für die Worte »hoch hinaus«, »nächsthöhere Ebene« und »Höhe«.

Ressourcenwörter für die erfolgreiche Performance: Beim Coaching geht es nicht nur darum, die zuvor als Stresstrigger wirkenden Referenzwörter und Referenzsätze zu neutralisieren. Im nächsten Schritt finden Coach und Coachee positive »Buzzwords«, die zukünftig in der Karriereentwicklung als Ressourcentrigger positive mentale Kraftquellen aktivieren können.

Schlüsselwörter für die »Erfolgsphysiologie«

Weiterhin testen wir, welches Ressourcengefühl Andreas im Assessment-Center guttun würde, und checken für dieses Vorhaben relevante Referenzwörter aus einer Liste der sogenannten »positiven Emotionsqualitäten«. Auf unser Befragen hin wünscht sich der Klient mehr Mut, aber der Test des Satzes »Ich brauche Mut« fällt schwach aus. Beim weiteren Suchen ergibt sich ein starkes Ergebnis bei dem Wort »Spaß«. Sofort hellt sich das Gesicht des Klienten auf: »Da ist was dran, beispielsweise spiele ich so gern mit meinen Freunden Fußball, weil es uns allen einen Riesenspaß macht – und dann engagiere ich mich auch mit allen Kräften.«

Wie bitten ihn, an so ein Fußballspiel zu denken und dabei die Körperresonanz zu checken: »Irgendwie ein Hüpfgefühl, vor allem in den Beinen.« Dieses Gefühl können wir nun in den Gedanken an das Assessment-Center »einweben«. – Dabei arbeitet der wingwave-Coach zur Verstärkung der positiven Emotionsqualität mit extra langsamen Augenbewegungen. Andreas besteht das nächste Assessment-Center mit einer nachhaltig tragenden inneren Balance. Übrigens macht es immer Sinn, bei Prüfungen auch den Lebensschritt zu testen, den der Coachee nach dem erfolgreichen Bestehen gehen möchte. Nicht selten ist die Prüfungsangst ein Vermeidungsstress vor dem, was dann folgen könnte.

Die NLC-Matrix: Der NLC-Coach und der wingwave-Coach erforschen mit dem Myostatiktest exakt die Koordinaten im subjektiven Erleben des Klienten, die zu den relevanten »Triggerpoints of Change« führen, den TOCs. Das sind jene »Stressknoten«, deren Lösung eine maximale Veränderung, Erleichterung und Leistungssteigerung im Leben und Erleben des Coachees bewirken können. Oder man sucht gezielt nach einer Ressource, die eine innere Kraftquelle im zukünftigen Verhalten und Erleben wirkungsvoll zum Fließen bringen kann. Besagte Koordinaten verhalten sich identisch zu den Koordination einer Würfelberechnung: Länge × Höhe × Tiefe. In der NLC-Matrix heißen die Einheiten: Psychophysiologischer Status × Erlebnisposition × Timeline – abgekürzt »PET«.

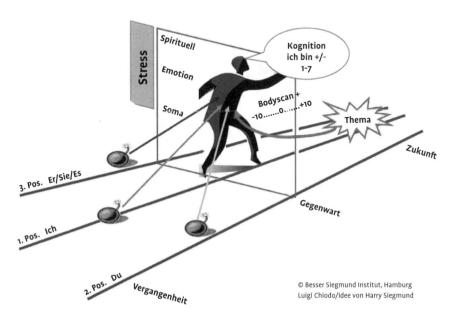

NLC-Matrix

Punktgenaue Ortung wichtiger Schlüsselwörter mit der NLC-Matrix

Entsprechend hatten wir bei Andreas folgende »Triggerpoints of Change« gefunden:

PET	Psychophysiologie	Erlebnisposition	Timeline-Punkt
TOC 1	Angst Bodyscan: Magen	2. Position (Mutter)	4 Jahre
TOC 2	Spaß Bodyscan: Hüpfgefühl/ Beine	1. Position und auch 3. Position (allen geht es gut)	Gegenwart

Emotionsforschung zum Thema wingwave: »Mit Freude läuft es besser!«

Der Diplom-Psychologe Marco Rathschlag verfasste an der Deutschen Sporthochschule Köln seine Doktorarbeit im Rahmen mehrerer Studien zum Thema wingwave-Coaching. Im Februar 2014 wurden die Ergebnisse von Marco Rathschlags Forschungen in dem Artikel »Reducing anxiety and enhancing physical performance by using an advanced version of EMDR: a pilot study« im Wissenschaftsmagazin »Brain and Behavior« veröffentlicht und so einem internationalen Fachpublikum vorgestellt (Rathschlag/Memmert 2014).

Im Rahmen der Studie tauchte folgende Fragestellung auf: Kann man wirklich davon ausgehen, dass Menschen bei positiv empfundenen Emotionsqualitäten mehr physische Kraft generieren können als bei den subjektiv unangenehmen Emotionen? Die Überraschung war zunächst groß, als Rathschlag feststellte, dass es weltweit zu diesem Thema keine ausreichend aussagefähige Untersuchung gab; daher führte er die erforderliche Grundlagenforschung selbst durch. Zunächst wurde hierzu die Kraftantwort der Handmuskeln beim Myostatiktest mit einem speziell entwickelten Gerät objektiv gemessen.

Objektive Messung des Myostatiktests

Die Teilnehmer der Studie sollten bei diesem Test intensiv an Situationen in ihrem Leben denken, die sie mit unterschiedlichen Emotionsqualitäten in Verbindung brachten. Das Ergebnis war eindeutig: bei der Emotion »Freude« konnten die Probanden die größte Kraft in ihren Hand- und Fingermuskeln aufbringen. Signifikant am höchsten waren die Kraftergebnisse bei der Emotion Freude, an zweiter Stelle bei der Emotion Ärger. Das schwächste Kraftergebnis zeigte sich bei den Emotionen Trauer und Angst. Insofern macht es Sinn, den Kraftzuwachs beim Myostatiktest als positiven Coaching-Effekt zu deuten.

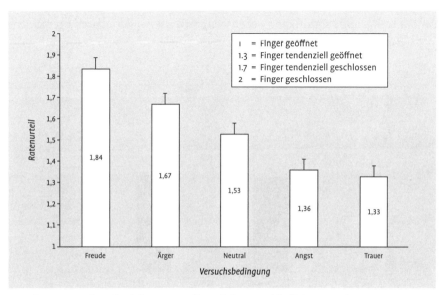

Generierung von Fingerkraft im Myostatiktest bei unterschiedlichen Emotionen

Rathschlag führte anschließend drei weitere Studien zum körperlichen Leistungsvermögen bei Sprunghöhe, Schnelligkeit beim Sprintlauf und Schnelligkeit beim Langlauf durch. Immer ergab sich das gleiche Ergebnis, das dann auch dem wingwave-Buch zu diesem Thema zum entsprechenden Titel verhalf: »Mit Freude läufts besser« (Rathschlag/Besser-Siegmund 2013). Es ist also logisch ableitbar, den Zuwachs an Kraftgenerierung beim Myostatiktest als positiven Coaching-Effekt zu deuten.

Im Folgeprojekt wurde untersucht, welche entstressende Wirkung eine Stunde Intervention mit der Methode wingwave-Coaching auf ein Angstthema ausüben kann. Für die Studie meldeten sich 50 Studenten mit »gemischten« Angstthemen. Darunter waren Prüfungs- und Auftrittsängste, Angst vor bestimmten Konflikten oder alltägliche Ängste wie Fahrstuhlfahren. Es handelte sich bei allen um »isolierte« Ängste, die die Personen nur in ganz bestimmten Situationen beeinträchtigten. Ansonsten fühlten sich die Probanden gesund, arbeitsfähig und allen wichtigen Lebenssituationen gewachsen. 25 Teilnehmer wurden mit der wingwave-Methode gecoacht und 25 kamen in eine Kontrollgruppe ohne Intervention. Bei allen Teilnehmern wurden eingangs mit dem Myostatiktestgerät bezüglich der Fingerkraft beim Denken an das Angstthema ähnlich schwache Werte wie bei der Vorstudie gemessen. Weiterhin unterzogen sich alle Studienteilnehmer zwei schriftlichen psychologischen Tests, in denen Werte zum konkreten Angstthema, aber auch zum allgemeinen Ängstlichkeitsniveau erfasst wurden. In den schriftlichen Tests verbesserte sich die Interventionsgruppe gegenüber der Kontrollgruppe signifikant – ebenso signifikant fiel der objektiv gemessene Myostatiktest aus.

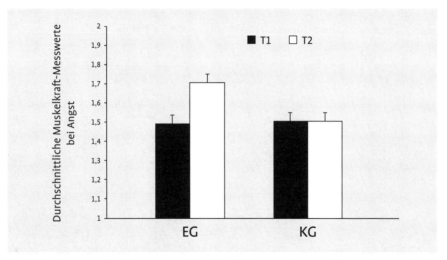

Ergebnisse Angststudie mit wingwave-Coaching bei Interventions- und Kontrollgruppe (nach Marco Rathschlag)

Insgesamt konnte die Studie feststellen, dass die Kraftmessung zwischen zwei Menschen in hohem Maße mit der Kraftmessung durch besagtes Gerät korreliert. Die beteiligten Coaches waren bei der Messung durch das Gerät beim Vor- und Nachtest nicht anwesend, kamen aber mit ihren Probanden zu denselben Ergebnissen jeweils beim Beginn und beim Ende des Coaching-Prozesses. Demnach ist die Testdurchführung zwischen zwei Menschen für die Qualität und für die Verlässlichkeit der Interventionsergebnisse – auch ohne Gerät – gut geeignet.

Geeignete Coaching-Themen für wingwave und NLC

Wie schon zu Beginn dieses Beitrags erwähnt, gibt ein breites Einsatzgebiet für diese Emotions-Coaching-Verfahren, da sich der positive Effekt auf das subjektive Erleben der Coachees auswirkt – unabhängig vom Kontext, in dem der Klient sich befindet. Diese Kurzzeitverfahren können Sportler beflügeln, Schüler von Lernblockaden befreien und Politikern automatisch Humor und Schlagfertigkeit in anspruchsvollen Diskussionen zuspielen. Auch Zahnärzte nutzen wingwave-Coaching, um ihren Patienten innere Gelassenheit bei der Behandlung zu ermöglichen. Für jedes Coaching-Thema erstellen die wingwave- und NLC-Coaches sogenannte »Aussagenbäume« – da gibt es spezielle Listen für Auftritts-Coaching, Flugangst, Diskussionssicherheit oder zum Beispiel auch sehr spezifische Abläufe wie den »Siebenmeterwurf« beim Handball.

Coach und Coachee checken dabei alle möglichen Stresstrigger im Leistungskontext, wobei der Coach den Coachee beim Aussprechen der Referenzwörter oder der Referenzsätze gleichzeitig testet. Daraus ergibt sich ein individuelles Profil für den optimalen Coaching-Prozess und die schnellste »Abkürzung zur Lösung«. Beispielsweise zeigte sich bei einer Profi-Hockey-Spielerin der größte Stress bei der Erwähnung des »Sportoutfits« – es gab da ein bestimmtes Shirt, in dem sie ihrer Meinung nach eine »schlechte Figur« machte. Aber die Spielregeln bestimmen halt den Dresscode des Mannschaftssportlers. Alle anderen Referenzwörter wie »Gegner« oder »Schiedsrichter« ergaben ein starkes Ergebnis und repräsentierten für die erfahrene Spielerin keinerlei Probleme. Ein »Selbstbild-Coaching« mit wingwave führte bei dieser Klientin schnell zu einem spürbar besserem Spielgefühl und einer verbesserten Leistung.

Work-Health-Balance: Beispiel für einen Aussagenbaum

In den letzten Jahren haben wir – vor allem Cora Besser-Siegmund und Lola Siegmund – wingwave-Coaching für das Thema »psychische Gesundheit am Arbeitsplatz« weiterentwickelt und zu diesem Thema ein Training konzipiert, in dem das »Gesundheitswesen« durch acht Selbstcoaching-Einheiten führt (Besser-Siegmund/Siegmund 2016).

Gesundheitswesen (Illustration Lola A. Siegmund)

Es geht bei diesem Training nicht nur darum, in der Freizeit Stressausgleich zu betreiben, sondern in erster Linie lernen die Anwender, wie sie ihr subjektives Stresserleben im Arbeitskontext selbst im Tagesverlauf präventiv managen können. Hierzu gibt es ebenfalls einen Aussagenbaum zur Erfassung der individuellen Stressthematik am Arbeitsplatz. Im Training skaliert der Anwender einen Wert zu den Punkten (–10 bis +10). Im Einzel-Coaching werden alle Wörter und Aussagen mit dem Myostatiktest getestet und dann entsprechend gecoacht.

Aussagenbaum: Checkliste Arbeitsplatz

	Wert
Das morgendliche Aufwachen, Geräusche und Anblick des Weckers	
Das Aufstehen und Anziehen, Frühstücken	
Das »Feeling« in der Arbeitskleidung	
Der Arbeitsweg	
Der Name des Unternehmens	
Der Anblick des Gebäudes/Geländes, in dem Sie arbeiten, von außen	
Das Betreten des Gebäudes	
Der Weg durch das Gebäude bis zum Raum/Platz, in/an dem Sie die meisten Stunden arbeiten	
Der Anblick des Arbeitsraums/Arbeitsplatzes in zwei, drei Metern Entfernung	
Das Sitzen, Stehen oder Laufen am Arbeitsplatz	

Sinneseindrücke wie Licht, Geräusche, Temperatur

Arbeitswege, die Sie betriebsbedingt zurücklegen, zum Beispiel auch mit dem Flugzeug fliegen

Arbeitsereignisse wie Meetings, Vorträge

Die Arbeitsutensilien – ergänzen Sie gern die Liste!
- Arbeitsstuhl, Arbeitsfläche
- Telefon
- Handy/Smartphone/Touchpad
- Computer
- Unterlagen/Mappen
- Papier wie Zettel, Quittungen und Ähnliches
- Handwerkszeug wie Steuerrad, Kochlöffel
- Der Firmenwagen, falls Sie viel mit dem Auto unterwegs sind
- …

Ihre persönlichen Arbeitsabläufe

Ihre Arbeitszeiten und der Blick auf die Uhr

Unterbrechungen, die manchmal auftauchen, zum Beispiel der Paketbote schneit herein

Dinge, für die Sie die Verantwortung haben

Menschen, für die Sie die Verantwortung haben

Die Kollegen

Der direkte Vorgesetzte

Die Menschen in der Geschäftsführung

Freizeiterlebnisse mit den Menschen auf Ihrer Arbeit wie Betriebsfeiern, private Gespräche oder Treffen

Die Kunden

Die Produkte des Unternehmens

Die Lieferanten

Das Image der Firma nach außen

Externe Einwirkung auf das Unternehmen wie Bankaufsicht, EU, Regierung

Unternehmenszahlen, die kursieren

Der Gedanke an Ihr Gehalt	
Der Gedanke an die Aufstiegschancen/Möglichkeiten der Weiterentwicklung an Ihrem Arbeitsplatz	
Ihre Berufsbezeichnung	
Ihre Positionsbezeichnung	

Hinweise zur Methode

Qualitätssicherung, Methodenverband GNLC: Alle Coaches, die im Coach-Finder der wingwave-Homepage und der NLC-Homepage gelistet sind, bilden sich jährlich in der Methode fort – sie nehmen entsprechend am wingwave-Qualitätszirkel teil. Die Methode wingwave-Coaching wird laufend weiter erforscht; die Ergebnisse veröffentlichen wir in Büchern, Zeitschriften, auf der wingwave-Methodenseite: www.wingwave.com sowie auf der Homepage des Methodenverbands »Gesellschaft für Neurolinguistisches Coaching«: www.nlc-info.org. Auf der NLC-Homepage sammeln wir auch relevante Forschungsergebnisse über die Themen Sprache, Neurolinguistik, Semantik und Gehirnforschung und stellen sie kurz redaktionell – in deutscher und englischer Sprache – vor.

»Excellence in Coaching«: Unter dieser Überschrift erhielt die wingwave-Methode in 2014 in London einen Coaching-Pokal von der abp (Association for Business Psychology). wingwave war für den Award dieser britischen Gesellschaft nominiert und schaffte es unter die ersten drei Finalisten – im Kreise hochkarätiger Mitbewerber mit Konzepten von Unilever, Jaguar, McDonalds etc. Die Jury würdigte die wingwave-Methode als gleichermaßen innovatives und gut erforschtes Verfahren.

Literatur

- Besser-Siegmund, Cora/Siegmund, Harry: wingwave-Coaching. Wie der Flügelschlag des Schmetterlings (Neuauflage von: EMDR im Coaching). Paderborn: Junfermann 2015a
- Besser-Siegmund, Cora/Siegmund, Lola: Work-Health-Balance. Aktiver Stressabbau mit der wingwave-Methode. Hannover: Humboldt. 2016
- Besser-Siegmund Cora/Siegmund, Lola: Neurolinguistisches Coaching – NLC: Sprache wirkt Wunder! Paderborn: Junfermann 2015b

- Dierks, Marie-Luise: wingwave auf dem Prüfstand der Forschung. In: Besser-Siegmund, Cora/Siegmund, Harry: wingwave-Coaching. Wie der Flügelschlag eines Schmetterlings (Neuauflage von: EMDR im Coaching). Paderborn: Junfermann 2015
- Huth, Alexander G.: Natural speech reveals the semantic maps that tile human cerebral cortex. Nature 532, 16. April 2016, S. 453–458.
- Kißler, Johanna: Buzzwords – early cortical responses to emotional words during reading. Psychological Science, S. 18 (06) 2007, S. 475–480
- Richter, Maria/Weiß, Thomas: Do words hurt? Brain activation during the processing of pain-related words PAIN. 148 (2), 2010 S. 198–205
- Melzack, Ronald: From the gate to the neuromatrix. PubMed, US National Library of Medicine, National Institute of Health 1999
- Rathschlag, Marco/Besser-Siegmund, Cora: Mit Freude läufts besser. Durch wingwave positive Emotionen fördern und Leistung steigern. Paderborn: Junfermann 2013
- Rathschlag, Marco/Memmert, Daniel (2014): Reducing anxiety and enhancing physical performance by using an advanced version of EMDR: a pilot study. Brain and Behavior. DOI: 10.1002/brb3.221, Wiley Periodicals 2014
- Schwarz, Monika/Chur, Jeanette: Semantik. Tübingen: Narr Studienbücher 2007
- Shapiro, Francine: Freiwerden von der Vergangenheit: Trauma-Selbsthilfe nach der EMDR-Methode. München: Kösel 2013

Gehirngerecht Lernen und Lehren: HBDI® und Whole Brain® Thinking

Hans-Georg Geist und Herrmann® International

Tags: gehirngerecht, Hirn als Metapher, Persönlichkeit, Typologie, Denkstil, Präferenz, Rollen, rational, organisatorisch, fühlend, experimentell

Positionierung

Ebenfalls seit Jahrzehnten ist das »Herrmann Brain Dominance Instrument®« (HBDI®) im Einsatz, die einzige breit eingesetzte Persönlichkeitstypologie, die schon im Namen das Gehirn adressiert. Der Autor (mit seinem Unternehmen Lizenznehmer für Deutschland) betont, dass fürs HBDI® das Gehirn metaphorisch betrachtet werde. Doch erschließt sich Ihnen als Leser rasch die Nähe zu den Neurowissenschaften, wenn Sie die definierten Denkstile in Bild und Text näher betrachten: Da geht es um Rationales und Fühlendes, ergo stärker kognitive und/oder emotionale Orientierung eines Menschen. Womit wieder das limbische System als zentrales Moment für unser Verhalten ins Spiel kommt.

Ziel dieses Modells ist, sich selbst besser bewusst zu werden und bewusster zu machen, wie »man« denkt, welche Stile bevorzugt werden. Konsequenzen daraus zu ziehen kann zum Beispiel bedeuten, je nach Gesprächspartner bewusst umzuschalten, statt den Autopilot agieren zu lassen. So richtig funktioniert das, wenn Sie das HBDI® einsetzen, also die 120 Fragen beantworten (lassen), die mithilfe einer Software auszuwerten sind. Wie sich das auswirken mag, hat der Autor in konkreten Fallbeispielen für unterschiedliche Weiterbildungssituationen ausgearbeitet. So lassen sich die Erkenntnisse direkt auf das jeweilige Format übertragen.

Der Ausgangspunkt für den »Erfinder« Ned Herrmann war die Frage: »Wie kommt es, dass Manager, die zusammen an demselben Seminar teilnehmen [...], gänzlich verschiedene Ergebnisse des Programms in ihrer Karriere und ihrem Beruf einsetzen?« Es gilt zudem: »Auch wer die Denkpräferenzen der Lernenden *nicht* kennt, kann für einen Methodenmix sorgen, der allen gerecht wird« (Hans-Georg Geist). Auch wenn das »Whole Brain®« nur metaphorisch eingesetzt ist: einerseits als Kombination der beiden Gehirnhälften, andererseits des dreistufig entwickelten menschlichen Gehirns, werden Sie viel Gleichklang mit jenen Beiträgen entdecken, die konkret hirnphysiologisch argumentieren.

Einführung

Man sagt, der Mensch würde nur einen kleinen Teil seines geistigen Potenzials nutzen. Die Idee, auch den größeren Teil zu erschließen, fasziniert uns seit jeher. Gegner dieser These führen ins Feld, dass wir den freien Bereich in unserem »Arbeitsspeicher« benötigen, um neue Aufgabenstellungen meistern zu können. Ein Roboter brauche für jede Erweiterung seiner Funktionen eine neue Programmierung. Wir bräuchten dafür jenen freien Bereich – sonst könnten wir zum Beispiel nicht spontan lernen, einen Stock auf unserem Finger zu balancieren oder mit einem Menschen in einer anderen Sprache zu kommunizieren. Unbenommen, wer am Ende Recht behält: Wäre es nicht hilfreich zu verstehen, wie wir – und andere – »ticken«, und warum? Dieses Verständnis könnte uns die Tore zu ganz neuen Erkenntnissen und Fähigkeiten öffnen.

Wir könnten unsere Schwächen erkennen und akzeptieren lernen. Wodurch wir die Angst oder das Unwohlsein vor ihnen verlören. Allein das könnte schon eine positive Entwicklung einleiten, und Schwächen könnten nicht nur aktiv überwunden werden, sondern sich wie von allein auflösen, weil der Stressmoment fehlt. Wir müssten nicht mehr wütend werden, wenn uns unser Gegenüber widerspricht. Weil wir wüssten, was ihn beziehungsweise sie dazu führt. Und wir könnten unsere – vielleicht manchmal unerklärliche – Lustlosigkeit und Lethargie gerade in Lernprozessen überwinden. Weil wir erkannt haben, was uns ausbremst und demotiviert. Wodurch wir es umwandeln können in einen kraftvollen Antrieb mit unglaublicher Leistungsfähigkeit.

Das Herrmann Brain Dominance Instrument® (HBDI®) und das Whole Brain® Thinking können uns helfen, dieses Verständnis und uns selbst zu entwickeln. Sofern uns das ein Bedürfnis ist.

Was ist das HBDI® und Whole Brain®-Modell?

Das HBDI® ist ein physiologisches Instrument zur Denkstilanalyse. Es identifiziert und misst die Ausprägung der vier Denkstilarten und deren Kombinationen. Diese beziehen sich auf die zerebralen Hemisphären und das limbische System des Gehirns.

Im Whole Brain®-Modell werden die Denkstilpräferenzen in vier Quadranten visualisiert:

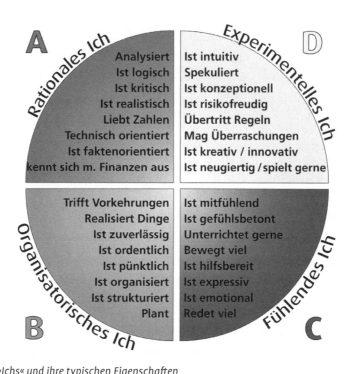

Die vier »Ichs« und ihre typischen Eigenschaften

A: Das rationale Ich – ist sachlich, liebt Zahlen und Fakten, geht logisch vor und ist analytisch veranlagt.

B: Das organisatorische Ich – ist zuverlässig und pünktlich, plant, geht gern strukturiert vor, mag Details.

C: Das fühlende Ich – ist intuitiv, emotional, hilfsbereit, kommunikativ, ausdruckstark.

D: Das experimentelle Ich – zeichnet sich durch ganzheitliches und konzeptionelles Denken, Kreativität, Risikofreude aus, ist neugierig.

Das HBDI® misst die Ausprägung der Denkstilpräferenzen in den vier Quadranten A, B, C und D. Das Ergebnis ist ein Profil, das die Denk- und Handlungscharakteristik einer Person, von zwei Personen (zum Beispiel in privater oder beruflicher Beziehung) oder eines aus mehreren Personen bestehenden Teams darstellt. Damit können Defizite und Abneigungen erkannt, verstanden und überwunden sowie Stärken und Handlungspräferenzen identifiziert und ausgebaut werden.

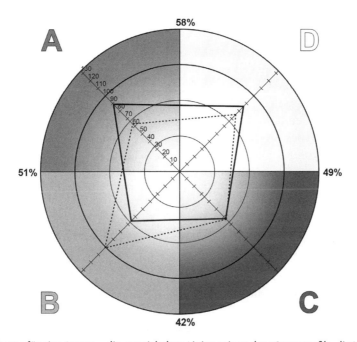

Profilschema für eine Person – die gestrichelten Linien zeigen das »Stressprofil«, die Veränderungen unter Druck, zum Beispiel in Lernsituationen

Die Kreissegmente zeigen die Stärke der Denkpräferenzen auf. Je weiter außen sich der Eckpunkt des Vierecks befindet, desto größer ist die Ausprägung, also die »Dominanz« in diesem Denkstil. Der innere kleine Kreis ist der sogenannte Vermeidungsbereich. Das bedeutet: Die Person nutzt diesen Bereich wenig, vermeidet ihn.

Was bringt die Denkstilanalyse?

Unsere Denkstile und Denkstilpräferenzen haben Einfluss auf alles, was wir tun: auf unsere Kommunikation, auf die Entscheidungsfindung, auf unsere Art, Probleme und Konflikte zu lösen, auf unseren Führungsstil und auf unsere Art, wie wir lehren und lernen. Das Verständnis der eigenen Denkstilpräferenzen eröffnet neue Perspektiven zur Wahrnehmung der eigenen Person und der Menschen, mit denen wir täglich zu tun haben.

Wer entwickelte das HBDI® und das Whole Brain®-Modell?

Der US-Amerikaner William Edward »Ned« Herrmann (1922–1999) hat das HBDI® und das Whole Brain®-Modell entwickelt. Die Typisierung des menschlichen Gehirns bildet die Grundlage dafür.

Herrmann arbeitete nach seinem Studium der Physik und der Musik für den US-amerikanischen Konzern General Electric. Er war zunächst im Bereich Forschung und Entwicklung tätig und leitete später das zentrale Development Center. Sein Modell basiert auf den Ergebnissen der Gehirnforschung, insbesondere auf den Erkenntnissen von Roger Sperry und Paul D. MacLean.

Roger Sperry entdeckte bei seinen Forschungen die duale Spezialisierung des Gehirns und erhielt dafür den Nobelpreis. Millionen Nervenfasern verbinden über den sogenannten »Balken« (Corpus Callosum) die beiden Großhirnhemisphären und sorgen für eine sehr schnelle Verknüpfung aller Informationen. Das bedeutet, dass wir das Zusammenspiel der unterschiedlichen Denk- und Verhaltenspräferenzen nicht als getrennte Prozesse empfinden. Man könnte sich zwei Partner vorstellen, die sich jeweils die Aufgaben zuspielen, für die sie besser geeignet sind.

Paul D. MacLean stellte eine weitere wesentliche Theorie zur Arbeitsweise unseres Gehirns auf, nach der der Neocortex, das limbische System (er führte den Begriff »limbisch« ein), und das Reptiliengehirn (Stammhirn) eine entwicklungsgeschichtlich gewachsene »Dreieinigkeit« (engl. Triune Brain) bilden.

Ned Herrmanns Interesse an der Funktionsweise des Hirns begann mit seiner Neugier hinsichtlich der eigenen »Dualität«. Während der Studienzeit zeigte sich seine außergewöhnliche Begabung sowohl in Physik als auch in Musik. Später hatte er – neben seiner Tätigkeit als Physiker – auch Erfolg als Maler und Bildhauer.

Sein Interesse am Gehirn und seinen Funktionen wuchs durch seine Tätigkeit als Trainer und er fragte sich: »Wie kommt es, dass Manager, die zusammen an demselben Seminar teilnehmen, mit einem Trainer und einem gemeinsamen Inhalt, am Ende mit völlig unterschiedlichen Beurteilungen herauskommen und gänzlich verschiedene Ergebnisse des Programms in ihrer Karriere und ihrem Beruf einsetzen?«

Um die Antwort zu finden, entwickelte Ned Herrmann sein metaphorisches Modell der Hirndominanzen. Zur Differenzierung unterteilte er die Hemisphären zusätzlich in eine cerebrale (oberer Modus) und eine limbische Ebene (unterer Modus). Die Wahrnehmung im oberen Modus bedeutet eine intellektuell-gedankliche, die im unteren Modus eine gefühlsmäßige Verarbeitung der Informationen. In Versuchsreihen konnte Herrmann feststellen, dass sich das Denken des Menschen tatsächlich in vier Hauptrichtungen einteilen und in einem Diagramm darstellen lässt.

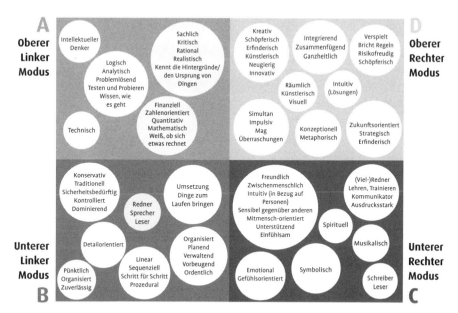

Cluster typischer Eigenschaften in den vier Quadranten

Nachdem seine Versuchsreihen abgeschlossen waren, entwickelte Ned Herrmann mit Unterstützung von General Electric das Herrmann Brain Dominance Instrument (HBDI®). Er nutzte die Gehirnarchitektur dabei vorwiegend als Metapher. Ein direkter Zusammenhang zwischen Denkpräferenzen und biologischen Gehirnfunktionen wird im Whole Brain®-Modell nicht hergestellt.

Die Metapher

Obwohl sie auf physiologischen Erkenntnissen beruhen, hängen die Verhaltensmerkmale und Denkpräferenzen, die das HBDI®-Profil darstellt, nicht von der genauen Lokalisierung der unterschiedlichen Denkprozesse im Gehirn ab. Das Whole Brain®-Modell ist vielmehr eine Metapher für die Arbeitsweise des Gehirns. Das Modell reduziert dessen Komplexität auf das schnell erfassbare Wesentliche. Ungefähr so, wie es eine Landkarte tut.

Wo die eigentliche Denkarbeit geleistet wird, können wir aus dem Profil nicht ersehen. Das ist für die Analyse der Denkpräferenzen aber auch nicht erforderlich. Mit einer Landkarte können wir beispielsweise sehr gut navigieren, ohne dass sie ein genaues Abbild der Realität ist. Mit dem HBDI®-Profil können wir uns in unseren Denkpräferenzen zurechtfinden. Wir können sehen, welche stärker ausgeprägt sind und welche weniger – und sind in der Lage zu analysieren, welche Auswirkungen das hat.

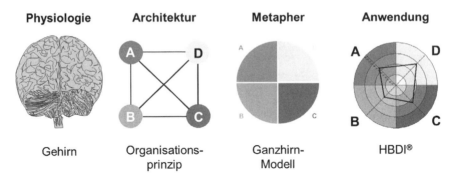

Prinzip der Visualisierung der Denkpräferenzen mit dem HBDI®

Anwendungsbereiche und Vorteile

Die Bereiche, in denen das HBDI® und das Whole Brain®-Modell zielführend eingesetzt werden können, sind vielfältig, denn es setzt überall dort an, wo Gedankenarbeit geleistet wird und es – darauf aufbauend – um folgende Aspekte geht:

- Prozesse, Meinungen und Haltungen verstehen
- komplexe Sachverhalte transparent machen
- Abläufe organisieren und managen
- Menschen motivieren, entwickeln, führen
- kreative Prozesse initiieren
- Missverständnisse und Konflikte lösen
- konstruktiv und störungsfrei kommunizieren
- richtige Entscheidungen treffen

Das HBDI® und Whole Brain® Thinking werden daher in vielen beruflichen und organisatorischen Kontexten eingesetzt und angewandt. Sie sollen Einzelpersonen, Teams und Unternehmen dabei helfen, die Denkpräferenzen zu verstehen, die Agilität im Denken zu steigern und infolgedessen ihre Leistungen und Ergebnisse zu verbessern.

Anwendungsbereiche für das HBDI® und Whole Brain® Thinking

Das HBDI® und Whole Brain® Thinking kommen zum Einsatz

- im Coaching, in der Personal-, Führungskräfte-, Team- und Organisationsentwicklung
- im Rahmen von Veränderungsprozessen
- bei der Entwicklung und Umsetzung von Geschäftsmodellen
- zur Verbesserung von Innovations- und Kreativitätsprozessen

- in Kommunikations-und Verkaufstrainings
- im Marketing und Vertrieb
- bei der Entwicklung von Unternehmenskulturen

Die Vorteile:

- besseres Selbstverständnis und Verständnis für andere
- Entwicklung von Authentizität und Vertrauen
- Verbesserung von Kommunikation und Zusammenarbeit
- höhere Effizienz von Einzelpersonen und Teams in einzelnen Bereichen und in der Gesamtorganisation
- Aufgabenverteilung unter Berücksichtigung von Präferenzen und Schaffen eines Arbeitsklimas, wodurch Kreativität und Produktivität erhöht werden.
- Verbesserung der Lehr- und Lerneffizienz
- Verbesserung von Marketing- und Vertriebsaktivitäten
- Verbesserung von Management und Führungsstil
- Verbesserung von Entscheidungen und Problemlösungen

Die Auswertung: das HBDI®-Profil

Die Ermittlung der Denkstilpräferenzen basiert auf 120 Fragen, die in ungefähr 30 Minuten beantwortet werden können. Sie beziehen sich auf die Selbsteinschätzung der Person bezüglich persönlicher Merkmale, Merkmale der Arbeit, Aspekte der Ausbildung, des Berufs, der Hobbys sowie weiterer Inhalte, aus denen sich aufgrund empirischer Erkenntnisse Präferenzen ableiten lassen. Üblicherweise wird das HBDI®-Profil mit einem ein- bis eineinhalbstündigen Interpretationsgespräch verbunden, in dem das Profil durch eine zertifizierte Person erläutert wird. Es wird erklärt, welche Schlussfolgerungen daraus vor dem Hintergrund individueller Fragestellungen für das Privat- und Berufsleben gezogen werden können.

Das HBDI® ist kein Test, es handelt sich um eine wertfreie Selbstanalyse. Die Wertfreiheit ist einer der Gründe für die hohe Akzeptanz des Instruments in der Wirtschaft.

Die Auswertung besteht aus einem Paket, das das zweiseitige Einzelprofil sowie eine Interpretationsbroschüre enthält, in der sich Erläuterungen zum Profil befinden. Im Zentrum der Auswertung steht eine kreisförmige Grafik, die in vier unterschiedlich gefärbte Quadranten unterteilt ist. Die Farbgebung hat keinen farbtheoretischen Hintergrund und kann in diesem Buch auch nicht wiedergegeben werden.

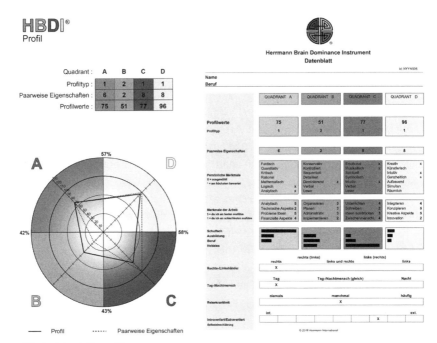

Profilbeispiel mit Datenblatt

Jeder der folgenden Typen repräsentiert einen Quadranten in »Reinkultur«:

A: Der analytische Typ – er liebt die FAKTEN. Eine starke Ausprägung des »rationalen Ichs« zeigt den Analytiker, der entweder ruhig und ernsthaft (introvertiert) oder debattierend-extrovertiert einem Sachverhalt auf den Grund geht. Er liebt Fakten und kann sie sich gut merken. Sein bevorzugter Kommunikationsstil ist knapp, klar, präzise, logisch. Er fragt nach dem **Was?**

B: der strukturierte Typ – ihm sind Ordnung und die FORM wichtig. Ein deutliches »formelles, organisatorisches Ich« weist den kontrollierenden Organisator aus, der oft für sich allein bleibt oder in extrovertierter und dominanter Weise Menschen oder Ereignisse organisiert. Er kommuniziert, indem er das Thema Schritt für Schritt darlegt, Hintergrundinformationen in einer vollständigen Gedankenabfolge abgibt. Er fragt nach dem **Wie?**

C: der empathische, emotionale Typ – er vertraut auf das FÜHLEN. Empathisch und mitfühlend veranlagt, hat er seinen Schwerpunkt beim »fühlenden Ich«, das weniger auf stille und nonverbale Art als vielmehr sehr mitteilsam zum Ausdruck kommen kann. Sein bevorzugter Kommunikationsstil ist persönlich und ungezwungen, die Bedürfnisse und Reaktionen anderer erspürend, mit Blickkontakt. Er fragt nach dem **Wer?**

D: der kreative Typ – er hat viel FANTASIE. Der konzeptionell und strategisch denkende Visionär verfügt über ein starkes »experimentelles Ich«. Er lebt entweder in einer eigenen, abgeschlossenen Welt oder geht als extrovertierter Mensch sehr experimentier- und risikofreudig durchs Leben. Er denkt vernetzt und belastet sein Hirn nicht mit Zahlen, Details und zu vielen Fakten. Dafür gibt es für ihn Computer. Er kommuniziert durch den Blick auf das Ganze, durch Aussagen über Entwicklungen, mit großartigen Ideen. Er fragt nach dem **Warum?**

Die Ausprägungen in den einzelnen Quadranten können eine hohe Präferenz (= »Dominanz«) aufweisen, einen mittleren oder einen niedrigeren Wert erreichen und bei sehr geringen Werten sogar die Tendenz zur »Vermeidung« in sich tragen.

Neben dem Grundprofil wird in der Grafik durch die gestrichelte Linie zusätzlich das sogenannte Stressprofil dargestellt. Es zeigt auf, wie sich die Denkpräferenzen in Entscheidungs- und Stresssituationen verschieben, und hilft dabei, wenn man sich dieser Veränderungen bewusst ist, Handlungsoptionen für Belastungssituationen zu entwickeln. Die Ergebnisse werden in einem Datenblatt zusammengefasst, das neben den Profilwerten unter anderem Informationen zu »persönlichen Merkmalen« und »Merkmalen der Arbeit« enthält, die für die Interpretation im beruflichen Kontext hilfreich sind.

Das HBDI®-Profil für Einzelpersonen: Das HBDI®-Profil für Einzelpersonen ist die Ausgangsbasis für alle weiteren Anwendungen. Es bietet Nutzen für Menschen,

○ die verstehen wollen, wie sie denken,
○ die verstehen wollen, warum sie so handeln, wie sie handeln,
○ die Konflikte im zwischenmenschlichen Bereich abbauen wollen,
○ fundierte Entscheidungen für Lebenswege treffen wollen,
○ die ihr Lern- beziehungsweise Lehrverhalten optimieren wollen,
○ die Kompetenzen in privaten und beruflichen Bereichen aufbauen wollen,
○ die Verantwortung für Lebensglück und Gesundheit übernehmen wollen.

Das HBDI® Zwei-Personen-Profil (Paarprofil): Eine Sonderform des Teamprofils ist das Zwei-Personen-Profil oder Paarprofil. Es bietet wertvolle Einblicke sowohl in die zwischenmenschliche Dynamik der Zweierkonstellation als auch in die Rahmenbedingungen, die bei der beruflichen Zusammenarbeit oder der privaten Beziehung der verglichenen Personen wirken.

Es wird häufig in Unternehmen eingesetzt, um die Zusammenarbeit der Führungspersonen, der Führungskräfte mit Mitarbeitern oder von Mitarbeitern untereinander zu optimieren. Es wird auch verwendet, um die »Chemie« zwischen Coach und Coachee oder Lehrer und lernender Person zu klären.

Das HBDI®-Teamprofil: Das HBDI®-Teamprofil basiert auf der vergleichenden Darstellung der Einzelprofile der Teammitglieder. Es zeigt Teamstärken und -defizite auf, die aus den vorherrschenden Denkstilen resultieren, und macht durch das Verständnis sehr positive Effekte möglich:

○ Ähnlichkeiten und Unterschiede im Denken werden sofort deutlich.
○ Die Beteiligten lernen unterschiedliche Sichtweisen zu verstehen, zu schätzen und auch selbst anzuwenden.
○ Es gewährt Einblicke über die günstigsten Wege, Lerneffekte im Team zu erzeugen.
○ Es können Wege gefunden werden, um Prozesse, Produktionen und Ergebnisse zu optimieren.
○ Reibungsverluste und blinde Flecken durch einseitiges Denken können deutlich reduziert werden.
○ Aufgaben können gemeinsam besser gelöst und Synergieeffekte realisiert werden.
○ Die Kommunikation und die Konfliktbewältigung werden verbessert.
○ Kreativität und Innovation werden gefördert.
○ Das Stressprofil gewährt Einblicke in die Folgen von Belastungen.

Betrachtet man das Team- beziehungsweise Gruppenprofil, wird man als Unterrichtender, wenn es sich nicht gerade um eine Personengruppe mit sehr ähnlichem Hintergrund handelt, sehr häufig ein heterogenes Bild erkennen, wie im folgenden Beispiel einer Gymnasialklasse. Hier sind alle vier Denkstilpräferenzen weitgehend ausgeglichen vertreten und dem Lehrer stellt sich die Aufgabe, für jeden dieser Denktypen geeignete Lehrangebote bereitzustellen.

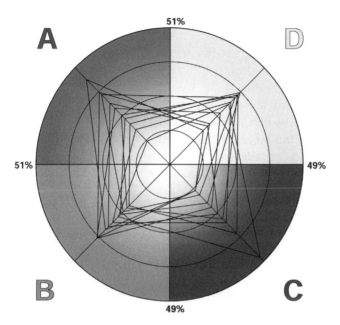

Gruppenprofil einer Gymnasialklasse

Das HBDI® im Lern- und Lehrkontext

Lehren und Lernen sind Gedankenarbeit. Geistige Agilität ist hierzu ebenso essenziell wie Interesse am Thema und Motivation. Auch hier können das HBDI® und Whole Brain® Thinking unterstützen und zu einer signifikanten Effizienzsteigerung führen.

In der modernen Didaktik sind folgende Fragen relevant: Wie ticken die »Sender« und »Empfänger« im Lernprozess? Wie kommunizieren sie? Was brauchen die Lernenden, um motiviert zu sein und die Informationen richtig verarbeiten zu können – ohne Reibungsverluste, ohne Denkbarrikaden und ohne Missverständnisse?

HBDI® und Whole Brain® Thinking für effizienteres LERNEN: Eine Voraussetzung für das Lernen ist die sogenannte Neuroplastizität oder auch neuronale Plastizität. Darunter versteht man die Eigenart von Synapsen, Nervenzellen oder auch ganzen Hirnarealen, sich zur Optimierung laufender Prozesse kontinuierlich zu verändern. Je nach betrachtetem System spricht man hier auch von synaptischer Plastizität oder kortikaler Plastizität.

Der Psychologe Donald Olding Hebb gilt als der Entdecker der synaptischen Plastizität. Er formulierte bereits 1949 die »Hebbsche Lernregel« in seinem Buch

»The Organization of Behavior«. Sie lautet: »Wenn ein Axon der Zelle A [...] Zelle B erregt und wiederholt und dauerhaft zur Erzeugung von Aktionspotenzialen in Zelle B beiträgt, so resultiert dies in Wachstumsprozessen oder metabolischen Veränderungen in einer oder in beiden Zellen, die bewirken, dass die Effizienz von Zelle A in Bezug auf die Erzeugung eines Aktionspotenzials in B größer wird.«

Mit anderen Worten: Jeder Gedanke, der zum ersten Mal gedacht wird, fällt schwer. Mit jedem weiteren Mal wird es leichter. Man stelle sich das bildlich wie einen dichten Dschungel vor, den man zum ersten Mal durchqueren will. Anfänglich wird es ungeheuer schwer sein, sich mit der Machete einen Weg zu bahnen. Man wird nur langsam vorankommen und es wird sehr kraftraubend sein. Zieht man sich zurück und begibt sich bald erneut auf diesen Weg, wird er schon etwas einfacher zu begehen sein. Und mit jedem weiteren Mal noch einfacher. Wird der Weg durch den Dschungel allerdings längere Zeit nicht mehr genutzt, wird dieser wieder zuwachsen. Dann wird es wieder viel Energie kosten, ihn eines Tages aufs Neue zu begehen. Wege, die wir oft gehen, fallen uns dagegen leicht.

 Hebb definierte hierzu: »Für einen Beginn (werden) 100 Wiederholungen (benötigt). Zur wirklichen Verankerung 3 000 bis 5 000 Wiederholungen.«

Neben der Wiederholung der Lerninhalte ist die Berücksichtigung der Denk- und Lernpräferenzen für den Lernerfolg von großer Bedeutung. Sehen wir uns dazu wieder unsere vier Quadranten an. Jeder Mensch lernt anders. Lernpräferenzen stehen im unmittelbaren Zusammenhang mit seinen Denkpräferenzen. Dadurch ergeben sich, analog zum individuellen HBDI®-Profil, ein ganz persönliches Lernprofil und unterschiedliche Bedürfnisse in Bezug auf die Lehrmethodik.

A	**Lernt durch:** · Erfassen, Bemessen von Tatsachen · Analysieren und logisches Denken · Ideen durchdenken	**Reagiert positiv auf:** · Vorlesungsstil · Datenorientierten Inhalt · Lesen, Durcharbeiten von Büchern
B	**Lernt durch:** · Strukturiertes Vorgehen · Training durch Praxis · Anwenden des Kursinhalts	**Reagiert positiv auf:** · Gute Planung, Pünktlichkeit · Schrittweises, konsequentes Vorgehen · Text, Bücher, Vorlesungen
C	**Lernt durch:** · Zuhören, Austausch von Ideen · Integrieren persönlicher Erfahrungen · Bewegen und Fühlen	**Reagiert positiv auf:** · Experimentiermöglichkeiten · Musik, körperliche Bewegung · Diskussion, Gruppenarbeit
D	**Lernt durch:** · Übernahme der Initiative · Intuitives Verstehen · Aufstellen von Konzepten	**Reagiert positiv auf:** · Spontaneität, Experimente, Spiele · Freien Fluss von Ideen und Beiträgen · Bilder, Grafiken, physische Objekte

Lernpräferenzen

Auf diese Weise lassen sich auch die unterschiedlichen Erfahrungen in Bezug auf den weit verbreiteten Frontalunterricht erklären. Mit dieser Unterrichtsform werden vorwiegend Personen angesprochen, deren Denkstil eher im A- oder B-Quadranten liegen. Im Vordergrund stehen: Vortragen, Vorlesen, Vorführen, Demonstrieren und so weiter. Hier könnte man davon ausgehen, dass alle den Lerninhalt zur gleichen Zeit aufnehmen und auch verstehen. Was aber selbstverständlich nicht so ist. Der reine Frontalunterricht ist dennoch häufig anzutreffen, da die Vorteile vorwiegend dem Unterrichtenden zugutekommen:

○ Frontalunterricht ist eine einfach anwendbare Unterrichtsform.
○ Frontalunterricht gibt dem Unterrichtenden ein größeres Sicherheitsgefühl und sichert die Unterrichtsdisziplin.
○ Zudem kommt man mit seinem Lernstoff vergleichsweise rasch durch.

Dieser Unterrichtsstil spiegelt das traditionelle, faktenausgerichtete Schulsystem wider – ähnlich wie auch heute noch in vielen Weiterbildungssituationen, in denen es um die Vermittlung von Faktenwissen geht – und wird exemplarisch verkörpert durch Unterrichtende mit dem folgenden Profil:

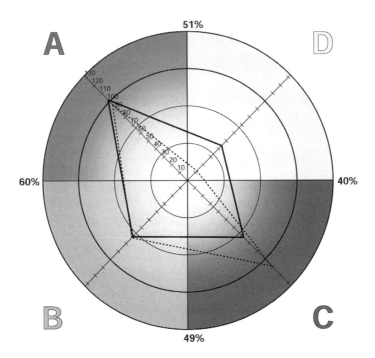

Profil Unterrichtsstil »Faktenwissen«

Hier handelt es sich um das Beispiel einer Lehrerin oder Trainerin, die gern frontal, faktenorientiert und strukturiert unterrichtet. Sie bringt die Inhalte auf den Punkt, ist durchaus menschenzugewandt und geht auf die Teilnehmenden ein. Sie reichert Ihren Unterricht auch gern einmal durch Singen mit Gitarrebegleitung an, wie wir es auch vonseiten der Suggestopädie kennen. Sie weist jedoch eine vergleichsweise geringe D-Ausprägung auf, die sich in Stresssituationen in den Vermeidungsbereich verändert: Sie denkt wenig konzeptionell. Es fällt ihr nicht leicht, Neugierde zu wecken. Sie ist wenig gestaltend, wenig kreativ, wenig visuell und wenig metaphorisch. Sie wird zum Beispiel Gruppenarbeit eher als ineffektiv und chaotisch erleben und daher meiden.

Diese Lehrerin oder Trainerin wird bei einer heterogen zusammengesetzten Gruppe von Teilnehmenden mit einer Dominanz im A-Quadranten genau die Richtige sein – allerdings werden es vor allem die Schüler mit einem ausgeprägten D-Quadranten in diesem Lernumfeld eher schwer haben. Denn: Nicht jeder reagiert auf die gleichen Lernreize positiv:

A

Lernt durch

• Erfassen und Bemessen von Tatsachen
• Analysieren und logisches Denken
• Durchdenken von Ideen
• Aufstellen von Fallstudien
• Theorien aufstellen

D

Lernt durch

• Übernehmen der Initiative
• Entdecken versteckter Möglichkeiten
• Intuitives Verstehen
• Selbsterkenntnis
• Aufstellen von Konzepten

Lernt durch

• Organisiertes, strukturiertes Vorgehen
• Schrittweises Arbeiten
• Bewerten und Ausprobieren von Ideen
• Training durch Praxis
• Anwenden der Lerninhalte

Lernt durch

• Zuhören und Austauschen von Ideen
• Integrieren persönlicher Erfahrungen
• Bewegen und Fühlen
• Harmonie mit dem Trainingsinhalt
• Emotionale Beteiligung

B

C

Lernreize

Jeder Denkstil benötigt andere Anreize für ein optimales Lernen, und das sollte in der Vorbereitung der Lehrinhalte Berücksichtigung finden.

A

benötigt:

• Fakten
• Fachwissen
• Fachliteratur
• Kompetenz
• Know-how

D

benötigt:

• Vorab die Klärung der Sinnhaftigkeit: Was kann ich damit anfangen?
• Brainstorming
• Visualisierungen
• Wenig Text, viel Grafisches

benötigt:

• Struktur
• Verlässlichkeit
• Agenda
• Vorher-Nachher-Tests
• Zeitmanagement
• Wiederholungen

benötigt:

• Sympathie zum/zur Lehrenden
• Ein gutes Bauchgefühl
• Wissen in Fallbeispiele verpackt
• Spielerische Elemente
• Bewegung

B

C

Denkstil und Lehranreize

Ganz andere Denkstilpräferenzen als die erwähnte Lehrerin/Trainerin hat ein erfolgreicher Redner und Trainer:

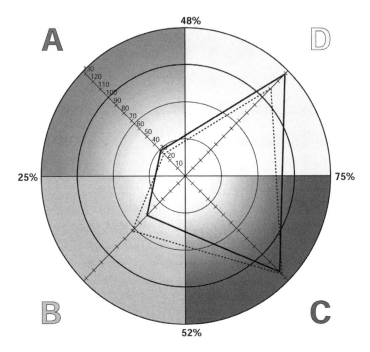

Denkstil »Redner«

Der studierte Ingenieur fand seine eigentliche Berufung erst, als er den Schwerpunkt seiner Tätigkeit auf Vorträge und Seminare und bei diesen auf die Themen Kreativität, Zusammenarbeit und Synergie im Team legte. Sein Schwerpunkt liegt nicht in der Vermittlung von reinem Faktenwissen, so kann er bei Personen mit A- beziehungsweise B-Profil auch nicht voll punkten. Mit seinem Profil ist er aber ideal, um Menschen zu begeistern und sie für zukunftsweisende, auch visionäre Projekte zu gewinnen. Haben Lernende und Lehrende die gleichen Denkpräferenzen, ist das ein Glücksfall, und es wird kaum Kooperationsprobleme geben. Weichen die Denkstile jedoch stark voneinander ab, kann die Gestaltung des Unterrichts oder des Workshops ganz anders ausfallen, als es für die Teilnehmer und den Erfolg der Maßnahme zielführend wäre.

Unterrichtende mit einem »runden« Profil, also einem Profil, bei dem alle vier Denkstile ähnlich ausgeprägt sind, haben in heterogenen Unterrichtsgruppen den großen Vorteil, dass sie keine »blinden Flecken« aufweisen und für jeden Denkstil aufgeschlossen sind. In einer Lernumgebung, die das auch zulässt, und bei einer entsprechenden Vorbereitung der Lehrmaterialien und -methoden sind sie für diese Empfängergruppe möglicherweise die idealen Lehrer. Das Profil einer solchen Person sehen wir im folgenden Beispiel einer Seminarleiterin:

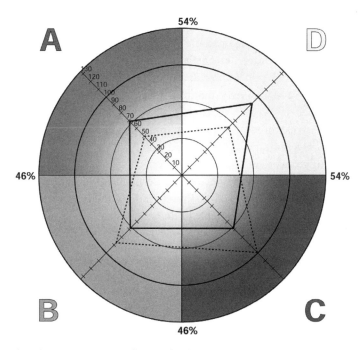

Profil mit ähnlicher Ausprägung in allen Denkstilen

Nun werden die Lernenden meistens wenig Einfluss auf die angebotenen Lehrmethoden haben. Aber schon allein das Wissen über die eigenen Denk- und Lernpräferenzen – und die daraus resultierenden Bedürfnisse – können helfen, den Druck in der Didaktik zu mindern und die Motivation zu erhöhen. Mängel können dann gegebenenfalls mit dem Trainer/Dozenten besprochen und abgestellt werden – oder es werden Zusatzlösungen von außen eingebaut.

Wissensvermittlung für unterschiedliche Denkstiltypen

Ein **kreativer D-Typ,** der im Unterricht eine Denkblockade hat, weil ihm die Sinnhaftigkeit einer Lerneinheit fehlt und er sich innerlich gegen die wenig dynamische Faktenabarbeitung sträubt, kann mit interaktiven Lernprogrammen und Gesprächen mit anderen Teilnehmern die für ihn problematischen Lücken schließen.

Ein **analytischer A-/B-Typ,** der sich in einem spielerisch-experimentellen Unterricht unter lauter empathischen Kreativen fehl am Platz fühlt, kann sich hinsichtlich der Lernziele und -inhalte im Internet informieren, also sich auf diese Weise mit dem versorgen, was er braucht, um wieder entspannt dem Unterricht folgen zu können. Außerdem kann er die Lehrkraft bitten, etwas mehr Faktenmaterial in die Veranstaltung einzubringen.

Für alle Typen gilt: Was ihnen fehlt, kann sie blockieren, ihnen Stress verursachen und zu viel Energie kosten. Energie, die sie für den eigentlichen Lernprozess nutzen sollten. Sie geraten durch den partiellen Mangel möglicherweise – zumindest temporär – unter Druck und können dadurch sogar zur falschen Annahme gelangen, sie seien für die Maßnahme zu dumm oder ungeeignet. Das Bewusstsein für die eigenen Vorlieben und Abneigungen – auch und gerade in der Didaktik – kann enorm helfen, Stressmomente abzubauen und so zu mehr Entspanntheit, Selbstbewusstsein, Souveränität und Effizienz führen.

Immer häufiger werden alternative Unterrichtsformen angewandt, wie zum Beispiel der »offene Unterricht«, bei dem die Lernenden frei wählen, wo und wann in welcher Sozialform selbstgewählte Inhalte individuell bearbeitet werden. Oder der handlungsorientierte Unterricht, in dem zwischen Lehrer oder Trainer und Lernenden vereinbarte materielle und geistige Ergebnisse die Organisation des Unterrichts bestimmen.

Welche Form der Wissensvermittlung auch immer gewählt wird, Ziel sollte die Form des Lehrens sein, die im Sinne des HBDI® auf die Denkstile der die Informationen aufnehmenden Personen ausgerichtet ist, weil auf diese Weise der höchste Lernerfolg zu erwarten ist.

HBDI® und Whole Brain® Thinking für effizienteres LEHREN

Den Lehrenden liegen in den seltensten Fällen die HBDI®-Profile der Kursteilnehmer vor. Es bieten sich aber mehrere Ansätze an, wie sie dennoch auf Basis von HBDI® und Whole Brain® Thinking für einen guten Unterricht und hohe Lehr- und Lerneffizienz sorgen können.

Erster Ansatz: Wer seine eigene Denkpräferenz kennt, kann didaktische Lücken schließen. Das persönliche HBDI®-Profil gibt den Lehrenden Aufschluss über die eigenen Denkpräferenzen. So ist es möglich, Lücken in der Methodik der Wissensvermittlung zu schließen, die ihnen sonst womöglich gar nicht aufgefallen wären. Ist man beispielsweise selbst eher der analytisch-strukturierte A-/B-Typ, werden das Einbeziehen der Kursteilnehmer und eine starke Interaktion eine eher untergeordnete Rolle spielen – aber einem Teil der Kursteilnehmer wird genau das ganz sicher wichtig sein. Ist man dagegen eher ein emotional-kreativer C-/D-Typ, käme man wunderbar ohne »gängelnde« Struktur aus und würde das Thema vielleicht lieber intuitiv erarbeiten. Aber einige der Teilnehmer werden sich sicher Fakten und klare Lernziele wünschen. Allen vier Typen kann – mit relativ einfachen Mitteln – geholfen werden, wie sich im Folgenden zeigt.

Zweiter Ansatz: Auch wer die Denkpräferenz der Lernenden nicht kennt, kann für einen Methodenmix sorgen, der allen gerecht wird. Auch wenn die HBDI®-Profile der Kurs- oder Seminarteilnehmer nicht bekannt sind, kann in den meisten Fällen davon ausgegangen werden, dass die »Normalverteilung« in einer inhomogenen, gemischten Gruppe mehr oder weniger ausgewogen auf die Quadranten A, B, C und D verteilt ist. Um einen Unterricht oder Vortrag zu gestalten, der allen Teilnehmern gerecht wird, empfiehlt es sich, im Geiste alle Quadranten abzugehen und sich »Whole Brain®«-denkend in jedem Quadranten der situativ jeweils besten Methoden zu bedienen.

Das Ergebnis könnte zum Beispiel ein Unterrichtskonzept sein aus:

○ Agenda mit Zeitplan
○ Vorstellungsrunde der Teilnehmer
○ Erörterung des Themas im Dialog
○ kreative, interaktive Lernübungen
○ Vorher-/Nachher-Tests
○ Lernerfahrungsabfrage
○ Faktenzusammenfassung als Handout

Dritter Ansatz: HBDI®-Profile lassen sich Berufen und Berufsgruppen zuordnen – und umgekehrt. Kennt man die Berufsgruppe der Kursteilnehmer, kann man eine Einschätzung ihrer Denk- und Lernpräferenzen vornehmen und das Unterrichtskonzept entsprechend darauf ausrichten. Banker, Finanzbuchhalter oder Controller (A-/B-Typ) werden einen Vorlesungsstil schätzen, in dem sie selbst nicht aktiv werden müssen. Pädagogen, Künstler oder Personen aus Marketing und Vertrieb (C-/D-Typ) wollen dagegen persönlich abgeholt und mit Lernspielen und selbst erarbeiteten Beiträgen motiviert werden. Dies sind nur zwei von vielen möglichen Beispielen.

Herrmann International besitzt Statistiken über Denkstilausprägungen von Berufen und Berufsgruppen (Durchschnittsprofile). Aus ihnen lassen sich individuelle Bedürfnisse der unterschiedlichen Denktypen für einen optimalen Lernprozess ableiten.

Validierung und Reliabilität des HBDI®

Die hohe Validität des Herrmann Brain Dominance Instrument® wird auf der Grundlage von drei Millionen weltweit erstellter HBDI®-Profile durch psychometrische Experten immer wieder bestätigt. Grundlegende Validierungsarbeiten wurden durch C. Victor Bunderson durchgeführt. Das HBDI®-Profil mit seinen Begleitinformationen wurde in über 20 Sprachen übersetzt. Die umfangreiche Datenbank mit Teilnehmern vieler Nationalitäten bietet Herrmann International die Möglichkeit, mit einem umfassenden Forschungsprogramm die Validität des HBDI®-Profils fortlaufend zu untermauern und die psychometrische Stimmigkeit des HBDI®-Profils zu bestätigen.

Die wichtigsten Validierungsstudien wurden durchgeführt von:

○ C. Victor Bunderson und Kevin Ho an der Brigham Young Universität
○ C. Victor Bunderson und J. B. Olsen
○ L. Schkade und A. Potvin an der Universität von Texas
○ N. Herrmann und T. Mukuriya am Berkeley College, Universität von Kalifornien.

Literatur

- Bliss, Timothy Vivian/Lomo, Terje: Long-lasting potentiation of synaptic transmission in the dentate area of the anaesthetized rabbit following stimulation of the perforant path. In: J Physiol. 232(2), 1973, S. 331–356, Free Full Text Online. PMID 4727084
- Hebb, Donald Olding: The Organization of Behavior. A neuropsychological theory. Neuauflage der Ausgabe von 1949 durch Taylor & Francis Inc. 2002
- Herrmann, Ned: Creative Brain. Brain Books 1989
- Herrmann, Ned: The Whole Brain Business Book. Harnessing the Power of the Whole Brain Organization and the Whole Brain Individual. McGraw-Hill Professional 1996
- Herrmann, Ned/Herrmann-Nehdi, Ann: The Whole Brain Business Book. Business Books, 2. Auflage 2015
- Herrmann, Ned: Kreativität und Kompetenz. Das einmalige Gehirn. Mit dem Originalfragebogen. Fulda: Paidia 1991
- Herrmann, Ned: Das Ganzhirn-Konzept für Führungskräfte. München: Ueberreuter 1997
- MacLean, Paul Donald: Triune Conception of the Brain and Behaviour. Toronto: University of Toronto Press 1974
- MacLean, Paul Donald: The Triune Brain in Evolution: Role in Paleocerebral Functions. Heidelberg: Springer 1990
- Sperry, Roger Wolcott: Cerebral Organization and Behavior. The split brain behaves in many respects like two separate brains, providing new research possibilities. Science 133 (3466), 1961, S. 1749–1757

- Spinola, Roland: Das Herrmann-Dominanz-Instrument (H.D.I.). In: Schimmel-Schloo, Martina/Seiwert, Lothar J./Wagner, Hardy (Hrsg.): PersönlichkeitsModelle. Mit CD-ROM. Offenbach: Gabal 2002
- Yang, G./Lai, C. S./Cichon J./Ma L./Li W./Gan W. B.: Sleep promotes branch-specific formation of dendritic spines after learning. In: Science. 344(6188), 2014, S. 1173–1178

Download

Die Abbildungen finden Sie alle in Farben als Download unter www.beltz.de direkt beim Handbuch.

Gehirn und Lernen: Neurodidaktik und Neurokompetenz

Uwe Genz

Strategien und Techniken zur geistigen Leistungssteigerung

Tags: Hirnphysiologie, mental, Lerntechnik, Gedächtnis, Intelligenz, Bewegung, Wasser, fett

Positionierung

Erst Gesellschaft für Gehirntraining, dann die Ausgründung Neurokompetenzforum: Der Naturwissenschaftler und Unternehmer Uwe Genz hat seit Jahren die Verbindung von Gehirn, Lernen und Weiterbilden gesucht und in entsprechende Konzepte eingebaut. In seinem Beitrag schlägt er den Bogen von den hirnphysiologischen Vorgängen beim Menschen zu nützlichen Techniken, sich das Lernen (und damit auch das Lehren!) zu erleichtern. Er leitet ab, welche Maßnahmen das Gehirn in seiner Arbeit eher unterstützen, als es zu blockieren.

Für Sie als Trainer, Coach, Berater zeigt er in diversen Szenarien, wie Sie diese Erkenntnisse konkret ins Tun übersetzen können: Wie wirken Sauerstoff und Kohlehydrate, wie lassen sich Bewegung oder Wassertrinken optimal einsetzen? Wussten Sie, dass schon Kaugummi-Kauen einen nützlichen Effekt ergibt?

Doch auch die besondere Seite des Menschen lässt sich stärker nutzen, als wir das häufig tun: Was es mit »mentalem Training« auf sich hat, erfahren Sie ebenfalls in diesem Beitrag, der in allen Kapitelabschnitten direkt auf Trainingseffekte zielt. Dass Uwe Genz einführend in erfreulich einfachen Worten die Abläufe im Gehirn erklärt und Sie dabei auf einen ebenfalls gut verständlichen Ausflug in dessen Entwicklungsgeschichte mitnimmt, ist ein angenehmer Zusatznutzen dieses praxisorientierten Beitrags.

Einleitung

Dass Lernen mit dem Gehirn zu tun hat, ist sicher nicht erklärungsbedürftig. Ebenso wird der Einsatz des Gehirns des Lehrenden beim Lehren bestimmt nicht angezweifelt. Obwohl wir dies wissen, hat sich bisher nicht durchgesetzt, die vielen neuen Erkenntnisse der letzten Jahrzehnte aus den Bereichen der Psychologie und den Neurowissenschaften in den Stand des Allgemeinwissens zu erheben. Wir sind eine Wissensgesellschaft und darauf angewiesen, geistig flexibel zu sein, lebenslang zu lernen, uns in neuen Arbeitsumgebungen zurechtzufinden und unsere Innovationsfähigkeit und Kreativität zu fördern.

In den formalen Bildungssystemen wie Schule, Ausbildung und Hochschule gehören diese Erkenntnisse aber bisher nicht zum Standard der Curricula. Lerntechniken sowie geistige und körperliche Fitness sind allerdings die Voraussetzungen, sich in der modernen Welt mit ihrem exponenziell wachsenden Wissen zurechtzufinden. Es gilt allerdings nicht nur, Wissen aufzuhäufen, sondern auch die Fähigkeit zu erkennen, dieses Wissen zur Anwendung bringen zu können. In der Fachsprache bezeichnen wir dies als Kompetenz. Es geht also um Kompetenzerwerb, und das ist sehr eindeutig im Europäischen Qualifikationsrahmen dargelegt (www.ec.europa.eu/dgs/education_culture). In diesem Zusammenhang wurden die bisherigen Soft Skills in den Rang von Schlüsselkompetenzen (key skills) erhoben, weil schon länger bekannt ist, dass der größte Teil unserer Entscheidungen in allen Lebensbereichen – also auch in der Arbeitswelt – vorwiegend durch das Anwenden von Schlüsselkompetenzen getragen wird und nicht fachbezogener Art ist. Innerhalb der Schlüsselkompetenzen tauchen die Lernkompetenz und die soziale Kompetenz als jeweils eigene Punkte unter den acht anderen Kompetenzen auf (Amtsblatt der Europäischen Union 2006/962/EG).

Es ist offenbar sehr entscheidend zu wissen, wie Lernen funktioniert, um diese Kenntnisse im täglichen Umgang mit Wissensstoff anwenden zu können. In diesem Beitrag geht es daher genau um das hirnbiologische Umfeld, in das Lernen eingebettet ist.

Die physiologischen Grundlagen

Physiologie bedeutet nichts weiter als Naturkunde oder Naturlehre, wenn man auf den griechischen Ursprung des Wortes zurückschaut: physis – Natur und logos – Lehre, Vernunft. Die Physiologie befasst sich mit den molekularen Vorgängen des Lebens schlechthin. Sie ist ein Teilgebiet der Biologie und betrachtet die physikalischen und chemischen Vorgänge in Lebewesen aller Art. Das bezieht sich natürlich auch auf das Wechselspiel aller unserer Körperzellen, Organe und Gewebe.

Was hat das mit geistiger Leistungssteigerung zu tun? Es ist in der Wissenschaft unstrittig und auch allgemein einsichtig, dass wir zum Denken ein Gehirn benötigen. Dieses Gehirn besteht aus Zellen, die wiederum nach physiologischen Regeln entstehen, wachsen und absterben. Um zu leben, müssen sie allerdings mit Nährstoffen versorgt und Stoffwechselprodukte daraus entfernt werden, mit anderen Worten: Das Organ Gehirn und das Nervensystem als Ganzes müssen, um optimal arbeiten zu können, möglichst gut bedient werden. Nur dann können wir davon ausgehen, dass seine Leistung voll ausgeschöpft werden kann, und – da das System ein lebendes, dynamisches ist – es auch weiter wachsen kann, um somit seine Leistung zu steigern.

Die Evolution des Gehirns: 4,3 Milliarden Jahre existiert unser Planet schon, und aller Wahrscheinlichkeit nach entwickelte sich etwa eine Milliarde Jahre später erstes Leben, vermutlich in der Nähe ozeanischer Vulkanaktivitäten. Es waren hitzeliebende Mikroorganismen, die ihre Lebensenergie Schwefel-Eisen-Systemen entnahmen. Solche Populationen existieren heute noch an hydrothermalen Schloten in den Ozeanen: Leben ohne Sauerstoff und Licht.

In der weiteren Entwicklung des Lebens entstanden vor mehr als 650 Millionen Jahren die ersten Nervenzellen. Eine sehr erfolgreiche Entwicklung, denn sie wird im Wesentlichen im Aufbau und der Funktion der Nervenzellen bis zum heutigen Tage beibehalten. Hier ist zu erkennen, wie konservativ Evolution sein kann. Die Ansicht, dass Evolution dadurch geprägt ist, die Dinge zu verändern, neu zu gestalten durch das Prinzip »Überleben des am besten Angepassten« (»survival of the fittest«) ist zu ergänzen und festzustellen, dass gute Systeme – einmal durchgesetzt – sich dauerhaft erhalten. Unsere Nervenzellen arbeiten somit nach demselben, 650 Millionen Jahre alten Prinzip. Forschung an Nervenzellen lässt sich deswegen von wirbellosen Tieren, wie Quallen und Seehasen, in großen Teilen auf die Arbeitsweise menschlicher Gehirne übertragen.

Es dauerte weitere 200 Millionen Jahre, bis diese mit Nervensystemen ausgestatteten Lebewesen die Ozeane verließen und das Land besiedelten. Wir sind mithin auf Wasserbasis aufgebaute Lebewesen, und wir tragen unseren kleinen Ozean immer mit uns herum, indem wir unseren Körper mit einer festen, wasserundurchlässigen Hülle versehen haben: unsere Haut. Man stelle sich nur vor, wir wären aufgebaut wie Quallen: Innerhalb ganz kurzer Zeit wären wir ausgetrocknet. Jeder, der in seinem Leben Spaziergänge am Meer unternommen hat, ist solchen durch Brandung auf den Strand gespülten Geschöpfen schon begegnet. Wind und Sonne beenden sehr rasch das Leben.

Die ursprünglich primitiven Nervennetze hatten sich schon bei den Meeresbewohnern deutlich weiterentwickelt. Es waren sogenannte Neuralrohre im Rückenbereich entstanden, und gleichzeitig hatte sich ein elastischer Stab unterhalb des Rohrs zur Stabilisierung des gesamten Körpers gebildet: die Chorda dorsalis. Noch heute gibt es Lebewesen, die so einfach gebaut sind, und wir können durchaus von lebenden Fossilien sprechen: das sind die Lanzettfischchen. Nach etwa 150 Millionen Jahren fortschreitender Differenzierung kamen diese Lebewesen immerhin schon als Wirbeltiere (Chordatiere) mit einem Rückenmark und einem Hirnstamm an Land. Diese Strukturen haben sich bis heute erhalten. Wenn wir unser menschliches Gehirn betrachten, so besteht es, grob unterteilt, aus drei Bereichen: dem Hirnstamm, dem Zwischenhirn und dem Großhirn. Diese haben sich im Laufe der Evolution nacheinander entwickelt.

Von den Wirbeltieren haben nur die Säugetiere ein Großhirn, das sich weiter ausdifferenziert hat.

Das menschliche Gehirn: ein paar Zahlen. Mit seinen ungefähr 100 Milliarden Nervenzellen, den Neuronen, bildet das Gehirn ein extrem hochvernetztes, komplexes System. Jedes Neuron hat um die 10 000 Verbindungen zu anderen Neuronen, wodurch sich ein Geflecht von 10^{15} Verbindungen (eine Billiarde) ergibt, eine Zahl mit 15 Nullen. Bei einem durchschnittlichen Gewicht von knapp eineinhalb Kilogramm macht es ungefähr zwei Prozent des Gesamtkörpervolumens aus, verbraucht allerdings bis zu 50 Prozent der nötigen Gesamtenergiezufuhr und etwa 20 Prozent des benötigten Sauerstoffs. Und trotz der enorm hohen Vernetzung besteht es zu 75 Prozent aus Wasser und ist darum das Organ mit dem höchsten Wasseranteil.

Die Versorgung und der IQ: Der Intelligenzquotient (oder auch abgekürzt IQ) ist keine feste Größe, die jeder Mensch von Geburt an mitbekommt und daher unveränderbar ist, wie zum Beispiel seine Körpergröße. Nein, der IQ ist eine sehr dynamische Größe und wurde 1939 zuerst von David Wechsler (Wechsler 1964) beschrieben. Seine Dynamik ist bestimmt durch unsere Tagesform, schwankt während des Tages, ändert sich im Laufe des Lebens und richtet sich nach unseren Stimmungen. Dementsprechend ist er stark beeinflussbar: von uns selbst und von außen, also unserer Umwelt, und hier besonders unserer sozialen Umgebung. Durch Lernen und Wissbegierde können wir ihn steigern; durch allgemeines Desinteresse und stark einseitigen Gebrauch oder Krankheit können wir ihn reduzieren. Dennoch wird gern mit der Nennung seines eigenen IQ oder dem seiner Kinder kokettiert, Überlegenheit soll suggeriert werden.

Hunderte von allgemeinen und speziellen Testverfahren wurden entwickelt, um die verschiedenen Fähigkeiten des Menschen festzustellen. Viele davon sollen den IQ widerspiegeln. Dabei ist zu bedenken, dass es sich hierbei um keinen absoluten Wert handelt, sondern um einen statistischen. Die Messung des IQ ist niemals so eindeutig wie das exakte Wiegen eines Gegenstands oder auch die Ermittlung des eigenen Körpergewichts. Intelligenz ist in diesem Sinne nicht messbar. Man erhält ohnehin stets nur Näherungswerte.

Untersuchungen zum IQ bei sehr vielen Menschen führen zu einer speziellen statistischen Verteilung der Intelligenzen: der sogenannten Gauß-Verteilung oder gaußschen Glockenkurve. Nebenbei bemerkt: Alle natürlichen Dinge verteilen sich nach dieser Kurve, egal ob sie die Körpergröße von Menschen feststellen wollen oder den Durchmesser von Buchenblättern notieren. Immer ergibt sich eine Glockenkurve. Und immer daran denken: Das Testverfahren bestimmt den IQ!

Wasser: Das Leben entstammt dem Wasser und funktioniert daher auch nur in wässrigem Milieu. Ohne Wasser würden wir schnell verdursten, was schneller geht als verhungern, denn über Wasserspeicher verfügen wir nicht. Kommen wir in einen Wassermangel, wenn wir also dehydrieren, versucht unser Körper, die wichtigsten Funktionen aufrechtzuerhalten. Mit dieser modellhaften Vorstellung wird schnell einsichtig, dass komplexes Denken sicher nicht dazugehört. In der Tat ist es so, dass die Intelligenzquotienten bei Wassermangel rasch einbrechen. Dazu gab es zahlreiche Studien, die zeigen, wie stark die geistige Leistungsfähigkeit bei provoziertem Flüssigkeitsmangel sinkt. Diese Dehydrierungen werden durch längere Saunagänge erreicht; die Probanden verlieren dabei bis zu 20 IQ-Punkte (Lehrl 1992).

Aber auch schon sehr leichter Wassermangel führt zu Einbußen. Hinzu kommt, dass unser Durstgefühl zu spät einsetzt, was bedeutet, dass wir bereits etwa einen Liter zu wenig Flüssigkeit in uns haben, wenn wir den ersten Durst verspüren. Ein Phänomen, das im Laufe des Älterwerdens immer mehr zunimmt. Alte Leute verspüren erst sehr verspätet Durst.

Dagegen hilft nur ein Trinkregime, zum Beispiel eine 1,5-l-Flasche Wasser, die sichtbar positioniert wird, auf die unser Blick im Laufe des Tages immer wieder fällt und uns ans Trinken erinnert. In Seminarsituationen wird dies ebenfalls häufig vergessen – und hier ist insbesondere hohe Aufmerksamkeit erforderlich, denn es ist eine reine Lernsituation, in der unser IQ ein Optimum haben sollte. Ein guter Indikator für gute Hydrierung ist die Sichtkontrolle des Urins. Er sollte so blass wie möglich sein. Nachts verlieren wir durch Transpiration etwa zwei Liter Flüssigkeit, sind dementsprechend dehydriert und können das rasch durch Trinken ausgleichen. Bekanntlich ist Morgenurin stets dunkel gefärbt.

Kohlehydrate: Der Brennstoff unseres Gehirns sind Kohlehydrate! Wir benötigen zwar zum Aufbau unseres Denkorgans und für Signal- und Transportfunktionen auch andere Stoffe, die Energieversorgung erfolgt jedoch über die Kohlenhydrate. Diese haben wir in unserem Kulturkreis im Überfluss in unseren Lebensmitteln. Hauptlieferanten sind die etwas abschätzig bezeichneten Sättigungsbeilagen, wie beispielsweise Kartoffeln, Nudeln, Reis, aber auch alle mit Zucker gesüßten Speisen und Getränke. Alle Kohlehydrate werden durch unseren Stoffwechsel in Glukose (Traubenzucker) umgewandelt. Dies ist der eigentliche »Hirnbrennstoff«, und davon kann bis zu 50 Prozent der für den Menschen benötigten Menge im Hirn verbraucht werden. Wir verfügen allerdings über keinen großen Speicher für Kohlehydrate, lediglich in der Leber werden etwa 450 Gramm bevorratet. Wie wir später noch sehen werden, arbeitet unser Gehirn auch nachts kräftig weiter, während wir schlafen; nur ein kleiner Teil wird heruntergeschaltet, sodass unser Brennstoffvorrat morgens auf etwa ein Drittel geschrumpft ist, wenn wir erwachen.

Neben dem vorher beschriebenen Wassermangel herrscht nun zusätzlich ein Energiemangel. Beides sollte durch ein angemessenes Frühstück ausgeglichen werden. Zahlreiche Studien zeigen deutlich erniedrigte IQ-Werte bei Menschen, die dies nicht machen. Die geistige Leistungsfähigkeit lässt sich hier auf ganz natürliche Weise erheblich steigern: durch das Ritual des Frühstückens, welches eigentlich kulturell bei fast allen Völkern verankert ist (Genz 2007). Besondere Beachtung sollte dies vor intellektuellen Herausforderungen finden, zum Beispiel Seminaren.

Wird irgendwann im Laufe des Tages Nahrung eingenommen, womöglich viele Kohlenhydrate in einer schnell verdaulichen Form (wie Weißmehle, Zucker, und so weiter), so werden wir gar nicht so viel denken können, damit dies alles im Kopf verbraucht werden könnte. Die nicht benötigte Energie landet rasch im eigenen Energiespeicher, wird in Fett umgewandelt und in den dazu nötigen »Pölsterchen« abgelagert, für schlechtere Zeiten, die vielleicht nie eintreten. Ein unschöner Nebeneffekt!

Sauerstoff: Das berühmte Element mit der chemischen Kurzform O_2, abgeleitet vom griechischen Wort oxygenos. Sauerstoff kommt selten in elementarer Form vor, sondern immer als Doppelmolekül, und hat in unserer Atmosphäre einen Anteil von ungefähr 20 Prozent. Wie der Name sagt, oxidiert es etwas, und dieses Etwas sind unsere Nahrungsmittel, die zum großen Teil aus Kohlenstoffverbindungen bestehen, wie beispielsweise die gerade besprochenen Kohlehydrate und die noch zu besprechenden Fette. Die Begriffe Oxidieren und Verbrennen sind dabei synonym, was heißen soll, dass alle Kohlenstoffverbindungen mit Sauerstoff zum ebenfalls allgemein bekannten Kohlendioxid (CO_2) umgewandelt werden. Dabei ist es völlig gleichgültig, ob nun ein Scheit Holz im Kamin verbrannt wird (Holz besteht zum größten Teil aus Kohlenstoffverbindungen, dem sogenannten Lignin) oder Kraftstoff im Auto, der ebenfalls aus Kohlenstoffverbindungen besteht und zu CO_2 und Wasser verbrennt. Vergleichbares ereignet sich mit unseren Nahrungsmitteln in unserem Körper: Sie werden verbrannt oder oxidiert.

Wozu brauchen wir diese Oxidation? Sie dient der Energiegewinnung, denn in jeder chemischen Verbindung steckt Energie, so auch in den großen Kohlehydratmolekülen, wie beispielsweise in der Glukose. Jedes der darin vorkommenden Kohlenstoffatome lässt sich oxidieren, und damit wird die Bindungsenergie frei und für unseren Körper verwendbar.

Jetzt wird klar, dass Kohlehydrate allein zur Energieversorgung nicht ausreichen; wir benötigen zudem die richtige Menge Sauerstoff. Und auch hier hat eine Unterversorgung unmittelbaren Einfluss auf unseren Intelligenzquotienten. Im Alltag üben wir gewöhnlich von zwei Richtungen her Einfluss aus: Wir können das Sauerstoffangebot erhöhen, was sich positiv auf den IQ auswirkt. Wir können ihn aber auch durch Sauerstoffmangel reduzieren. Beides geschieht weitgehend unbewusst, weil der nötige Wissenshintergrund nicht vorhanden ist. Zunächst soll es um die Verbesserung der Sauerstoffversorgung gehen.

○ **Bewegung:** Leichte Bewegung und Betätigung des Körpers steigern die Sauerstoffversorgung. Warum? Nun, weil dadurch der Blutfluss erhöht wird und mehr Sauerstoff an die Zielorte – die Zellen – gelangt. So auch an die Neuronen: Das Denken funktioniert besser, da es nun mal seine Energie aus der Oxidation von Glukose mit Sauerstoff gewinnt!
Auch das altbekannte Fensteröffnen hat einen ähnlichen Effekt. Viele Menschen in einem Raum atmen viel CO_2 aus, sodass dessen Pegel steigt. Schon ab 1 000 ppm (parts per million – Millionstel), das entspricht 0,1 Prozent, ist das Erbringen geistiger Spitzenleistungen eingeschränkt und Ermüdung setzt ein. Der Durchschnittswert in der freien Natur liegt bei etwa 400 ppm (0,04 Prozent), und das sind sowieso schon 120 ppm mehr als vor dem Industrialisierungsbeginn im 18 Jahrhundert. Nach DIN EN 13779 gilt Raumluft bis 800 ppm noch als gut; dieser Wert wird allerdings häufig überschritten.
Ich komme nochmals auf die Bewegung zurück. Wichtig ist hier die Betonung auf dem Wörtchen »leicht«, denn erhöhte körperliche Aktivität transportiert natürlich mehr Blut in unsere Muskeln, denn diese beziehen ihre Energie aus demselben System wie unser Gehirn.
Alle Kaugummistudien dieser Welt zeigten ein einheitliches Ergebnis: Der IQ ist bei »Kauern« um ungefähr fünf Punkte erhöht – eben durch die leichte Kieferbewegung, die die Blutzirkulation gerade am Kopf leicht erhöht. Das ist natürlich nicht nur auf das Kaugummi-Kauen beschränkt, sondern gilt für jede Art von Bewegung.
Weiterhin gewährleistet eine allgemeine körperliche Fitness generell eine bessere Durchblutung, auch in der Zeit, in der man gerade nicht im Waldlauf begriffen ist. Der IQ liegt bei solchen Personen generell etwas höher, im Gegensatz zu den Stubenhockern.

○ **Fett:** Auf Seite 110 wurde bereits evolutionsbiologisch begründet, wieso wir wässerige Lebewesen sind. Dennoch sind große Teile unseres Körpers aus Fett und fettähnlichen Strukturen aufgebaut. Zum Beispiel bestehen die Zellränder, die sogenannten Zellmembranen, aus Doppellagen fettiger Substanzen.

Das heißt, wir müssen Fette mit unserer Nahrung aufnehmen, denn wir können nicht alle Fette selbst herstellen. Gewisse fettähnliche Substanzen sind also essenziell, wie der Name »essenzielle Fettsäuren« sagt.

Nun wissen wir jedoch aus der Praxis, dass Fette generell spezifisch leichter sind als Wasser und in Wasser auch nicht lösbar sind. Gießt man in einen Topf mit Wasser Öl, so schwimmt es oben, auch Butter würde oben schwimmen und selbst Rindertalg.

Der menschliche Körperfettanteil beträgt etwa 25 Prozent. Da wir jetzt wissen, dass Fett leichter als Wasser ist und sich auch nicht darin löst, müsste der Mensch von etwa Brusthöhe ab bis zum Scheitel aus Fett bestehen. Das ist nicht der Fall! Hier wirkt offenbar ein anderer Mechanismus, den wir alle ebenfalls kennen, insbesondere Menschen, die gern kochen. Das Phänomen heißt Emulsion, wie beispielsweise Mayonnaise! Emulsionen sind Mischungen aus Fett und Wasser, wohlgemerkt: keine Lösungen, wie etwa bei Salz oder Zucker, die sich in Wasser lösen.

Nehmen wir Fett zu uns, so kann unser Körper dieses in seinem wässrigen Transportsystem nur in Form von Emulsionen verarbeiten: In unserem Blut- und Lymphsystem fließt bildlich gesprochen verdünnte Mayonnaise! Der Vorgang, wie das konsumierte Fett durch die Darmwand in die Blut- und Lymphsysteme gelangt und dort emulgiert wird, ist ein komplizierter biochemisch-physiologischer Prozess.

Interessant für den IQ, also unsere geistige Leistungsfähigkeit, ist zunächst einmal die Tatsache, dass Mayonnaise dickflüssig ist und entsprechend auch unser Blut ebenfalls dickflüssiger wird. Dicke Flüssigkeiten lassen sich schlechter transportieren, fließen langsamer und brauchen mehr Arbeitsaufwand zum Bewegen. Das bedeutet: Nach der Fettaufnahme steigt unsere Herzfrequenz und der IQ sinkt, einfach weil weniger Blut bei den Gehirnzellen ankommt. Meist wird der Mensch dabei auch müde. Schaut man sich die Situation in unserem Kopf etwas genauer an, so erfolgt die Versorgung der Gehirnzellen auf den letzten Zentimetern über Blutkapillaren, die kaum größer sind als die roten Blutkörperchen selbst. Diese sind bekanntlich die Sauerstoffträger, und sie müssen sich ohnehin schon leicht durch die Kapillaren quetschen, erst recht, wenn das ganze Milieu noch dickflüssiger wird. Per saldo kommt also weniger Blut an den Orten an, wo es gebraucht würde. Daher sinkt der IQ. – Wie können wir das beeinflussen? Denn schließlich können und wollen wir nicht auf Fett in unserer Nahrung verzichten.

Dazu ist ein wenig Kenntnis über Fette nötig. Fette sind, vereinfacht gesagt, lange Kohlenstoffketten, in denen die Kohlenstoffatome hintereinandergehängt sind: in der Fachsprache Fettsäuren genannt. Für uns relevant sind drei

Kriterien von Fett, die bei Aufnahme in unseren Körper dafür verantwortlich sind, um wie viel unser IQ sinkt:

○ Das erste Kriterium ist die Menge: Wir wissen, je mehr Fett in eine Mayonnaise eingerührt wird, desto dicker wird sie. Das kann jeder selbst ausprobieren, indem in die gekaufte Mayonnaise einfach noch einmal zusätzliches Öl unter Rühren hinzugefügt wird. Das Produkt wird dicker oder zäher.

○ Das zweite Kriterium ist die Länge der Fettsäureketten: Je länger die Kette ist, desto dicker wird die Mayonnaise. Ein Beispiel wäre die Sauce Hollandaise. Hier handelt es sich um eine Mayonnaise aus Butter, also ein Rinderfett, und das ist langkettig. Sie wissen, dass diese Sauce stets warm gehalten werden muss, sonst wird sie sogleich wieder fest. Eine Emulsion mit Rinderfett wird also dickflüssiger und dementsprechend auch unser Blut.

○ Das letzte Kriterium ist die Art der Kettenbildung bei den Fettsäuren: Hier können sich sogenannte Doppelbindungen ausbilden – wir sprechen dann von ungesättigten Fettsäuren. Diese bewirken bei langkettigen Fettsäuren, dass sie sehr dünnflüssig bleiben. Solche Fette kommen im Pflanzenreich vor, aber auch bei Lebewesen in kalten Umgebungen, zum Beispiel in unseren Meeren, insbesondere in arktischen Regionen. Ein arktischer Fisch wäre mit Rinderfett (Rindertalg) ausgestattet schlichtweg bewegungsunfähig! Ungesättigte Fettsäuren halten das Blut dünnflüssig und unseren Intellekt hoch. Zudem sind einige ungesättigte Fettsäuren essenziell!

Zusammengefasst heißt das, wenn wir Fett aufnehmen (und das müssen wir), wird unser Blut für einige Zeit dickflüssiger und die Sauerstoffversorgung für unser Gehirn ist leicht verschlechtert. Wenn wir wissen, dass wir intellektuell stark gefordert werden, und in einem Seminar werden Sie das in der Regel, ist es nicht ratsam, kurz vorher stark fetthaltiges Essen zu sich zu nehmen. Dies könnte bequem *nach* der geistigen Anstrengung erfolgen.

Mentales Training

Nach diesen Ausführungen verlassen wir den rein naturwissenschaftlichen Teil der Neurokompetenz und begeben uns in einen Bereich, der den empirischen Wissenschaften zuzuordnen ist. Das heißt, aus Erfahrungen entwickeln wir Theorien und Modelle, die wiederum in weiten Bereichen ausprobiert werden und im Bestätigungsfall als Evidenzen gelten und damit eine Theorie festigen. In der Psychologie war man über sehr weite Strecken auf rein empirische Forschung angewiesen, denn selbstverständlich befasst sich diese Wissenschaft mit dem Gehirn und dem Nervensystem, dessen naturwissenschaftlicher Zugang aufgrund der Komplexität und der fehlenden Methoden weitgehend unzugänglich war. Auf dieser Basis entwickelte sich sehr erfolgreich der sogenannte Behaviorismus, was nichts anderes bedeutet, als dass man sich um die äußeren Anzeichen, also das Verhalten der Menschen, kümmerte und versuchte, dieses empirisch zu erforschen.

Aus solchen Forschungen entwickeln sich Theorien und Modelle, die zur besseren Vorstellung gern bildlich darstellt werden. Dabei passiert sehr häufig, dass sich diese Modelle stark einprägen und sie oft mit der Wirklichkeit verwechselt werden. Solange diese Wirklichkeit in Wirklichkeit nicht bekannt ist, fällt das nicht einmal auf. Erst wenn durch naturwissenschaftliche Experimente die Begebenheiten bekannt werden, können die Modelle angepasst werden. Vielfach werden sie der besseren Vorstellung halber dennoch einfach beibehalten.

»Wir irren uns empor!« – Diesen Satz prägte der große Erkenntnistheoretiker Gerhard Vollmer mit seinem gleichnamigen Buch (Sandhoff 2007).

Wir leben und denken also in Modellen. Immer wenn die Gegenstände unserer Betrachtung bestimmte Komplexitätsgrade überschreiten, beginnen wir mit Modellbildungen. Das ist nichts weiter als eine Informationsreduktion. Wir versuchen, die Komplexität zu verkleinern. Unser Gehirn ist so gebaut. Denn obwohl die Speicherkapazität unseres Denkorgans geradezu unendlich erscheint, ist unser Arbeitsspeicher, auch Kurzzeitspeicher genannt, äußerst beschränkt: Er ist aber unsere Eingangs- und Ausgangspforte zu unserem Gedächtnis, und deshalb müssen wir Informationen verkleinern, um sie durch diese Pforte zu zwängen.

Das Gehirn ist derart komplex, dass wir derzeit keinerlei Chance haben, es im Detail zu entschlüsseln. Es wird sogar bezweifelt, ob wir es jemals entschlüsseln können.

Das Psychostrukturmodell: Stellen Sie sich unser Gehirn bildlich als einen umfriedeten Klosterhof vor, ein von Mauern umgebener, rechteckiger Bereich mit einem Eingangstor an einer Seite. Wenn Sie Wissen in das Kloster hineinbringen wollen, transportieren Sie es beispielsweise auf einem Pferdefuhrwerk und müssen durch das Tor. Das Gleiche gilt, wenn Sie etwas hinausbringen wollen. Es ist leicht einsehbar, dass Sie bei einem breiteren Tor mit zwei oder drei Fuhrwerken nebeneinander hindurchfahren können. Damit würde sich der Klosterhof schneller füllen. Die Breite des Tors ist also sehr entscheidend dafür, wie schnell der Hof voll wird.

Ein zweiter Aspekt trägt ebenfalls mit dazu bei: das ist die Geschwindigkeit selbst, mit der die Fuhrwerke durch das Tor fahren. Dies hängt beispielsweise vom Untergrund ab, auf welchem zu fahren ist. Auf glatt gewalztem Boden fährt man schneller als auf Kopfsteinpflaster. Somit haben wir zwei Faktoren, von denen abhängt, wie schnell man Waren (Wissen) hinein- und wieder hinausbekommt. Sie merken schon, der Hof selbst entspricht unserem Langzeitgedächtnis und der Torbereich dem Kurzzeit- oder Arbeitsspeicher. Wer also ein breites Tor mit glattem, festem Boden besitzt, bekommt schnell viel in den Langzeitspeicher hinein, aber auch wieder aus ihm heraus.

Und tatsächlich wird auch unser IQ hauptsächlich durch den Torbereich geprägt, also den Kurzzeitspeicher. Etwa 80 Prozent des IQ werden dadurch bestimmt; 20 Prozent durch das Langzeitgedächtnis. Wenn Sie Ihren Intelligenzquotienten erhalten oder gar verbessern wollen, macht es natürlich Sinn, an diesem Ort, den achtzig Prozent, mit Trainingsmaßnahmen zu beginnen.

Betrachten wir nun die zwei Größen, die den Kurzzeitspeicher festlegen. Beginnen wir mit der Informationsverarbeitungsgeschwindigkeit (IVG). Hinter diesem Wortmonster verbirgt sich ein einfacher Wert, nämlich: wie schnell werden Informationen im Kurzzeitspeicher verarbeitet. Informationseinheiten werden in Bit gemessen und die Geschwindigkeit wird in Bit pro Sekunde (bit/s) angegeben. Die IVG bei jungen Erwachsenen beträgt 15 +/-3 bit/s.

Die andere Größe, in unserem Modell die Breite des Tors, nennt sich Merkspanne oder Gegenwartsdauer. Sie wird gemessen, indem man im Sekundtakt den Probanden so lange Einzelinformationen gibt, bis die Speicherkapazität zusammenbricht. Wir messen hier, wie viele Einzelinformationen der Mensch gleichzeitig festhalten kann, oder mit unserem Modell betrachtet, wie viele Fuhrwerke gleichzeitig durch das Tor fahren können. Dadurch erhält man ein in Sekunden gemessenen Wert, und dieser beträgt 5,4 +/-0,8 s. Das bedeutet, die gemessene Sekundenzahl ist identisch mit der Anzahl der Einzelinformationen, die gleichzeitig gehalten werden können.

Diese beiden Werte bestimmen die Kapazität unseres Kurzzeitspeichers und wir berechnen ihn, indem wir diese beiden Werte miteinander multiplizieren: 15 bit/s × 5,4 s – 81 bit. Die Sekunden kürzen sich weg.

Fluide und kristalline Intelligenz: Der Begriff der sogenannten fluiden Intelligenz bezieht sich auf den hier beschriebenen Kurzzeitspeicher, und dieser wird mit 81 bit als Durchschnittswert angegeben. Das Pendant dazu wäre die kristalline Intelligenz, und diese stellt den Langzeitspeicher dar. Wie vorher schon erwähnt, bestimmt die fluide Intelligenz im Wesentlichen unsere Intelligenz, etwa zu 80 Prozent. Wenn wir von einem guten Gedächtnis sprechen, so meinen wir gemeinhin das Langzeitgedächtnis; allerdings haben die Unterschiede in der »Größe« des Langzeitspeichers kaum Einfluss auf Intelligenzunterschiede, weil bei allen gesunden Menschen genügend Speicherkapazität vorhanden ist.

Wir müssen uns daher auf den Kurzzeitspeicher konzentrieren, denn er bestimmt, wie mit Informationen umgegangen wird und wie sie organisiert werden, um sie anschließend im Gedächtnis zu speichern. Dieses Informationsmanagement ist elementar für lebenslanges Lernen und beruflichen Erfolg in unserer Leistungs- und Wissensgesellschaft.

Ein perfekt organisierter und ausgestatteter Eingangsbereich im Klosterhof sorgt dafür, dass viel Allgemeinwissen schnell in den Hof kommt, aber auch wieder aus ihm herauskann. Daher gilt es, mit Übungen, Trainings und Lebenseinstellungen zum Erhalt oder der Verbesserung der fluiden Intelligenz anzusetzen.

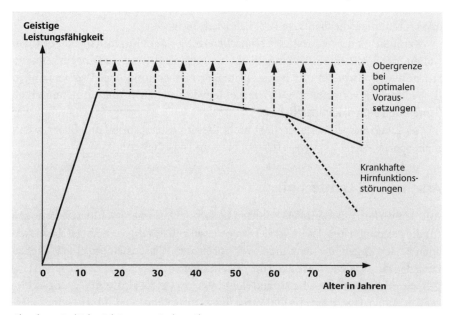

Abnahme Gedächtnisleistung mit dem Alter

Wie bei vielen Fähigkeiten nimmt die mentale Leistung des Menschen mit dem Älterwerden ab. Das setzt beim Kurzzeitspeicher bereits zwischen dem 25. und 29. Lebensjahr ein, muss aber nicht weiter beunruhigen, denn es handelt sich um Mittelwerte, wie bei allen angegebenen Zahlen. Insofern kann die Leistungsfähigkeit in der Tat einerseits bei 50 Prozent der Menschen abnehmen und andererseits bei den anderen 50 Prozent erhalten bleiben. In der Realität geht sie allerdings bei der Mehrheit der Bevölkerung zurück, während ein Fünftel bis zum Tod keine Einbußen erfährt. Jeder entscheidet selbst für sich, welcher Gruppe er sich anschließen möchte. – Woran liegt das?

Sieht man sich die Verlaufskurve der fluiden Intelligenz über ein Menschenleben an, so fallen die beiden Abknickungen nach unten auf: die eine bei etwa 28 Jahren und die zweite bei etwa 62 Jahren.

Erinnern Sie sich an Ihre Schulzeit: Mit welchem Fächerkanon wurden Sie konfrontiert, den sie geliebt und manchmal auch gehasst haben? Dann folgte die Ausbildung mit ebenfalls noch relativ breitem Wissensspektrum, zwar schon eingeschränkt, jedoch neu. Auch die ersten Berufsjahre waren besonders lehrreich und neu. Aber dann folgten Routine, verengte Tätigkeit und weniger Neues. Hier reagiert unser Gehirn wie alle Muskeln: Use it or loose it! (Gebrauchen oder verlieren!) Das ist der erste Knick. Wohlgemerkt: immer als Mittelwert zu sehen. Die meisten Menschen sind zwischen 25 und 29 mit Schule, Ausbildung und den ersten beiden Berufsjahren fertig. Der zweite Knick ergibt sich mit dem Arbeitsende, der Rentenknick: die bisherige Tätigkeit wird abgegeben.

Wenn Sie zu dem Fünftel der Menschen mit großem Kurzzeitspeicher zählen wollen, dann sollten Sie sich möglichst breit angelegt für viele Dinge interessieren und sich körperlich fit halten (Sauerstoffversorgung), viel Wasser trinken (Dehydrierung vermeiden), zu viele Kohlehydrate meiden und Sinneseinbußen (Hören und Sehen) kompensieren.

Der Langzeitspeicher unterliegt nicht diesem Altersprozess und bleibt, wenn nicht spezielle Krankheiten auftreten, bis zum Tod erhalten.

Arbeits- und Lerntechniken

Aus den vorherigen Kapitelabschnitten lassen sich nunmehr Schlussfolgerungen für die Praxis ableiten. Da unser Gehirn generell vollständig vernetzt ist, bewirken auch Betätigungen in voneinander weit entfernten Wissensfeldern eine Verbesserung des Kurzspeichers – so auch die Auseinandersetzung mit künstlerischen Fragen wie bildende Kunst oder Musik. Noch besser wäre die aktive Ausübung in diesen Bereichen. Überhaupt ist die Vernachlässigung der geistes- und gesellschaftswissenschaftlichen Fächer während der Ausbildung wahrhaft zu kritisieren, weil dies zudem unsere Kreativität und Flexibilität negativ beeinflusst und damit die geistige Leistungsfähigkeit allgemein (Nussbaum 2012).

Aktivitätszyklus und Aktivitätsmodell: Wie wir festgestellt haben, ist die Kapazität unseres Arbeitsspeichers mit durchschnittlich 81 bit grundsätzlich sehr bescheiden, besonders wenn man die Maßstäbe der IT-Branche anlegt. Insofern kann er rasch überlastet werden und die Leistungsfähigkeit bricht ein, bis zum Totalausfall. Das hat jeder von uns schon einmal erlebt, wenn bei hoher Belastung – zum Beispiel eine Veranstaltung organisieren oder kurz vor Prüfungen – plötzlich gar nichts mehr geht. Alles fliegt im Kopf durcheinander. Auch wenn eine Sache unter hohem Zeitdruck und mit festem Abgabetermin bearbeitet werden muss, entstehen solche Situationen, und die Arbeitszeiten an dem Projekt verlängern sich von Tag zu Tag.

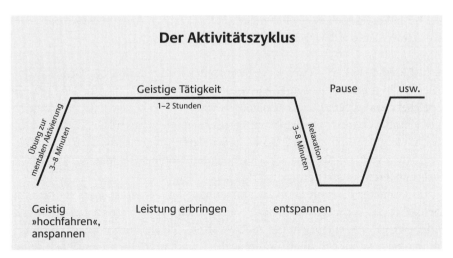

Aktivitätszyklus

Dabei hilft es, sich einen individuellen Aktivitätszyklus zu erstellen. Dieser beginnt stets mit einer Hochfahrübung (Aktivierungsübung) aus dem reichhaltigen Arsenal des Gedächtnis- oder Mentaltrainings. Ersatzweise oder zusätzlich ein paar körperliche Übungen, zum Beispiel leichte Gymnastik. Aufwandszeit etwa zwei bis drei Minuten. Treppensteigen anstatt den Fahrstuhl zu nehmen kann hier gut eingebaut werden. Danach beginnt die Arbeitsphase. Diese kann zwischen 20 und 90 Minuten dauern. Die Länge hängt von der Tageszeit, der momentanen Fitness und den Ereignissen des Vortags zusammen. Feststellen lässt sich das, indem Sie darauf achten, wann die Gedanken zwei- bis dreimal hintereinander abschweifen von dem, worauf die Konzentration liegen sollte: ein Zeichen für Aufmerksamkeitsverlust. Tritt dies ein, wird die Arbeit unterbrochen und eine kurze Übung zum »Entleeren« des Kurzzeitspeichers wird durchgeführt. Infrage kommen dabei im Idealfall Entspannungstechniken, so sie beherrscht werden. Aber auch Abschalten hilft, indem kurzerhand etwas anderes gemacht wird, zum Beispiel eine kurze Kaffeepause eingelegt oder mit Kollegen über etwas anderes gesprochen wird. Dauer zwischen zwei und fünf Minuten.

Damit ist ein Zyklus abgeschlossen, und nach der Pause geht es mit einer Aktivierungsübung weiter. Gerade bei zeitkritischen, komplexen Aufgaben mit Abgabeterminen ist diese Vorgehensweise besonders hilfreich, weil sie entgegen unserer Intuition die Arbeit nachweislich beschleunigt: Die Fehlerquoten sinken, die Konzentrationsfähigkeit steigt, die Kreativität bleibt erhalten, der Kurzspeicher kann voll genutzt werden, Ermüdungseffekte bleiben aus, Erschöpfungszustände am Ende des Arbeitstags treten nicht auf.

Diese Vorgehensweise sollte nicht nur im Seminar- und Arbeitsalltag angewendet werden, sondern generell in allen Lernphasen.

Schlaf: Gerade in Lernphasen ist es besonders wichtig, dass der Lernende ausreichend Schlaf bekommt. Seit Langem ist bekannt, dass die Inhalte des Kurzzeitspeichers und diverser Zwischenablagen während des Tiefschlafs im Langzeitgedächtnis verankert werden. Eine Lernsequenz, der anschließend eine »lange Nacht« folgt, zusätzlich mit Alkohol und anderen Drogen verbunden, ist im Wesentlichen verloren. Im Angesicht turbulenter Nächte sollte man am Tag vorher lieber anderen Beschäftigungen nachgehen.

Ein weiteres Hilfsmittel im Zusammenhang mit Schlaf ist, kurz vor dem Zubettgehen den Lerngegenstand noch einmal rasch zu überblättern. Der Behaltenserfolg steigt! Dies entspricht der Volksweisheit, sich das Buch unter das Kopfkissen zu legen, damit der Inhalt »während des Schlafs ins Gehirn übergeht«. Hierbei muss der Lerngegenstand zumindest kurzfristig zur Kenntnis genommen werden. Offenbar scheint das Gehirn die zuletzt wahrgenommenen Eindrücke zuerst im Langzeitgedächtnis zu verankern.

Aktivitätsniveau: Betrachten wir den Zustand unserer höchsten geistigen Leistungsfähigkeit, so lässt sich dieser anschaulich auf einer Skala darstellen, die von Schlaf auf der einen Seite über »voll wach« bis hin zu Panik und Angst auf der anderen Seite führt. Über dieser Linie wölbt sich ein Halbkreis, der die geistige Leistungsfähigkeit anzeigt. Leicht zu erkennen ist, dass diese bei Schlaf einerseits und Panik anderseits am niedrigsten ist. Der Halbkreis beginnt und endet jeweils dort. In der Mitte der Skala, bei »voll wach«, ist sie am höchsten. In der Praxis ist sie allerdings ganz leicht in Richtung Panik verschoben, da ein leichter Eustress die Leistungsfähigkeit noch einmal etwas erhöht. Unser Bestreben sollte es daher sein, uns stets in diesem »Voll-wach«-Stadium zu halten und beim Abdriften in die Unaufmerksamkeit – sei sie ausgelöst auf dem Weg in Richtung Schlaf oder Panik – sollten wir unsere Arbeit unterbrechen (s. Aktivitätszyklus).

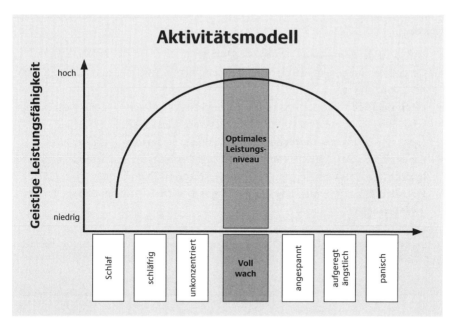

Aktivationsmodell

Gedächtnistechniken

Betrachten wir geistige Leistungsfähigkeiten allgemein, so haben wir mit dem bisher Beschriebenen den größten Einfluss auf unsere geistige Leistungsfähigkeit und unser Lernvermögen. Gedächtnistechniken sind zwar sehr hilfreich, kommen aber nur begrenzt zum Tragen, wenn die erörterten Dinge nicht berücksichtigt werden. Sie sollen daher in diesem Beitrag nur abschließend erwähnt werden, denn darüber existiert eine reichhaltige Literatur sowohl in gedruckter Form als auch im Internet. Nur beispielhaft seien hier genannt: Loci-Technik, Zahlen-Bilder-System, Lernkartei, Assoziationstechnik, Rasterlernen, Mind-Mapping, Clustering.

Ob zum Selbstlernen oder um andere beim Lernen zu unterstützen, je mehr der hier präsentierten Vorgehensweisen Sie anwenden, desto intensiver und nachhaltiger kann und wird der Lernerfolg sein.

Literatur

- Amtsblatt der Europäischen Union 2006/962/EG
- Genz, Uwe: Steigerung der mentalen Leistung durch richtiges Frühstück. In: Geistig fit. 6, 2007, S. 3–5.
- Lehrl, Siegfried u. a.: Geistige Leistungsfähigkeit. Theorie und Messung der biologischen Intelligenz mit dem Kurztest KAI. Ebersberg: Vless 1992
- Nussbaum, Martha: Nicht für den Profit! Mühlheim an der Ruhr: Tibia Press 2012
- Sandhoff, Konrad u.a. (Hrsg.): Vom Urknall zum Bewusstsein – Selbstorganisation der Materie (124. Versammlung der GDNÄ 2006). Stuttgart: Thieme 2007, S. 357–366
- Wechsler, David: Die Messung der Intelligenz Erwachsener. Bern, Stuttgart: Huber, 3. Auflage 1964

Erleben und Begreifen im turmdersinne

Claudia Gorr, Inge Hüsgen

Tags: Sinne, multisensual, optische Täuschung, Museum, Mitmachen, Wahrnehmung, Reize, visuell, akustisch, taktil, Didaktik, Lernmodell, Illusion, Coaching

Positionierung

Hautnah erleben, wie das menschliche Gehirn mit unseren Sinnen auf eintreffende Informationen reagiert und wie wir diese Informationen (gefiltert) umsetzen: Der **turm**der**sinne** in Nürnberg liefert faszinierende Erkenntnisse über unsere Wahrnehmung. Allein diese multisensuale Erlebniswelt in einem der Türme der Nürnberger Stadtmauer kann dazu führen, dass Sie als Trainer, Coach, Berater – als Weiterbildner jeglicher Couleur – im Sinne des Wortes angeregt sind, etwas an Ihren Auftritten zu verändern. Oder Sie stellen fest, dass Sie schon sehr gehirngerecht agieren. Übrigens gibt es die interaktive Ausstellung auch als Roadshow, die Sie mieten können …

Wer sich in dieses Erleben begibt, kann am Beispiel von visuellen Täuschungen und anderen Wahrnehmungstäuschungen erfahren, wie das menschliche Gehirn die reale Welt interpretiert und die Fähigkeit zum raschen Orientieren und Handeln beeinflusst. Dass sich das Aus- und Überblenden von Informationen (etwa durch Überführen dreidimensionaler Eindrücke in zweidimensionale) auch auf das Lernen auswirkt, ist sofort nachvollziehbar. Diese und viele weitere kognitionswissenschaftliche Erkenntnisse bereitet der dahinterstehende Verein schon lange in diversen weiteren Formaten auf. Mein erster Kontakt war vor vielen Jahren das **turm**der**sinne**-Symposium, das jährlich im September/Oktober im Raum Nürnberg stattfindet – und sehr zu empfehlen ist.

Die Autorinnen nehmen Sie mit in diese besonderen Lernräume: Freuen Sie sich auf ein Erlebnis, das Sie emotional wie rational erreichen wird!

Der turmdersinne als Hands-on-Museum und Akteur der Wissenschaftsvermittlung

Der **turm**der**sinne** bietet ein interaktiv erfahrbares Hands-on-Museum, eine populärwissenschaftliche Tagung zu Themen aus dem Umfeld der Psychologie und der Neurowissenschaften sowie mehrere erfolgreiche Veranstaltungsreihen und weitere Angebote. Damit hat er sich seit Eröffnung der Ausstellung 2003 auf dem Gebiet der Wissenschaftsvermittlung zusehends etabliert.

Erste Pläne reichen bis ins Jahr 1995 zurück, als ein ehrenamtlicher Arbeitskreis aus dem Umfeld des Humanistischen Verbandes Deutschlands/HVD-Bayern (damals: HVD-Nürnberg) die Idee einer »Erlebnisausstellung« entwickelte. 1997 wurde die gemeinnützige **turm**der**sinne** GmbH gegründet; alleinige Gesellschafterin ist der HVD-Bayern. Im Jahr darauf wurde das Projekt mit dem Innovationspreis der Region Nürnberg in der Kategorie »Kultur« ausgezeichnet. Eine weitere Auszeichnung folgte 2001 mit dem zweiten Platz beim »Dialogpreis Lebenswissen«, verliehen vom Bundesministerium für Bildung und Forschung.

Seit Beginn seines Bestehens entwickelt sich der **turm**der**sinne** weiter: durch stetige Innovationsprozesse und die Entwicklung neuer didaktischer Projekte, Formate und Darstellungsformen. Praxiserfahrungen und Evaluationen sind hier ebenso starke Impulsgeber wie aktuelle Erkenntnisse aus Lernforschung und (Museums-)Didaktik. Eine Auswahl prägender Projekte mit Bezug zur Erwachsenenbildung und Hirnforschung wird im Folgenden vorgestellt.

Didaktisches Konzept des turmdersinne

Arbeitsweise unseres Wahrnehmungsapparates: Wir können die Welt um uns herum nie eins zu eins erfassen. Wir sind angewiesen auf unsere Sinne, die – jeder für sich – visuelle, akustische, olfaktorische und taktile Reize unserer Umwelt an unser Gehirn liefern. Diese Informationen sind nie vollständig. Sie reichen also eigentlich nicht aus, um eine perfekte Repräsentation der Umwelt herzustellen.

Ziehen wir die visuelle Wahrnehmung als Beispiel heran. Alle räumlichen visuellen Informationen müssen zunächst ein zweidimensionales »Tor« passieren: unsere beiden Retinae, also die Netzhäute im Inneren der Augäpfel. Erst das Gehirn konstruiert aus den zwei entstehenden, leicht unterschiedlichen, zweidimensionalen Netzhautbildern wieder einen dreidimensionalen Eindruck. Unser Auge kann zudem nur einen kleinen, zentralen Bereich scharf abbilden; alle anderen Bereiche des Gesichtsfelds sehen wir eigentlich verschwommen. Dieser Nachteil wird allerdings, ohne dass es uns bewusst wird, von ständigen Augenbewegungen ausgeglichen. Ähnlich verhält es sich mit dem Wahrnehmen von Farben. Farbnuancen können wir eigentlich nur in der Fovea (zentraler Punkt der Netzhaut) erkennen; periphere Bereiche der Netzhaut enthalten vorwiegend hell-dunkel-empfindliche Stäbchen und können die Wahrnehmung von Farbnuancen nicht unterstützen. Unser Gehirn ergänzt daher – für uns unbemerkt – in diesen Sichtfeldbereichen permanent Farbinformationen. Der Eindruck von Kontinuität und Vollständigkeit, den unser visuelles System erzeugt, ist also bereits eine Täuschung! Wir sehen nie unbefangen, sondern erkennen Bekanntes wieder.

Anders ausgedrückt: Unser Wahrnehmungssystem entwickelt auf Basis der unvollständigen Informationen ständig aktiv Hypothesen. Es macht also permanent Vorhersagen über die Umwelt (Gregory 1997). Einige Prinzipien der Informationsverarbeitung sind evolutionär begründet – schnelles Kategorisieren von Fressfeinden und potenziellen Gefahren bedeutet zum Beispiel einen evolutionären Vorteil. Andere Prinzipien bilden sich im Zuge der individuellen Entwicklung eines Menschen durch subjektive Erfahrungen, Bedürfnisse und Neigungen heraus. Wahrnehmungsprinzipien helfen uns also, Informationen wirtschaftlich zu verarbeiten, sodass wir mit der Welt um uns herum erfolgreich zusammenwirken können.

Interpretationen unserer Umwelt entstehen dabei nie isoliert, sondern immer in Relation zum Körper des Wahrnehmenden, seinen eigenen Bewegungen, Aktionen und individuellen Fähigkeiten beziehungsweise Einschränkungen.

Was sind Illusionen und wann entstehen sie? Diese relative Wahrnehmung, das subjektive Rekonstruieren unserer Umwelt, wirft ein fundamentales Problem auf: Wir machen Fehler, wenn wir eine komplexe dreidimensionale Welt erfassen, die sich über die Zeit verändert. So entspricht in einigen Fällen die Hypothese über die Umwelt nicht der Realität.

Riechforscher wissen zum Beispiel, dass wir Menschen künstliche Aromen (die in ihrer Zusammensetzung weniger komplex als ihre natürlichen Äquivalente sind) deshalb für echt halten, weil unser Gehirn fehlende Einzelsubstanzen einfach zu dem bereits bekannten, vollständigen Muster des natürlichen Aromas ergänzt. Die Wahrnehmung künstlicher Aromen ist ein Beispiel einer Täuschung unserer Wahrnehmung, weil unser Gehirn stets effizient daran arbeitet, unvollständige Informationen zu etwas Sinnvollem zu ergänzen (Hatt 2008). Wahrnehmungstäuschungen sind also streng genommen keine Fehler, sondern Folgen jener nützlichen Mechanismen unseres Wahrnehmungssystems, die uns normalerweise eine effiziente Orientierung in unserer Umwelt und damit das Überleben ermöglichen.

Als Ergebnis können wir Wahrnehmungsillusionen nie »ausschalten«, selbst wenn wir uns ihrer bewusst werden und sie kognitiv durchschauen. Für unser evolutionäres Fortbestehen ist es nämlich vorteilhafter, lieber einmal überzureagieren, als der Wahrnehmung permanent skeptisch zu begegnen. Ein beliebtes Beispiel ist das Folgende: Unsere Vorfahren, die jedes Mal vor dem vermeintlichen Säbelzahntiger wegliefen, auch wenn es sich nur um eine Ansammlung bunter Laubblätter handelte, überlebten und gaben ihre Gene erfolgreich weiter. Weitaus weniger trugen jedoch diejenigen zur Arterhaltung bei, die skeptisch in der Annahme hocken blieben, der Tiger sei nur eine Wahrnehmungstäuschung.

Pädagogischer Ansatz des turmdersinne: Optische Täuschungen sind eine Quelle der Freude und Faszination und ein Erfolgsgarant für Ausstellungen, Museen und Freizeitaktivitäten. Die auf die Begegnung mit der Täuschung folgende Reaktion besteht zumeist in der Erkenntnis, dass unser Wahrnehmungssystem fehlerhaft ist. So lautet das Fazit der Ausstellungsbesucher meist: »Krass, wie man sich doch täuschen lässt; ich kann mich gar nicht auf meine Sinne verlassen!« Wo die Botschaft vieler optischer Kuriositätensammlungen zu ihrem Ende kommt, setzt der didaktische Ansatz der interaktiven **turm**der**sinne**-Ausstellung an.

Eines der Schlüsselexponate des **turm**der**sinne** sind die »magischen Klötzchen«. Der Besucher hebt zwei aufeinanderliegende Klötzchen mit einer Hand an und wird gebeten, auf das Gesamtgewicht zu achten. Dann stellt er oder sie die Klötzchen wieder ab und hebt anschließend nur das kleinere obere Klötzchen an. Die paradoxe und physikalisch unmögliche Wahrnehmung ist: Das kleine Klötzchen scheint schwerer zu sein als beide zusammen. Der Besucher entwickelt Hypothesen, zum Beispiel dass ein versteckter Magnet die Ursache sei. Doch er erfährt dann, dass nicht dies die Ursache ist, sondern seine eigene Wahrnehmung. Unser Gehirn erwartet aufgrund früherer Erfahrungen nämlich, dass ähnlich aussehende Körper aus dem gleichen Material sind, der kleine Quader also leichter ist als der große. Da der kleinere Quader aber in Wirklichkeit fast die ganze Masse der beiden Klötzchen enthält, empfindet man diesen als überschwer.

Es ist ein irritierender Moment, wenn dem Besucher bewusst wird, dass seine Annahme falsch war, das Gewicht verteile sich gleichmäßig. Wenn dieser Zustand nun aufgefangen wird durch einen Ausstellungsbetreuer oder durch eine kurze Texterläuterung, kann diese kognitive Herausforderung bewirken, sich aktiv näher mit dem Phänomen auseinanderzusetzen, belohnende Einsichten in die Mechanismen der Wahrnehmung zu gewinnen und die eigene Wahrnehmung zu reflektieren. Wenn unsere Wahrnehmung also »versagt«, erhalten wir in diesem Moment die Möglichkeit, unsere Perspektive zu wechseln und einen lohnenden Einblick in die Arbeitsweise unseres Wahrnehmungssystems zu gewinnen. Das unscheinbare Experiment führt dem Besucher wirkungsvoll vor Augen: Seine Wahrnehmung wird gelenkt durch Erwartungen, seine eigenen Vor-Urteile beeinflussen unbewusst neue Erlebnisse. Übertragen auf das Lernen bedeutet das: Das Gehirn überprüft kontinuierlich neue Informationen anhand von Vor-Erfahrungen.

Hierin liegt das große pädagogische Potenzial der Täuschungen, denn sie sind in der Lage, uns spielerisch die aktive Natur der Wahrnehmung zu offenbaren, ohne dass Lernende langen Vorträge zuhören oder komplexe Texte studieren müssen. Ganz ohne dies geht es freilich nicht, denn die Irritation kann auch zu Frustration und damit zum Abbruch der Beschäftigung mit der Thematik führen. Die pädagogisch geschulten Besucherbetreuer im **turm**der**sinne** sind daher angehalten, die Besucher in diesem Prozess zu begleiten, zu unterstützen und Denkanstöße zu geben.

Kommt ein Besucher außerhalb des Rahmens einer Führung, so übernehmen Texte diese unterstützende Funktion. Die Museumstexte sind prozesshaft aus der intensiven Zusammenarbeit mit Wissenschaftlern und Pädagogen hervorgegangen und vorab mit Schulklassen evaluiert worden. Im Ergebnis wird der Besucher nicht etwa mit einem durchgehenden Fließtext konfrontiert. Stattdessen folgt jede Tafel einem wiederkehrenden, klaren Aufbau aus sechs mit Grafiken untermauerten Levels. Zunächst wird der Titel des Exponats genannt (erstes Level), dann in einem einzeiligen Untertitel die Kernbotschaft des Exponats festgehalten (zweites Level). Nun folgen vier jeweils nur drei- bis fünfzeilige Textchunks. Das sind kurze Textabschnitte, deren geringer Umfang die Verarbeitung im Kurzzeitgedächtnis ermöglicht. Sie werden eingeleitet durch die wiederkehrenden Hinweise »So geht's«, »Nanu?«, »Ach so!« und »Na und?«. Zur Erläuterung:

○ »So geht's« beschreibt ähnlich einer Bedienungsanleitung die Interaktion mit dem jeweiligen Exponat.
○ »Nanu?« erläutert den irritierenden Effekt.
○ »Ach so!« bietet eine sehr kurze wissenschaftliche Erklärung.
○ »Na und?« setzt das Phänomen in einen größeren Kontext, beschreibt die Konsequenz für das Leben des Besuchers.

Im turmdersinne angewandte Lernmodelle und -theorien: Das konstruktivistische Lernmodell, basierend auf Ideen von Vygotsky (1997) und Piaget (1929), schlägt vor, dass Wissen nicht nur in den Kopf einer Person transportiert, sondern aktiv verarbeitet und in bereits vorhandene Wissensstrukturen und kognitive Rahmen eingebaut wird. Aktives Lernen ohne extrinsische Belohnung (wie Schulnoten oder Geld) benötigt intrinsische Motivation, das bedeutet, dass eine Aktion durch interne Belohnungen angetrieben sein muss. In typischen Lernkontexten fehlt den Lernenden häufig ein ausreichendes persönliches Interesse. So sind nicht alle Besucher unbedingt so sehr an Psychologie interessiert, dass sie bereit wären, viel Zeit in die Analyse ihrer Wahrnehmungsprozesse zu investieren.. Da Lernen aber stark auf Motivation angewiesen ist, kann dieser Mangel an persönlichem Interesse durch situatives Interesse kompensiert werden.

Situatives Interesse entsteht immer dann, wenn ein Vorgang in der einen oder anderen Weise persönlich relevant wird. Im besonderen Fall der Begegnung mit einer Illusion macht der Lernende Erfahrungen am eigenen Körper, die automatisch Fragen aufwerfen. Aus diesen Erfahrungen entsteht der Drang, herauszufinden, warum man hier getäuscht worden ist – und all dies geschieht, ohne sich der Lernsituation überhaupt bewusst zu werden.

Wie pädagogische Psychologie und Hirnforschung zeigen, werden wissenschaftliche Konzepte besser verstanden, wenn ein Mensch mit den jeweiligen Phänomenen Erfahrungen aus erster Hand gemacht hat (Anderson u. a. 2000; Deslauries/Schelew/Wieman 2011; Kelly 2007). Die persönliche, körperliche Erfahrung führt oft dazu, inkohärente mentale Modelle zu modifizieren (Anderson u. a. 2000; Carbon 2010). Erlebt man also eine Wahrnehmungstäuschung am eigenen Leib, begreift man direkt die Art und Weise, wie unser Gehirn die Welt rekonstruiert. Die Erfahrung, dass die eigenen bestehenden Konzepte über die Welt herausgefordert werden, hat eine hohe persönliche Relevanz – und ist somit intrinsischer Antrieb, sich weiter mit den Phänomenen zu beschäftigen. Die Begegnung mit Täuschungen birgt also ein hohes Potenzial in Lern- und Bildungskontexten. Stellt sich eine hohe Motivation ein, sich mit dem Einzelphänomen auseinanderzusetzen, kann dies im besten Fall sogar dazu führen, sich freiwillig mit ganz grundlegenden Fragen der Existenz zu beschäftigen. »Sind die Dinge eigentlich immer so, wie sie mir erscheinen?«, »Kann ich meiner Urteilskraft vertrauen?«, »Gibt es eine Wahrheit?«, »Wie kann ich zu verlässlichen Erkenntnissen gelangen?« sind einige der philosophischen Fragen, die sich aus einem persönlichen Erlebnis mit dem naturwissenschaftlichen Phänomen ergeben können.

Wir fassen zusammen: Der pädagogische Ansatz des **turm**der**sinne** geht davon aus, dass es in einem Lernprozess besonders motiviert, wenn die Besucher einen Moment der Irritation oder Verwunderung selbstständig aktiv auflösen: Es wird also zuerst Instabilität erzeugt, damit Lernende auf Basis neuer Informationen und Erfahrungen ein besser an die Gegebenheiten der Umwelt angepasstes Gleichgewicht herstellen können. Die direkte Begegnung mit »falschem Wissen« und die Irritation des bisher gepflegten Weltbilds kann in diesem Fall ein sehr erfolgreiches Mittel zur Erkenntnisvermittlung sein. Dies entspricht auch dem von Bernd Heckmair und Werner Michl (2012) definierten Ziel der Erlebnispädagogik, »neue Sichtweisen der Fremd- und Selbstwahrnehmung zu eröffnen, weil bisher feste Einstellungen und Urteile ins Wanken kommen können« (s. auch deren Beitrag S. 230 ff.).

Wirksamkeit des pädagogischen Ansatzes: Die Wirksamkeit des Vermittlungsziels wurde 2008 im Rahmen einer Masterarbeit in Kooperation mit dem Lehrstuhl für Soziologie der Friedrich-Alexander-Universität Erlangen-Nürnberg erfasst. Per Fragebogen wurden dafür 316 Individualbesucher befragt sowie 96 Besucher, die im Rahmen einer Gruppenführung kamen. Neben gewöhnlichen Kriterien wie demografische Daten, Gründe für den Besuch, Aspekte des allgemeinen Gefallens, beliebteste Exponate, wurden auch grundlegende Aspekte der didaktischen Zielstellung eruiert: die individuelle Nutzung der Exponate und Texte, das inhaltliche Verständnis der Wirkungsweisen einzelner Exponate sowie die Wirkungsweise

des Wahrnehmungsapparates an sich. Zur Erhebung sollte hierzu der Wahrheits-
gehalt verschiedener Aussagen eingeschätzt werden, zum Beispiel: »Täuschungen
sind oft die Folge einer falschen Interpretation unserer Sinnesdaten.«

Die Datenauswertung zeigte, dass die Erkenntnisvermittlung mit geringen
Einschränkungen funktioniert. So erwiesen sich die Texttafeln in der Ausstellung
als gute Basis für Lernprozesse. 90 Prozent der Befragten schätzten Textpräsenta-
tion und -inhalt als sehr nützlich ein, 93 Prozent beurteilten die grafischen Elemente der Anleitungen als nützlich. Gleichwohl zeigten sich bei einigen wenigen
Exponaten Vermittlungslücken.

Eine mögliche Erklärung wäre zum Beispiel, dass einige Effekte derart begeistern, dass das Interesse an der wissenschaftlichen Erklärung des Phänomens in
den Hintergrund tritt. Dies wird am Exponat »Ames-Raum« augenfällig, das laut
Datenerhebung zwar nur 60 Prozent der Besucher verstehen, das aber bei der Frage
»Welches Ausstellungsstück im **turm**der**sinne** hat Ihnen am besten gefallen?« die
meisten Stimmen erzielte. Diese für Ausstellungs- und Konzeptentwickler hoch-
interessanten Ergebnisse belegen einmal mehr die Individualität und Komplexität
von Lernprozessen – und damit auch, dass gelungene Wissensvermittlung von
einer Vielfalt von Faktoren abhängt.

*Ames-Raum: Der Ames-Raum vermittelt eine verblüffende Größenkonstanz-Täuschung (Foto:
Jürgen Schabel)*

Umsetzung des Konzepts für verschiedene Zielgruppen: Da der vorgestellte Ansatz auf Reflexion der eigenen Wahrnehmungs- und Verhaltensmuster sowie des Weltbilds beruht, wird er frühestens ab dem Jugendalter (14–15 Jahre) wirksam. Als Ergänzung wurden seit 2010 verschiedene Lernkonzepte für Kinder ab sieben Jahren erarbeitet, von denen im Folgenden beispielhaft die »Wunder-Werkstatt« vorgestellt werden soll. Sie gehört zum »Kulturrucksack«, einem Bildungsangebot der Stadt Nürnberg für sozial benachteiligte Grundschüler der dritten Klasse aus bildungsfernen Schichten Nürnbergs. Erreicht wird damit eine verbesserte Basis für das spätere Lernen im Erwachsenenalter, also auch für die Berufsaus- und weiterbildung.

Lernen geschieht, wenn aktuelle Erlebnisse in durch frühere Erfahrungen bereits angelegte Strukturen eingebaut und dadurch neuronale Verbindungen neu entstehen oder gefestigt werden (Spitzer 2002). Diese Erkenntnis nutzt die »Wunder-Werkstatt« gezielt, indem sie nach dem kognitiven, visuellen und auditiven Zugang zu den Phänomenen in der Ausstellungstour durch vereinfachtes Nachbasteln der Exponate aktive, haptische Erlebnisse vermittelt. Auf neuronaler Ebene entsteht auf diese Weise eine Verbindung – die Grundvoraussetzung für Verstehen und Lernen.

Sieben- bis zehnjährige Kinder aus benachteiligten Stadtteilen zeichnen sich durch spezifische Defizite und Stärken aus (Wehner 2014). Einer begrenzten Aufmerksamkeitsspanne, starkem Bewegungsdrang, geringer Einsicht in komplexe wissenschaftliche Zusammenhänge und einem sehr begrenzten sprachlichen Zugang zu neurowissenschaftlichen Themen stehen uneingeschränkte Neugierde, Unvoreingenommenheit und lebendige Vorstellungskraft gegenüber.

Das Konzept der Wunder-Werkstatt geht auf vielfältige Weise auf diese Voraussetzungen ein. Dies geschieht beispielsweise durch eine dialogische Gesprächsführung verbunden mit mental aktivierenden Arbeitsaufträgen, etwa der wiederkehrenden Aufforderung, Wahrnehmungen und Eindrücke zu verbalisieren und bei unvorhergesehenen Ereignissen Theorien über die Ursachen aufzustellen. Darüber hinaus erfahren die Kinder Selbstwirksamkeit durch Nutzung eines Entscheidungsspielraums beim Basteln.

Derzeit entstehen weitere auf die Bedürfnisse einzelner Zielgruppen zugeschnittene pädagogische Angebote. Nicht zuletzt aufgrund der beschriebenen Evaluationsergebnisse sind sich die Pädagogen des **turm**der**sinne** bewusst, dass der eben beschriebene pädagogische Vermittlungsansatz eine Herausforderung darstellt, der man keinesfalls immer gerecht werden kann. Die Besucherforschung in Museen zeigt seit Jahren, dass Veränderungen in Denkmodellen in vielen Fällen kurzfristig sind und Ausstellungsbesuche in erster Linie Mittel zur Identitätsstärkung sind – man zum Beispiel in Ausstellungen gern das bestätigt, was man bereits kennt und weiß (Falk/Dierking 2000).

Die vier auf Seite 127 vorgestellten Textchunks tragen dieser Herausforderung Rechnung. Je nach Interesse und Kontext des Besuchs wird ein Betrachter möglicherweise nur bis Level vier oder fünf des jeweiligen Textes gelangen. Manchen wird es reichen, einen verblüffenden Effekt zu erleben, ohne sich mit dem naturwissenschaftlichen Hintergrund, geschweige denn der Bedeutung für das eigene Leben, zu beschäftigen. Das grundsätzlich niederschwellige Informationsangebot lässt Raum für individuelle Entscheidungen und eröffnet auch Besuchern mit eingeschränktem Leseverständnis, etwa funktionellen Analphabeten, den Zugang zu den gezeigten Phänomenen.

Die Lernkonzepte für Kinder vermitteln verbale und soziale Kompetenzen sowie Strategien des Wissenserwerbs, auf die sie im weiteren Verlauf der Bildungsbiografie in vielfältigen Kontexten zurückgreifen können. Aus dieser Perspektive verstehen sich die Ausstellungsinformationen im Hands-on-Museum insofern als bildungsbegleitend, als sie den Besuchern Optionen eröffnen, sich auf unterschiedlichen Bildunglevels mit den Phänomenen zu beschäftigen und aufgrund der Faszination mit dem Erlebten zu einem späteren Zeitpunkt im Lebensverlauf intensiver mit der wissenschaftlichen und philosophischen Bedeutung auseinanderzusetzen.

Das Coaching der Sinne

Magische Klötzchen: Paradoxe Wahrnehmungen verstehen und hinterfragen – hier am Beispiel des Exponats »Magische Klötzchen« (Foto: Jürgen Schabel)

coachingdersinne: Eines der weiteren zielgruppenspezifischen Angebote, die derzeit entstehen, ist das **coaching**der**sinne**. Das Angebot richtet sich an Firmen und Institutionen, die innerhalb ihres Teams Kommunikation und Entscheidungsprozesse optimieren wollen. Unter didaktisch-fachlicher Anleitung sollen die Coaching-Teilnehmer Mechanismen ihrer Wahrnehmung am eigenen Leib erfahren und daraus in anschließenden Workshops aktiv Erkenntnisse und Instrumente für den Arbeitsalltag ableiten.

Hierbei erfahren die teilnehmenden Führungskräfte oder Mitarbeiter eines Unternehmens, dass unbewusst ablaufende Mechanismen der Wahrnehmung für Fehlschlüsse und Täuschungen verantwortlich sein können, die sich im praktischen Arbeitsleben und in der Kommunikation in Teams bemerkbar machen. Die Entwickler des Coaching-Konzepts gehen davon aus, dass ein gesteigertes Verständnis für die Funktion und die Verarbeitungsmechanismen unserer Wahrnehmung einen Menschen dazu befähigen kann, eigene und kollektive Denk- und Erkenntnismuster kritisch zu hinterfragen und Fehldeutungen vorzubeugen. Mittels Reflexion der menschlichen Verarbeitungs- und Denkmuster hat jeder Einzelne die Möglichkeit, sich die Grenzen der eigenen Wahrnehmung bewusst zu machen und diese Grenzen im möglichen Rahmen zu überwinden. Statt esoterischer »Selbstfindung« oder einer »neurophilen Umetikettierung« üblicher Coaching-Werkzeuge setzen wir Entwickler dabei auf authentische wissenschaftliche Erkenntnisse und Methoden.

Auch das **coaching**der**sinne** geht also davon aus, dass der produktive Selbstzweifel eine hohe intrinsische Motivation generiert und somit das Individuum für neue Erkenntnisse sensibilisieren kann. Abstrakte und von der Führungsebene extrinsisch bestimmte Wünsche, wie »besser arbeiten« oder »weniger Fehler machen«, können dies oft nicht leisten, sondern werden im Gegenteil als Bevormundung und Aberkennung der eigenen Leistungen empfunden.

Das etwa viereinhalbstündige Coaching gliedert sich in drei Phasen:

- **Erste Phase: Reflexion des Ist-Zustands.** In dieser Phase erfolgt das Sich-Bewusstmachen des individuellen Wahrnehmungs- und Denksystems. Dies gelingt mit dem Erleben der individuellen Muster »am eigenen Leib« durch aktives Experimentieren mit der eigenen Wahrnehmung. Durch die Erfahrung der eigenen Täuschbarkeit wird den Teilnehmern deutlich: Eine Fehleinschätzung der messbaren Realität ist nicht etwa die Ausnahme, sondern die Regel, denn Wahrnehmung hat weniger mit Wahrheit als mit Gewohnheit zu tun.
- **Zweite Phase: Zuspitzen der Mechanismen auf Kommunikation und soziale Interaktion.** In diesem Schritt werden die eher abstrakteren Phänomene auf das jeweilige Lernziel des Coachings angewendet. Ein hervorragendes Beispiel für den Themenbereich »Kommunikation« ist die sogenannte Mi-

mikkontextuierung. In einer zeitlich beschränkten Sequenz bekommen die Fortbildungsteilnehmer ein Bild eines unbekannten Gesichts gezeigt und sind gefordert, den Gesichtsausdruck in einen Kontext zu setzen. Das heißt, es soll nicht nur der Gemütszustand gedeutet, sondern auch fabuliert werden, was der Grund für die gezeigte »Laune« sein könnte. Hierzu können die Teilnehmer Momentaufnahmen in Form von kurzen Storys frei konstruieren, in der vom Lottogewinn bis zum Kollegenstreit alles eingebracht werden kann. Ziel dieser Sequenz ist nicht eine korrekte Interpretation des gesehenen Gesichtsausdrucks, sondern das Verdeutlichen der Wirkmächtigkeit der eigenen, egozentrierten Interpretations-, Vorurteils- und Gemütsmuster, was am Ende der Sequenz an Beispielen verdeutlicht wird.

- **Dritte Phase: Erarbeiten von Methoden zu verlässlicherer Erkenntnis.** In dieser Phase erarbeiten die Teilnehmer nun in kleinen Teams anhand schlüssiger Beispiele praktische Werkzeuge und Handlungswege, die die bereits benannten Wahrnehmungsgrenzen auch im Arbeits- und Entscheidungsalltag berücksichtigen und im möglichen Rahmen überwinden beziehungsweise produktiv nutzbar machen können.

Die Anwendungsgebiete in Unternehmen und anderen Organisationen sind zahlreich, da Wahrnehmungsprozesse Grundlage (und oft auch Fehlerquelle) praktisch aller menschlicher Tätigkeiten sind. Um wissenschaftliche Qualität und seriöse Vermittlung zu sichern, beschränkt sich das **coaching**der**sinne** dennoch im Wesentlichen auf folgende vier Teilaspekte:

- Kommunikation
- Fehlervermeidung und Fehlerkultur
- Entscheidungsprozesse
- praktische Arbeitssicherheit

Veranstaltungen

Bei mobilen Angeboten wie dem **coaching**der**sinne** steht ebenso wie bei der Ausstellung im Hands-on-Museum die unmittelbare sinnliche Erfahrung unterschiedlicher Wahrnehmungsphänomene im Fokus. Diesem Konzept entspricht auf kommunikativer Ebene der direkte Dialog zwischen Wissenschaftlern und breiter Öffentlichkeit. Mit mehreren Veranstaltungsformaten hat der **turm**der**sinne** Foren für diesen Austausch geschaffen und auf diese Weise neue Wege der Wissenschaftskommunikation beschritten.

Symposium turmdersinne: An erster Stelle sei das Symposium **turm**der**sinne** mit seinem deutschlandweit einzigartigen Konzept genannt. Seit 1998 versammelt die Veranstaltung einmal jährlich für ein verlängertes Wochenende im Herbst renommierte Fachleute und Nachwuchsforscher aus verschiedenen Fachbereichen zu Vorträgen und Diskussionen. Zielgruppe ist die breite Öffentlichkeit mit Interesse für Kognitionswissenschaften (insbesondere Psychologie, Neurowissenschaften und Philosophie) sowie verwandte Forschungsbereiche.

Das Besucherinteresse wächst erfreulicherweise stetig. Verzeichneten die Organisatoren im Anfangsjahr 100 Besucher, ist die Zahl inzwischen auf etwa 700 gestiegen. 80 Prozent der Teilnehmerinnen und Teilnehmer verfügen über einen akademischen Hintergrund, jedoch in der Regel außerhalb von Neurowissenschaften oder Hirnforschung. Zwischen 2004 und 2014 wurde das Symposium zudem von der Bayerischen Landesärztekammer als ärztliche Fortbildungsveranstaltung anerkannt; seit 2015 erkennt die Landeskammer für Psychologische Psychotherapeuten das Symposium als Fortbildungsveranstaltung zum Erwerb des freiwilligen Fortbildungszertifikats an.

Wie stark sich die Veranstaltung inzwischen etabliert hat, belegen die alljährlichen Besucherbefragungen. Die Umfrage im Jahr 2016 ergab, dass sehr viele der Teilnehmer »Wiederholungstäter« waren. So hatten 65 Prozent der Umfrageteilnehmer (n = 149) bereits zuvor ein Symposium besucht. Viele gaben an, dass das Symposium ein fester Bestandteil ihrer Jahresplanung sei – dies spricht für eine starke Identifikation.

Prägend für das Symposium ist der interdisziplinäre Ansatz, der eine Vielzahl verschiedener Anknüpfungspunkte für die interessierte Öffentlichkeit bildet. Im Zentrum jeder Veranstaltung steht jeweils ein Thema mit neurowissenschaftlichem Bezug, das im Verlauf des Symposiums eine Betrachtung durch Experten verschiedener Fachrichtungen erfährt. Auf diese Weise gewinnen die Teilnehmer einen umfassenden Überblick über den Forschungsstand und erhalten Anregungen, die aktuellen Erkenntnisse in ihr eigenes Alltagsleben beziehungsweise berufliches Umfeld zu übertragen. Dem sozialen Aspekt der Konferenzsituation trägt ein abendliches Kulturprogramm Rechnung.

Beim Symposium 2016 brachten unter dem Titel »Was treibt uns an?« Referentinnen und Referenten aus so unterschiedlichen Fachbereichen wie Neurobiologie, Psychologie, Philosophie und Sozialwissenschaften die vielfältigen Facetten des Themas Motivation zur Sprache (http://www.turmdersinne.de/de/veranstaltungen_start/veranstaltungsarchiv/symposium/symposium-2016).

Weitere Projekte: Veranstaltungsreihen »Von Sinnen« und »Außer Sinnen«, Weltenzauber: Der anhaltende Erfolg innovativer Formate der Wissenschaftsvermittlung wie Science Slam oder Pecha Kucha zeigt, dass hier nutzbares Potenzial für eine

Blick in eine Symposiumspause (Foto: Jürgen Schabel)

erfolgreiche Publikumsansprache vorhanden ist. Besonders hinsichtlich der Bindung eines jungen Publikums an die Marke **turm**der**sinne** gewinnen neue Veranstaltungsformen als wissenschaftskommunikatorische Elemente zunehmend an Bedeutung. Diesem Trend trägt der **turm**der**sinne** mit Weiterentwicklung der beiden Vortragsreihen »Von Sinnen« und »Außer Sinnen« Rechnung, die den Ausgangspunkt für neue, innovative Formate bilden.

Dabei legt »Von Sinnen« den Fokus auf Wahrnehmungsphänomene und Hirnforschung, während sich die Vorträge der Reihe »Außer Sinnen« unter dem Motto »Paranormales und Skepsis« einer unterhaltsamen wissenschaftlichen Betrachtung parawissenschaftlicher Behauptungen widmet. Unter Parawissenschaften versteht man »Erkenntnisbereiche, deren Theorie und Praxis weitgehend auf illusionärem Denken beruhen« (Mahner 2010).

Beide Veranstaltungsreihen fungieren als Forum für Nachwuchswissenschaftler, die sich mit innovativen Ansätzen dem Austausch mit der Öffentlichkeit stellen – ein Profil, das in den letzten Jahren eine besondere Schärfung erfahren hat. Dass dieser Dialog tatsächlich in beide Richtungen befruchtend wirkt, belegen die Aussagen mehrerer Referenten der Reihe »Außer Sinnen«. Im Rückblick berichteten sie gegenüber dem Veranstalter, dass sie durch substanzielle Fragen aus dem Publikum wertvolle Anregungen erhalten haben, die sie in ihre akademischen Forschungs- und Lehrkonzepte integrieren werden.

Eine weitere Parallele zum Symposium zeigt sich in der Entwicklung der Besucherzahlen, die ebenfalls stark angestiegen sind: 2015 waren es 1180 Besucher; 2016 1446 Besucher. Im Interesse einer verstärkten Ansprache junger Zuschauerkreise wird der Einsatz zeitgemäßer Kommunikationskanäle in Zukunft zunehmend an Bedeutung gewinnen.

Zielgruppenspezifische Projektarbeit: Die zielgruppenspezifische Diversifizierung übt nicht nur auf die Veranstaltungs-, sondern auch auf die Projektplanung beim **turm**der**sinne** einen prägenden Einfluss aus. Als Beispiele seien die beiden von der Bayerischen Sparkassenstiftung geförderten Projekte »Weltenzauber« und »Sinneszauber« genannt. Während »Weltenzauber« Fragestellungen aus dem Bereich der MINT-Fächer abdeckt, vermittelt »Sinneszauber« einen Einstieg in Grundfragen der Philosophie. Aufgrund der Thematik und der vielfachen Bezüge zum Alltagsleben bieten sich beide Projekte zum Einsatz über den primären Bereich Schulunterricht hinaus an.

- **Weltenzauber:** In struktureller Hinsicht nimmt »Weltenzauber« eine Kernbotschaft des Hands-on-Museums auf. Die Mustersuche stellt einen grundlegenden Mechanismus unserer Wahrnehmung dar, während wissenschaftliche Methoden das verlässlichste Instrumentarium zur stetigen Überprüfung und Erweiterung unseres Weltbilds bieten. Davon ausgehend weckt das Projekt ein Verständnis für das wissenschaftliche Weltbild und dessen (kultur-)geschichtliche Entwicklung, wobei sich immer wieder Bezüge zu Kenntnisstand und Lebenswelt der Rezipienten offenbaren.

  Mit seinem breiten Themenspektrum deckt das Projekt den gesamten Bereich der MINT-Fächer ab, darunter Evolutionstheorie, Allgemeine Relativitätstheorie, Logik und Welt und künstliche Intelligenz. Der Einstieg erfolgt jeweils durch ein narratives Element, das in einem hypertextuellen Geflecht mit mehreren Sachthemen vernetzt ist. Auf technischer Ebene wird dies durch eine Onlinepräsenz realisiert, für deren Erkundung Tablets für Schüler und Lehrer zur Verfügung stehen. Ergänzend kommen Hands-on-Exponate und Experimente zum Einsatz.

- **Sinneszauber:** Auch das Projekt »Sinneszauber« knüpft an den Erfahrungsraum Museum an. Ausgehend von der Täuschbarkeitserfahrung durch ausgewählte Hands-on-Exponate erfolgt die Überleitung zu 14 ausgewählten philosophischen Grundfragen. Diese umfassen Erkenntnistheorie, Logik, die Debatten um Naturalismus und Willensfreiheit, das Leib-Seele-Problem, Ethik und Moralphilosophie, Ästhetik und philosophische Anthropologie. Der narrative Einstieg erfolgt durch eine Serie kurzer Erzählungen, in denen eine Gruppe Jugendlicher in Alltagssituationen auf philosophische Fragestellungen stößt. Die Mitglieder repräsentieren unterschiedliche Werte und Herangehensweisen, etwa Harmoniebedürfnis, Faktenorientierung, Autonomie und Erlebnishunger.

Ausgehend von diesem Szenario eröffnen sich vielfältige Einbindungen in Unterrichtskonzepte verschiedener Fächer an Schulen. Weitere Lern- und Informationskonzepte für andere Bevölkerungsgruppen sind denkbar, wobei die jeweils spezifischen kognitiven, mentalen und sensuellen Voraussetzungen und Interessen die Basis bilden.

So würde beispielsweise ein Angebot für Senioren die spezifische Interessenlage und die erhöhte Prävalenz sensueller Einschränkungen bei dieser Zielgruppe berücksichtigen. Andererseits belegen neuere Forschungen, dass ältere Menschen zu hohen langzeitlichen Gedächtnisleistungen fähig sind und neue Informationen sehr gut mit Erlerntem und ihren reichhaltigen biografischen Erfahrungen verbinden können. Als weitere Stärke dieser Altersgruppe ist die schlussfolgernde Analyse komplexer Zusammenhänge bekannt. Ein maßgeschneidertes Bildungsangebot für Senioren berücksichtigt idealerweise all diese Voraussetzungen.

Literatur und Internetlinks

- Anderson, David u. a.: Development of Knowledge about Electricity and Magnetism During a Visit to a Science Museum and Related Post-Visit Activities. In: Science Education 84, 2000, S. 658–679
- Carbon, Claus Christian: The Earth is Flat When Personally Significant Experiences with the Sphericity of the Earth are Absent. In: Cognition 116, 2010, S. 130–135
- Deslauriers, Louis/Schelew, Ellen/Wieman, Carl: Improved Learning in a Large-Enrollment Physics Class. In: Science 332, 2011, S. 862–864
- Falk, John Howard/Dierking, Lynn Diane: Learning From Museums: Visitors Experiences and Their Making of Meaning. Lanham: Rowman & Littlefield 2000
- Gregory, Richard: Knowledge in Perception and Illusion. Philosophical Transactions of the Royal Society B. 352, 1997, S. 1121–1128
- Heckmair, Bernd/Michl, Werner: Erleben und Lernen. Einführung in die Erlebnispädagogik. München: Ernst Reinhardt, 7. Auflage 2012
- Kelly, L.: The Interrelationships between Adult Museum Visitors' Learning Identities and Their Museum Experiences. A thesis submitted for the degree of Doctor of Philosophy, Sydney: University of Technology 2007
- Mahner, Martin: Parawissenschaft – Pseudowissenschaft. GWUP 2010: http://www.gwup.org/infos/themen/107-sonstige-themen/698-parawissenschaft-und-pseudowissenschaft [21.08.2016]
- Piaget, Jean: The Child's Concept of the World. London: Routledge 1929

- Spitzer, Manfred: Lernen: Gehirnforschung und die Schule des Lebens. Heidelberg: Springer 2007
- Vygotsky, Lew Semjonowitsch: Educational Psychology. Boca Raton: CRC Press 1997 (1926)
- Wehner, Brigitta (2014): Grundschulkinder im Museum. In: Czech A./Kirmeier J./Sgoff, B. (Hrsg.): Museumspädagogik. Ein Handbuch – Grundlagen und Hilfen für die Praxis. Schwalbach: Wochenschauverlag 2014

Warum Haptik im Coaching wirkt

Ute E. Jülly

Tags: Berühren, Fühlen, Gewebe, Gewicht, Haptik, Karten, Muster, Sinne, Stoffe, taktil, Temperatur, Textilien

Positionierung

Die Haut ist das größte Organ des Menschen, das feinstaufnehmende zudem: Deshalb ist Haptik ein zutiefst informatives Sinnenerleben, im VAKOG-Sinn-System als »kinästhetisch« benannt. Ute E. Jülly führt Sie zu unterschiedlichen innovativen Ansätzen, »mit Gefühl« im Coaching erfolgreich zu sein, bis hin zum Einsatz von Stoffen, von Geweben – also einem Element, das beides kann: trennen, sich abschotten helfen und zugleich verbinden, nämlich indem Menschen bewusst berühren und so zu ihrer Innenwelt gelangen. Zudem drücken sie durch Einhalten oder bewusstes Durchbrechen eines Dresscodes vieles aus, was zur Kommunikation gehört!

Stoffe bieten Qualitäten, die überlebenswichtig sein können, indem sie beispielsweise Schutz und Wärme bieten. Darüber hinaus stellen sie sich als Symbole zur Verfügung: Permeabilität und Elastizität sind im Zeitalter permanenter Hochleistungsanforderungen konkrete Möglichkeiten das Druckausgleichs.

Wie stark Haptik wirkt, wird in etlichen weiteren Beiträgen dieses Handbuchs deutlich, was auch mit Nähe und Distanz zu tun hat. Das wird in Experimenten besonders klar, die auf Erkenntnissen moderner Hirnforschung fußen (s. »Erleben und Begreifen im turmdersinne«, S. 123 ff.). Dabei lässt unser Gehirn gerade beim Tastsinn extrem wenig Information durch (s. Tabelle, S. 15), was sich allerdings nur auf das bewusste Wahrnehmen bezieht. Aufnehmen kann der Mensch per Haut gegenüber Audio-Eindrücken immerhin das Zehnfache! Es dürfte auch seinen Grund haben, dass wir im Marketing von Touchpoints sprechen, von Berührungspunkten also! Umso gewichtiger wird dieser Aspekt für Sie sein, wenn Sie als Trainer, Coach, Berater in engem persönlichen Kontakt zu Ihren Klienten sind … So hat Ute E. Jülly ein konkretes Tool für Sie, das gut zu Ihrer eigenen Coaching-Arbeit oder andersartiger Begleitung von Menschen passen könnte. Seien Sie gespannt!

Hart wie Seide: Fühlen mit Herz, Hand und Verstand

Haben Sie ein Faible für Textilien? Seide? Kaschmir? Oder finden Sie die gewisse erotische Süffisanz der Überschrift anregend? Möchten Sie das Spannungsfeld von Verstand, Gefühl und Körper besser verstehen? Oder können Sie sich vielleicht noch nichts unter »Haptik im Coaching« vorstellen und sind einfach neugierig und gespannt? Damit sind Sie in bester Gesellschaft. Für mich waren alle genannten Punkte ausschlaggebend, in diese Materie einzutauchen. Warum ist Berührung so bedeutsam? Warum ist Berührung im Coaching so wirkungsvoll? Wozu brauchen wir überhaupt die Sinne? Was ist der Wert von Schönheit? All diese Fragen sind wichtige, grundlegende Fragen des Menschseins, des Lernens und der Entwicklung.

Unser Körper ist manchmal wissender als der Verstand: Das erste Puzzleteil entstand in der Zeit, als ich einen Burnout hatte. Um aus der Krise herauszukommen, brauchte ich Mut, zu mir und dieser Erkenntnis zu stehen und mich für diese Wahrheit einzusetzen. Die Risikobereitschaft war vorhanden! Wusste ich doch, dass meine Lebensqualität mit meiner inneren Zufriedenheit und Erfüllung verbunden war. Ich reiste nach China; Kinder und Mann im Schlepptau. Das Abenteuer begann. Diesen Faden lege ich nun zur Seite. Diejenigen, die es interessiert, was in China alles passieren sollte, mögen gern das Kapitel »Haltung als Coach: Mut« in meinem Buch »Haptik wirkt!« (2017) aufrollen.

Heimgekehrt mit unglaublichen Funden, mietete ich ein großes, stilvolles Atelier an. Den ersten großen Auftrag hatte ich bereits vor meiner Abreise in der Tasche. Und es kam noch besser: Die Kunden kamen ohne jede Werbung! Mit einfacher, aber klarer Sprache erklärte ich die Vision meines Projekts.

Schönheit und Sinnlichkeit wirken: Ich hatte ein Logo mit großer Wirkungskraft, klarer Schönheit und einem klingenden Firmennamen kreiert. Nun entwickelte ich Bewerbungstrainings, Module für Assessment Center, Seminare zu Zeit- und Selbstmanagement, Moderation, Führungsinstrumenten, Teamentwicklung und vieles andere mehr. Teilnehmerinnen und Teilnehmer sprachen mich nach den Veranstaltungen an, ob ich Sie coachen würde. Das war 2007. Damals steckte das Coaching noch in den Kinderschuhen. Zahlreiche Führungskräfte aus dieser Zeit darf ich noch immer unterstützen. Warum? Warum wurde ich so direkt angesprochen? Und warum bleiben »meine« Kunden, besser die Menschen, die ich begleite, so lange mit mir verbunden?

Die Arbeit mit Forschern und Führungskräften zeigte mir von Fall zu Fall immer deutlicher, dass es die Sinnlichkeit ist, die ich anspreche. Menschen brauchen Anregung: visuell, taktil, akustisch, olfaktorisch und gustatorisch. Angefangen bei besonderen Stiften und Farben über ausgewählte Papiere und Materialien bis hin zur Kleidung. Die Tatsache, dass ich die Sinne ästhetisch integrierte und nicht nur den Verstand ansprach, war für viele Teilnehmer – wahrscheinlich unbewusst – äußerst stimulierend. Sie fühlten sich in dieser Arbeitsatmosphäre wohl.

Unsere Sinne nähren unseren Geist, der sich so genährt entfaltet: Ohne unsere Sinne vertrocknen wir. Im schlimmsten Fall führt das zum Burnout. Doch nicht nur die Sinne sind Quellen; genauso benötigen wir die Bewegung. Ich konnte immer wieder erfahren, dass wir unseren Körper »mitnehmen« und kultivieren müssen. Der Verstand, die reine Vernunft führt uns auf eine Sandbank. Haben wir unseren Körper achtsam mit an Bord, navigieren wir dagegen in fließenden Gewässern. Körper, Geist und Seele wollen, dürfen und müssen sogar berührt werden.

Dies möchte ich auch mit diesem Gedankengewebe, diesem Text, erreichen. – Bitte beachten Sie auch hier die textile Prägung unserer Sprache: Der lateinische Begriff texere bedeutet weben. »Texte« stellen also ein Wort- und Gedankengewebe dar. Sie (beziehungsweise Ihre Klienten) sollen berührt werden und vielleicht die Kraft und den Mut haben, den eigenen Erkenntnissen sinnlich materialisiert Leben zu schenken. Ihre multisensorischen Anregungen sollen deutlich und klar in der Welt wahrgenommen werden. Damit werden Sie selbst zur Schöpferin beziehungsweise zum Schöpfer, zum »Createur«.

Oder denken Sie an den Ausruf: »Die spinnen!«. Diese Analogie ist uralt und besteht seit etwa 2 000 Jahren. Sie knüpft an die antike Vorstellung der Parzen oder Moiren an, die den Lebensfaden spinnen und abschneiden: Geburt – Leben –Sterben.

Textilien als Sinnstifter

Laut der Gallup-Studie 2014 ist die Sinnhaftigkeit der Arbeit signifikanter Faktor für die Arbeitszufriedenheit und damit Parameter für Leistung. Genau an dieser Nahtstelle können meine Erkenntnisse fruchten. Textilien stellen keinen Luxus oder notwendiges »Übel« dar. Weit gefehlt. Textilien sind dem Menschen auf der Körperebene am nächsten: direkt auf der Haut oder auch als »zweite Haut«. Textilien sind somit das erste Artifizielle, womit ein Mensch bei seiner Geburt in Berührung kommt und das Letzte, was ihn bekleidet beziehungsweise begleitet.

Menschsein ist ohne Kleidung genauso wenig zu denken wie ohne Nahrung. Kleidung ist ein Ausdruck der Persönlichkeit (übrigens auch in der Negation, also dem Versuch, in der Kleidung keine Aussage über sich selbst zu machen, indem die Kleidung beispielsweise komplett schwarz ist – auch das ist eine Aussage!). Wenn wir anhand dieser Facette verstanden haben, dass Gewebe existenziell mit uns verbunden sind, mehr noch, dass wir Gewebe sind, liegt es doch auf der Hand, dass wir sie auch in die Personalarbeit und in Coachings einbinden. Was liegt näher?! Papier bestimmt nicht! (Obwohl auch das ein einfaches Gewebe ist.)

Ich hoffe, dass es mir mit diesem Beitrag gelingt, den Bogen zu spannen von 20 000 Jahren textiler Menschheitsgeschichte bis hin zu den neurophysiologischen Wirkungen des Tastsinns und der wissenschaftlichen Beschäftigung damit. Ich möchte mit Ihnen ausgraben, wie sehr unser Menschsein textil geprägt ist. In der Stofflichkeit liegt ein derart wundervolles Potenzial, welches darauf wartet, wieder sinnvoll und bewusst genutzt zu werden. Lassen Sie sich einhüllen in einen Stoff, aus dem Träume und Wahrheiten sind: Uraltes mit modernstem Wissen am Beispiel der Gewebe und Textilien zu verknüpfen ist meine Vision. Haptik im Coaching ist für mich eine unkonventionelle, wirksame und einfache Möglichkeit, Menschen zu berühren und damit Veränderung anzustoßen. »Alles Gute ist einfach«, stellte schon Albert Einstein fest.

Die Sinne und der Tastsinn im Besonderen

Die Haut, das Nervensystem und das Gehirn: Lassen Sie uns zunächst markante »textile« Strukturen im menschlichen Körper betrachten: Denken Sie zum Beispiel an das zentrale Nervensystem, die Muskelfasern oder die Nabelschnur, um nur einige sehr einprägsame Strukturen zu nennen. Sollten Sie einmal in London sein, besuchen Sie das Museum of Natural History. Dort sehen Sie all diese menschlichen »Gewebe« entweder millionenfach als Modelle vergrößert oder ganz anschaulich in Formalin konserviert. Alle Strukturen zeigen einen hohen, komplexen Organisationsgrad. Es sind wahre Meisterwerke.

Sehr wichtig ist es, zu verstehen und zu erfassen, dass unser menschliches Gewebe viel mehr ist als nur Materie. Zahlreiche Lebensfunktionen sind darin enthalten: Blutbahnen, Nervenendigungen, Lymphe. Informationen sind darin »materialisiert«. Das menschliche Gewebe ist Leben! Gewebe sind lebendig. Wir wissen inzwischen, dass Schockzustände in unserer DNA gespeichert werden. Das Kind im Mutterleib reagiert auf den Stress oder die Entspannung der Mutter. Im Blut der Nabelschnur ist ein paar Pulsschläge später der erhöhte Cortisolspiegel nachweisbar. Das Baby reagiert. Sind also unsere Gewebe eine Art Speicher? Ähnlich einer Festplatte? Hätten Sie das gedacht?

Der Tastsinn und sein Entstehen: Der Tastsinn ist der erste Sinn, der sich bereits in der siebten Schwangerschaftswoche beim menschlichen Embryo entwickelt. Er ist die Grundlage für die emotionale, motorische, kognitive und sprachliche Entwicklung des Menschen. Ungefähr im dritten Schwangerschaftsmonat entwickelt sich der Geschmackssinn, ihm folgt im fünften Monat der Geruchssinn. Ab dem sechsten Monat kann das Baby hören. Bewegungsreize werden in der 28. Schwangerschaftswoche gemessen. Das Sehen entwickelt sich in den letzten Schwangerschaftswochen.

Zunächst werden alle Sinne einzeln verarbeitet. In der Folge kommt es schließlich zum Zusammenspiel. Alle Sinne stehen in Zusammenhang. Dies untersucht die Fachrichtung der biologischen Kybernetik.

Was genau ist der Tastsinn? Was gehört dazu? Der Tastsinn ist Teil des somatischen beziehungsweise willkürlichen Nervensystems. Er wird vom »Willen« mit gesteuert. Damit ist er die Verbindung von bewusst wahrgenommenen Umweltreizen und Reizen des Körperinnern. Zum Tastsinn gehören unterschiedlichste Rezeptoren (wie Sie bei den Erläuterungen zur Haut sehen werden), das zentrale sowie das autonome Nervensystem (Gehirn und Rückenmark) und das periphere Nervensystem (alle Nervenfasern des Körpers), die miteinander gekoppelt sind. Ein Beispiel für Sie:

Was uns eine Birne begreifen lässt

Stellen Sie sich vor: Sie sehen eine Birne. Sie möchten sie essen. Was tun Sie? – Sie ergreifen sie. Dazwischen liegen unendlich viele Prozesse, die uns in der Regel gar nicht bewusst sind. Was fühlen, prüfen Sie alles, wenn Sie die Birne in Händen halten? Ist sie hart oder weich? Ist ihre Temperatur eher warm oder eher kalt? Wie fühlt sich die Schale an? Ist sie glatt oder rau? Liegt die Birne »still« oder vibriert sie? Fühlen Sie einen Schmerz in Ihrem Finger, weil Sie sich beim Schälen der Birne verletzt haben?

Die Tatsache, dass Ihre Muskulatur bereits auf ein etwaiges Gewicht der Birne eingestellt ist, wird ebenfalls dem Tastsinn zugerechnet. Läge vor Ihnen eine Feder, »rechnet« Ihr Gehirn mit einem ganz anderen Gewicht. Wir sprechen hier vom Phänomen des Kraftsinns, eines Teils der Tiefensensibilität. All diese Wahrnehmungen funktionieren über unseren Tastsinn. Selbst die Tatsache, dass Sie jetzt wissen, wo Ihre Hand liegt, gehört zum Tastsinn (Lagesinn). Der Tastsinn ist der Vermittler zwischen Sehen und motorischer Aktivität.

Der Tastsinn ist die Vereinigung von Berührungswahrnehmung, auch taktile Wahrnehmung genannt, und der Tiefensensibilität. Der Tastsinn umfasst Temperatur (Hitze beziehungsweise Kälte), Mechanisches wie Druck und Vibration sowie Schmerzwahrnehmung. Unter Berührung (s. Beispiel »Birne«) werden Faktoren wie Hitze, Kälte, Druck, Vibration und Schmerz zusammengefasst. Zur Tiefensensibilität gehören der Lagesinn, der Kraftsinn und der Bewegungssinn.

Propriozeption und Exterozeption: Das taktile System, auch Propriozeption genannt, ist die Wahrnehmung der Körperbewegung und der Körperlage im Raum.

Die Propriozeption steht der Exterozeption gegenüber, also der Wahrnehmung der Außenwelt, dazu gehören physikalische Informationen wie Druck, Berührung, Vibration, Temperatur.

Die Haut: Die Haut wird mit 1,6 bis zwei Quadratmetern Fläche als größtes Sinnesorgan bezeichnet. Sie spielt beim Phänomen der Berührung eine herausragende Rolle. Wie Sie sich vorstellen können, ist dieser Prozess hochkomplex. Hier stelle ich Ihnen vereinfacht vor, warum die Haut bei Berührung so relevant ist: In den verschiedenen Hautschichten liegen unterschiedlichste Rezeptoren. Im Durchschnitt sind es etwa 20 Rezeptoren pro Quadratzentimeter. Für die Berührungswahrnehmung sind insbesondere vier Rezeptoren, unsere Mechanorezeptoren, besonders wichtig:

- In der Oberhaut liegen die Meissner-Körperchen. Sie sehen ungefähr so aus wie Spindeln. Besonders viele Meissner-Körperchen sitzen an den Fingerkuppen und der Zungenspitze. Sie vermitteln uns Informationen zu Oberfläche und Ausdehnung eines getasteten Körpers. Wenn wir beispielsweise eine Katze streicheln und ihr seidiges Fell wahrnehmen, sind es die Meissner-Körperchen, die uns diese Informationen (natürlich im Zusammenspiel mit den Nervenenden, Rückenmark, Gehirn) geben.
- In derselben Schicht befinden sich die Merkel-Zellen (auch Merkel-Scheiben oder Merkel-Körperchen genannt). Sie reagieren auf einfachen und gleichbleibenden Druck. Das Gewicht der Katze nehmen Sie mithilfe der Merkel-Zellen wahr.
- Die blattähnlich aussehenden Ruffini-Körperchen finden wir in der Lederhaut. Sie finden wir insbesondere in den Handinnenflächen. Diese »messen« die Spannung der Haut innerhalb des Gewebes. Der Händedruck wird stark von ihnen interpretiert.
- Schließlich liegen im Unterhautfettgewebe die Vater-Pacini-Körperchen. Das sind ein bis vier Millimeter große Kapseln, die wie eine Zwiebel mit Schalen oder Lamellen aufgebaut sind. Sie reagieren auf Vibration. Schnurrt die Katze, sind es die Vater-Pacini-Körperchen, die uns das Schnurren über die Vibration melden. Gleichbleibender Druck wird von ihnen nicht wahrgenommen. Dafür sind eher die Merkel-Zellen verantwortlich.

Oberflächen- und Tiefensensibilität: Durch die Mechanorezeptoren haben wir eine Oberflächen- und eine Tiefensensibilität. Die Oberflächensensibilität beinhaltet Druck, Berührung und Vibration. Die Tiefensensibilität ist in Muskeln, Sehnen, Gelenken und Bändern vorhanden. Hier unterscheiden wir den Kraft-, Lage- und Bewegungssinn.

Berührung ist nicht nur für die Stimulation der Mechanorezeptoren wichtig. Die normale körperliche und seelische Entwicklung braucht gleichermaßen Berührung! Babys, die nicht berührt, gestreichelt oder umarmt werden, bilden wenig Wachstums-, dafür jedoch viele Stresshormone. Warum? Damit Sie das besser verstehen, berichte ich kurz über die Wirkung des Neuropeptids Oxytocin.

Oxytocin: Ruhe und Vertrauen

Wissenschaftler der Neurochemie untersuchten den Zusammenhang zwischen Oxytocin und psychischen Zuständen beim Menschen. Oxytocin, 1906 von Henry Dale in der Hypophyse entdeckt, ist ein Hormon, das eine wichtige Bedeutung beim Geburtsprozess einnimmt, und es wird in Verbindung gebracht mit Liebe, Vertrauen und Ruhe. Das bedeutet, dass es nicht nur das Verhalten zwischen Mutter und Kind beeinflusst, sondern auch ganz allgemein soziale Interaktionen. Diese Annahmen beruhen auf Experimenten, wie sie beispielsweise von Michael Kosfeld an der Universität Zürich durchgeführt wurden. Kosfeld ließ Probanden ein Investorenspiel mit echten Geldgewinnen durchführen, wobei bei einem Teil der Testpersonen durch ein Nasenspray ein erhöhter Oxytocinspiegel erzeugt wurde. Es zeigte sich, dass die Personen mit einem erhöhten Oxytocinspiegel mehr Vertrauen ihren Spielpartnern gegenüber an den Tag legten als die anderen Teilnehmer. Eine andere Arbeitsgruppe beobachtete die deeskalierende Wirkung dieses Neuropeptids.

Es spricht nichts dagegen anzunehmen, dass durch Berührung von Geweben und Textilien Oxytocin ausgeschüttet wird. Bei vielen Teilnehmern des Touch Labs konnte ich genau diese Ruhe und Hinwendung zu sich selbst beobachten (s. Touch Lab mit Textilien). Der Einsatz von Textilien und Geweben im Coaching verbunden mit Berührungsaktivität steuert somit eine neue Qualität bei. Es macht Sinn.

Wirkungsweisen von Geweben: Textilien im Coaching einsetzen

Lassen Sie uns nun die Brücke schlagen: Worin liegt konkret die Verbindung zwischen Körperwissen, Geweben und Progression? Dazu betrachten wir zunächst genauer unseren »Stoff«.

Definition Stoff

Zum besseren Verständnis habe ich Definitionen aus unterschiedlichsten Disziplinen für Sie zusammengestellt. »Stoff« kommt aus dem altfranzösischen »Estoffe«, Gewebe: Es bezeichnet ein aus Textilfasern gewebtes, gewirktes, gestricktes, in Bahnen gerolltes Erzeugnis, aus dem Kleidung und Tücher hergestellt werden. Chemisch verstanden, ist Stoff eine einheitliche Verbindung, Materie, Substanz mit bestimmten typischen Eigenschaften. In der Betriebswirtschaft versteht man darunter ein Arbeitsmittel, einen Werkstoff. Umgangssprachlich ist »Stoff« das Wort für eine illegale Rauschdroge. Zudem ist »Stoff« die thematische Grundlage von kommunikativen Äußerungen, wie beispielsweise Stoff in der Literatur. Aber auch Fernsehredaktionen sprechen von »Stoffsitzungen«.

Sie sehen, der Begriff wird in den unterschiedlichsten Disziplinen grundlegend verwendet. Wir sprechen von einer hohen Anwendungsreichweite. Doch worin liegt nun der Unterschied zu Geweben? Gibt es überhaupt einen Unterschied?

Definition: Gewebe

In der Biologie versteht man darunter eine Ansammlung differenzierter Zellen einschließlich ihrer extrazellulären Matrix. Die Zellen eines Gewebes besitzen ähnliche Funktionen und erfüllen gemeinsam die Aufgaben des Gewebes. Alle Anteile der meisten Vielzeller lassen sich einem Gewebe zuordnen beziehungsweise sind von einem Gewebetyp produziert worden.

Mit dem Gewebeaufbau befasst sich die Histologie, die Wissenschaft von den biologischen Geweben (Begründer: Marie Francois Xavier Bichat, der eine Vielzahl von Gewebetypen im menschlichen Körper entdeckte). Die Histologie ist ein Teilgebiet der Medizin und Biologie, auch ein Teilgebiet der Anatomie.

Beide Begriffe werden teilweise synonym gebraucht. Das finde ich sehr spannend. Die Biologie und die Medizin sowie textile Disziplinen sprechen bei ihrem »Werkstoff« von Geweben oder Stoffen. Die Nähe beider Begriffe, ebenso die Nähe der Disziplinen der Medizin und Biologie und dem Textilen ist für manche Menschen eindeutig, für andere dagegen nicht nachvollziehbar. Wir sind Gewebe. Das wollte ich gern für Sie hergeleitet haben.

Aufgrund dieser geistig-intellektuellen Nähe – verbunden mit Nähe auf der Ebene der Materie – ist es für mich selbstverständlich, im Coaching und der Arbeit mit Menschen im Allgemeinen mit Stoffen und Geweben zu wirken.

»Erst durch das sinnliche Tun oder den gestaltenden Einsatz ›der Hand als denkendes Organ‹ (Gadamer 1979) kann das Selbstwertgefühl und die Persönlichkeitsbildung des Menschen gesteigert werden.« Iris Kohlhoff-Kahl (2008, S. 54) formuliert mit diesen Worten des großen Hermeneuten genau meine Erfahrung aus der intensiven Arbeit mit Menschen: Nehmen wir im Körper wahr, begreifen wir auch im Kopf! Anders ausgedrückt: Wenn wir etwas nur mit dem Kopf verstehen, es im Körper aber nicht analog fühlen, entwickeln wir uns nicht weiter. Es entsteht kein echter Handlungsimpuls. Wir haben das Neue, das zu Verändernde noch nicht »erfasst«.

Genau das habe ich in den vielen Jahren als Beraterin und Coach immer wieder erlebt. Es fehlt in diesen Fällen sozusagen der Schlüssel für das Schloss. Unser Körper ist der Schlüssel. Mit ihm öffnen (oder verschließen) wir uns buchstäblich. Anne-Marie Flammersfeld, eine der derzeit schnellsten Ultraläuferinnen der Welt, sagte dazu in einem Gespräch mit mir: »Alles ist mental! Wir können mit unserem Körper, unseren Sinnen unseren Geist trainieren.« Genau deshalb plädiere ich so stark dafür, den Körper in die Coachingarbeit zu integrieren. Meine Methode ist dazu ein Angebot.

Diese Methode ist für Menschen, die berührbar sind und berührt werden möchten oder sogar berührt werden müssen! Körperlich und geistig. Viele wurden mit einem solchen sinnlich-haptischen Profil noch nie konfrontiert. Der haptische Sinn wurde wenig bis gar nicht angesprochen. In der Arbeit mit Geweben geht es genau genommen um zwei große Pole:

o   das Berühren, Fühlen, Wahrnehmen auf der einen Seite
o   Gewebe, Farben, Formen, Oberflächen und Strukturen auf der anderen Seite

Diese beiden Pole bringe ich zusammen und verzwirble einen Faden zu mehreren Strängen. Gewebe besitzen Qualitäten, die meiner Meinung nach in der persönlichen Entwicklung eine große Unterstützungskraft haben. Interessant? Welche denn, werden Sie fragen! Ich denke an eine Auswahl an Qualitäten, die Schönheit, Flexibilität, Elastizität, Durchlässigkeit, Wärme bis hin zu fast absolutem Schutz bieten. Letzteres bieten beispielsweise Schutzanzüge, die Menschen vor gefährlichen Substanzen oder bei Vulkanausbrüchen vor Hitze von bis zu 1200 Grad Celsius schützen.

Im Kontakt, der Auseinandersetzung oder gar der Konfrontation mit solchen oder ähnlichen Qualitäten lassen sich Menschen physisch und/oder geistig berühren. Gewebe haben eine Katalysator- und Generatorfunktion.

o   Als Katalysatoren wirken sie, indem sie eine (neurochemische) Reaktion herbeiführen oder beeinflussen, dabei aber selbst fast unverändert bleiben.
o   Über diese Berührung – als Generator – können weitere Entwicklungsschritte in Gang gesetzt werden. Die Bewegungsenergie des Gewebetesters wird in elektrische Körperenergie umgewandelt. Durch das Berühren entstehen im Körper zahlreiche Impulse. Das Spektrum reicht von Beruhigung über Explorationsdrang bis hin zu Aggression.

Das erklärt, warum Ihre Begleitung als Coach dabei so wichtig ist. Sie erhalten über die Berührungsarbeit »Daten«. Das heißt: Informationen über die Wahrnehmungsfähigkeit Ihres Gegenübers und Ihre eigene Wahrnehmungsfähigkeit. Sie erhalten zudem Daten zur persönlichen Biografie, beschreibend oder bewertend. Sie erfahren viel über den emotionalen Zustand des Menschen und sein Beziehungssystem. Die Liste ließe sich weiter fortsetzen. Diese neu erhobenen Informationen speisen Sie wiederum in den Coachingprozess ein.

Gewebe als potenzielle Katalysatoren, Generatoren oder als Transmitter von Erinnerungen und Erkenntnissen

Im Folgenden erfahren Sie, wie ich konkret mit Geweben, Stoffen und anderen lohnenswerten Objekten arbeite. In den vielen Jahren trug ich unterschiedliche Materialien der ganzen Welt zusammen (von Weltkulturerbestoffen über Faltgewebe der Ananaspflanze bis hin zu feinem Leinengewebe). Daraus habe ich in Anlehnung an die Bedürfnisse und Notwendigkeiten meiner Coachees unterschiedlichstes Impulsmaterial entwickelt. Am wichtigsten ist es mir allerdings, Sie darin zu ermuntern, kreativ und innovativ zu sein. Nehmen Sie meine Arbeit als Anreiz. Sie werden sehr schnell bemerken, ob diese Arbeit Sie anspricht, stimuliert oder motiviert. Versuchen Sie es und Sie werden bemerken, wie Ihre Kunden dieses Wirken begreifen. Für die meisten ist es sicherlich eine ganz neue Erfahrung. Ich habe in der ganzen Zeit nur einmal erlebt, dass jemand nicht begriff, dass es um eine tiefere Erkenntnismöglichkeit über Fühlen und Wahrnehmen ging.

Wir wissen aus der Lernforschung, dass das Neue eine hohe Anziehungskraft hat. Wir wissen auch, dass Wissen und Erinnern mit Bewegung zu tun haben: Berührung ist Bewegung! Das haben Sie bereits im Abschnitt zum Tastsinn anhand der Birne nachvollzogen. Johannes Itten, einer der prominenten Gründer des Bauhauses, ließ seine Studenten vor jeder Vorlesung gymnastische Übungen machen. Er hatte analysiert, dass er den Körper braucht, um die Wahrnehmungsfähigkeit zu erhöhen. Heute würden wir sagen: Keine geistige Spitzenleistung ohne einen trainierten Körper und Geist (s. dazu auch Kitzler 2016).

Es folgen nun einige konkrete Einsatzmöglichkeiten. Sie können sie nutzen, kopieren, weiterentwickeln, weiterweben ... Ich freue mich auch über ein Feedback und Anregungen.

Großformatige Gewebekarten

Auf Karton im DIN-A4-Format werden wertige Textilien und Gewebe befestigt. Die Formatgröße der Gewebe können Sie standardisieren oder in Anlehnung an das ausgewählte Gewebe spezifizieren. Die Karten dienen beispielsweise als Impulskarten oder Präsentationskarten.

Einsatz im Seminar

Im Seminarraum werden die Karten auf einem Tisch ausgebreitet und die Teilnehmenden wählen jene Karte aus, die sie am meisten anspricht oder inspiriert. Alternativ können Sie die Karten auch verteilen; gezielt oder per Zufallsprinzip.

Bevor sich die Teilnehmer mit den Karten präsentieren, geht ein ausführliches, konzentriertes Berühren, Anschauen und Reflektieren mit den Materialien voraus. Hier beobachte ich häufig, wie intensiv die Mehrzahl der Teilnehmer mit sich in einen ernsten Kontakt gehen. Im Raum wird es zunächst ganz still, danach lebendig und lustig. Auf jeden Fall bleibt durch diesen Einstieg niemand unberührt.

Manche Teilnehmer können anfangs eher wenig damit anfangen. Das sollte Sie nicht verunsichern. Hier sind Sie an der Reihe. Ihre Intervention kann weiterhelfen: Sie können die Aufgabe vereinfachen und beispielsweise eine Farbe aussuchen lassen. Sie reduzieren damit die Komplexität. Oder Sie nutzen die Situation, um bereits hier mit Ihren Seminarteilnehmern in einen direkteren Kontakt zu gehen. Gehen Sie beispielsweise von Teilnehmer zu Teilnehmer, fragen Sie nach, wo eventuell Hilfe benötigt wird. Ich sehe in solchen Haltungen immer eine große Chance, Beziehung aufzubauen. Berührung ist die großartige Möglichkeit, Vertrauen entstehen zu lassen. Ich habe durchaus schon erlebt, dass das Zögern eines Seminarteilnehmers eine Strategie war, mich zu »prüfen«. Resultat war, dass ich durch die nahe Zusammenarbeit einen Großauftrag erhielt.

Nach der Analysephase stellen sich die Teilnehmer mit den gewählten Geweben vor. Wir erhalten Informationen, die wir mit »normalem« Arbeitsmaterial nicht bekommen hätten: Es ist erstaunlich, wie viel intensiver, berührender die Aussagen sind. Gewebe berühren menschliche Eigenschaften wie: Zartheit, Feinheit, Schönheit, Verletzlichkeit, Transparenz, Elastizität und vieles mehr. Gerade für Teams, die sich schon lange kennen und glauben, schon alles über die Kollegen zu wissen, ist dieses Gewebe-Intro ein Tor zu bisher Unbekanntem.

Einsatz in der Beratung und im Coaching

Im Coaching oder in der Beratung kann der Einsatz der Gewebe auch wunderbar mit dem Johari-Fenster verknüpft werden. Koppeln Sie die Daten mit den Informationen aus dem Johari-Fenster. Sie werden sehen: Das ermöglicht, bisher Unbekanntes zu erhellen und das Wissensfenster zu vergrößern.

Viele andere Einsatzmöglichkeiten haben sich bewährt und mich immer wieder verblüfft. Für Sie als Seminarleiter oder Coach wird diese Form der Arbeit sicherlich immer spannend bleiben.

In dieses Kartenset integriere ich bisweilen sogar eine Glasscherbe. Ich arbeite gern mit dem Stilmittel der Irritation. Aus der Sozialpsychologie wissen wir, dass Menschen über Irritation stark angesprochen werden können. So wählte beispielsweise eine Teilnehmerin eines Gruppencoachings mit dem Thema »Mein Unique Selling Point« diese Glasscherbe aus, die in einer festen Pergamenttüte an der Karte angebracht war. Sie sprach mithilfe dieser Scherbe aus Ihrer tiefsten Seele. Sie erläuterte: »Diese Scherbe habe ich gewählt, weil ich in der Lage bin, aus dem Nichts etwas Besonderes herzustellen. Das zeichnet mich aus.« Mithilfe eines Glasobjekts, dieser Scherbe, konnte sie ganz leicht ihr Talent erkennen und artikulieren. Sie war tendenziell defizitorientiert. Nun stellen Sie sich zudem vor, dass ausgerechnet diese Teilnehmerin sonst echte Selbstwertprobleme hat. Diese Glasscherbe war für sie die Möglichkeit, wie Phönix aus der Asche zu erscheinen. Eine Scherbe, die so viel Potenzial in sich birgt! Mit diesem Beispiel wollte ich Ihnen vorführen, wie sehr das, was wir glauben anzuregen, oft zu etwas komplett Neuem oder Anderen führt.

Als ich die Scherbe auswählte, war dies ein bewusster Auswahlprozess. Ich hatte den klaren Gedanken, dass dieses Symbol wichtig sein kann. In einem nächsten Schritt dachte ich: So können meine Teilnehmer damit symbolisch zeigen, dass das derzeitige Leben ein »Scherbenhaufen« ist. Sie sehen, genau das Gegenteil geschah.

Wir brauchen auch in der Arbeit mit Geweben die absolute Offenheit und den Mut zur Offenheit. Die Arbeit mit dem Tastsinn eröffnet ungeahnte und ungekannte Möglichkeiten. Genau darin liegt das enorme Potenzial. Es ist, als ob mit der multisensorischen Arbeit viele Pforten geöffnet werden. Sie berühren durch das Objektangebot – wie die Musik oder ein Geruch – den Menschen wie mit einem Zauberstab. Novalis sagte dazu: »Jede Berührung ist wie die Berührung mit einem Zauberstab.«

Das Touch Lab

Im Touch Lab (wird ausführlich in meinem Buch »Haptik wirkt!« erklärt) fühlen Teilnehmer nach bestimmten Kriterien ausgewählte Stoffe. Entweder beginne ich mit einfachen Geweben in Leinwandbindung bis hin zu komplexen Samten in Damastbindung. In der Arbeit mit Kindern beginne ich mit einem leichten, farbenfrohen Gewebe, dann folgen ein ganz weiches Gewebe bis hin zu einem feineren Damast, sodass zum Beispiel Kinder die Feinheit ihres Tastsinns erfahren können.

Sinnvoll aufeinander aufgebaut, vertiefen sich die Teilnehmer in den Prozess des Fühlens, der Wahrnehmung und schließlich der Selbstwahrnehmung. Mit der Selbstwahrnehmung sind sie in einer Art Innensicht angekommen, das Außen wird fast irrelevant.

Das Touch Lab umfasst fünf bis sieben Stoffe. Die Arbeit erfolgt in Stille um einen Tisch. Dafür sollten Sie 30 bis 45 Minuten einplanen. Hinzu kommt am Anfang eine achtsame Handreinigung. Diese ist an sich schon eine Erkenntnisarbeit für sich.

Im Anschluss an das Touch Lab wird 15 bis 30 Minuten über die Erfahrungen gesprochen, die die Teilnehmer in der Bewusstmachung des Fühlprozesses erlebt haben. Das ist wichtig, damit die Wahrnehmungen klarer werden und damit nochmals präziser gefühlt werden können. Das Umsetzen von Gefühltem in Sprache und der damit verbundenen Wirkungsverstärkung ist für Menschen, die an Entwicklung interessiert sind, überaus hilfreich.

Wichtig ist in diesem Fall: Das Begreifen mittels der Sprache ist für stark rational geprägte Menschen eine große Hilfe. Weitere Methoden und viele Hintergrundinformationen finden Sie in meinem Buch »Haptik wirkt!«.

Durch Berührung zu neuen Mustern

Lernen durch Veränderung: Im Beispiel auf Seite 149 haben Sie bereits »zauberhafte« Berührungsmöglichkeiten durch die bewusste Integration des Tastsinns in das Coaching kennengelernt. Denken Sie bitte nochmals an die »Frau mit der Glasscherbe«. Berührung, sei sie geistig oder physisch, löst neurochemische Prozesse mit großer Wirkung aus. Sie erinnern sich an das Neuropeptid Oxytocin.

Ich habe mir von einem Mediziner nochmals bestätigen lassen: Auch die Berührung von Textilien hat Auswirkungen. Das Wirken menschlicher Berührung ist bereits mit der Magnetresonanztomographie (MRT) – im »Hirn-Scanner« – nachzuweisen. Wenn wir etwas verändern oder transformieren möchten, braucht es signifikante Maßnahmen und Instrumente. Dazu zähle ich grundlegend die multisensorische Personalarbeit.

Ich möchte Ihnen die Gewissheit mit auf den Weg geben: Alles ist veränderbar, alles ist lösbar. Solange die Menschen, mit denen Sie arbeiten, dazu bereit sind.

Berührung schafft die Möglichkeit der Öffnung: Wenn Sie mit Berührung eine Möglichkeit schaffen, sich zu öffnen, bedeutet das auch, dass Sie in einer hohen Verantwortung stehen. Das sind wir als Berater, Trainer und Coaches sowie so. Wir schaffen mit all unserer Präsenz, unserer Kompetenz und Liebe einen Freiraum, in dem sich alles zeigen darf. Wenn wir uns dazu bereit fühlen, auch »alles« halten zu können. An dieser Stelle ist es wichtig, sich selbst als Coach immer wieder kritisch zu hinterfragen.

Wurden Sie durch die eine oder andere Aussage berührt? Von einer Muse geküsst? Nutzen Sie diesen »Blitz«. Lassen Sie ihn Realität werden. Materialisieren Sie den Gedanken! Die Offenheit hatte ich bereits erwähnt. Dazu kommt die Risikobereitschaft. Wir wissen nie zu hundert Prozent, was das Wirken unserer Arbeit auslöst. Mit Mut und Empathie umschiffen Sie auch kritische Untiefen. Die Ambiguitätstoleranz, also die Fähigkeit, auch mit Widersprüchen umgehen zu können, ist darüber hinaus wichtig. Mithilfe öffnender Fragen zeigen Sie Ihrem Coachee oder Mitarbeiter einen Weg, eventuell aus der Ambiguität herauszufinden. Es braucht hier auch die Fähigkeit, souverän sagen zu können: »Dazu habe ich auch noch keine Idee! Wir behalten das im Auge.«

Ich möchte Ihnen zum Abschluss ein faszinierendes Forschungsergebnis über spontane Gesichtsberührungen vorstellen.

Spontane Gesichtsberührungen steigern die Leistungsfähigkeit!

Seit über 200 Jahren fragen sich Biologen, Psychoanalytiker und Kommunikationsexperten, warum sich sowohl Menschen als auch Affen mehrmals täglich ins Gesicht fassen. Solche gesichtsbezogenen Selbstberührungen treten besonders in psychischen Spannungszuständen wie Angst, Panik oder Unwohlsein auf. In der Regel werden sie gar nicht oder nur zum Teil bewusst wahrgenommen. Obgleich sich diese Form der Eigenhaptik gut beschreiben ließ, war bislang völlig unklar, welche Prozesse dabei im Gehirn ablaufen und worin die eigentliche Funktion besteht.

Das Wissenschaftlerteam des Haptik-Forschungslabors am Paul-Flechsig-Institut für Hirnforschung der Universität Leipzig ist dieser Frage in langjährigen Experimenten mit zahlreichen Probanden nachgegangen. Im Fachjournal »Brain Research« beschreiben die Wissenschaftler ihre Analysen hirnelektrischer Aktivität kurz vor und nach dem Auftreten spontaner Gesichtsberührungen. Sie konnten nachweisen, dass sich jene elektrischen Potenziale des Gehirns durch die Selbstberührung verändern, die mit dem Erhalt von Arbeitsgedächtnisinhalten und dem emotionalen Status in Zusammenhang stehen.

Kurz vor der spontanen Selbstberührung sanken die hirnelektrischen Parameter, die sowohl die Auslastung des Arbeitsspeichers als auch die emotionale Belastung anzeigen. Kurz nach der Selbstberührung stiegen die Parameter signifikant an. Wurden die Probanden explizit aufgefordert, sich auf typische Weise im Gesicht zu berühren, traten keine entsprechenden Änderungen der Hirnaktivität auf. Mit spontan ausgeführten Berührungen des eigenen Gesichts versucht der Organismus, sowohl den aktuellen Arbeitsgedächtnisinhalt als auch den emotionalen Status zu regulieren.

Fazit: Kurz nach einer gesichtsbezogenen Selbstberührung zieht die Hirnaktivität wieder an. Mit spontan ausgeführten und damit meist unbewussten Selbstberührungen gleicht der menschliche Organismus geistige, aber auch emotionale Überlastungen aus.

Diesen Beitrag möchte ich mit einem Statement von Hans Zender abschließen, denn was er über das Hören formuliert, können wir auf das Fühlen, Tasten und Berühren übertragen. »Wir müssen das Hören neu entdecken, das Hören aber nicht einschränken auf das verstehende Hören im Sinn von bloßer formaler Analyse, sondern im Sinne des Sich-Öffnens für das Unbekannte, noch vor uns liegende« (Zender 2016, S. 84). Das Fühlen und das Berühren müssen wir neu entdecken, aber nicht einschränken. Es sind frische, sprudelnde Quellen – keine formal-mechanischen Impulse. Berührung ist ein Festmahl der Sinne.

Ich wünsche Ihnen viele berührende Wahrnehmungen und Erfahrungen. Vielleicht lernen wir uns einmal persönlich kennen. Das würde mich sehr freuen. Let's keep in touch! Im Sinne von: A touch a day, keeps the doctor away.

Literatur

- Barber, Elizabeth J. W.: Prehistoric textiles. The Development of Cloth in the Neolithic and Bronze Ages with Special Reference to the Aegean. Princeton: University Press 1991
- Grunwald, M./Weiss, T./Mueller, S./Rall, L:. EEG changes caused by spontaneous facial self-touch may represent emotion regulating processes and working memory maintenance. Brain Research 1557, 2014, S. 111–126 (PDF)
- Hüther, Gerald: Mit Freude lernen – ein Leben lang: Weshalb wir ein neues Verständnis vom Lernen brauchen. Sieben Thesen zu einem erweiterten Lernbegriff und eine Auswahl von Beiträgen zur Untermauerung. Göttingen: Vandenhoeck & Ruprecht 2016
- Jülly, Ute E.: Haptik wirkt! Neue Wege in Coaching und Training. Weinheim, Basel: Beltz 2017
- Kitzler, Albert: Denken heilt! Philosophie für ein gesundes Leben. München: Droemer 2016
- Kohlhoff-Kahl, Iris: Textildidaktik. Eine Einführung. Heidelberg: Carl Auer, 2. Auflage 2008
- Monyer, Hannah/Gessmann, Martin: Das geniale Gedächtnis. München: Knaus 2015
- Zender, Hans: Denken hören. Hören denken. Musik als eine Grunderfahrung des Lebens. Freiburg, München: Karl Alber 2016

Mnemotechniken: Wozu und wie?

Julia Kunz

Tags: Gedächtnis, Merktechnik, Mnemotechnik, Gedächtnistraining, Speichern, Assoziation, Erinnern, Listen, Fakten, Geschichten

Positionierung

Gedächtnistraining – ein besonders schönes Thema! Einmal deshalb, weil all unser Lernen stets mit Gedächtnis zu tun hat, und auch deshalb, weil es inzwischen zum Buzzword geworden ist: Mag es fürs Hinauszögern von Demenz herhalten müssen oder als Unterstützer für alle, die es leid sind, zig Wiederholungen fürs Faktenlernen zu durchlaufen. Tatsächlich gibt es einfache Strategien, die dabei helfen, sich etwas besser zu merken, also das Gehirn entsprechend zu bahnen und für das Verstärken von Synapsen zu sorgen. Die berühmte Eselsbrücke ist ein solcher Helfer – Julia Kunz stellt sie uns in anderer Form vor. Das Bilden von Gruppen ist eine andere Möglichkeit – und das Verbinden dieser Gruppen gerade dann, wenn es um Zahlen geht. Beim Schreiben dieser Positionierung habe ich eine mehrtägige Trainings- und Meetingtour hinter mir, unter anderem mit Übernachtungen in zwei Hotels, deren Zimmer durch einen Zahlencode zu öffnen sind. Wie merken Sie sich mehrstellige Zahlen? Ein Zimmer hatte den Code 514407. Üblicherweise bilden wir Deutsche daraus zwei Dreiergruppen, also 514 – 407, denken Sie an Telefonnummern. Hmm … Hier lautet die Empfehlung, mit drei Zweiergruppen zu arbeiten, sich also 51 – 44 – 07 zu merken: Das klappte prima. Auch deshalb, weil mir rasch klar wurde, dass darin zudem eine kleine Rechenaufgabe verborgen ist. Schon entdeckt? Jawohl, nämlich »51 – 44 + 7«, voilà … Auf diesen Trick musste ich beim anderen Hotel verzichten, weil der Code 334783 lautete, also knapp an »33 + 47 – 80« vorbei. Funktioniert übrigens trotzdem, weil Sie sich über diese Formel (»33 + 47 – 80, plus 3 – 83«) die Kombination erst recht merken werden. Doch die Zahlenreihe 33 – 47 – 83 werden Sie sich ebenfalls leicht merken können, sodass Sie aufs Hotelkärtchen verzichten können: Die erste und die letzte Zahl endet jeweils auf »3«.

Doch wie erleichtern wir uns die Merkarbeit, wenn es um längere Zahlenreihen beziehungsweise um abstrakte Fakten geht, die möglichst rasch ins Langzeitgedächtnis sollen? Auch für den Hotel-Code benötigen Sie mehrere Stunden (oder gar Tage) … Die von Julia Kunz adressierten Gedächtnissysteme – zum Beispiel das episodische – werden in mehreren Beiträgen näher dargestellt (s. S. 264 ff., S. 282 ff., S. 354 ff.). Lassen Sie sich anregen und machen Sie mehrere Gedächtnistrainings mit: für Sie als Weiterbildner mit Hintergrund versehen, einer Geschichte in der Geschichte!

Mnemotechniken – Geschichte

Mnemotechniken – ja, das ist richtig geschrieben, bitte belassen Sie das »n« an zweiter Stelle. Wir haben es hier mit einer Methode zu tun, die aus dem alten Griechenland kommt, daher der Name: mneme (μνήμη), das Gedächtnis, die Erinnerung und techne (τέχνη), die Kunst, also die Gedächtniskunst. Intuitiv nutzten die großen Redner Griechenlands ihr Gedächtnis genau so, wie es funktioniert. Sie konnten auf diese Weise ohne Notizen auf Papier (oder heute dem Tablet) stunden- und sogar tagelange Reden halten, ohne Argumente zu vergessen.

Sie haben Folgendes sicher schon erlebt: Ein spannendes Thema, eine gut gemachte Präsentation – und dann kennt der Redner seine Folienabfolge nicht. So wirken die Pointen leider nicht, denn wenn man immer erst schauen muss, was auf der nächsten Folie kommt, wirkt das alles gezwungen und gewollt, aber nicht gekonnt. Wenn es ganz schlimm läuft, kommt hier der Fremdschämmodus ins Spiel – und das ist der GAU für alle Redner und Trainer. Damit das nicht passiert, hilft hier entweder der Präsentationsmodus – oder besser, um von der Technik unabhängig zu sein; der unsichtbare mnemotechnische Spickzettel.

Denn bei richtiger Anwendung funktionieren die Mnemotechniken absolut zuverlässig und genau so, als ob Sie auf einen realen Spickzettel schauen würden. Nur: Keiner sieht, dass Sie einen benutzen. Sie wirken nicht nur souverän, Sie sind es! – Denn Sie kennen das, was Sie sagen möchten, absolut sicher auswendig, und können sich auf Ihre Zuhörer konzentrieren, anstatt angespannt zu hoffen, dass die Folien genau in der Reihenfolge kommen, wie Sie sich das denken.

Den Ursprung hat die Mnemotechnik in einem Gastmahl, zu dem ein thessalischer Edelmann geladen hatte. Überliefert hat uns die Geschichte Cicero in seinem Werk »De oratore« (Über den Redner). Sinngemäß geht sie so:

Götter sind auch nur Menschen

Einer der Gäste, der Staatsmann, Weise und Dichter namens Simonides von Keos, trug zu Ehren seines Gastgebers und der Götter Kastor und Pollux ein Gedicht vor. Wie es damals Sitte war, sollte das Gedicht angemessen bezahlt werden. Doch der Gastgeber gab Simonides nur die Hälfte des angemessenen Honorars, da dieser ihm schließlich nur die Hälfte des Gedichtes gewidmet habe. Solle Simonides die andere Hälfte doch von Kastor und Pollux einfordern. Kurze Zeit später wurde Simonides nach draußen gerufen, es stünden zwei junge Männer vor der Tür, die ihn sprechen wollten. Als Simonides nach draußen ging, sah er niemanden. Doch im selben Moment stürzte das Dach des Festsaals ein, in dem auch Simonides kurz vorher noch gewesen war. Alle Gäste wurden bis zur Unkenntlichkeit zermalmt, nur Simonides überlebte. Kastor und Pollux hatten sich mehr als großzügig bei der Honorierung des Gedichtes erwiesen.

Was das mit den Mnemotechniken zu tun hat? Sehr viel: Dank Simonides von Keos, der sich genau erinnerte, welcher Gast an welchem Platz gesessen hatte, konnten die unkenntlichen sterblichen Überreste den entsprechenden Personen zugeordnet und den Hinterbliebenen übergeben werden. Dies gilt als Geburtsstunde der Mnemotechniken. Denn Simonides von Keos hatte nichts als sein Gedächtnis, das ihm half, den Kontext des Festes wieder herzuholen und so die Leichen zu identifizieren, da er sich genau erinnern konnte, wer wo gesessen hatte.

Genau dies machen wir uns heutzutage immer noch zunutze: Indem wir feste Orte haben, die wir mit Fakten verbinden, kann unser Gedächtnis die Fakten einfach wieder abrufen.

Mnemotechniken – Wirkung im Gehirn

Stellen Sie sich vor, wie Sie früher in der Schule mehr oder weniger verzweifelt Vokabeln auswendig gelernt haben: Im Schulbuch gingen Sie mit dem Finger oder einem Blatt zum Abdecken immer wieder die gleichen Wörter die Spalte rauf und runter. Dabei wiederholten Sie die Wörter, die irgendwann Eingang in Ihr Gedächtnis gefunden hatten, und die Wörter, die Sie sich niemals würden merken können. All das in immer derselben Reihenfolge, sodass Sie manche Begriffe schon allein deshalb wussten, weil Sie die Reihenfolge kannten.

Wenn doch die Mnemotechniken schon in der Schule auf dem Lehrplan gestanden hätten, dann wäre alles viel einfacher gewesen: Wort gesehen, Bild gemacht, Assoziationen dazu, ab ins Gedächtnis. Zuverlässig. Aus sogenannten »Hasswörtern« wären Lieblingswörter geworden.

Damit dies in Zukunft weder mit Vokabeln noch mit Fremdwörtern oder anderen Fakten wieder passiert, lassen Sie sich kurz erklären, inwieweit wir unser Gehirn durch die Anwendung der Mnemotechniken nutzen können.

Einlass ins Gedächtnis: Allen mnemotechnischen Methoden gemeinsam ist die Tatsache, dass wir die enge Verknüpfung vom Hippocampus als Organisator des Gedächtnisses und limbischem System als Emotionszentrum nutzen, um Fakten via Bildern in unser Langzeitgedächtnis zu transportieren. Der Hippocampus wacht also wie der hippe Türsteher einer Diskothek darüber, dass in der Disco Ordnung herrscht. Er entscheidet, wen er gleich an die Bar schickt, wer auf die Tanzfläche darf und wer erst einmal in der Ecke stehen bleiben muss und sich alles anschaut. Wer in die Disco reindarf, das entscheidet die Amygdala. Die schöne Amy haucht dem Türsteher sozusagen ins Ohr, wer positiv rüber- und damit reinkommt und wer draußen bleiben muss. Und da es sich um eine angesagte Disco handelt, werden nur Leute eingelassen, die auffällig sind, skurril, neu oder überlebenswichtig. Deshalb darf der Typ vom Ordnungsamt rein, denn wenn Sie den nicht in die Disco lassen, wird sie geschlossen. Das wären dann die eher nervigen Erinnerungen. Amy verlässt sich allerdings auf ihren eigenen Instinkt – was Sie wollen, interessiert sie nicht so wirklich. So haben leider auch diejenigen Fakten Zutritt, die völlig unwichtig sind und die Disco unnütz anfüllen, aber permanent dableiben – weil sie Amy angesprochen haben. Das wäre zum Beispiel das Geheimnis, das Ihnen Ihre Kindergartenfreundin ins Ohr geflüstert hat – damals superwichtig, inzwischen eine jener Ballastfakten, die gefühlt unser Oberstübchen verstopfen. Gehören Sie auch zu denjenigen, die noch die Telefonnummer der besten Freundin aus Kindertagen kennen? Vielleicht hat es doch Vorteile, dass sich heutzutage keiner mehr Telefonnummern merkt, weil alle in den Smartphones eingespeichert sind.

Ohne Unterstützung der Amygdala, die in jeder Hinsicht eine enge Beziehung zum Hippocampus hat, geht also gar nichts. Amy raunt dem Türsteher bei jedem neuen Gast zu, was sie von ihm hält. Und wenn sie das nur überzeugend genug macht, dann lässt der hippe (wie Hippocampus!) Türsteher jeden ein, den Amy haben möchte. Genau das ist der Punkt, an dem wir Amygdala und Hippocampus überlisten und sie dazu bringen können, in unserem Sinn zu entscheiden.

Wenn die Discobesucher einzeln an Türsteher und Amy vorbeigehen, beurteilen sie jeden. Da jedoch so viele Besucher gleichzeitig kommen, kann sich der Türsteher nicht bei jedem merken, dass der schon drin ist. Er kann uns also nicht weiterhelfen, wenn wir ihn fragen, ob der XY schon in der Disco ist. Hat einer allerdings ein sonnengelbes Hemd an und ist damit aufgefallen, ist er zum einen drin und zum anderen kann sich der Türsteher an ihn erinnern. Kommen wir in der Gruppe und haben alle ein sonnengelbes Hemd an, dann wird uns der Türsteher gleich auf die Tanzfläche zu unserem Kumpel schicken. Je mehr von den sonnengelben Leuten schon da sind, desto schneller und ungeprüfter lassen Hippocampus und Amygdala alle ein. Das heißt, wenn wir von einem Thema schon viel wissen, können wir uns Dinge, die wir dort anknüpfen können, sogenanntes »anschlussfähiges Wissen«, viel leichter abspeichern.

Abspeichern im Gedächtnis: Unser Arbeitsgedächtnis ist extrem ressourcenbeschränkt. Das bedeutet: Wir können uns nur sehr wenig und das nur relativ kurz merken. Trotzdem ist es der allererste Schritt auf dem Weg zum langfristigen Memorieren von Wissen. Denn nur was im Arbeitsgedächtnis landet, kann von dort weiter ins Langzeitgedächtnis gelangen. Die Ressourcenbeschränkung zeigt sich darin, dass wir nur 7 +/– 2 Fakten im Arbeitsgedächtnis gleichzeitig speichern können. Versuchen Sie einmal, sich die Zahlenfolge 2 5 1 2 8 0 0 zu merken. Eingeprägt? Die Auflösung bekommen Sie im nächsten Absatz. – Lassen Sie sich vor dem Nachschauen noch kurz ablenken: Hier handelt es sich um sieben Fakten, die oft kurzfristig noch memoriert werden können. Langfristig wird es schon schwieriger. Wenn es sich um acht, neun oder zehn Ziffern handelt, wird es noch diffiziler. Durch die Mnemotechniken bündeln wir allerdings Informationen zu einem Gesamtbild. Wir speichern also keine einzelne Fakten ab, sondern anschlussfähiges Wissen. Wir zeigen unserem Arbeitsgedächtnis nicht einzelne Fakten, sondern Faktenbündel. Diese Bündel gehen dann als eine Einheit – ein sogenannter »Chunk« – ins Arbeitsgedächtnis und besetzen nur einen Platz. Das ist so, als wenn wir uns beim Türsteher als gelbe Gruppe anmelden und er uns alle auf einmal durchwinkt.

Wissen Sie die Ziffernfolge von oben noch? Ohne nachzusehen natürlich. Wenn ich Ihnen sage, dass es sich um das Faktenbündel 25. Dezember 800 handelt, merken Sie sich die Abfolge spielend. Und außerdem wissen Sie nun, wann Karl der Große zum Kaiser gekrönt wurde. Dazu haben sie noch sechs andere Plätze in Ihrem Arbeitsgedächtnis für weitere Informationen frei, weil Sie sich die Ziffern als Bündel gemerkt haben. Genauso funktioniert es, wenn Sie sich Weihnachten 800 als Bild vorstellen – zum Beispiel einen Kaiser mit Weihnachtsbaum in der Hand. Das alles mit einem mittelalterlichem Hintergrund, und schon haben Sie ein Bild für die vielen Fakten: Datum, Kaisername, Ereignis.

Wie Sie wissen, ist der Hippocampus auch der Organisator des Gedächtnisses. Er wacht nicht nur darüber, welche Informationen ins Gedächtnis kommen, sondern auch darüber, wohin sie kommen.

Wir wissen heutzutage, dass wir das Gedächtnis in verschiedene »Abteilungen« untergliedern können. So haben wir das deklarative Gedächtnis für Dinge, die wir erzählen, also deklarieren können. Dieses wiederum ist unterteilt in das episodische Gedächtnis – beispielsweise konkrete Erlebnisse mit Bezug auf die eigene Person (der erste Kuss, Examen, aber auch Erlebnisse am Arbeitsplatz) – und dem semantischen (Fakten-) Gedächtnis, in dem abgespeichert ist, wie die Hauptstadt von Frankreich heißt oder wie viele Einwohner Nürnberg hat (knapp über 500 000 übrigens).

Wo genau die Erinnerungen abgespeichert werden, ist nicht bekannt. Im Cortex, also in der Großhirnrinde, werden Erinnerungen abgespeichert, und zwar vermutlich an der Stelle, die bei der entstandenen Erfahrung oder Wahrnehmung aktiv war.

Sicher ist jedoch, dass die Information umso sicherer und langfristiger an den entsprechenden Speicherort gelangt, je mehr das Gehirn mit dieser Info »angetriggert« wird. Wenn Sie in die Disco wollen, tun Sie gut daran, neben einer auffälligen gelben Bluse noch eine Rose für Amy dabeizuhaben. Nehmen Sie ebenfalls noch ein Schokolädchen oder etwas für den Geruchs- und Geschmackssinn mit und üben Sie ein schönes Ständchen ein. Bei so viel sensorischem Overload überzeugen Sie Amy auf jeden Fall.

Übersetzt auf das Abspeichern im Gedächtnis heißt das: <u>Nutzen Sie Ihre Sinne!</u> Lernen mit allen Sinnen ist der beste Weg, Fakten ins Gedächtnis zu bringen. Da hilft es schon, sich vorzustellen, wie eine Vokabel riecht oder wie sich ein Fremdwort anfühlt. Wie Sie merken, trainieren Sie damit gleichzeitig Ihre reichlich vorhandene Kreativität!

Zudem sind Amy und der Türsteher anfällig für Belohnungen. Wenn Sie drin sind und an der richtigen Stelle stehen oder sitzen, dann bedanken Sie sich. Am besten geht das, wenn Sie Ihre Freude zeigen, dass es in dieser Disco immer so schön ist und alles gut klappt. Auf Ihr Gehirn bezogen heißt das, dass Sie mit jeder guten Lernerfahrung motivierter für das nächste Lernkapitel sind. Das gilt im Übrigen auch für Kinder – durch Tadel hat noch kein Kind besser gelernt. Loben Sie!

Kooperieren Sie mit Ihrem Gehirn. Das ist einfacher, als gedacht. Dass Hippocampus und Amygdala nicht immer der gleichen Meinung sind wie wir, was wirklich merk-würdig ist, wissen viele Menschen aus leidvoller Erfahrung. Spätestens, wenn Sie wieder einmal im Gedächtnis nach dem Namen Ihres Gegenübers graben oder überlegen, wo der eine Beleg ist, der für die Komplettierung der Steuererklärung noch fehlt, wird Ihnen einfallen, dass diese Kooperation gar nicht so dumm ist. Wie das in der Praxis aussehen kann, zeigen Ihnen folgende Methoden.

Assoziationsmethode

Diese Methode eignet sich bestens, um Vokabeln, Fremdwörter oder Fachbegriffe schnell und effektiv zu lernen. Dies gilt sowohl für den Eigenbedarf als auch für den Einsatz in Seminaren und Trainings.

Wenn ich in meinen Trainings anfangs kurz den Aufbau des Gehirns erkläre, zeige ich ein Bild von einem Nilpferd und eines von einem Zelt. Dann lasse ich raten, was hier abgebildet ist. Ja genau, ein Nilpferd und ein Zelt. Und auf »ausländisch« gesagt? Oder an Überraschungseier denkend? Dann kommen die Teilnehmer auf »Hippo«. Zelten hat mit »Camping« zu tun. Da ist der Schluss »Hippo-campus« nicht mehr weit. Und wenn sich die Teilnehmer dann noch vorstellen, dass das Hippo seine Nase aus dem Zelt herausstreckt und schaut, wer auf den Zeltplatz kommt, sind wir beim Organisator des Gedächtnisses. Das funktioniert immer, ob die Teilnehmer wollen oder nicht: Der Hippocampus ist definitiv einer der Begriffe in meinen Seminaren, der ihnen langfristig im Gedächtnis bleibt.

Nehmen Sie für die Assoziationsmethode ein Fremdwort oder eine Vokabel, die Sie sich nicht merken können, und teilen Sie das Wort spontan in seine Bestandteile auf. Zu diesen Wortbestandteilen assoziieren Sie Begriffe und Bilder, setzen diese zu einem Gesamtbild zusammen und überzeugen so Ihren Hippocampus spielend, dieses Gesamtbild ins Arbeitsgedächtnis hineinzulassen. Beispiele gefällig?

Fremdwörter und Fachbegriffe: Anwendbar ist die Methode in jeder Branche.

Ein Beispiel aus dem Bewegungsapparat, also der Anatomie:

Clavicula (Schlüsselbein): Clavi – cula ⇨ Klavier – kullert – Schlüssel
Das Klavier kullert herum, weil es auf einem Schlüssel steht. Oder: Das Klavier kullert das Schlüsselbein herunter.
Sehen Sie es vor sich? Der Hippocampus wundert sich, die Amygdala bewertet es und schon ist die Clavicula im Gedächtnis!
Femur (Oberschenkelknochen): Fe – mur ⇨ Fee – Moor – Oberschenkel
Eine Fee streicht Moor auf Ihren Oberschenkel, damit der sich entspannt.
Humerus (Oberarmknochen): Humer – us ⇨ Hummer – Oberarm
Ein Hummer spaziert auf Ihrem Oberarm – ganz schön eklig!

Vokabeln: Bei diesem Thema rufe ich jetzt vermutlich eher unangenehme Erinnerungen in Ihnen wach: Was Amy und dem Türsteher übrigens egal ist – moderat negative oder positive Erinnerungen spielen merktechnisch dieselbe Rolle. Sie erinnern sich an das qualvolle Lernen von Vokabeln zu Schulzeiten? Und an die Verheißung, aus »Hasswörtern« Lieblingswörter zu machen? Genau dabei hilft die Assoziationstechnik.

Wer hämmert da?

Stellen Sie sich vor, Sie könnten sich nicht merken, was »hammock« heißt. Es ist Englisch und bedeutet auf Deutsch »Hängematte«.
Hamm- klingt nach »Hammer«. Englisch ausgesprochen, nach »hämmern«. Die zweite Silbe -ock beginnt wie »ockerfarben«. Stellen Sie sich also vor, Sie würden gerade einen Nagel in einen Baum hämmern, an dem Sie später die Hängematte aufhängen wollen. Sie hämmern wie verrückt auf den Nagel, bis dieser ockerfarben glüht. Dann hängen Sie die Hängematte daran auf und fertig ist das Bild. Wenn Sie sich dabei noch Donald Duck vorstellen, der in seinem Garten in gewohnt verrückter Manier den Nagel in den Baum hämmert und schon seine Hängematte über der Schulter hat, dann vergessen Sie dieses Wort nie wieder. Ihr Hippocampus lässt diese Information sofort durch, da sie sehr seltsam und sehr witzig ist. Und so etwas liebt unser Gehirn!
Das funktioniert natürlich mit jeder Sprache. Besonders beliebt ist Vokabellernen in Latein. Erinnern Sie sich an das Wort »recusare«? Falls nicht: Die deutsche Bedeutung ist »verneinen, verweigern«. Re – cus – are. Eingedeutscht könnten diese Silben bedeuten Reh – Kuss –

are. Die Endung »are« können wir vernachlässigen, die ist in Ihrem Gedächtnis bereits gespeichert. Für Latein-Lernende ist sie eine gängige Endung bei Verben. Stellen Sie sich vor, ein Reh möchte Ihnen einen Kuss geben. Sie springen auf, stellen sich angewidert hin und brüllen: »Nein! Den verweigere ich!« Ob ein Reh darauf hört und was ein echter Türsteher mit einem küssenden Reh machen würde, ist nicht überliefert, aber Ihr Gedächtnis wird diese Information so schnell nicht wieder vergessen.

Prinzipiell gilt natürlich: Jeden Begriff, den Sie sich »einfach so« merken können, merken Sie sich bitte »einfach so«. Versuchen Sie, sich Fachbegriffe und Vokabeln mit Ihren verschiedenen Sinnen einzuprägen. Lesen Sie sie aufmerksam, sprechen Sie darüber, schreiben Sie sie, malen und tanzen Sie die Wörter. Leiten Sie Vor-, Nachsilben und Wortstämme aus anderen Sprachen ab. Diejenigen, die dann immer noch nicht am Hippocampus vorbeikommen, »emotionalisieren« Sie durch die Assoziationstechnik. Und zeigen damit dem Hippocampus eine lange Nase.

Fakten merken: Ähnlich gehen Sie vor, wenn Sie sich viele Dinge am Stück merken müssen. Als Einstieg beginnen Sie mit Ihrem eigenen Körper als Spickzettel. Befestigen Sie an verschiedenen Punkten an Ihrem Körper Ablagefächer, in die Sie dann die Fakten hineinlegen und jederzeit nach Bedarf wieder herausziehen können. Diese Ablagefächer sind ziemlich groß und sehr übersichtlich, sodass Sie selbst verschiedene Informationen aus dem gleichen Fach schnell abrufen können.

Grundvoraussetzung dafür ist, dass Sie eine festgelegte »Körperliste« haben.

Körperliste

Die Körperliste könnte so aussehen:

1. Haare
2. Gesicht
3. Hals
4. Schultern
5. Brust
6. Bauch
7. Po
8. Oberschenkel
9. Knie
10. Füße

Ich empfehle, die Körperliste an den Haaren zu beginnen, da Sie so jedes Gespräch beginnen können, indem Sie die entsprechenden Fakten Ihrem Gegenüber ganz einfach an den Haaren und im Gesicht ablesen. Müssten Sie erst auf die Füße schauen, wäre der Gesprächseinstieg eventuell etwas holprig.

Gehen Sie diese Liste gemeinsam mit Ihren Zuhörern durch. Lassen Sie sie aufstehen – Lernen hat immer auch mit Bewegung zu tun, und sei die Bewegung noch so klein. Gemeinsam berühren Sie sich nun (jeder am eigenen Körper!) an den entsprechenden Körperstellen: Sie legen die Hand auf die Haare (funktioniert garantiert auch dort, wo keine Haare mehr vorhanden sind), streichen sich über das Gesicht und fassen sich an den Hals und so weiter. Nach dem Bauch machen Sie Halt, lassen die Zuhörer im Chor die entsprechenden Stationen wiederholen. Die Zuhörer werden sich automatisch an den Körper fassen und so dem Hippocampus zeigen: Hier kommt etwas Neues, lass es durch in Richtung Langzeitgedächtnis!

Wer diese Ablagekästen an seinem Körper installiert hat, hat eine Methode, die er bis an sein Lebensende in den verschiedensten Momenten einsetzen kann. Immer dann, wenn Zettel und Stift helfen, hilft diese Methode. Allerdings ohne Zettel und Stift, das ist das Faszinierende daran.

Wie lässt sich diese Methode nun in der Praxis anwenden? Sie können Ihre Umwelt mit Wissen über die deutschen Bundespräsidenten, die zehn längsten Flüsse oder die zehn größten Städte verblüffen. Ich habe allerdings die leidvolle Erfahrung gemacht, dass das keinen interessiert. Außer, Sie werden zu einer Quizshow gecastet – in meinem Fall halfen diese Listen immerhin, beim ZDF bis in die letzte Auswahlrunde zu kommen.

Diese Methode kommt immer dann zum Einsatz, wenn es um stures Auswendiglernen diverser Listen geht. Auch ich plädiere dafür, dass Mensch erst sein Hirn einschaltet, Dinge versteht und überdenkt, bevor er etwas auswendig lernt. Manchmal hilft aber nur Auswendiglernen – beispielsweise wenn sich Heilpraktiker auf ihre Prüfung vorbereiten. Dann müssen Sie den § 7 Infektionsschutzgesetz für Laborärzte und Pathologen inhaltlich auswendig kennen. (Darin geht es darum, welche ansteckenden Krankheiten meldepflichtig sind.)

§ 7 Infektionsschutzgesetz für Laborärzte und Pathologen

Der Einfachheit halber beschränken wir uns hier auf die ersten fünf der vielen aufgeführten Krankheitserreger, die da wären:

- Adenoviren
- Bacillus anthracis
- Borrelia recurrentis
- Brucellen
- Campylobacter-Bakterien

Setzen Sie nun die Assoziationsmethode zusammen mit der Körperliste ein:

Adenoviren auf den Haaren

An welches andere Wort erinnert Sie der Begriff »Adenoviren«? Vergessen Sie für einen Moment, was Adenoviren sind, konzentrieren Sie sich nur auf den Laut. Dann könnte Ihnen »Adele« einfallen. Das ist die Sängerin, die das wunderschöne James-Bond-Lied gesungen hat. Sie haben jetzt die Assoziation: Adenoviren ⇨ Adele. Und Sie haben den ersten Ablagekasten auf den Haaren. Transferien Sie Adele auf Ihre Haare. Sie steht mehr oder weniger fest verwurzelt in Ihren Haaren und singt. Oder sie hat es sich in Ihren Haaren gemütlich gemacht, liegt da und singt. Oder ... Lassen Sie Ihrer Fantasie freien Lauf.

Bacillus anthracis, kurz »Anthrax«, im Gesicht

Sie müssen nicht den ganz genauen Wortlaut verankern. Sie haben die Liste vorher schon nach allen Regeln der Kunst auswendig gelernt, wiederholt und so in Ihrem Gedächtnis irgendwo verankert. Nur wissen Sie leider manchmal nicht, wohin der Türsteher die Information gesteckt hat, da Sie vergessen haben, wie sie genau ausgesehen hat. So können Sie dem Türsteher nicht sagen, wo er die neue Information hinstecken soll. Wenn Sie dem Türsteher allerdings eine grobe Beschreibung in Form »blaues Hemd« respektive einer Silbe geben können, hat die Suche Erfolg. Bei »Anthrax« wissen Sie, dass »Bacillus anthracis« gemeint ist.
Erinnern Sie sich noch an die Anthrax-Anschläge im Jahr 2001 in den USA? Es handelte sich damals um weißes Pulver. Verteilen Sie (nur gedanklich, bitte!) weißes Pulver auf Ihren Wangen. Schon assoziieren Sie dazu Anthrax und haben den Bacillus anthracis als zweiten Punkt auf Ihrer Körperliste.

Borrelia recurrentis am Hals

Genauso gehen Sie mit dem dritten und vierten Begriff vor: Boris krault Sie am Hals. Oder er nimmt Ihren Adamsapfel und spielt damit Tennis. Spätestens jetzt merken Sie: Auch leicht negative Assoziationen wirken!

Brucellen auf den Schultern

Erinnern Sie sich an Bruce Darnell aus »Germany's next Topmodel«? Ich weiß, Sie haben es nicht angeschaut. Trotzdem ist er mit seiner »Handetasche« im Gedächtnis und sein Name eignet sich hervorragend als Anker für die Brucellen. Stellen Sie sich vor, dass Sie eine »Handetasche« auf den Schultern stehen haben. Oder statt Schulterklappen haben Sie kleine Handtaschen auf den Schultern Ihres Hemdes oder Mantels. Hängen Sie bitte die Handtasche nicht über die Schulter, wie Sie es im normalen Leben machen. Das ist »normales Leben« und beeindruckt Amy überhaupt nicht. Tun Sie etwas Skurriles, Seltsames, damit die Information an Amy vorbeikommt.

Campylobacter-Bakterien auf der Brust

»Camp-ylobacter« assoziieren Sie mit Camping. Nummer 5 ist die Brust. Also setzen Sie ein Campingzelt auf Ihre Brust und schon wissen Sie, welche Bakterien in Nummer 5 auftauchen müssen.

Ihre Fahrt ins Büro und die To-do-Liste: Die Körperliste eignet sich auch hervorragend als Spickzettel, wenn Sie beispielsweise im Auto sitzen und zur Arbeit fahren. Wie es Gedanken so an sich haben, kommen sie oft zum ungünstigsten Zeitpunkt. Das kann Ihnen zum Beispiel auf der Fahrt ins Büro passieren. Sie sind mit dem Auto unterwegs und haben keine Möglichkeit, irgendetwas zu notieren. Zumindest dann nicht, wenn Sie die StVO befolgen. Was tun? Ganz einfach: Nehmen Sie Ihren imaginären Spickzettel, Ihren Körper, zu Hilfe und nutzen Sie Ihr Wissen über die Körperliste. Nehmen wir einmal an, Ihnen kommen folgende Dinge Ihrer To-do-Liste in den Kopf:

- Das Angebot für Kunden Müller muss heute dringend raus.
- Kollege Baumann fragt, ob Sie ihn am Freitag vertreten können.
- Paper noch fertig machen.
- Besprechungstermin mit Chef einplanen.
- Urlaubsantrag endlich abgeben.
- Bluse aus der Reinigung holen.

Sie können sich das folgendermaßen merken:

Die heutige To-do-Liste

Um diese To-Dos sicher zu erinnern, wenn Sie außer Reichweite etwas Notierbaren sind, heften Sie sie sich an den Körper. Sie beginnen damit, indem Sie sich Bilder für die einzelnen Punkte machen.

1. Kunde Müller: Ein Mühlrad
2. Kollege Baumann – den kennen Sie, da wissen Sie, wie er aussieht
3. Paper: ein großes Blatt Papier
4. Kalender als Bild für Besprechungstermin – alternativ stellen Sie sich Ihren Chef vor
5. eine Palme für Ihren Urlaub (oder Wanderstiefel oder die AIDA oder ...)
6. Ihre Bluse

Diese Bilder befestigen Sie jetzt am entsprechenden Körperteil:

1. Haare: Ein Mühlrad ist auf Ihrem Kopf befestigt und bringt Ihre Frisur durcheinander.
2. Gesicht: Sie schrumpfen den Kollegen Baumann und setzen ihn auf Ihre Nase.

3. Das Papier kleben Sie quer an Ihren Hals als Ersatz für einen Schal. Dumm nur, dass die Ecken des Papiers so scharf sind und pieken.
4. Sie klappen den Kalender auf und balancieren ihn auf Ihrer Schulter – aber passen Sie gut auf, dass er nicht herunterrutscht.
5. Aus Ihrer Brust wächst eine Palme.
6. Ihre Bluse knoten Sie sich so fest um den Bauch, dass es unangenehm ist.

Sobald Sie in Ihrem Büro sind, notieren Sie sich diese Dinge von Ihrer Körperliste auf einen Zettel oder Sie arbeiten sie direkt vom Körper ab. Klappt garantiert!

Genauso können Sie an Ihrem Körper Argumente für ein Gespräch befestigen, die Reihenfolge der Folien Ihrer Präsentation und vieles mehr. Sinn der Sache ist der, dass Sie zum Beispiel im Gespräch mit Ihrem Kunden Ihre besten Argumente von dessen Körper ablesen, weil diese Argumente in den Haaren, im Gesicht und am Hals Ihres Gegenübers genauso kleben wie an Ihnen selbst.

Probieren Sie diese Methode zunächst an »ungefährlichen« Dingen wie Ihrem Einkauf aus – und lassen Sie sich verblüffen, wie zuverlässig Ihr Gehirn Fakten speichert, wenn Sie sie ihm nur gehirngerecht servieren! Nutzen Sie skurrile, übertriebene Bilder. Die prägen sich ein, denn darüber freut sich der Hippocampus! Wenn Sie sich die Bluse wie eine Jacke salopp um die Hüfte binden würde, wäre dieses Bild vermutlich zu schwach und Sie hätten es vergessen, bis Sie im Büro sind.

Weitergabe der Methoden

Wenn Sie diese Methoden an Ihre Teilnehmer weitergeben, dann wenden Sie sie am besten mit einem Thema aus deren Lebensumfeld an. Klar kommt es immer gut, wenn Sie die Bundeskanzler der Bundesrepublik Deutschland bringen und jeder sie nach 15 Minuten kreuz und quer auswendig hersagen kann. Doch für den nachhaltigen Erfolg der Methode ist es wichtig, dass die Teilnehmer erkennen, dass sie aus jedem Themenbereich Fakten an ihrem Körper befestigen können. Und zwar sicher und effektiv. Das macht den Reiz der Methode aus.

Langfristiges Erinnern

Bisher ging es in diesem Beitrag darum, sich Fakten schnell und mit Spaß einzuprägen. Das können Sie jetzt. Damit die Fakten langfristig im Gedächtnis bleiben, ist hier eines notwendig, was wir alle seit Schulzeiten kennen: das Wiederholen. Also: wiederholen, wiederholen, wiederholen. Nein, Sie brauchen nicht stöhnen. Denn machen Sie gedanklich den Vergleich: Sie wiederholen die Krankheiten nach § 7 Infektionsschutzgesetz, wie sie im Lehrbuch stehen, oder Sie wiederholen zwischendrin beim Auto- oder Fahrradfahren, beim Bügeln oder Joggen »mal eben« die Fakten. Ahnen Sie schon, dass das wirklich Spaß macht? Und nicht nur das: Wenn Sie die Fakten abends vor dem Schlafengehen nochmals kurz wiederholen – das Licht kann schon aus sein, denn Sie kennen die Fakten – dann bietet der Hippocampus im Schlaf dem Langzeitgedächtnis immer wieder das Gelernte an. Er bietet das zuerst an, was Sie als Letztes vor dem Einschlafen wiederholt oder erlebt haben. Ob Sie dann also den Krimi oder wichtige Fakten zuerst in Ihrem Langzeitgedächtnis haben wollen, das bleibt Ihre Entscheidung.

Sicher ist nur eines: Durch das Anwenden der Mnemotechniken arbeiten Sie im Sinne Ihres Hippocampus und der Amygdala, Fakten gelangen sicher in Ihr Gedächtnis, und Sie bringen durch Wiederholung den Hippocampus dazu, die Dinge dem Langzeitgedächtnis immer wieder anzubieten und es so dauerhaft abzuspeichern. Probieren Sie es einfach aus!

Literatur

- Dicke, Ursula: FM Lernprozesse. academy of neuroscience (aon) 2015

Ihre Teilnehmer als Gäste

Regina Mahlmann

Tags: Hormone, Sinne, Dopamin, Serotonin, Licht, Ernährung, Farbe, Geruch, Tagungsraum, Gast, neurophysiologisch, Glückssystem, limbisches System

Positionierung

Neurowissenschaftliche Erkenntnisse in die Praxis von Unternehmen oder Weiterbildnern zu übertragen, ist eine echte Herausforderung. Und doch liegen viele Aspekte so nah, wie Regina Mahlmann in diesem Beitrag vermittelt. Sie zeigt beispielsweise, wie es Tagungshotels gelingt, möglichst viele Sinne anzusprechen, weil das Lernerlebnisse und ebenso Lernerkenntnisse nachweislich unterstützt. Dieses Beispiel ist deshalb so treffend, weil es Ihnen zweierlei Perspektiven ermöglicht: Die genannten Vorgehensweisen lassen sich natürlich auf andere Branchen und auf vielerlei Themen übertragen. Und zugleich regt Regina Mahlmann Sie als Weiterbildner mit ihrem Modell der »Gast-Sein-Phasen« an, mehr als bisher auf vielerlei Momente zu achten, die als Filter im Lerntransfer wirken können – oder eben als Verstärker. Sich dies bewusst zu machen, ist ein erstes »Learning« des Beitrags. Angeregt zu sein, das eine oder andere dann umzusetzen, beinhaltet eine Menge Chancen! Allerdings durchaus auch Risiken: Einen Raum zu beduften, kann Allergiker belasten, je nach verwendeten Stoffen! Das wiederum bedeutet: Erfolgreich kopieren heißt, etwas zu kapieren – und erst danach auf Ihre Person und den jeweiligen Kontext zu übertragen …
Wieso dennoch Geruch, Licht und Ernährung entscheidend zum Erfolg Ihrer Weiterbildungsmaßnahme beitragen können, erläutert die Autorin anhand klarer Bezüge zur Hirnforschung, die sie gleich direkt praxisorientiert darstellt. Beachten Sie künftig vermehrt das Auslösen hormoneller Effekte schon allein durch die Wahl der Rahmenbedingungen! Womit Sie wiederum den Lerntransfer für Ihre Lerninhalte sichern, gehe es um Fakten, gehe es um Verhalten …

Mit Kleinigkeiten große neuronale Wirkung erzeugen

Hinleitend … Ob Seminar und Workshop, Tagung und Konferenz, Outdoor und Inhouse, stets gilt: Der »Gast« will König sein – heute mehr denn je. Und gleichzeitig gilt: Der königliche Gast ist ein Mensch und verhält sich so. Weiterbildner,

Führungskräfte und Manager von Tagungshotels haben diverse Möglichkeiten, die besondere »Gast-Sein-Psychologie« zu berücksichtigen – und sollten diese nutzen.

Diese »Gast-Sein-Psychologie« sei kurz beschrieben: Noch bevor Teilnehmer in der Location begrüßt werden, wirkt das Anspruchs-Priming des Vor-Gast-Seins aufgrund vorgängiger Vergleichsprozesse, Erinnerungen und mentaler Einstellungen: »Alle Angestellten sind dazu da, meine Wünsche zu erfüllen!« Dieser Bahnung entspricht die Ausrichtung des serotonergen und dopaminergen Systems im menschlichen Gehirn: »Erfüllt beziehungsweise übertrefft meine Erwartungen!« Der Vor-Gast verwandelt sich dann als Gast in ein bedürftiges Wesen mit Krone auf dem Haupt. Ein Gast möchte Gastfreundschaft erleben. Und Freunde tun alles, damit der Freund sich auf den Besuch freut und sich bei seinem Aufenthalt wohlfühlt. Und genau so ergeht es jedem Ihrer Teilnehmenden.

Vorschau: Was der Beitrag bietet, sind neurowissenschaftlich belegte Impulse sowohl für den Hotelalltag als auch für die Weiterbildner, die sich zunächst selbst sensibilisieren möchten – für eigene Veranstaltungen und jene ihrer Auftraggeber. In der Folge können sie andere Personen empfänglich machen, um zum Beispiel mit Repräsentanten des Hotelmanagements Trainings zu konzipieren und auch beratend zur Seite zu stehen, wenn es darum geht, Erkenntnisse rasch umzusetzen. Deshalb konzentriert sich der Beitrag im Rahmen der praktischen Impulse auf sogenannte kleine Dinge, spricht indes gleichermaßen Entwicklungen an, auf die sich das Hotelgewerbe perspektivisch einstellen muss.

Neurophysiologische und -psychologische Befunde liefern wertvolles Wissen, um die Anforderungen der Gäste mit höherer Wahrscheinlichkeit erfüllen zu können. Der Beitrag nimmt dafür zwei Neurotransmitter in den Blick, die auf das limbische System (beziehungsweise in ihm) wirken, sowie ein darauf bezogenes Modell. Die Anwendungshinweise beziehen sich auf zwei Megatrends – Digitalisierung beziehungsweise Robotik/IT und Ernährung – sowie auf Farben und Musik. Am Schluss finden die Leser mein Modell der »Gast-Sein-Phasen«, das prägnant aus Gastperspektive pointiert, was Gäste warum erwarten und warum Weiterbildner, Berater und Hotelangestellte gut daran tun, sich diesen psychophysischen Mechanismus samt seiner mentalen Einkleidung zu vergegenwärtigen und ihre Trainings, Beratung und das alltägliche Tun darauf abzustellen.

Dank fachkundiger Beiträge in diesem Handbuch zu Biologie, Physiologie/Chemie, Aufbau und Funktion des Gehirns (s. S. 169–174) kann der Beitrag zuspitzen, zuweilen plakativ sein und Sachverhalte vereinfachen.

Dass es nicht immer die großen, aufwendigen Dinge und Maßnahmen sind, die (Tagungs-)Gäste lächeln lassen und zur Wiederkehr bewegen, zeigt folgendes Beispiel.

Eine Gruppe luxushotelverwöhnter Führungskräfte erreicht für ein mehrtägiges Training am frühen Abend das familienbetriebene Hotel (drei Generationen an der Arbeit) und Tagungshaus. Der Blick von außen entlockt entsetzte Bemerkungen wie: »Oha, was haben die uns denn dieses Mal für eine Klitsche ausgesucht?!« und »Äh, müssen wir sparen?!« Beim Abendessen erhält jeder einen Umschlag mit einer Stoffserviette und dem Hinweis: »Bitte notieren Sie Ihren Namen auf dem Umschlag und stecken die Serviette nach Gebrauch wieder hinein. Die Serviette behalten Sie für jede der drei Mahlzeiten am Tag.« Große Augen, spöttische Blicke, geschüttelte Köpfe, mürrisches Gebrummel: »Na, das kann ja was werden!«

Dann wurde am – allseits überrascht kommentiert – schön gedeckten Tisch das Abendessen à la carte aufgetragen: von der Großmutter der Familie, die mit etwa 80 Jahren recht unruhige Hände hatte. Die Führungskräfte begleiteten dies mit fast ängstlichen Blicken und dem Impuls, ihr beim Servieren zu helfen, und begannen mit skeptischen Mienen, das Servierte zu kosten. Da regnete es Ausrufe der Anerkennung, die sich auf die Wein- und insgesamt Getränkeauswahl sowie auf die Qualität ausweitete. Das Essen – alle drei Mahlzeiten eingeschlossen – blieb über alle Tage herausragend, stets begleitet von begeisterten Komplimenten und einem positiven Reframing von vormals Anstößigem. Das Unternehmen wurde Stammgast.

Was war passiert? Plakativ gesprochen: Nach anfänglich freudiger Erwartungshaltung (wieder in ein »gehobenes Hotel« zu fahren, Dopaminlevel hoch) machten sich Enttäuschung und Skepsis breit (Dopaminlevel sank rapide). Doch wurden die Führungskräfte mit der Qualität der Speisen und deren Präsentation völlig überrascht – das Dopaminsystem sprang an und erzeugte Freude.

Wie sehr es sich lohnt, im Rahmen von Weiterbildungsveranstaltungen und im Hinblick auf die Teilnehmer Fantasie auf Maßnahmen zu verwenden, dank derer diese Gäste Freudeschübe erleben, wird mit neurowissenschaftlich erforschten Prozessen rund um das Glücks- und Belohnungssystem nachvollziehbar. In ihm spielen insbesondere (nicht nur!) zwei Neurotransmitter eine unverzichtbare Rolle: Dopamin und Serotonin. Bereits ihre Kenntnis legt bestimmte Maßnahmen nahe, die Wohlbefinden begünstigen.

Neurotransmitter

Neurotransmitter (Hirnbotenstoffe) spielen für die persönliche Befindlichkeit eine unersetzliche Rolle. Neurotransmitter sind chemische Substanzen und können als Sprache bezeichnet werden, in der sich Neuronen unterhalten. Einige Neurotransmitter haben eine Doppelfunktion: als Neurotransmitter in Synapsen und als Hormon in endokrinen Drüsen, zum Beispiel Adrenalin. Neurotransmitter werden präsynaptisch ausgeschüttet und docken postsynaptisch an spezifische

Rezeptoren anderer Neuronen an, wo sie erregend oder hemmend wirken. Rezeptor und Transmitter müssen zueinander passen wie Schlüssel und Schloss.

Jeder Neurotransmitter definiert einen Schaltkreis, der für Synthese, Ausschüttung, Wirkung, Wiederaufnahme und Abbau des Transmitters zuständig ist. Insofern lassen sich jedem Botenstoff konkrete Neuronennetzwerke zuordnen. Für die Thematik dieses Beitrags sind das dopaminerge und das serotonerge System relevant. Beide Netzwerke haben zwar nur kleine Ursprungsgebiete, beeinflussen indes über 100 000 Synapsen pro beteiligtem Neuron in verschiedenen Arealen und stimulieren länger anhaltend als andere Botenstoffe.

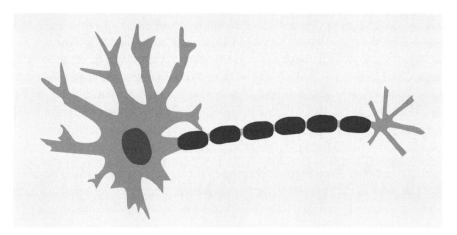

Neurotransmitterausschüttung

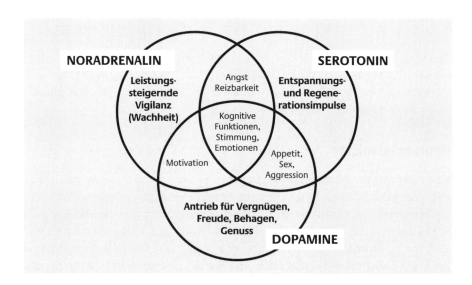

Dopamin: Das dopaminerge System sorgt für Aktivität, Motivation, Tatendrang. Ausgangssubstanz des Dopamins ist Tyrosin (eine Aminosäure in eiweißhaltiger Nahrung), das in L-Dopa umgebaut wird, dieses dann in Dopamin (und dies unter bestimmten Bedingungen in Noradrenalin und dies wiederum mithilfe spezieller Enzyme in Adrenalin). Dopamin gehört zur Gruppe der Katecholamine (Wachmacher) und kann dank der Hilfe der Aminosäuren Phenylalanin und Methionin in Kombination mit viel Vitamin C und Magnesium über die Ernährung befördert werden.

Dopaminhaltige Zellen finden sich vielerorts im Zentralnervensystem. Zwei dopaminerge Systeme sind besonders bedeutsam: Eines steuert willkürliche Bewegungen und befindet sich in der Substantia nigra im Mittelhirn. Das zweite geht ebenfalls aus dem Mittelhirn hervor, aus dem ventralen Tegmentum. Von dort reichen die Axone in bestimmte Teile des Großhirns und des limbischen Systems. Eine Schlüsselposition nimmt die Area 10 ein: Fasern von dort laufen zum frontalen Kortex oder zum ventralen Striatum, vor allem zum Nucleus accumbens. Dieses Kerngebiet aktiviert durch dopaminerge Fasern Neuronen, die endogene Opioide produzieren und deren Fasern sich über den frontalen Kortex verzweigen (Spitzer 2002 Lernen, S. 52 f.; Thompson 2001, S. 119 ff. und 138 ff., Süchte: Thompson 2001, S. 175).

Die belebende Wirkung des Dopamins zeigt sich in erhöhter Verhaltensaktivität, Motivation, Lernwilligkeit, in seelisch-körperlichem Antrieb, Konzentrations- und Reaktionsfähigkeit, Kreativität, Fantasie und Risikofreude. Sie kann – neben der Einnahme von Drogen und Sport – erzeugt werden durch alles, was außergewöhnliches Vergnügen, Spaß, Freude bereitet: etwa gutes Essen, Flirten, Bestätigung, Belohnung, Anerkennung, Zuwendung – insbesondere wenn sie überraschend kommen oder besser, höher oder ausgiebiger ausfallen, als vorher angenommen; ferner durch die Erwartung positiver Verstärkung, durch Erfolge und außernormale Leistungen und durch eiweißhaltige Nahrung in bestimmter Kombination.

Erste allgemeine Hinweise, wie Manager und Weiterbildner im Gastgewerbe und besonders in Tagungshotels typische Wirkungen eines erhöhten Dopaminlevels realisieren können, sind damit abgesteckt: ausgesuchte Freundlichkeit und Überraschungen, Zeichen individueller Zuwendung, spezielle Erlebnislandschaften, Sport- und Spiel-Optionen (inhouse, outdoor) und spezifische Nahrungsangebote. Konkrete Hinweise folgen im weiteren Text. Für Tagungshäuser kommen (veränderbare, helle, leicht zugängliche) Räumlichkeiten, ein hervorragendes wie flexibles Catering, eine leicht zu handhabende technische Ausstattung ebenso hinzu wie die tatkräftige Unterstützung der Referenten durch präsente, kompetente Hotelangestellte. Und selbstredend sollten Weiterbildner dafür sorgen, dass diese Highlights auch genutzt werden können.

Serotonin: Serotonin gilt als Stimmungsbote. Es macht zufrieden, ausgeglichen, ruhig, heiter und wach. Es hemmt Impulsivität und aggressives Verhalten. Ihm wird eine »Gute-Laune-Wirkung« nachgesagt, daher der Name »Glückshormon«.

Serotonin findet sich im Gehirn (in der Zirbeldrüse), in glatter Muskulatur, in bestimmten Arten von Blutzellen. 80 Prozent des Serotonins sind im Darm gespeichert. Das biogene Amin wird im Stammhirn produziert und entsteht beim Ab- oder Aufbau von Eiweißen. Dies geschieht durch die zweistufige Umwandlung der Aminosäure Tryptophan (eine essenzielle Aminosäure, die der Körper nicht selbst herstellen kann). Serotonerge Neuronen strahlen aus den Raphekernen in alle Gehirnregionen aus und wirken unter anderem auf das Herz-Kreislauf-System, den Magen-Darm-Trakt, auf Schlaf, Schmerzempfinden, Gedächtnisleistung, Appetit/ Essverhalten, Gemütszustand.

Hotelbetreiber und Weiterbildner können über Lichtquellen (vor allem Tageslicht), angenehme Umfeldfaktoren sowie Nahrung das serotonerge System mobilisieren.

Licht wirkt unmittelbar auf Wohlbefinden, Wachheit, Müdigkeit. Vor allem Tageslicht kurbelt das serotonerge System an, macht und hält wach und gut gelaunt. Da Licht direkt auf die emotionale Gestimmtheit durchschlägt, sollten Entscheider überlegen, in welchen Räumen sie neben Tageslicht welche künstlichen Quellen einsetzen. Außerdem ist raum- beziehungsweise funktionsspezifisch zu entscheiden, wo (dimmbare) Decken-, Wand-, Stehleuchten und wo Bewegungsmelder installiert werden sollten. Weiterbildner und Hotelmanagement sollten Kenntnisse über Lichtarten, Lichtquellen und Lichteffekte informiert sein und mit diesen Kenntnissen eine vielfältige – auch bunte – Lichtlandschaft konzipieren, die gleichsam als Schatztruhe fungiert: für Standardausstattung ebenso wie für bewegliche, auf den Bedarf der Zielgruppen oder Personen ausgerichtete Nutzung. Trainer können bei einer solchen Auswahl beispielsweise nach der Mittagszeit darauf achten, dass Teilnehmer in natürlichem Licht, mindestens aber mit Tageslichtleuchten arbeiten und sich idealerweise bewegen können.

Glückssystem und Ernährung

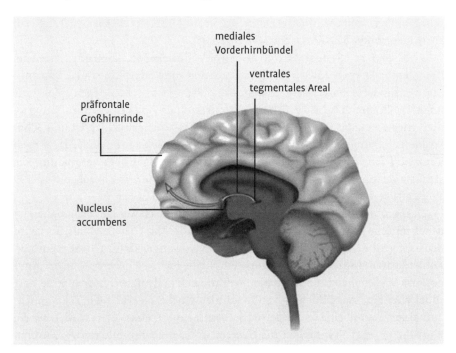

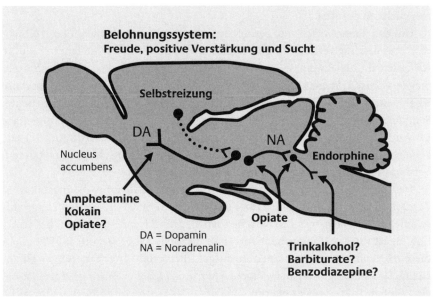

(Abbildungen s. www.borderlinezone.org/gehirn/gehirn.htm)

Untersuchungen und Anwendungen zeigen, dass Nahrung auch über Geschmackserleben, präziser: über Neurotransmitter und Hormonausschüttung das psychische Wohlbefinden beeinflussen kann (Macht 2007, S. 44–50; zum Beispiel zu Gerüchen: Reiter 2006, S. 6 f.; Vogt 2013; Gotzner 2013).

Insbesondere »Seelentröster«, also wohlschmeckende, kohlenhydratreiche, süße, fettige Speisen, fördern die Ausschüttung von Endorphinen und Dopamin und vermindern Disstressempfinden. Auch das sensorische Erleben spielt eine Rolle. Die Empfehlung etwa, Schokolade durch einen Apfel zu ersetzen, funktioniert nicht, weil das Geschmacksempfinden völlig unterschiedlich ist und Schokolade beziehungsweise Kakao zudem psychotrope Substanzen enthält. Je nach Konzentration stimulieren Koffein und Theobromin (organische Verbindung, die strukturverwandt ist mit Koffein; kommt in Pflanzen wie dem Kakaobaum oder in Teepflanzen vor) etwa eine Stunde nach Verzehr.

Der Serotoninlevel kann über Tryptophan beeinflusst werden. Tryptophan ist der chemische Vorläufer von Serotonin und kann die Blut-Hirn-Schranke überwinden – sofern die Nahrung einen Proteinanteil von weniger als fünf Prozent enthält. Kohlenhydrat- und fettreiche Nahrung erhöht die relative Konzentration der Aminosäure Tryptophan im Blut. Kohlenhydratreiche und zugleich eiweißarme Kost führt über eine Ausschüttung von Insulin zu einer Steigerung der Tryptophanaufnahme, die mit einer gesteigerten Serotoninsynthese assoziiert wird. Über die Blutbahn gelangt Tryptophan ins Gehirn, wo es Serotoninbildung vorantreibt. Insbesondere Personen, deren Serotoninspiegel als mangelhaft gilt, profitieren merklich von der Kost.

Um das dopaminerge und serotonerge System anzukurbeln, sollten Teilnehmer über den Tag verteilt am Buffet ein breites Angebot verschiedener Produkte vorfinden, die viel Eiweiß, Vitamin C und Magnesium bieten, beispielsweise Fisch, mageres Fleisch, Magerquark, Hüttenkäse, mageren Käse, Tofu- beziehungsweise Soja-, Seitan- und Lupinenprodukte für Eiweiß; Obst wie Beeren, Zitrusfrüchte, Sanddorn, Kiwi, Zitrusfrüchte für Vitamin C; Bananen, Nüsse beziehungsweise Samen für Magnesium. Zum anderen kohlenhydratreiche Nahrungsmittel wie Bananen, Müsli, Vollkorn, Schokolade, ferner Hülsenfrüchte, Nüsse und Samen, Getreide, Ei, fettige Käsesorten wie Edamer, Brie, Emmentaler.

Neben den olfaktorischen Wirkungen beeinflussen auch Umgebungsfaktoren Geschmackserleben und Freude über und am Essen und Trinken. Nahrung(saufnahme) hat als Megatrend inzwischen lebenssinnstiftende (ideologische) Funktion. Es ist für das Management von Tagungshotels daher ratsam, auf Trends in diesem Bereich zu achten und sich auf aufgefächerte Nahrungsforderungen einzustellen (Mischkostler, Veganer, Vegetarierer verschiedener Ausprägungen, Pescarier, Gluten-/Laktose-Allergiker und andere). Das gastronomische Angebot sollte vielfältig sein, »exotische« Nachfrage bedienen und Überraschungseffekte bieten.

Für Weiterbildner und Hotelangestellte ist es zielführend, sich über Nahrungs-trends ebenso auf dem Laufenden zu halten wie über die verschiedenen Modi des Dinierens und – durchaus unter Aktivierung der Gäste – experimentelle Gerichte zuzubereiten und zu servieren.

Das limbische System und Limbic® Map als Praxishilfe

Zum limbischen System, das eine emotionale Erstbewertung eintreffender sen-sorischer Reize vollzieht, gehören verschiedene Bestandteile des Gehirns (s. Abbildung im Beitrag von Gerhard Roth, S. 270 ff.). Es ist für das Glücks- und Belohnungs- sowie das Motiv- und Motivationssystem unverzichtbar. Von be-sonderer Bedeutung sind das ventral tegmentale Areal (VTA) im Hirnstamm, der Ursprungsort des Lust-, Belohnungs- und Glücksregelkreises; die Amygdala, die an allen angenehmen und unangenehmen Gefühlen als eine Art »Speicher-Ver-teiler-Zentrale« beteiligt ist; der bereits erwähnte Nucleus accumbens, der Kno-tenpunkt für das Dopaminsystem. Eine hohe Dopaminkonzentration im Nucleus accumbens, verbunden damit, dass der Botenstoff an den Rezeptor des Nucleus accumbens angedockt hat und diese Erregungspotenziale an andere Gehirns-trukturen sendet, korrespondiert mit ausgeprägter Freude, Handlungsmotivati-on, Kreativität.

Aufgrund seiner Verbindungen zum Neocortex beeinflusst das limbische Sys-tem zwar rationale Überlegungen und Entscheidungen. Da indes mehr Verbindun-gen zur Großhirnrinde hin- als von dort zum limbischen System zurücklaufen, verlaufen Gefühlsprozesse schneller und leichter, gefühlsmotiviertes Handeln einfacher als rational Motiviertes. Insofern ist es zweckmäßig, dass sich Weiter-bildner und Hotelangestelle darum kümmern, emotionale Erfahrungen im Stel-lenwert zu erfassen und Erlebnisse zu ermöglichen.

Um das Glücks- und Belohnungssystem zu aktivieren, können Manager und Weiterbildner aus einem bunten Repertoire schöpfen. Erfreuliche, emotional be-wegende Reize können – neben pädagogisch-didaktischen Vorgehensweisen in den Veranstaltungen – ausgehen von einer zuvorkommenden, individuellen und von einem offenen Lächeln begleiteten Begrüßung, über kleine Überraschungen im Zimmer, Nahrungsmittelattraktionen, einschließlich Show-Cooking-Varian-ten oder Selbstkochen, Wellness-, Spiel- und Sportangebote und Varianten eines »herzlichen Abschieds«.

Die Fotos stammen von Sascha und Thorsten Wett,
https://www.diejungskochenundbacken.de/

Wer systematisch vorgehen möchte, kann die Limbic® Map oder ähnliche Modelle verwenden (zur Limbic® Map s. Beitrag Meyer/Roszinky-Terjung, Abbildung S. 212; Typologien s. Reiter 2006, S. 3–5).

Die Limbic® Map fußt auf dem oder ist zumindest inspiriert vom »Zürcher Modell der sozialen Motivation« von Professor Norbert Bischof, das dem Bereich der Motivationspsychologie zugehört (www.bischof.com/norbert_forschung.html, www.nicebread.de/research/ZM/zm.html). Es widmet sich Wirkungszusammenhängen psychophysischer Motivationssysteme, die dem Sozialverhalten zugrunde liegen. Identifiziert werden drei durch Regelkreise verbundene Motiv- beziehungsweise Motivationssysteme: Sicherheits-, Erregungs-, Autonomiesystem.

Die Limbic® Map (Häusel 2014) greift die drei Systeme auf, unterlegt sie mit Werten, Beweggründen und Entscheidungsmotiven und instrumentalisiert sie im Neuromarketing. Die Attraktoren lauten: Stimulanz (Exploration, Entdeckung, aktiver Genuss, Freude an Neuem), Dominanz (Konkurrenz, Verdrängung) und Balance (Sicherheit, Stabilität, Harmonie, Bindung/Zugehörigkeit). Die zuordenbaren Neurotransmitter sind vor allem Dopamin, Serotonin und Oxytocin (das »Bindungshormon«, das in diesem Beitrag nicht thematisiert wird.)

Das Modell hilft dabei, gezielt Fragen zu formulieren nach strategischer Zielrichtung, Zielgruppen beziehungsweise nach gewünschten und faktischen Gästen und wie diese mit Blick auf Motive und Motivationen zu bedienen sind. Dies ist die Frage nach den Kernpräferenzen der Zielgruppe(n) beziehungsweise Zielperson(en) und danach, wodurch sie primär ansprechbar, angenehm erregbar sind, sich angezogen fühlen. Handelt es sich bei der Kernzielgruppe beispielsweise um »Outdoor-Begeisterte«, empfiehlt es sich, auf Dominanz und Stimulanz zu setzen, also Gelegenheiten zu bieten für Wettkampf, Leistung, Erfolg, Stolz beziehungsweise Genuss, Spiel, Spaß und Entdeckerfreude.

Praktische Anregungen

Das Gehirn ist mit dem übrigen Körper verbunden und kommuniziert mit ihm. Es empfängt Informationen von den verschiedenen Transduktoren im Körper. Ein Transduktor wandelt eine chemische oder physische Einwirkung wie beispielsweise Licht und Wärme in ein chemisches Nervensignal um. Einige dieser Transduktoren reagieren auf Signale, die von außerhalb des Körpers kommen, beispielsweise die Fotozellen der Netzhaut der Augen. Andere Transduktoren reagieren auf Vorgänge, die sich innerhalb des Körpers abspielen, und kontrollieren die innere Umgebung im Körper.

Da unbewusste wie bewusste Umgebungswahrnehmung über die genannten Umwandlungsprozesse Einfluss auf die emotionale Befindlichkeit ausüben und Bereitschaften zu positiven Erlebnissen bahnen (Priming-Effekt), ist es zweckmäßig, das Tagungsumfeld auf sichtbare Wohlfühl-, Freude- und Explorationsfaktoren in Augenschein zu nehmen. Das beginnt im Außen (Architektur, gärtnerisches Umfeld, Wellness-, Garten-, Sportlandschaften) und setzt sich im Inneren fort (beispielsweise Innenarchitektur, Mobiliar, Farben, Technik). Zur inneren Gestaltung folgen nun einige praktische Anregungen.

Infrastruktur und Technik: Infrastruktur umfasst alles, was mit den Sinnen wahrgenommen werden kann: Farben, Licht, Möbel (Design, Funktionalität, materielle Eigenschaften wie Holz, Stoffe), Räume, Temperatur, Luft beziehungsweise Duft, Existenz einer Bibliothek, elektronische Varianten der Literatur und Unterhaltung (Off- und Online-Optionen) und anderes mehr.

Der Stil der gesamten Anlage sollte der Primärpräferenz der Gäste, also der Teilnehmer, entgegenkommen. Hat sich ein Hotel beispielsweise darauf spezialisiert, erlebnispädagogischen und/oder esoterik-affinen Gruppen Optionen zu bieten, fallen die Entscheidungen für die Gestaltung anders aus, als wenn es sich bei der Primärzielgruppe um Topmanager mit technisch ausgefeilten Event-Erwartungen handelt.

Es ist unabdingbar, dass sich Entscheider grundlegend darüber klar sind, welche Zielgruppe(n) sie primär und damit strategisch ansprechen wollen. Denn auch bezüglich infrastruktureller Ausstattung ist der Gast bereits gebahnt und bringt seine Erwartungen, seine Schwellen für Frustration beziehungsweise Freude mit. Diese sind definiert durch seine Vorlieben und Erfahrungen, durch Websitebilder und Hotelbewertungen im Netz, durch Austausch in den sozialen Medien.

Bad Aibling, Kick-off 2014 – Tagen mit Herz, adressiert wird Limbic Type Balance (Hotel St. Georg, Fotograf: Matthias Rosin, Vaterstetten)

Kick-off »Erfolg braucht die richtigen Verbindungen: adressiert wird Limbic Type Stimulanz, Mitarbeitermotivation durch «Networking in Nature« (Bild: Faszinatour, http://faszinatour.de)

Wie wichtig es aus der Sicht des Glücks- und Belohnungssystems ist, Gasttypen und Infrastruktur/Technik aufeinander abzustimmen (Passung herzustellen), verdeutlicht das Statement von Wilhelm Bauer, Institutsleiter des Stuttgarter Fraunhofer-Instituts für Arbeitswirtschaft und Organisation, zum kürzlich am Wiener Bahnhof eröffneten »Hotel 4.0« mit dem Namen Schani (Deckstein 02.10.2015, S. 6). »Der reisende Mensch wird in unserer globalisierten Welt immer wichtiger. Und der reisende Mensch will seine Geschäfte, Reservierungen, Bestellungen, Anmeldungen erledigen, wie er es inzwischen gewohnt ist – mit Smartphone und Tablet.« Der Institutsleiter hat also einen Typus im Sinn und gestaltet das Hotel so, dass es zu Annahmen und Profil des »reisenden Menschen« passt. Die Entscheidung für ein Smarthotel basiert auf der Zielgruppe: vielreisende Internetaffine, Technikfans, Smartphone-Anhänger.

Auf einer Touristikmesse konnten circa 150 Hoteliers, Touristiker, Industriepartner das Hotel der Zukunft erleben. In zwei Fraunhofer-Forschungslaboren, dem »FutureHotel« in Duisburg und »Urban Living Lab« in Stuttgart, werden sie erforscht.

Häufig kombinieren Hotels und neuerdings auch Kreuzfahrtschiffe Motive aus den Bereichen Stimulanz und Balance, also Neuartiges mit Vertrauenswürdigem beziehungsweise Wohlvertrautem. Etwa das Hilton-Hotel, das einen Roboter als Hausmeister anstellt (https://www.wired.de/collection/tech/die-watson-ki-von-ibm-arbeitet-jetzt-am-empfang-einem-hilton-hotel,), oder Roboter, die als Gepäckträger (Dierig 18.03.2015, S. 13), als Rezeptions- beziehungsweise Auskunftsdame fungieren (http://www.manager-magazin.de/lifestyle/reise/hotels-in-japan-roboter-als-empfangsdame-a-1083437.html), in der Hotellobby verschiedene Funktionen übernehmen (http://www.handelsblatt.com/unternehmen/handel-konsumgueter/itb-und-die-helferlein-im-luxushotel-ein-roboter-in-der-hotel-lobby/13079928.html) oder als Kochassistenten zur Seite stehen (Leben im Jahr 2025, FAZ-Notiz 12.11.2015, S. 20).

Das kollaborative Roboting außerhalb Industrie 4.0 ist insbesondere durch Pepper bekannt geworden. Pepper, der zurzeit bekannteste Androide aus Japan, findet in der Touristik auf Kreuzfahrtschiffen zunehmend Verwendung (Kotowski 17.12.2015, S. 26). Pepper kümmert sich auf AIDA-Kreuzfahrtschiffen um das Wohl der Passagiere. Der Androide auf drei Laufrädern konversiert in deutscher, englischer und italienischer Sprache. Er erkennt Gefühle, berücksichtigt seine Umwelt und bahnt Gespräche an. Die AIDA-Muttergesellschaft Costa plant, dass Roboter Gäste auf Reisen unterstützen, begonnen beim Einchecken an Bord über Veranstaltungs- und Ausflugstipps bis hin zum Einsatz der Roboter als Servicekräfte in der gesamten Hotellerie. Pilotversuche in den USA mit Zimmermädchenrobotern gibt es bereits, und die Reederei Royal Caribbean lässt Roboter Cocktails mixen. In dieser Touristikzukunft weisen Roboter Gästen den Weg, übernehmen den Zimmerservice und weitere repetitive oder einfache Aufgaben, damit sich menschliche Angestellte den menschlichen Gästen persönlicher widmen können.

Selbstverständlich bietet das Hotel der Zukunft neben Robotern weitere technologisch trendige »Must-haves« wie Großbildschirme mit virtuellen Assistenten oder projizierte Hologramme. Mit anderen Worten: Hotelbetreiber beziehungsweise Weiterbildner benötigen neben Fantasie zunehmend auch informationstechnologischen Sachverstand, der das »Internet der Dinge« einschließt. Um Kunden zunehmend individualisiert bedienen zu können, wird zudem eine Big-Data-Analyse immer bedeutsamer. Neben Entwicklungen rund um das Internet der Dinge profitieren Hotels von Entwicklungen in den Bereichen Smarthome-, Passivhaus-, Plushaus-Technologie sowie Bürogebäude, weil es zahlreiche gemeinsame Interessen gibt: Digitalisierung und Vernetzung im Einklang mit Energieeffizienz, Nachhaltigkeit (Bau-, Regelungstechnologie), Komfort und Gesundheit (ein Prototyp eines Bürogebäudes steht in Aachen, Stephan 20.02.2016, S. 71).

Noch sind Roboter, Hologramme & Co. exotisch, lustig, spannend, überraschend und bedienen damit vorzugsweise das dopaminerge und serotonerge System. Eine Umfrage von Reiseportal Travelzoo ergab: Gästen gefallen Roboter an der Rezeption, als Portier, Gepäckträger, Butler, Kellner – sie verlangen kein Trinkgeld, sind zuverlässig, schnell, effizient und noch immer eine unerwartete Attraktion (Hanser 06.03.2016, S. 76). Varianten des Smarthotels richten sich in diesem frühen

Stadium der Pilotierung eher an Dominanz- und Stimulanzmotivierte. Teilnehmer esoterischer Kurse würden sich hier weniger wohlfühlen.

Einen anderen Weg gehen Häuser, die die Balanceausrichtung exponieren. Etwa dadurch, indem sie darauf achten, überall auf dem Globus gleich auszusehen (Standards), mit Spezialitäten, die Balancemotivierte bevorzugen, beispielsweise Wellnessangebote, sanfte Farben, Ruhe und Muße ausstrahlender Service. Das mag langweilig für den Ästheten und Abenteurer sein, wird aber als Vertrautheitserfahrung verbucht und – besonders von Vielreisenden – positiv beschieden. Hier zielen Maßnahmen weniger auf das dopaminerge als auf das serotonerge System und Oxytocinausschüttung (Bindung, Loyalität).

Hotelmanagement und Berater tun gut daran, auf Trends zu achten, die für ihre Zielgruppen tonangebend sind. Zu einer avantgardistischen oder trendigen Gruppe zu gehören mobilisiert Dopamin und Serotonin. Um Trends zu beobachten, bedarf es keiner aufwendigen Marktforschung oder Big-Data-Analysen. Es genügt, sich lesend, schauend, kommunizierend dorthin zu bewegen, wo Zielgruppen beziehungsweise deren Repräsentanten sind, sowie auf Trendsetter und deren »Prophetien« zu achten (Trendscouting, empirisch basierte Zukunftsforschung). Dies alles nicht primär, um alle Wünsche zu bedienen, sondern um zu wissen, was in relevanten Umfeldern diskutiert wird, um daraufhin zu wählen, worauf sich das eigene Haus zubewegen möchte.

Musik: Auch Musik ist neurowissenschaftlich eingekreist. Pränatal wirkt Musik auf das Gehirn des Embryos ein und primt seine Präferenzen und bestimmte Fertigkeiten. Musiktreibende entwickeln breiter gefächerte soziale Kompetenzen als Nichtmusiktreibende. Neuromarketing mit Musik wird seit Jahrzehnten eingesetzt (Reiter 2006, S. 7).

Musikerleben ist unweigerlich subjektiv. In Hotels wird in der Regel Musik eingesetzt. Meist atmosphärisch, als Untermalung und nett gemeint. Musikerleben ist kulturell und biografisch geprägt, stimmungsabhängig, beeinflusst unmittelbar und unwillkürlich und gehört – neben Gerüchen – zu den bekanntesten Auslösern von Erinnerungen und emotionaler Befindlichkeit. Mit der Gastvielfalt wächst das Risiko, durch Musik Unwillen zu erregen. Stil, Lautstärke, Orte – jeder präferiert etwas anderes.

Im Vordergrund stehen für Betreiber und Berater also Fragen wie diese: Wozu Musik? Wenn Musik, wie kann sie so eingesetzt werden, dass sie nicht verärgert beziehungsweise dass sie besonders erfreut und/oder Lernen und Arbeiten erleichtert, vertieft?

Farben: Farbpsychologische und -physiologische Forschungen zeigen ebenso wie das Alltagserleben von Farben, dass jede Farbe eine andere Wirkung auf Psyche und Körper hat.

Neben subjektiven Vorlieben und kulturspezifischen Prägungen scheint es einen allgemeinen Nenner zu geben, wie Farben wirken. Beispielsweise wirkt Rot belebend – zu viel davon macht allerdings unruhig. Daher sollte Rot in Räumen nur in Kombination verwendet werden. Gelb regt Konzentration, Kreativität, Unterhaltungen an, während Blau beruhigt.

Die Herausforderung besteht darin, Farbpräferenzen und Anliegen der Zielgruppen zu kennen und Farben farbpsychologisch so einzusetzen, dass sie kontext- und zielspezifisch das serotonerge oder dopaminerge System aktivieren. Wer nach dem Mittagessen in einen schummrigen, mit warmen Tönen ausgestatteten Raum geht, darf sich nicht wundern, wenn Teilnehmer einschlummern.

Modell »Gast-Sein-Phasen«

Dieses Modell bezeichnet drei Phasen des Gast-Seins aus der Perspektive der Gäste: Vor-Gast-, Gast-, Nach-Gast-Sein pointiert den psychophysischen Mechanismus des Glücks- und Belohnungssystems.

Auch dieses Modell ist für alle Reisenden – also auch für Weiterbildner – relevant und eignet sich zudem dafür, in Seminaren und Workshops für die Besonderheiten der Gastrolle empfänglich zu machen.

Vor-Gast-Sein: Sobald ein Hotel ausgewählt ist, haben sich Teilnehmer in der unbewussten Rolle des Vor-Gastes im Verlauf der Recherche und Wahl selbst gebahnt. Bewusst und unbewusst laufen Vergleichsprozesse parallel: Wie ist das aktuelle Hotel im Vergleich zu denen, die ich kenne? Wie habe ich mich da gefühlt? Wie wurde ich als Referent empfangen und bedient? Was vermute und fühle ich beim Anblick des aktuellen? Beim Anblick der Bilder und dem Lesen der Schilderungen werden Erinnerungen aktiviert, Empfindungen erzeugt, Vergleiche hergestellt und Erwartungen geweckt. Die Neuropsychologie spricht von Priming, der Bahnung. Und im Fall ausgeprägter Vorfreude springen das serotonerge und dopaminerge System an.

Gast-Sein: Sobald sie das Hotelgelände betreten, verfallen die Anreisenden in den Gast-Modus. Diese Wandlung ist für alle Hotelangestellten folgenreich. Im Gast-Modus wächst in Sekundenbruchteilen die Haltung »Ich bin das Zentrum« an – und prompt setzt das Anspruchs-Priming ein: Die Angestellten sind dazu da, Prinzen und Prinzessinnen zu verwöhnen. Dem entspricht die Ausrichtung des serotonergen und dopaminergen Systems. Die unsichtbare Headline lautet: »Bitte nur positive und angenehme, meine Erwartungen erfüllende oder übertreffende Erlebnisse!«

Ausgeprägte Vorfreude (Dopamin und Serotonin auf hohem Level) verpflichtet: Jetzt muss das Hotel dafür sorgen, dieses Niveau zu halten oder gar zu übertreffen. Was geschieht, wenn Erwartungen enttäuscht werden, und welche Aufgaben auf Hotelangestellte dann zukommen, illustrieren zwei Beispiele.

Wenn die Website zu viel verspricht

Gast A betritt das Tagungsgebäude in freudiger Erwartung einer schönen, hellen und eher großen Lobby mit einer runden Sitzecke, die zum Verweilen einlädt – gemäß der Websitedarstellung. Was er vorfindet, ist ein kleiner Raum, der zwar eine Sitzecke hat, die aber dermaßen nahe an der Rezeption steht, dass sich vermutlich kein Mensch dorthin setzen wird.

Gast B fährt mit dem Fahrstuhl freudig ins Zimmer, denn das war auf der Website mit einem kleinen Balkon abgebildet, in hellen Farben und freundlich eingerichtet, sogar mit einem Wasserkocher und Teebeuteln. Was sie vorfindet, ist ein Zimmer ohne Balkon (»haben nicht alle Zimmer«), einen früher einmal hübschen Teppichboden, einen Wasserkocher, der nicht funktioniert, und Leuchten, deren Lichtausbeute für lesende Zeitgenossen schlicht eine Zumutung ist.

In beiden Fällen passiert dies: Die positive emotionale Vorgestimmtheit – Serotonin (gute Laune, Fröhlichkeit), Dopamin (kribbelnde Vorfreude) – weicht herber Enttäuschung und/oder Verärgerung; Disstresshormone fluten das Hirn und den gesamten Körper.

Der negativen Gestimmtheit passt sich die mentale an: Der Tunnelblick oder Wahrnehmungsbias kommt zum Zuge. Die ehemals rosaroten Brillengläser sind nun grau gefärbt. Der Gast bemerkt nur Dinge, die ihm nicht gefallen. Dennoch wirkt das Dopaminsystem. Jedes Mal, wenn der Gast in seiner negativen Erwartung bestätigt wird (»Ha, wusste ich doch, dass das wieder nicht funktioniert/ nicht schmeckt!«), schüttet das Hirn Dopamin aus: Der Gast wird dafür belohnt, dass er recht hat! Mit anderen Worten: Das Belohnungssystem reagiert auf Bestätigung unabhängig vom Inhalt. Es genügt, dass Erwartungen (negative wie positive) erfüllt werden.

Die Eskalationsspirale zu beenden, ist für Hoteliers aufwendig. Denn der Gast will seine Belohnung weiterhin und bemerkt daher weiterhin nur das Negative, das seine Erwartung erfüllt. Erfreuliches registriert er von sich aus zunächst einmal nicht. Folglich liegt es vorzugsweise am Personal, den Gast wieder auf den Pfad der Positivverstärkung zu bringen.

Reagiert das Personal mit Nettigkeiten, wird das bestenfalls höflich angenommen, lässt aber keinen Verärgerten vor Freude über einen Hocker springen. Niemand verlässt die Negativspirale, solange die Angebote als schlicht, standardisiert, unpersönlich wahrgenommen werden. Die Angebote müssen abweichen vom Herkömmlichen, sollten individualisiert und herausragend sein, sodass der Gast unwillkürlich mit einem »Wow, das finde ich jetzt aber super!« reagiert und das Glücks- beziehungsweise Belohnungssystem anspringt.

Berater und Hotelmanagement sollten also ein Repertoire an außergewöhnlichen Maßnahmen und/oder Geschenken parat haben, auf das sie zurückgreifen, um den Gast wieder für positive Erlebens-, Erwartungs-, Bewertungshaltungen zu öffnen. Und Weiterbildner sind aufgerufen, sich über das Hotel, das in der Regel der Auftraggeber auswählt, so schlau zu machen, dass sie einen Überblick darüber haben, wo die Wohlfühloptionen liegen und wie sie sie zum Wohl der Teilnehmer nutzbar machen können.

Nach-Gast-Sein: Angenommen, der Teilnehmer verlässt gut gelaunt und mit einem wörtlich zu nehmenden »Auf Wiedersehen« das Hotel, dann gilt es für das Hotelmanagement, den Kontakt so zu halten, dass jede Kontaktaufnahme von einem Lächeln oder einer kribbeligen Freude dank einer Erinnerung an amüsante, überraschende Aktivitäten oder Aktionen begleitet wird. Ziel ist es, diesen Gast zu einem weiteren Besuch zu motivieren und/oder ihn zu bewegen, das Hotel weiterzuempfehlen.

In diesem Fall sollten sich Entscheider, Berater, Weiterbildner das Instrumentarium anschauen, das informationstechnologisch zur Verfügung steht und ein individuelles, in der Tat für den einzelnen Gast maßgeschneidertes Marketing zusammenstellen, das sich gastspezifisch verschiedener Technologien, medialer Kanäle und Formate bedient, analog und digital, um ihm weitere serotonerge und dopaminerge Schübe bieten zu können.

Literatur

- Börsenblatt.net: Geschmackskomplizen herauszufinden – das macht großen Spaß. Interview mit Christine Brugger. In: Börsenblatt.net, 28.04.2014
- Daum, Philipp: Träumen Roboter von Roboter-Schafen? In: Frankfurter Allgemeine Sonntagszeitung, 13.03.2016, S. 22
- Deckstein, Dagmar: Smarter Service mit Wiener Charme. In Fraunhofer-Forschungslaboren wird das Hotel 4.0 erprobt. In: Beilage der Süddeutschen Zeitung, Expo Real, 02.10.2015, S. 6
- Dierig, Carsten: Hand in Hand mit dem Roboter. In: Die Welt, 18. April 2015, S. 13

- Gotzner, Peter: Neuroforschung: Heuschrecken-Hirn verrät Riechmechanismus. Spiegel online, 28.11.2013, http://www.spiegel.de/wissenschaft/medizin/neurowissenschaft-geruchsforscher-nutzen-konditionierte-heuschrecken-a-935910.html
- Greenfield, Susan: Reiseführer Gehirn. Heidelberg, Berlin: Spektrum 2003
- Hanser, Kira: Und sie wollen kein Trinkgeld. In: Die Welt, 06.03.2016, S. 76
- Häusel, Hans-Georg (Hrsg.): Neuromarketing. Freiburg: Haufe, 3. Auflage 2014
- IBM-Roboter »Connie« empfängt Hilton-Gäste. Ohne Autor. In: https://www.wired.de/collection/tech/die-watson-ki-von-ibm-arbeitet-jetzt-am-empfang-einem-hilton-hotel; auch hier: http://www.businesstraveller.de/hotel/ibm-roboter-connie-empfaengt-hilton-gaeste/
- ITB: Roboter halten Einzug in die Hotelbranche. In: Die Welt, 11.03.2016, S. 10
- Knape, Alexandra: Guten Morgen, Herr T-Rex. In: Manager Magazin, 29.03.2016, http://www.manager-magazin.de/lifestyle/reise/hotels-in-japan-roboter-als-empfangsdame-a-1083437.html
- Kotowski, Timo: Roboter an Bord! In: FAZ, 17.12.2015, S. 26
- http://limbischessystem.com/ Macht, Michael: Iss, wonach dein Herz verlangt. In: Gehirn & Geist 5, 2007, S. 44–50
- http://neurolab.eu/infos-wissen/wissen/neurotransmitter Rauland, Marco: Chemie der Gefühle. Stuttgart: Hirzel 2001
- Reiter, Hanspeter: Neuromarketing. In: Verlagshandbuch. Hamburg: Input 2006, S. 1–16
- http://www.spektrum.de/lexikon/neurowissenschaft/neurotransmitter/8752 Roboter als Kochassistenz fungiert. In: Frankfurter Allgemeine Zeitung, 12.11.2015 (Leben im Jahr 2025, S. 20, ohne Autor)
- Schautmann, Christoph: Ein Roboter in der Hotel-Lobby. In: Handelsblatt, 10.03.2016, http://www.handelsblatt.com/unternehmen/handel-konsumgueter/itb-und-die-helferlein-im-luxushotel-ein-roboter-in-der-hotel-lobby/13079928.html
- Spitzer, Manfred: Lernen. Gehirnforschung und die Schule des Lebens. Heidelberg, Berlin: Spektrum 2002
- Stephan, Jan: Das schlaue Gebäude kennt seine Nutzer. In: Ingenieurberufe, Beilage der Süddeutschen Zeitung, 20.2.2016, S. 71
- Thompson, Richard F.: Das Gehirn. Von der Nervenzelle zur Verhaltenssteuerung. Heidelberg, Berlin: Spektrum, 3. Auflage 2001
- Zürcher Modell: http://www.bischof.com/norbert_forschung.html, http://www.nice-bread.de/research/ZM/zm.html
- Vogelmann, Katharina: Das Glück sitzt im Gehirn: Neurowissenschaftler erforschen die biologischen Grundlagen der Freude. Bild der Wissenschaft. Leben und Umwelt. Hirnforschung, 03.12.2003, http://www.wissenschaft.de/home/-/journal_content/56/12054/61181/
- Vogt, Ragnar: Duftende Marken. In: Das Gehirn.Info: 01.12.2013, https://www.dasgehirn.info/wahrnehmen/riechen-schmecken/duftende-marken-156

Neurowissenschaft trifft Weiterbildung: Wie geht »gehirngerecht«?

Barbara Messer

Tags: multisenusal, gehirngerecht, VUCA, neurodidaktisch, Suggestopädie, Muster, Überraschung, Emotion, Entspannung

Positionierung

Methodenvielfalt ist die Botschaft von Barbara Messer, die vor allem für erlebnisreiche Lerneffekte sorgt: Geschichten lassen Teilnehmende emotional mitgehen, das limbische System und die Gedächtnissysteme tragen zu exzellentem Lerntransfer bei. Wie Sie die Verarbeitungsmuster in direktes Agieren als Trainer, Coach, Berater spiegeln können, zeigt sie in konkreten Beispielen für Interventionen. Folgen Sie ihr vor allem, wenn es um Überraschendes geht. Damit hat sie besonders viel positive Erfahrung – und greift so auch einige der aktuellen Erkenntnisse der Hirnforschung auf, um gehirngerecht weiterzubilden. Sie verlängert diese Thematik um das Multisensuale, das auch mir besonders hervorhebenswert scheint, nach allem, was die Neurowissenschaften erforscht haben.

So haben Sie bestimmt schon über das Wirken von Musik im Gehirn gelesen: Wer selbst ein Instrument spielt (oder gar mehrere), profitiert besonders davon, dass es in aller Regel zu einem Zusammenspiel der Hirnhälften kommt, des gesamten Gehirns, weil beide Hände im Spiel sind, beispielsweise beim Klavier. Das Hören von Musik schwingt ebenfalls ein, je nach Situation eher Klassisches oder sogar eher Pop und Rock, wie es scheint. Wenn dann noch andere Sinne adressiert sind, sorgen Sie für gesicherte Lerneffekte: »Multisensorische Erlebnisse fördern das Lernen«, fasst Carmine Gallo (Gallo 2016, S. 246 ff.; zu Gerüchen siehe S. 89 ff.) die Ergebnisse einer Studie zusammen, die vor einigen Jahren an der University of California an Studierenden durchgeführt wurde: »In Mayers Experimenten konnten sich Studenten, die multisensorischen Erlebnissen ausgesetzt waren (Text, Bilder, Animation und Video) nicht manchmal, sondern *immer*, viel genauer an die Informationen erinnern, als jene Studenten, die die Informationen nur gehört oder gelesen hatten.« Lassen wir die Prozentwerte beiseite, die immer wieder »zitiert« werden, so gilt jedenfalls: Multimedia fördert Lerneffekte! Damit arbeitet die Suggestopädie schon seit den 1970-er-Jahren – und über deren Verband DGSL habe ich seinerzeit die Autorin kennengelernt. Nach wie vor ist Barbara Messer eine Suggestopädin, doch hängt sie das nicht gleich vorne an ihr Aushängeschild. Sie betont, wie wichtig vor allem die <u>Vielfalt an Methoden</u> ist, aus der ein Weiterbildner schöpfen können sollte, und wie wichtig eine aufrechte Haltung des Lehrenden oder Trainierenden ist.

Trainings-Trigger fürs Gehirn

Zum Einstimmen ... Früher, ja früher, da war ein Stuhlkreis revolutionär, der Blumenstrauß in der Kreismitte schien ebenso unverzichtbar wie das rote Willkommensherz auf dem Flipchart. Ja, und dann die Musik: Spanische Gitarrenklänge empfingen die Teilnehmer, und der Himmel hing voller Moderationskarten. Mit BrainGym hielt man das Gehirn fit, drückte ganz verschiedene Energiepunkte und erklärte sich die Welt in Mindmaps. Damals glaubten wir noch, dass wir zwei verschiedene und sehr unterschiedliche Gehirnhälften haben.

Das Flimmern des damaligen Overheadprojektors wechselte in das leichte Brummen des heutigen Beamers, Superlearning weckte ähnliche Hoffnungen wie das heute weit verbreitete E-Learning. Jetzt allerdings lösen die Grands Messieurs der Neurodidaktik, wie Professor Dr. Gerald Hüther, Professor Dr. Roth und Professor Dr. Arnold den bisherigen Guru-Status von Vera F. Birkenbihl ab, beziehungsweise erinnern an diese.

Doch schon im ersten – wenn auch nur oberflächlichen – Rückblick lässt sich für mich herausarbeiten, dass es immer wieder »die Methode« oder »das Konzept« ist, die den endgültigen Erfolg bringen sollen, die vermutlich das endgültige Non-Plus-Ultra sein sollen und selbstverständlich bahnbrechende Erfolge vollbringen.

Frech mutet meine These an, dass heutzutage keiner mehr nicht-gehirngerecht trainieren, lehren und unterrichten darf. Der Anspruch ist dazu gewiss hoch, wer sich nicht an dieses Must-know der wissenschaftlichen Erkenntnisse hält, hat einen Buchungsrückgang als Trainer oder Vortragender zu befürchten.

Methode »Liebes Tagebuch« – zur Einstimmung, aber auch zur Einwandvorwegnahme

»Liebes Tagebuch,
nun soll ich hier beschreiben, wie ich all diese neurodidaktischen Anforderungen in meinen Seminaren, Trainings und Vorträgen umsetze. Ach je. Am liebsten wäre ich ehrlich und erzähle einfach, wie ich es mache. Aber was denken dann die Leserinnen und Leser von mir? Dass ich spinne? Dass ich vielleicht nur ein wildes, kreatives und dabei womöglich oberflächliches Gebaren an den Tag lege, um mir den Trainingsalltag zu versüßen? Dass ich selbstverliebt Spiele mache, Spaß habe auf Kosten der Teilnehmenden, statt mit Ernsthaftigkeit die Inhalte zu vermitteln? Oh, wenn die wüssten, wie ernst mir die Sache ist.

Alles, was ich tue, macht Sinn. Ich mache halt alles irgendwie anders. Aber so anders, dass es schon fast revolutionär ist. Ich will damit gar nicht angeben, ganz im Gegenteil. Ich kann aber nicht anders. Es treibt mich, immer wieder alles infrage zu stellen, Neues auszuprobieren, mich selbst zu überraschen. Und so gern bewirke ich etwas, was die Teilnehmenden reicher macht, wissender, mutiger. Und was ihnen eine mögliche Antwort auf ihre Sinnfragen gibt. Ob die Menschen, die das hier lesen, wissen, dass man mich nachts wecken und ich sofort ein Training designen und durchführen kann? Die Fokussierung auf die jeweiligen Lernziele ist ein Must-have. Es erfüllt mich, wenn diese die Richtung vorgeben, wenn sie sinnstiftend sind. Wahrscheinlich finden das die anderen befremdlich, denn für viele läuft es doch immer wieder nach denselben Vorgaben.

Dann habe ich selbst diese Freude am Lernen, sodass ich recht gut weiß, wie sich ein »Lernender« zu Beginn fühlt. Neue Methoden? Ja, immer dann, wenn ich wieder einen neuen Weg finden will, etwas im Training auf die bestmögliche Weise zu transportieren. Und wenn etwas Neues aus mir herauswill. Mehr erzähle ich jetzt aber nicht, sonst verrate ich die Sachen, die ich auf den folgenden Seiten schreiben möchte. Also koche ich mir lieber eine Tasse Tee und denke ein wenig nach. Das hat ja noch nie geschadet.

Bis später, Barbara.«

Und da bin ich schon mitten in der Welt meiner Trainings, Workshops und Veranstaltungen, die wahrhaftig gehirngerecht sind. So bemühe ich mich, immer auf dem aktuellen Stand zu sein.

Gehirngerechtes Arbeiten wird fast schon mantraartig über der gesamten Bildungslandschaft ausgeschüttet und als Allheilmittel für vieles genutzt. Welche Anforderungen werden aber benötigt? Und wie genau können diese Anforderungen konkret umgesetzt werden? Ist das alles wirklich neu oder auch ein wenig »alter Wein in neuen Schläuchen«?

Wozu Neurodidaktisches?

Ich beginne mit dem, was mich selbst extrem beschäftigt, nämlich mit den neuen Anforderungen an Lernprozesse und Lernarrangements. Letztendlich bewegen wir uns immer in dieser neuen Welt, die auch als VUCA-Welt bezeichnet wird und die Einflüsse auf Trainings und Lernprozesse hat: VUCA steht als Akronym für Volatility (Unberechenbarkeit), Uncertainty (Ungewissheit), Complexity (Komplexität) und Ambiguity (Ambivalenz). Wir haben also auf der einen Seite unfassbar viele, an Größe und Ausmaß kaum mehr überschaubare Informations- und Inhaltsmengen zu erkennen, einzuordnen und gegebenenfalls zu nutzen. Und auf der anderen Seite fehlt die Einschätzung der eigenen Handlungsauswirkungen. Unsicherheit wird fast schon normal – Fachwissen veraltet und wird vom Computer beziehungsweise Internet abgelöst. Das verändert in der Folge Paradigmen des Lernens.

Früher gab es zum Beispiel die sogenannten Fachexpertinnen, Menschen, die für geballtes Fachwissen stehen. Heute ist dieses Wissen im Netz quasi frei verfügbar, Computer finden es binnen kurzer Zeit, der Mensch ist an seine Grenzen gestoßen. Wissen veraltet schneller, die Fachexpertise tritt – zumindest was Bildung und Training angeht – Schritt für Schritt in den Hintergrund.

Allem voran steht für mich als Trainerin immer wieder die Frage, auf welchem Lernlevel sind meine Teilnehmenden, wo sollen sie hingeführt werden und welche Möglichkeiten habe ich dazu in mir. Hier beziehe ich mich auf die Lerntypologie von Bateson.

Im folgenden Überblick sind ausgewählte Erkenntnisse aus der Neurodidaktik, die für mich gültig und wesentlich sind, sowie ausgewählte Annahmen, die mich selbst immer wieder beeindrucken, und nach denen ich meine Veranstaltungen kreiere.

Vom Lehren zur Lernberatung	
Früher: Lernen	**Heute: Lernberatung**
Auswahl und Vermittlung These: »Wer über Lerninhalte verfügt, verfügt über den Lernerfolg.« (Lehrerfixierung)	**Lernarrangement und Lernbegleitung** These: »Wer vielfältige Anschlussmöglichkeiten schafft, erhöht die Nachhaltigkeit der Aneignung.« (Vielfalt gestalten)
Implizite Defizitorientierung These: »Der Lernende ist unfertig, er kann zu seinem Lernprozess noch nichts beitragen.« (gelernte Hilflosigkeit)	**Annehmende Beratung** These: »Der Lernende ist ein kompetenter Lerner, der weiß, wie er seinen Lernprozess gestaltet.« (Selbstkompetenz)
Sachfixierung These: »Der Inhalt ist für alle gleich, es kommt darauf an, ihn zu didaktisieren.« (Primat des Inhalts)	**Emotionale Selbstreflexivität** These: »Der Lernprozess verläuft stets eingebettet in und beruhend auf Lernbiografien und Gefühlen der Selbst(un)wirksamkeit.« (Primat des Selbst)
Lernverantwortung These: »Wenn die Verantwortlichkeit für den Lernprozess nicht klar geregelt ist, wird nicht gelernt.« (Entmündigung des Lerners)	**Pädagogik des Zulassens** These: »Der Lerner hat stets die Verantwortung für seinen Lernprozess; der Lehrer kann lediglich Verantwortungsübernahme erschweren oder verhindern.« (Mündigkeit des Lerners)

Antizipierende Planung	Situative Unterrichtsplanung
These: »Je besser der Prozess geplant ist, desto besser gelingen die Lernprozesse.« (Planungsüberschätzung)	These: »Je offener und situativer die Prozessgestaltung ist, desto größer ist die Chance der Angepasstheit auf die Situationen der Lerner.« (Offenheit und Flexibilität)

(nach: Arnold 2009)

Folgende Erkenntnisse aus der Neurodidaktik sind für mich gültig und wesentlich, die diesen Wandel verständlich machen:

○ Unser Gehirn mag Überraschungen.
○ Konsistenzregulation: Unser Gehirn sucht Übereinstimmungen.
○ Angst bleibt Angst!
○ Das Gehirn verarbeitet Inhalte mehrperspektivisch.
○ Unser Gehirn mag es, Muster beziehungsweise Regeln zu erkennen.
○ Wissen ist stets mit Emotionen verknüpft.
○ Unser Gehirn ist eine Art Filtertüte.
○ Der Umzug vom Bewusstsein ins Unterbewusste ist wichtig.
○ Das Gehirn netzwerkt.
○ Unser Gehirn speichert vielfältig.
○ Let's move.
○ Jeder hat seine eigene Welt.
○ Entspannung hält das Gehirn fit.

Unser Gehirn mag Überraschungen. Überraschendes macht Freude, ermuntert und aktiviert per se; es verändert Einstellungen und ist ein Garant für viele Aha-Effekte. Unvorbereitetes, Ereignisreiches, Routineunterbrechendes schafft Überraschungen. Damit diese Überraschungen das höchstmögliche Maß an Authentizität haben, überrasche ich mich selbst recht gern. So lasse ich zum Beispiel in der Planung eines Trainings oder Vortrags manchmal etwas weg, um mir spontan etwas Neues einfallen zu lassen. Oder ich mache etwas – auch für mich – Neues, sodass der Zustand der Überraschung quasi ganzheitlich erfahrbar ist. Aber warum? Das Gehirn lernt dann besonders gut, wenn etwas Aufregendes, etwas Neues passiert. Ebenso profitieren die Lernenden davon, wenn Abläufe sich ändern, wenn Unvorhersehbares geschieht. Denn dann werden gewohnte Denk- und Handlungsmuster aufgebrochen, anders genutzt. Trainings, Meetings oder Vorträge brauchen Spannung, Action und interessante Eindrücke. In der Konsequenz bedeutet das für Trainerinnen und Trainer, tatsächlich mutig überraschende Methoden und Ereignisse vorzusehen. In diesen Fällen benötigt ein Training keine »aufgesetzten« Energizer mehr, die doch manches Mal hölzern oder altbacken (weil schon hundertmal gemacht) oder zu wild wirken, und die zudem den Fluss eines Trainings unangenehm unterbrechen, weil sie fremd wirken.

Hier kommen zum Beispiel folgende Methoden infrage, die ich eigens kreiert oder weiterentwickelt habe: das Museum, die TV-Show, die Rede oder PowerPoint-Persiflage. Die Wäscheleine oder eine Bodenpräsentation fallen ebenso in diese Kategorie überraschender Methoden wie auch der Gemeindegesang, die Predigt oder der Beichtstuhl. Die Teilnehmenden wissen bis zum letzten Moment nicht, was auf sie zukommt. Damit sie jedoch das sichere Gefühl haben, dass es sich in einem Training oder Vortrag um positive Überraschungen handelt, ist es erforderlich, dass die Trainierenden oder Vortragenden als Person Sicherheit und Verlässlichkeit ausstrahlen, und dass sie womöglich so etwas wie eine heitere Gelassenheit und innere Überzeugtheit an den Tag legen.

In diesem Fall werden auf kleinster Ebene im Gehirn Vorgänge ausgelöst, zum Beispiel bestimmte Botenstoffe ausgeschüttet, die tatsächlich einen strukturellen Umbau auslösen. Nur durch diese als Neuroplastizität bezeichneten Vorgänge kann es am Ende gelingen, einen Transfer der Seminarinhalte in den Alltag der Lernenden zu erreichen. Die Menge der ausgeschütteten Botenstoffe wird auch von den Emotionen beeinflusst, auf die ich noch eingehen werde.

Konsistenzregulation: Unser Gehirn sucht Übereinstimmungen. Das Gehirn ist damit beschäftigt, in dem, was es wahrnimmt, Übereinstimmungen zu finden, und parallel dazu nimmt es – unbewusst – jede Nichtübereinstimmung wahr. Der Begriff Konsistenzregulation stammt von Klaus Grawe. Er bezeichnet damit die Vereinbarkeit gleichzeitig ablaufender neuronaler/psychischer Prozesse. Dem Organismus tut eine Übereinstimmung gut. Paradoxe, einander widersprechende Botschaften oder Informationen fördern dagegen einen inneren Konflikt. Nehmen wir zwei Aussagen auf unterschiedlichen Ebenen wahr (zum Beispiel verbal und nonverbal), die nicht kongruent sind, reagieren wir mit Irritation. Ein Trainierender, der den Teilnehmenden eine Kernbotschaft nahelegt, die er selbst jedoch in seinem Tun ganz anders lebt, schafft diese Inkongruenz. Sie wird von den Teilnehmenden wahrgenommen, irritiert sie und vermindert den Lernerfolg.

Dies ist einer der Gründe, warum meines Erachtens der Ruf nach Authentizität so groß ist. Bei diesem Thema geht mir immer wieder das Märchen »Des Kaisers neue Kleider« durch den Sinn. Der Kaiser geht am Ende nackt auf den Marktplatz, er selbst denkt oder glaubt, dass er – natürlich auf Staatskosten – perfekt angekleidet ist. Das Volk auf dem Marktplatz ist stumm, alle schweigen, obwohl jeder sehen kann, dass der Kaiser nackt ist. Nur sagen sie nichts. Es ist ihnen – im Sinne der Konsistenzregulation – bewusst, dass etwas nicht stimmt. Nur das kleine

Kind sagt dann irgendwann: »Der Kaiser ist nackt.« Auf einem anderen Blatt steht der hier fehlende Mut zur Ehrlichkeit, den die Erwachsenen nicht haben. Aus der Beobachtung und meiner Erfahrung heraus weiß ich, dass es Teilnehmenden in Trainings ebenfalls so ergehen kann. Sie spüren, dass »etwas nicht stimmt«, sagen aber nichts. Es kann sogar sein, dass sie selbst in einer Feedbackrunde das verschweigen. Dafür gibt es viele Gründe. Ein Trainierender, der sich selbst nur punktuell reflektiert, denkt womöglich: »Alles ist in Ordnung.« Dabei ist das Gegenteil der Fall.

Was also tun? Ich plädiere für eine hundertprozentige Durchdringung des Themas. Schon Augustinus sagte bekanntlich: »In dir muss brennen, was du in anderen entzünden willst.« Als Trainierende sollten wir meinem Verständnis nach, ähnlich wie als Coach, schon »dort gewesen sein«, wo wir die Teilnehmenden hinführen möchten. Der fast schon inflationär verwendete Begriff der »Authentizität« ist die Antwort auf die Konsistenzregulation. Die Teilnehmenden haben ein Recht auf Ehrlichkeit. Ich löse das so: Ich bin so weit wie möglich beteiligt. Alles was ich im Training oder Vortrag mache, ist in gewisser Weise von inhaltlichem, pädagogischem und methodischem Überzeugtsein geprägt. Ich glaube an das, was ich dort gestalte. Ich mache es immer *neu*, einzigartig. In dem Moment, in dem ich spüre, dass ich Gefahr laufe, etwas »herunterzuleiern«, vielleicht weil ich es schon so oft gemacht habe, suche ich nach einem Zugang, der mich selbst wieder motiviert. Erst wenn ich von einem Training überzeugt bin, führe ich es durch. Ich darf das sagen, denn ich habe mehr als zehn Jahre Seminare zum Thema Pflegeplanung gemacht, die ganze Republik hinauf und hinunter. Und immer wieder habe ich dieses Seminar neu erfunden, sodass ich dafür immer noch brenne.

Angst bleibt Angst! Vom Dreimeterbrett springen, vorn an der Tafel eine Rechenaufgabe lösen, am Klavier stehend dem Lehrer vorsingen oder gleich in der Ecke stehen, weil man im Unterricht an der falschen Stelle gelacht hat: Das sind Erinnerungen, die viele kennen und die angstbesetzt sind, neben schlechten Schulnoten, Demütigungen von Lehrerinnen und Lehrern: »Das schaffst du sowieso nicht!«, »Dazu bist du nicht geeignet!« und blauen Briefen. Einmal gelernte Angstmuster können im Gehirn nur überschrieben, nicht gelöscht werden. Wird in Trainings beispielsweise jemand zum Rollenspiel nach vorn gebeten, so werden womöglich unangenehme Erinnerungen beziehungsweise Angstmuster getriggert. Stattdessen benötigen die Teilnehmenden Sicherheit, Freude, Beziehung – sie profitieren von einer positiven Einstellung!

Das gelingt, indem der ganze Rahmen des Trainings wertestabil ist, sodass die tiefen Werte wie Respekt, Ehrlichkeit, Vertrauen erfahrbar sind. Es gelingt, indem positive Lernerlebnisse stattfinden. Aufgaben werden so gestellt, dass die Teilnehmenden nicht scheitern können. Trainierende sorgen für eine positive

Fehlerkultur, ein Versagen gibt es nicht. Sie sind offen, agieren transparent und ehrlich.

Das Cockpit, also die Schaltzentrale des Trainierenden, ist offen, Methoden sind verständlich und werden sinnvoll eingesetzt. Wer bei der TV-Show als Teilnehmende zusehen darf und erfährt, wie liebevoll, kreativ, wertschätzend und humorvoll ein Inhalt aufbereitet wird, wird die positive Stimmung genießen, diese legt sich über mögliche Ängste oder Sorgen vor Ängsten. Menschlichkeit und Persönlichkeit des Trainers werden nicht zurückgehalten, sondern sichtbar.

Das Gehirn verarbeitet Inhalte mehrperspektivisch. »Die Sendung mit der Maus« oder »Wissen macht Ah« sind Beispiele dafür, wie Inhalte so aufbereitet werden können, dass unser Gehirn eine variantenreiche Auseinandersetzung mit eben diesem Stoff erfährt. Eine Information wird vielfältig und mehrmals, also in unterschiedlicher Form wiederholt. Das ist gut so, denn das Gehirn benötigt neben Zahlen, Daten, Fakten – den reinen Informationen – auch die intuitive Auseinandersetzung mit dem Thema, das sind zum Beispiel Fragen oder Aufgabenstellungen. Die Frage nach einem »Als ob« (sich dem Thema in der Vorstellung nähern) oder Schätzungen, Fragestellungen zum Konzentrat eines Inhalts oder dessen Transfer in den Alltag der Teilnehmenden regt jeweils unterschiedliche Areale des Gehirns an, anders als die Auseinandersetzung mit reinen Zahlenwerten oder Ähnlichem.

In der Folge bedeutet das für mich, den »Stoff« so aufzubereiten und durch einen bewusst gewählten Methodenmix erfahrbar zu machen, dass die Teilnehmenden immer wieder einen anderen Blick darauf werfen können. Ein Quiz oder »Weit, weit weg« als Methode schaffen eine andere Perspektive im Lernprozess als ein mögliches Probehandeln im szenischen Spiel oder Selbstlernaufgaben, die Einzelne für sich im Stillen lösen sollen.

Hinzu kommt auch, dass das Gehirn bewusst und unbewusst lernt und dabei sowohl Teile und auch das große Ganze gleichzeitig verarbeitet, also zahlreiche, sehr komplexe Vorgänge gleichzeitig ablaufen!

Unser Gehirn mag es, Muster beziehungsweise Regeln zu erkennen. Um zu verstehen, wie etwas funktioniert und wo es Zusammenhänge gibt, greifen wir beim Lernen auf unsere gewohnten Muster und Regeln zurück. Wenn A ein A ist, dann ist B ein B. Diese gewohnten Muster gewährleisten eine Art automatisiertes Verhalten, das uns Sicherheit verschafft, ohne dass jede neue Situation analysiert werden muss.

Die Suche nach dem Sinn ist meines Erachtens in jedem Menschen tief verankert, auch die nach dem Sinn eines Seminars. Nur wenn eine Information, ein Inhalt, der präsentiert wird, an vorhandene Strukturen im Gehirn »andocken« kann, findet ein Lernprozess statt, entstehen neue Verknüpfungen.

Für das Lernen sollte die Konsequenz daraus sein, das Gehirn so anzuregen, dass es auf vielfältige Weise mit einem Inhalt konfrontiert wird, sodass auch diese unbewusste Verarbeitung einbezogen wird. Vielleicht mag das theoretisch klingen, vielleicht steckt darin eine Wiederholung, denn von dieser Vielfalt spreche ich hier an diversen Stellen.

Für mich ist dies die Antwort, warum die TV-Show und andere interaktive Methoden wie das Museum oder der Marktplatz so wirksam sind und so gern übernommen werden: Das Wesen der Methode, die Herkunft, ist den Teilnehmenden aus ihrem Leben bekannt, sie vertrauen und erleben nun im Training eine weitere Variante, die sie sofort akzeptieren. Allerdings ist das Erlebnis in jedem Kontext ein anderes.

Wissen ist stets mit Emotionen verknüpft. Erlebnisse, die mit positiven Emotionen verknüpft sind, werden gern angenommen und bleiben zudem länger im Langzeitgedächtnis abgespeichert, da sie mit bestimmten Hormonreaktionen einhergehen, sodass sie vielfältiger assoziiert werden können. Wir greifen später freudig auf diese Erinnerungen zurück. Diese Tatsache wird in der Biografiearbeit und anderen lebenswegorientierten Ansätzen genutzt – warum nicht auch beim Lernen?

Natürlich erinnere ich mich an die Herstellung von Flachs noch sehr gut, weil wir damals in der Grundschule einen »lustigen« Film gesehen haben, in dem ein Maulwurf eine zentrale Rolle hatte. Genau weiß ich den Inhalt nicht mehr, aber ich habe das Thema als sehr angenehm in Erinnerung. Diesen Effekt können wir wunderbar in Trainings oder Vorträgen nutzen. Erzählen wir Geschichten, nutzen wir Theater, Ansätze aus der Kunst, inszenieren wir Inhalte und Themen eines Trainings so intensiv und erfahrbar, dass es eine weite Bandbreite an Emotionen gibt. Ein Training soll nicht einfach nur Spaß machen, dagegen wehre ich mich. Spaß ist mir viel zu wenig. Die Emotionen, die ich bewirken und anregen möchte, reichen von tiefer, stiller oder auch lauter Freude, über innere Berührung, Glück, Dankbarkeit, Demut, Liebe, Beteiligtsein, Zufriedenheit, Erfolg bis zu meditativer Stille, Einkehr, Innehalten, Humor und vielem mehr. Das ist etwas anderes als Spaß.

Die Methode »Liebes Tagebuch« beispielsweise ruft eine tiefe innere Selbstberührtheit hervor oder ein Empowerment, löst Mut oder auch Hingabe aus. Begriffe, die vielleicht ungewöhnlich sind, die jedoch ein variantenreiches Band an Emotionen um ein Training, ein Lernerlebnis und insbesondere um einen Inhalt legen.

Unser Gehirn ist eine Art Filtertüte. Es filtert vor allem durch den Thalamus, das »Tor zum Bewusstsein«, überflüssige Informationen heraus, sodass es leistungsfähig ist. Würde es alle Reize aufnehmen, die es wahrzunehmen gibt, könnte es sich nicht mehr auf das Training konzentrieren.

Darüber hinaus gibt es recht individuelle Filter. Beispielsweise filtert das Gehirn hinsichtlich einer vermuteten Erwartung. Sind die Ergebnisse/Informationen besser als erwartet, stellt sich eine Belohnung ein in Form einer Ausschüttung des Neurotransmitters Dopamin, unserem Glückshormon. Trainings und Meetings mit positiver Note sind damit nachhaltiger und wirkungsvoller, auch wenn das Thema eher schwer ist.

Diesem Bedürfnis kann durch Methoden und Ereignisse wie theatrale Elemente – seitens des Trainierenden –, diversen Quizvarianten oder kreativen Inhalts- oder Ergebnispräsentationen entsprochen werden. Zusätzlich ist es wichtig, einer Reizüberflutung entgegenzuwirken. Stille, innere und äußere Ruhe durch gezielt eingesetzte Reize und Erfahrungen schenken ein tieferes Erleben, die Filterfunktion kann zwischendrin »Luft holen, aufatmen«.

Der Umzug vom Bewusstsein ins Unterbewusste ist wichtig. Lernen wir etwas Neues, ist unsere Großhirnrinde aktiv, denn dort sitzen besonders viele Nervenzellen. Diese integrieren den neuen »Stoff«, bauen so etwas wie Regale, damit das Wissen einen guten Platz bekommt: Es sind verschiedene Strukturen und Areale, in die die neuen Informationen eingebettet werden.

Hat das Gehirn dann die neue Aufgabe, die Integration und Verarbeitung des neuen Wissens bewältigt, zieht dieses neue Wissen in andere Bereiche des Gehirns um. Somit ist in der Großhirnrinde nun wieder Platz. Dazu braucht es jedoch Zeit und Möglichkeiten der Verarbeitung wie zum Beispiel Reflexion, Wiederholungen und auch Reduktion.

Das Gehirn netzwerkt. Es lebt von neuronalen Verbindungen, Netzen. Durch diese Netze, Verknüpfungen und Überlappungen sorgt das Gehirn dafür, dass sich verschiedene Bereiche gegenseitig unterstützen. Dies geschieht unbewusst. Wir merken das nicht. Die Verarbeitung geschieht mehrdimensional. Je vielfältiger und persönlicher das Wissen im Gehirn vernetzt ist, desto besser gelingt der spätere Abruf oder die Nutzung.

Daraus leitet sich ebenfalls ab, dass ein Training abwechslungsreich sein soll, indem Inhalte immer wieder in anderen Formen, Varianten, Portionen aufbereitet werden. Unterschiedliche Erlebnisse und Erfahrungen, die mit dem Trainingsthema verbunden sind, fördern diese tiefere – auf dem Wunder dieses Netzwerkens basierende – Auseinandersetzung und Verankerung. Ein guter roter Faden, Rhythmisierung und Vielfalt sind die magischen Ingredienzen eines guten Trainings, sodass die neuronalen Verbindungen im Gehirn der Teilnehmenden so stark angeregt werden, dass es zur Bildung neuer synaptischer Verknüpfungen kommt.

Die positive Auswirkung ist ein hoher Behaltenswert, der zudem den Praxistransfer und die inhaltsbezogene Anwendbarkeit unterstützt. Verschiedene Sozialformen, Abwechslung, Aktivitäten und Entspannung im richtigen Maß unterstützen diesen Prozess ebenfalls.

Unser Gehirn speichert vielfältig. Es nutzt verschiedene Strategien zur Wissensspeicherung. So sitzt im Neocortex das deklarative Gedächtnis, auch Wissensgedächtnis genannt, denn es speichert Tatsachen und Ereignisse. Das prozedurale Gedächtnis, im Subcortex gelegen, speichert Handlungsabläufe. Im deklarativen Gedächtnis gibt es neben dem semantischen Gedächtnis, wo vor allem Faktenwissen liegt, auch das episodische Gedächtnis. Hier finden sich all unsere persönlichen Erlebnisse, sie sind zeitlich und räumlich gespeichert. Es ist der sehr persönliche Teil unseres Langzeitgedächtnisses, wo Alltagserinnerungen, Episoden, wichtige Ereignisse aus unserem Leben langfristig gespeichert werden.

Trainings und Meetings, in denen Ereignisse zu erleben sind, die die Menschen persönlich berühren, ihnen besondere Erlebnismomente schaffen, sichern somit den Inhalt beziehungsweise das Anliegen des Trainings auf einer hohen Qualität von Behalten und positivem Erinnern. Also her mit Storytelling, vielfältiger, interaktiver, multisensorischer Gestaltung der Trainings, Meetings und Vorträge. Jede Eselsbrücke, jede assoziative Verknüpfung, die wir den Teilnehmenden durch unsere Methoden und Erlebnisse im Training, Vortrag oder Meeting ermöglichen, stärkt die Verankerung des Wissens in den Köpfen.

Let's move. Die Bewegung des Menschen, des Körpers ist für alle Hirnfunktionen von entscheidender Bedeutung. Und nicht nur das – das Gedächtnis, die Sprache, die Emotionen und das Lernen allgemein profitieren ebenso davon. Unser Kleinhirn ist neben einem Teil der Großhirnrinde (dem motorischen Cortex) maßgeblich für Bewegungsabläufe zuständig, es steuert zudem die Abfolge der Gedanken. Im Kleinhirn werden bei gedanklichen Vorgängen entsprechende Bewegungsareale mitaktiviert; dies erklärt die Wirkung des mentalen Trainings zum Beispiel bei Sportlern. Bewegungen, die dazu dienen, sich einen Inhaltsaspekt einzuprägen, steigern die Verankerung des Inhalts. Spaziergänge sind ebenfalls hilfreich: Sie entspannen, können verfestigte Gedankenbahnen lösen, schenken eine erhöhte Körperwahrnehmung wie auch andere Bewegungsübungen, die dem Wohlbefinden, einer erhöhten Sauerstoffzufuhr und der Entspannung dienen.

In der Folge ist es nur verständlich, dass Bewegung so viel wie möglich eingesetzt werden sollte, jedoch primär themen- und sinnbezogen. Natürlich können kleine »gymnastisch« anmutende Bewegungsphasen gut sein, noch sinnvoller sehe ich jedoch eine Integration in das allgemeine interaktive Level des Trainings. Kreative Erarbeitungsphasen und Ergebnispräsentationen, Quiz, Wettkampf, theatrale Elemente und vieles andere mehr schaffen Bewegungen, die in inhaltlicher und werteorientierter Übereinstimmung mit dem Thema des Trainings einhergehen.

Generell gilt: Sich bewegen unterstützt die Kreativität und damit auch das Lernen! Wie oft passiert es, dass einem »die besten Gedanken« beim Laufen zufliegen! Sicher kennen Sie das.

Jeder hat seine eigene Welt. Oder wie es im NLP heißt: Jeder hat seine eigene Landkarte. In unserem Inneren haben wir ein Abbild der Welt, das anders ist als die Welt um uns herum. Der Grund ist das beständige Filtern des Gehirns; es lässt einfach immer etwas weg. Dies geschieht durch verschiedene Filter und führt zu einer sehr individuellen Auslese. Sie unterscheidet sich von den inneren Welten der anderen Menschen. So gilt es in Trainings und Meetings, so etwas wie einen Abgleich zu machen. Dies geschieht durch Wiederholungen, aber auch durch personliche Erlebnisse und der Reflexion darüber, durch Austausch und Zeit für die persönliche Auseinandersetzung mit dem Thema.

Der eine Teilnehmer schreit beim Thema Quiz laut »Ja«, der andere schreckt eher zurück. PowerPoint wirkt für den einen seriös, für den anderen ist es ein Hilfsmittel, hinter dem sich der Trainierende beziehungsweise Vortragende versteckt. Die »Lösung« für Trainierende heißt also: Vielfalt!

Entspannung hält das Gehirn fit. Wichtig für das Gehirn ist Entspannung, damit es das Gelernte gut vernetzten kann. Ebenso sind Pausen, Schlaf und Ruhe notwendig. Sonst ist keine wirklich gute Leistung möglich. Auch wenn ich in Trainings und Meetings unter anderem für Effizienz und Relevanz stehe, so weiß ich, dass Phasen der Erholung, der Entspannung – wenn auch nur kurze – wesentlich sind.

Seit geraumer Zeit setze ich mich aktiv mit diesen Anforderungen aus der Neurodidaktik auseinander; einstmals habe ich sie bei Ralf Besser gelesen und mich mehrfach tiefer in seinen Workshops damit befasst.

Suggestopädie und Training

Für mich als Trainerin und Facilitator ist Folgendes wesentlich:

- Etwas bewirken! Ich möchte bei den Teilnehmenden etwas auslösen, wertvolle Befruchtungsmomente schaffen.
- Ich möchte begeistern, bereichern, ermöglichen (»facilitieren« im besten Sinne). Ich möchte, dass die Menschen in meinen Seminaren mit ihrer ganzen Person beteiligt sind, dass sie Feuer fangen, dass sie spüren, erleben, lernen, dass sie die Zeit im Fluge vergehend erleben. Das Gegenteil von Langeweile eben!
- »Du musst schon dort gewesen sein, wo du deine Teilnehmer hinführen möchtest!« Dieser Leitsatz gilt für mich im Coaching, aber ebenso im Training. Ich bin der Meinung, dass wir vorzuleben haben. Das bedeutet, so authentisch wie

möglich ein Thema oder einen Inhalt zu präsentieren, ihn selbst mit jedem Atemzug zu tragen, auszubreiten, zu leben. Der Aspekt der Konsistenzregulation reicht. Die Teilnehmenden spüren sofort, wenn wir nicht wirklich »im Thema stehen«, es nicht durchdrungen haben, weil wir es uns zum Beispiel einfach angelesen haben.

Methoden sind wie Werkzeuge oder Instrumente. Sie dienen unserem pädagogischen Tun, sie transportieren die Inhalte, die Themen, die Botschaften, sie sind unmittelbar erfahrbare Elemente eines interaktiven Trainings, Seminars oder Vortrags. |

Das alles gelingt mir nicht nur durch Methoden. Hier wirke ich mit meiner ganzen Person, durch meine Haltung, meine Sprache, mein Agieren, durch die Art und Qualität, wie ich Beziehungen zu (mir und) den Lernenden gestalte. Eine Trainingsentwicklung, also ein Trainingsdesign, das entwickelt und dann auch realisiert wird, ist meines Erachtens ein künstlerischer, schöpferischer Prozess. Es gilt, einen Inhalt zu transportieren, eine Botschaft, die sich nach einem Ziel, einer Absicht ausrichtet. Hier spreche ich davon, die passende Form zu finden, die wir dem Inhalt beziehungsweise der Intention und unserer Absicht/Intention geben. Jedes Mal wieder neu. Der künstlerische Prozess ist der, diese Form herauszufinden, ähnlich wie ein Bildhauer, der eine Skulptur aus einem Felsblock herausholt, oder eine Schriftstellerin, die auf der Suche nach den »richtigen« Worten ist.

Als besonders gehirngerechtes Modell für Lernen und Lehren stellt sich die Suggestopädie auf, die ich selbst erlernt habe und die auf meinem Weg als Trainerin und Facilitator einen wesentlichen Beitrag geleistet hat. Wie viele andere Konzepte ist sie aber auch in einem steten Veränderungsprozess. Dennoch betrachte ich die Suggestopädie als eine der wesentlichsten Wurzeln meines Tuns. Ich kann meine anderen Wurzeln, wie die des Theaters, des Storytelling und der schreibenden Kunst dort wunderbar integrieren beziehungsweise damit verbinden.

Nach wie vor gelten die fünf Wirkfaktoren der modernen Suggestopädie als zeitgemäß. Das sind:

○ multisensorisches Lernen
○ Rhythmisierung
○ Gruppenprozess
○ Suggestion und Desuggestion
○ Musik

Lassen wir einfach mal die Musik weg, so wie ich es immer mehr mache, dann sind es vier entscheidende Faktoren, die zu einem Training, Seminar oder auch andersartigem Lernereignis beitragen, welches neurodidaktisch »en vogue« ist.

Die Musik lasse ich zurzeit immer mehr weg, weil meines Erachtens die Stille etwas gar zu Seltenes geworden ist. In einer Umwelt, die voller Reize ist, die uns digital fast schon beherrscht, in der selbst ein Einkaufsbummel ein musikalisches Erlebnis ist, ist Stille und der gezielte Einsatz von auditiven Informationen ein Genuss und in meinen Augen – oder Ohren – heilsam.

Multisensorisches Lernen: Dem multisensorischen Lernen kommt in Zeiten von PowerPoint-Chart-Schlachten eine immer größer werdende Bedeutung zu. Alle Sinne einzubeziehen ist eine Kunst, die jeder, der vor andere Menschen tritt, beherrschen sollte. Alles andere würde ich mittlerweile als sträflich bezeichnen.

Manche meinen, dass sie dann einfach ein paar »Spiele« einbauen, die sind doch durchaus sinnlich. Oder sie schicken die Teilnehmenden in der Pause nach draußen, doch das ist es nicht. Multisensorik klingt komisch, fast schon klinisch, sperrig, vielleicht sogar hölzern. Dennoch verbirgt sich dahinter eine weite, offene, Lernräume eröffnende, nahezu künstlerische Welt.

Auch wenn der Begriff der Multisensorik für viele im Diskurs über die Bedeutsamkeit von Lerntypen steht, so erlaube ich mir, gleichwertige Konzepte wie das Modell der Intelligenzen von Howard Gardner einzubeziehen. Denn dieses gibt mir als Trainerin einen klaren Hinweis auf die sehr unterschiedlichen, wenn nicht sogar konträren Lernbedürfnisse der Teilnehmer: »Howard Gardner ist führender Experte auf dem Gebiet der Intelligenz- und Kreativitätsforschung. [...] In seinen Forschungen stellte er das Modell der multiplen Intelligenzen vor. Er geht dabei von mindestens acht verschiedenen Intelligenzbereichen aus, über die wir Menschen – unterschiedlich ausgeprägt – verfügen. Das Zusammenspiel dieser verschiedenen Intelligenzen ist verantwortlich für unser Handeln und die Form, wie wir agieren und die Welt verstehen« (Messer 2015, S. 64).

Unter Multisensorik versteht man ein Lernen mit allen Sinnen und damit ein konsequentes Aufbereiten des Stoffes für alle Lerntypen und Lernstile, sodass die wesentlichsten Bedürfnisse der Teilnehmer befriedigt werden und sie beteiligt sind. Trainings, Workshops und Seminare zu entwickeln, ihnen eine Form zu geben, ist per se ein künstlerischer Prozess. Ähnlich wie Künstler gehen wir Trainerinnen, Facilitatoren und Lernraumgestalter prozessorientiert vor, indem wir eine Idee, quasi ein Bild im Kopf haben. Dabei wissen wir meist sehr genau, welches Material wir verwenden wollen. Wird es also – im übertragenen Sinne – ein Aquarell, ein Arcylbild oder eher eine Installation?

In der Auseinandersetzung mit der großen, weiten Welt der Multisensorik betreten manche Trainer einen Raum, von dem sie vorher nicht wussten, dass es ihn gibt. Wer das Prinzip der Multisensorik konsequent als leitendes Paradigma in seinen Trainings, Präsentationen und Workshops gelten lässt, der bereitet anders vor, der schafft sich und anderen ein Lernfeld, in dem eine ganzheitliche Auseinandersetzung mit dem »Stoff« möglich ist. Auch wenn ich den Begriff Ganzheitlichkeit scheue, da er doch recht oft verwendet wird und vielfach dafür stehen mag, dass Körper, Geist und Seele als eine Einheit betrachtet werden, so wirkt das Prinzip der Multisensorik ähnlich umfassend und vereinend.

Das Prinzip der Multisensorik stellt sich für mich wie folgt dar: Es wird jeder Aspekt, also Themenpunkt oder Inhaltsteil visuell, auditiv und kinästhetisch aufbereitet – und beinhaltet zudem den Geschmacks- und Riechsinn. Die Teilnehmer erleben den »Stoff« sichtbar, hörbar, erlebbar, riech- und schmeckbar (olfaktorisch und gustatorisch). Dies geschieht zu einem Teil durch die vielfältige Präsentation des »Stoffs«, des Inhalts, und zum anderen durch interaktive Lernereignisse, Aufgabenstellungen im Sinne des »Selbsttuns« und durch den Einsatz verschiedener Methoden.

Meist neigen Trainer dazu, einen Inhalt, also eine Information, immer mit dem Medium aufzubereiten, das ihnen selbst am nächsten liegt. Ein Mensch also, der auditive Informationen liebt, wird folglich seine Trainings oder Meetings eher wortlastig gestalten. Es wird etwas zum Hören geben, dabei werden möglicherweise die Menschen vernachlässigt werden, die am liebsten Informationen visuell oder über das Erleben aufnehmen. In der realen Umsetzung sorge ich daher dafür, dass ich eine Information im Sine eines Informationsblocks, also eines größeren Teilaspekts, für alle Sinne aufbereite!

Hier eine kleine Übersicht der Möglichkeiten, Informationen zu präsentieren beziehungsweise erarbeiten zu lassen.

Informationen präsentieren und erarbeiten lassen

- Berichten Sie über Einmaliges, Individuelles. Nennen Sie genaue Zahlen oder Namen, auch die von Personen.
- Fügen Sie Kontrastmittel hinzu, um die Informationen mit einem Hintergrund zu versehen, vor dem sie sich gut abheben.
- Denken Sie sich interessante und merkwürdige Beispiele aus, um Ihre Gedanken zu verdeutlichen und »sichtbar« zu machen.
- Illustrieren Sie Ihre Gedanken, Fakten, Informationen durch Ereignisse, Geschichten, machen Sie sie einleuchtend. Dazu können Sie beispielsweise Vergleiche und Analogien nutzen.
- Unterstreichen Sie Ihre Aussagen durch den Einsatz verschiedener Symbole, die Ihre Inhalte direkt oder metaphorisch aufgreifen.
- Übersetzen Sie Tabellen in anschauliche Vorstellungen.
- Benutzen Sie Tabellen, Zeichnungen, Schemata, Bilder und anderes mehr, um etwas zu erklären.

- Bringen Sie Ihre persönliche Einstellung zum Inhalt zum Ausdruck, indem Sie Ihre Erfahrungen, Ihre Fragen, Zweifel, Meinungen, Überzeugungen, Ihr Verständnis und Ihr eigenes Urteil erwähnen.
- Machen Sie Sachverhalte lebendig, indem Sie sie nicht nur ereignisreich und merk-würdig präsentieren, sondern verwandeln Sie diese in Fragen oder Probleme.
- Stellen Sie Ihre eigenen Hintergrundideen mit dar, zeigen Sie die Voraussetzungen auf, von denen Sie ausgehen. So wirken Sie mit Ihren eigenen persönlichen Überzeugungen suggestiv!
- Verwenden Sie leicht merkbare Formulierungen, sogenannte »Schlagzeilen« oder Mottos, um Ihre Gedanken zusammenzufassen und auch zu wiederholen.
- Berücksichtigen Sie mögliche Einwände der Teilnehmer, greifen Sie diese gleich mit auf.
- Erzählen Sie eigene Erlebnisse, die zum Thema und Ihrer Präsentation passen.
- Demonstrieren Sie das Gesagte. Nutzen Sie eine lebendige Körpersprache, deutliche Gesten oder auch Pantomime.
- Dramatisieren Sie den Inhalt, verwandeln Sie Informationen in einen Dialog, ein Streitgespräch, eine kleine Inszenierung.
- Schildern Sie einen Sachverhalt als rätselhaften Vorgang oder erstaunliche Leistung. (s. Messer 2016, S. 119 f.)

Folgende Methoden eignen sich gut für das Umsetzen:
- Austauschphasen, Gespräche mit der Nachbarin oder dem Nachbarn, Fragen beantworten, Fragen erarbeiten und stellen. Die Aufforderung »Sag es bitte mit eigenen Worten« ist anregend und motiviert zum aktiven Bearbeiten des Stoffs.
- Gespräche! Sokratische Fragen, Diskussionen und Ähnliches
- Podcasts, Lern- und Lehrgeschichten, Vorträge, Hörspiele, Dialoge
- Szenen, Filme und Rollenspiele, Praxissimulationen
- Fachbegriffe und Lehrsätze, die das Wesentliche zusammenfassen
- Aktivitäten, um etwas selbst zu erfahren, zu erleben oder auszuprobieren
- Geschichten
- aktive Informationsmitteilung und interessante Stoffaufbereitung
- Aufgabenstellungen, die körperliche Bewegung erfordern
- anregendes Lernmaterial, das in die Hand genommen werden kann
- Aktivitäten, in denen Teilnehmende etwas selbst erfahren und erleben können. (Manche wollen keine Erklärungen, sondern legen lieber sofort los.)
- Erarbeitungsphasen, Projektarbeit
- Arbeitsblätter und Unterlagen, beispielsweise zum Lösen einer Aufgabe oder bei einem Vortrag
- Lernposter, Dias, Diagramme, Farben, Mindmaps, Schaubilder, Landkarten
- ästhetische Lernumgebung

Die nächsten Anregungen, multisensorisch in Trainings, Meetings und Präsentationen zu arbeiten, beziehen sich auf die nächsten Wirkfaktoren der modernen Suggestopädie: Rhythmisierung, Gruppenprozess, Suggestion und Desuggestion sowie Musik.

Rhythmisierung: Damit sind die wechselnden Phasen von Aktivierung und Entspannung gemeint. Rhythmisierung sorgt für Abwechslung, schafft aktive und passive Phasen und wechselt auch in den Sozialformen. Gut rhythmisierte Trainings haben bewusst gestaltete verschiedene Phasen des Lernens. Ganz besonders wird auf Phasen der Entspannung und Aktivierung geachtet. Auch die Regel »maximal 20 Minuten Vortrag (wie auch immer Sie den Teil einer Inhaltsvermittlung nennen) und mindestens 20 Minuten Gruppenarbeit (im Anschluss)« bringen deutliche Vorgaben für eine Rhythmisierung.

Um das zu realisieren, dürfen Sie sich gern auf Martin Luther beziehen, der sagte: »Ihr könnt predigen, worüber ihr wollt, aber predigt nicht länger als 20 Minuten.«

Das gelingt durch:

○ vielfältige Arbeitsformen, interessante Methoden und Erlebnisse, die den unterschiedlichen Bedürfnissen der Lernenden gerecht werden
○ Wechsel der Sozialformen und Tempi
○ Aktiv- und Entspannungsphasen (zum Beispiel Centerings und Fantasiereisen)
○ Wechsel zwischen körperlichen und geistigen Aktivitäten, am besten natürlich deren Kopplung
○ gelenktes und freies Arbeiten in diversen Variationen

Gruppenprozess: Die Gruppe schenkt ein »Wir-Gefühl«. Gemeinsames Erleben, der Austausch untereinander und das Bewältigen unterschiedlicher Aufgaben fördern das Leistungsniveau und die Weiterentwicklung, insbesondere dann, wenn folgende drei Aspekte besondere Achtung finden:

○ **Kommunikation:** Jedem Teilnehmer tut es gut, immer wieder unterschiedlich mit den anderen kommunizieren zu können. Unter anderem deshalb wähle ich bewusst unterschiedliche Dialog- und Sozialformen aus, wie zum Beispiel die Methode »Liebes Tagebuch«.
○ **Erleben:** Ich verschaffe den Teilnehmenden solche Erlebnisse, damit sie Neues erfahren, sich erleben und neue Erfahrungen machen können. Auch dadurch entstehen verschiedene Begegnungsmomente im Miteinander.
○ **Leistung:** Die Teilnehmenden bekommen Aufgaben gestellt, bei denen sie eine gewisse Leistung erbringen sollen, um etwas Neues zu erfahren, etwas auszu-

probieren, weiterzuentwickeln und zu lernen. Diese Erfahrungen stärken jeden Einzelnen und letztlich die gesamte Gruppe. Das gemeinsame Erleben, ein Ziel durch Leistungseinsatz erreicht zu haben, schafft ein Erfolgserlebnis.

Suggestion und Desuggestion: Beides sind Kernbegriffe, die bereits in der klassischen Suggestopädie verwendet wurden. Suggestionen sind positive Einstellungen und Annahmen, also förderliche Glaubenssätze und Überzeugungen. Desuggestion ist die Kunst, einengende oder begrenzende Glaubenssätze der Teilnehmenden in positive zu verwandeln. Dies geschieht durch Reframing, durch gezielte Aussagen und Verhaltensweisen des Trainierenden; auch Statusverhalten und subtile Wirkungen kommen hier zum Tragen. Die Desuggestion ist ein sehr zentraler Effekt, der einen sehr reflektierten und klaren Trainer mit weitgehend kleinen blinden Flecken voraussetzt.

Musik: Musik gibt jedem Seminar eine besondere Note, denn sie signalisiert: Hier ist es anders als am Arbeitsplatz oder bei anderen Weiterbildungsveranstaltungen. Musik hat neben Gute-Laune-gleich-zu-Anfang-des-Trainings noch andere Funktionen:

o Musik schafft Atmosphäre im Training.
o Der Lernstoff wird zu Musik präsentiert und dadurch besonders gut aufgenommen. Dies wird bei passiven und aktiven Lernkonzerten genutzt, aber auch bei Lernliedern und anderen Songs mit Inhalt.
o Musik dient der Konzentration und Entspannung.
o Und Musik unterstützt kreative Lernprozesse.

Sie können Musik vielfältig nutzen: Sie stimmt ein, lässt ausklingen, belebt Pausen, baut Stress ab, baut Energie auf und erfrischt müde Geister. Sie setzt einen musikalischen Anker (thematisch, Gruppenprozess, persönliche Erlebnisse), schafft und/oder verändert Stimmungen, bringt assoziatives Denken in Fluss, präsentiert Inhalte, bildet Übergänge. Die auditive Lernumgebung lässt sich also ganz bewusst gestalten. Und wenn es nur darum geht, das Seminar unmittelbar mit einem gemeinsamem – eigens dafür getexteten – Lied zu beginnen oder zu beenden.

Das Rezept für gelingende Konzepte

Das alles in einem Guss? Dazu braucht es einen roten Faden. Das bedeutet:

o Den roten Faden stricken! Portionieren!
o Die Methoden so auswählen, dass sie optimal passen.

Nachdem ich den »roten Faden« für ein Seminar gestrickt habe, wähle ich aus, welche Hauptmethoden ich einsetze. Sie sind die Trägerstoffe, die zu den jeweiligen Inhaltsteilen passen. By the way – das ist für mich eine der wesentlichsten Aufgaben eines Trainers, einer Trainerin. Hier achte ich auf die Zielgruppe und die jeweiligen Lernziele – nicht alle Methoden passen zu jeder Zielgruppe. Es sind Methoden für die Inhaltsvermittlung und für die Inhaltsbearbeitung.

Meines Erachtens ist einer der größten Trugschlüsse und die Ursache für PowerPoint-Schlachten, dass Vortragende, Trainierende davon ausgehen, dass das »Zeigen einer Folie« reicht. Sie denken, die Zuhörenden oder besser die Zusehenden sind damit ausreichend informiert. Gut, vorgeschaltete Webinare oder anschließend ausgeteilte Handouts sichern die Inhaltstiefe ab. Denken sie, hoffen sie. Doch das ist in meinen Augen ein Fehler. Schon Stanislaw Jerzy Lec sagte dazu: »Vieles hätte ich verstanden, wenn man es mir nicht erklärt hätte« (Zeit online, 23.10.2003: http://www.zeit.de/2003/44/01____leit_1). Das Gehirn und der ganze Körper des Lernenden benötigen Aktion, zudem etwas für die Sinne Hören, Sehen, Fühlen, am besten auch für Schmecken oder Riechen. Ein Inhalt, ein Thema *muss* durch eine visuelle Aufnahme, etwas zum Hören und zum Erleben, zum Fühlen angeboten bekommen. Folglich müssen Inhalte meines Erachtens mehrfach aufbereitet werden. Dies gelingt durch die Auswahl der entsprechenden Methoden und Vermittlungsformen. Doch halt – die richtige Dosis ist wichtig!

Die Gestaltung eines Trainings ist für mich eine Kunst; insbesondere kommt sie der Kochkunst nah. Denn ein Koch oder eine Köchin möchte natürlich nicht, dass der Gast im Restaurant zu viel isst, sodass ihm übel wird oder er nicht mehr zum Verdauen kommt. Der entscheidende Wirkfaktor ist die Portionierung. Von den wesentlichen Ingredienzen das richtige Maß – in Bezug auf das Training: Die wesentlichen Inhaltsaspekte in der passenden Dosis und Form, also Methode. Nach meinem Verständnis ist hier die Gabe des Trainierenden gefragt, zu konzentrieren, zu portionieren, Überflüssiges wegzulassen, alles gut anzurichten und auch auf die entsprechenden Verdauungsphasen des Gastes zu achten. Denn Überflüssiges ist eben überflüssig und lenkt ab.

Hier finden Sie einen klassischen roten Faden, den ich in meinem Buch »Inhalte merk-würdig vermitteln« ausführlicher vorgestellt habe (Messer 2016, S. 92 ff.).

 Der rote Faden im Training

Der Auftakt – Beginn

Begrüßung, erste Worte, kurze Vorstellung des Trainers. Vielleicht ein paar Aspekte zum Organisatorischen des Tages/der Veranstaltung. Eventuell findet hier eine kurze Vorstellungsrunde der Teilnehmenden statt.

205

Fazit: Gibt es das Konzept, um neurodidaktisch
nach dem neuesten Stand zu arbeiten?

Mind Opener

Inhalte einbringen und bearbeiten

- Inhalte einbringen I: Mithilfe einer ausgewählten Methode wird auf einzigartige Weise der Inhalt eingebracht. Das kann »Die Lernlandschaft«, »Die TV-Show« oder »Die Wäscheleine« sein. Diese Inhaltsvermittlung soll attraktiv sein, denn damit gewinnen wir quasi die Teilnehmer für unser Thema und Anliegen. Im ersten Teil der Inhaltsvermittlung sehe ich immer den Trainer. Er zaubert den Inhalt in die Veranstaltung, damit legt er eine gewisse Wertehaltung an den Tag. Er zeigt, was möglich ist!
- **Inhalte bearbeiten I:** Nun folgt die Inhaltsbearbeitung durch die Teilnehmer. Im Training wird die erste Aufgabe gestellt, die Teilnehmer sollen etwas erarbeiten, sie bekommen eine gezielte Aufgabenstellung, ein Quiz oder Ähnliches. Bei einem Meeting sollte es hier zumindest eine kleine themenbezogene Aktion/Interaktion geben, sodass Wachheit und Beteiligtsein im Raum spürbar sind.
- **Inhalte einbringen II:** Nun wird die nächste Inhaltsportion serviert. Je nach Inhaltstiefe und -umfang wird diese wieder mit einer geeigneten Methode eingebracht. Das Einbringen des Inhalts kann unterschiedlich geschehen. Es kann in diesem Schritt genauso möglich sein, dass die Teilnehmer sich den Inhalt selbst erarbeiten. Wenn das der Fall ist, verändert sich womöglich der nächste Schritt: das Bearbeiten der Inhalte. Das variieren Sie bitte entsprechend.
- **Inhalte bearbeiten II**
- **Inhalte einbringen III**
- **Inhalte bearbeiten III**
- Eventuell diese beiden Schritte wiederholen. Dann folgen:
- **Inhalte vertiefen** und
- **Inhalte emotional verankern**

Fazit: Gibt es das Konzept, um neurodidaktisch nach dem neuesten Stand zu arbeiten?

Nachdenklich anmerken möchte ich, dass es meines Erachtens nicht *das Konzept* gibt, das für alles passt. Jeder Trainierende mixt sein eigenes Menü, wählt die Zutaten je nach eigenen Kochkünsten aus, um dem leckeren Mahl am ehesten gerecht zu werden. Dieses Mahl, diese Speisung sozusagen, wird an diejenigen ausgegeben, die genau dort essen wollen. Würden sie nicht dort essen wollen, könnten sie zu einem anderen Koch oder einer anderen Köchin gehen.

Braucht es immer Training?

Im Sommer 2016 wanderte ich für drei Wochen über die Alpen, von Lenggries nach Belluno in Italien. Es war mehr als eindrücklich. Auf dieser Tour durfte ich selbst wieder einmal viel lernen. Ich durfte jedoch auch lehren – in einer ganz neuen Form, nämlich beim Wandern. Für einige Tage ergab sich eine Wanderfreundschaft, die uns ein herausforderndes Teilstück gemeinsam gehen ließ. So säumten viele Gespräche unseren Weg. An einem Tag war der Moment gekommen, das Prinzip der gewaltfreien Kommunikation von Marshall Rosenberg vorzustellen. Anlass: komplizierte Gespräche mit Vorgesetzen. Ohne meine üblichen Lehrmaterialien zu diesem Thema vermittelte ich das Konzept, beim stetigen Talabstieg, in etwa 30 Minuten. Ein paar persönliche Beispiele rundeten diese für mich sehr neue Form »des Trainings« ab. Erkenntnis: Knappe Konzentration auf das Wesentliche ist weitaus wertvoller als vorher gedacht! Keine Musik, keine Visualisierung – lediglich Storytelling und ein paar kleine, kurze Erklärungen. Die Wirkung beruhte auf der persönlichen Beziehung, im Coaching hieße es »therapeutische Allianz«.

Eine Methode ist eine Methode ist eine Methode. Eine Methode ist nicht alles, sie wird jedoch zu einem zentralen Element eines Vortrags oder Trainings, da sie – neben der persönlichen Wirkung des Trainierenden – gewissermaßen der Trägerstoff ist. Eine meiner zentralen Methoden, die ich als Alternative zu PowerPoint betrachte, und die Inhalte multisensorisch transportiert, ist die Wäscheleine.

Die Wäscheleine

Der Name ist wörtlich zu nehmen: An einer echten Wäscheleine werden nach und nach zu den zu vermittelnden Inhalten, Aussagen, metaphorische Gegenstände und Symbole aufgehängt. Besonders gut geeignet ist die Wäscheleine, wenn es darum geht, etwas Prozesshaftes oder eine Reihenfolge wie einen Verlauf darzustellen, gleichsam eine hängende Time-Line. Diese Methode bietet diverse Optionen, auch spontan noch etwas zu arrangieren: Denn Umhängen oder Dazuhängen geht immer!
Diese Wäscheleine kann je nach Zielgruppe, Kontext, Trainerpersönlichkeit anders gestaltet werden.

An diesem Beispiel möchte ich eines meiner Hauptanliegen deutlich machen: Eine Methode, die wir zum Beispiel von einem anderen Trainierenden übernehmen, sollten wir eine Zeitlang in uns ruhen lassen, mit ihr schwanger gehen, damit wir sie nicht »einfach abgucken« und kopieren, sondern damit wir sie zu unserem Eigenen machen. Gern nenne ich diesen Prozess »das Durchdringen«. Im Bereich technischer Trainings wird dann aus der Leine zum Beispiel ein Drahtseil, statt Wäscheklammern kommen Batterieklemmen zum Einsatz.

Im Bereich Versicherung oder Banken kann es ein Absperrband sein, an dem die Inhalte befestigt werden. Für eine Medizinprodukte-Schulung kommen vielleicht ein Latexschlauch und die Pean-Klemme zum Einsatz.

Last – but not least – ein Beispiel, um zu deutlich zu machen, was ich unter der wahrhaftigen Integration der Impulse aus der Neurodidaktik verstehe.

Das Flipchart

- Entgegen des Trends immer perfekter, schöner und kreativer auf dem Flipchartpapier zu visualisieren, schwimme ich auch hier gegen den Strom.
- Manches Mal bleibt das Flipchartpapier leer, nur ein spezieller Begriff oder ein bestimmtes Wort steht an einer ungewöhnlichen Stelle.
- Es werden extra Fehler geschrieben, sodass die Teilnehmenden irritiert sind.
- Dreidimensionalität: mittels Schnüren, Seilen oder Klebeband befestige ich symbolhafte Materialien, die Aussagen unterstützen oder für sich allein stehen und etwas erzählen, ausdrücken. Dies sind echte Hingucker, die deutlich in Erinnerung bleiben. Hier sprenge ich vermutlich so einiges an alltäglichen Vorstellungen, was alles mit einem Flipchart möglich ist.

So und jetzt ist gut! Nein, noch nicht ganz, das Beste kommt zum Schluss. Nicht das Beste, sondern ein Extrakt. Gerald Hüter und Christoph Quarch gießen Wasser auf meine Mühlen, wenn sie in ihrem Buch »Rettet das Spiel« (2016) feststellen, dass wir mehr Spiel, mehr Lebendigkeit und mehr Kreativität benötigen, um weiterzulernen, mehr zu vertrauen und dem Ernst des Lebens spielerisch zu begegnen.

Das Spiel im Seminar oder Training kommt manches Mal aufgesetzt daher. Es spricht nicht die wirkliche Spielfreude des Menschen an, wirkt abgeschaut, nachgelesen und führt sogar bis hin zur Verkrampfung und Ablehnung aufseiten der Teilnehmenden. Das lässt sich verbessern. Bedenken Sie: Spielerisches Tun und Wirken lässt uns reifen, macht klüger, erfahrener. Spielen ist Ausprobieren, Erfahren. Im Training benötigen Spiele solide Füße und eine Ernsthaftigkeit, die sich in ausgewählten Methoden, Ritualen und Interventionen wiederfindet. So liegt allem, was ich bisher in diesem Beitrag beschrieben habe, das Spiel zugrunde, denn so zu arbeiten, dass Menschen sich im geschützten Rahmen ausprobieren können, ist Spiel – ist Training im wahrsten Sinne des Wortes.

Um diesen geschützten Rahmen oder Raum zu halten, bedarf es einer gereiften Trainerpersönlichkeit.

Trainerierende sollten sich im Klaren sein, dass die Lernenden oft wesentliche Impulse bekommen, dass Glaubenssätze auf den Kopf gestellt werden, der Trainierende aber schnell auch zu einer Fläche für Projektionen, Übertragungen und Schatten wird. Zugleich sind Trainierende Vorbilder, zum Beispiel darin, wie sie denken, wie sie mit den Themen des Seminars oder Trainings umzugehen, als Beispiel für menschliche Werte und ein gelebtes humanistisches Menschenbild.

Hinzu gehört ein nachhaltiger Fundus an Methoden, Ritualen, Interventionen, die ein prozessorientiertes Agieren im Training möglich machen – in dem Wissen, was die Teilnehmenden wie am besten erreichen sollen. – Wer meint, das »mal eben so zu können«, kann vielleicht neben einem Beamer stehen und eine austauschbare Präsentation halten. Ein Training, welches tiefe, intrinsische Motivation, Begeisterung und Neugier entfachen und neuronale Prozesse auslösen soll, braucht eine Trainerpersönlichkeit, die ihr Handwerk versteht – auf mehreren Ebenen.

Literatur und Internetlinks

- Arnold, Rolf. Wie man lehrt, ohne zu belehren. 29 Regeln, ohne zu belehren. Heidelberg: Carl Auer, 3. Auflage 2015
- Gallo, Carmine: Talk like TED. Die 9 Geheimnisse der besten Redner. München: Redline 2016
- Hüther, Gerald/Quarch, Christoph: Rettet das Spiel. Weil Leben mehr als Funktionieren ist. München: Hanser 2016
- Hütter, Franz/Lang, Sandra Mareike: Neurodidaktik für Trainer. Bonn: Managerseminare 2017
- Greiner, Ulrich: Bücher vor Gericht. Zeit online, 23.10.2003: http://www.zeit.de/2003/44/01____leit_1
- Messer, Barbara: Inhalte merk-würdig vermitteln. 56 Methoden, die den Merkfaktor erhöhen. Weinheim und Basel: Beltz, 2. Auflage 2016

LIMBIC – oder was Menschen antreibt

Andreas Meyer, Arnd Roszinsky-Terjung

Tags: Limbic, limbisches System, Belohnung, Balance, Dominanz, Stimulanz, Werte, Zielgruppe, Empathie

Positionierung

Den Kunden, die Teilnehmer dort abzuholen, wo sie sich gerade »befinden«, darum geht es im Beitrag der Berater Andreas Meyer und Arnd Roszinky-Terjung. Sie setzen (spezialisiert auf Verlage und Buchhändler) seit vielen Jahren Zielgruppenmodelle wie SINUS® oder Limbic® erfolgreich ein und sind sowohl mit SINUS® als auch mit Limbic® als Lizenzpartner verbunden.

Naturgemäß interessiert uns in diesem Handbuch der besondere Blick ins limbische System – einer, der über die Grundlagen neurowissenschaftlicher Erkenntnisse hinausgeht. Ähnlich wie Norbert Bischof mit dem »Zürcher Modell der sozialen Motivation« (er unterscheidet Sicherheits-, Erregungs- und Autonomiesystem), hat Hans-Georg Häusel das neurobiologische Verhaltensmodell Limbic® angelegt. Häusel unterscheidet sieben Limbic®-Types, denen Balance-, Stimulanz- und Dominanz-Instruktionen respektive deren Mischformen zugrundeliegen.

Wie man in ganz unterschiedlich zusammengesetzten Gruppen dank des Einsatzes von Limbic® jede Menge Spaß beim konzeptionellen Arbeiten auslösen kann, dazu haben die Autoren verschiedene Blickwinkel eingenommen. Sie führen uns konkret durch die unterschiedliche Resonanz, die das limbische System aufgrund situativer Inputs auslöst, je nach aktuellem Schwerpunkt. Männer und Frauen, Junge und Ältere verfügen über jeweils unterschiedliche Wertekonstellationen, die – hormonell verstärkt oder abgeschwächt – unterschiedliches Handeln ebenso wie unterschiedliche Neigungen erklären können.

Dazu kommen individuelle Gegebenheiten jenseits statistischer Durchschnittswerte – und das macht das Modell mehrfach interessant. Wie bei Typologien allgemein, gilt auch hier: Limbic® repräsentiert Teilaspekte der Persönlichkeit, bildet also die Wirklichkeit modellhaft und nie komplett ab. Der Umgang damit erfordert neben einer hohen GrundEmpathie Umsicht und Respekt. In diesem Sinne angewandt, kann Limbic® ein starkes Werkzeug sein, den Wirkungsgrad von Weiterbildungsmaßnahmen zu erhöhen. Oder in der Zweierrelation zwischen Klient und Berater die (limbische) Disposition des Klienten zu erkennen und dadurch zu einem tieferen Verständnis der jeweiligen Position zu gelangen.

Weiterbildung – warum eigentlich?

Ist »Weiterbildung« überhaupt noch ein zeitgemäßes Konzept? Erfahrene Personaler sind da skeptisch. Für sie gilt die 70–20–10-Regel, wie es eine Personalexpertin aus der Industrie uns gegenüber auf den Punkt brachte: Lerneffekte entstehen zu 70 Prozent durch Learning on the Job, 20 Prozent Learning from others (darunter fallen unter anderem Mentorenprogramme beziehungsweise praxis- und aufgabenbezogene Coachings) und zehn Prozent durch Classroom-Trainings, also klassische Fort- und Weiterbildung. Botschaft: begrenzt wirksam. Allerdings gibt es da ein »kleines Problem«, und das hängt mit einem globalen Thema zusammen: der digitalen Welt. Alles, was mit »E« beginnt, ob E-Business oder E-Commerce (das E-Bike einmal ausgenommen) schafft einen komplett neuen Kontext, auf den Hans-Georg Häusel bereits in der ersten Auflage seines Bestsellers »Think Limbic« im Jahr 2000 hinweist. »Das Unternehmen von morgen ist«, schreibt er in der Einführung, »das vernetzte und lernende Unternehmen, das frühzeitig die Veränderungen in den Märkten erkennt und sich in einem permanenten Wandel darauf einstellt. Gleichzeitig arbeitet es eng mit anderen Unternehmen in virtuellen Netzwerken zusammen.« 16 Jahre später kann man nur sagen: stimmt. Und Hans-Georg Häusel weist auf den entscheidenden Engpass hin: »Der Mitarbeiter von morgen ist ein intelligenter Brainworker, der sich im Team oder vernetzt mit Kollegen in aller Welt austauscht.« Er setzt hinzu: »... und seine Kreativität zum Wohle des Unternehmens entfaltet.«

Tja, da haben wir den Salat. Genau diese Eigenschaften werden in allen Stellenbeschreibungen seither groß geschrieben: Teamfähigkeit, hochsensible soziale wie kommunikative Kompetenz und – besonders betont – Kreativität. Wie aber sieht die Wirklichkeit aus? Bricht Jubel aus, wenn es heißt: Dazu brauchen wir einen Workshop, der kreative Lösungen entwickelt? Immer weniger. Denn nicht nur Personaler wissen: Selten kommt dabei viel heraus. Inzwischen ahnen das auch die Teilnehmer. Anders formuliert: Die digitale Welt hat unsere Arbeitsanforderungen komplett verändert – nur nicht die Menschen, die diese Anforderungen erfüllen sollen. Erschwerend kommt hinzu: Mitarbeiter kennen die Anforderungen der heutigen Arbeitswelt bereits aus der Schule oder der Universität – überall fallen dieselben Stichworte und werden dieselben Tools eingesetzt. Gleichzeitig findet eine heftige Reglementierung und Verschulung statt, die immer weniger Freiräume lässt für das, was vor allem ein Studium früher so anspruchsvoll machte: Desorientierung, vergeudete, vergeigte, nutzlos verstrichene Zeiträume, in denen allerdings viel »Unsinniges«, sprich: Kreatives passierte. Und Zeit für Selbstorientierung und Lernen da war.

Was kann Limbic® in diesem Kontext bieten? Unserer Ansicht nach viel, jedoch keine Wunder. Limbic® hilft vor allem bei diesen Aufgaben:

211

WIE: Was hat Weiterbildung mit »Belohnung« zu tun?
Oder: Perspektivwechsel dank Limbic®

- Menschen und Team-Strukturen können besser eingeschätzt werden.
- Signale, Befindlichkeiten, Vorlieben, Wünsche lassen sich exakter einordnen. Denn: Menschen, die zum Beispiel Dasselbe tun oder dieselbe Ausbildung hinter sich haben, können limbisch höchst unterschiedlich »ticken«.
- Es kann gezielt mit »limbisch passender« Aktivierung und Stimulanz gearbeitet werden.
- Bewährte strategische Ansätze und Tools lassen sich sehr gut integrieren.

Wie man trotzdem in höchst unterschiedlich zusammengesetzten Gruppen nicht nur »positive Vibes«, sondern auch jede Menge Spaß beim konzeptionellen Arbeiten dank des Einsatzes von Limbic® auslösen kann, das versuchen wir – angereichert durch verschiedene Beispiele aus der Praxis – auf den folgenden Seiten zu skizzieren.

WIE: Was hat Weiterbildung mit »Belohnung« zu tun?
Oder: Perspektivwechsel dank Limbic®

Die Gehirnforschung sorgt seit Mitte der 1990er-Jahre für eine Revolution im Denken. Inzwischen gibt es keine vehementen Grundsatzdiskussionen mehr, welche Mechanismen unser Verhalten bestimmen. Der Glaube, der Mensch würde in erster Linie »rational« und »vernünftig« entscheiden, ist mittlerweile erschüttert. Inzwischen ist es Common Sense, dass das Un- oder Unterbewusste maßgeblich unser Tun beeinflusst. Aber warum ist das so?

Hans-Georg Häusel hat mit Limbic® einen Multiscience-Ansatz entwickelt, der die neuen Erkenntnisse aus Neurobiologie, Neurochemie, Neuroanatomie et cetera zu einem leicht anzuwendenden Praktikermodell verdichtet. Die Grundlagen seines Modells, auch die wissenschaftlichen, findet man sowohl in seinen Büchern (vor allem »Brain View«, »Think Limbic!« und »Top Seller«) als auch auf seiner Homepage www.haeusel.com (mit zahlreichen Downloads, unter anderem »Management-Persönlichkeitsmodelle auf dem Prüfstand der Hirnforschung und des Limbic® Ansatzes«).

Was ist der Kern von Limbic®? Zunächst die Erkenntnis, dass unsere Entscheidungen im limbischen System fallen – und nicht im Neocortex, unserem Großhirn.. Genauer: Im limbischen System sitzen die Motive und Emotionen. Die Vermutung, der Neocortex sei das Synonym für »Vernunft«, hat sich als Mythos erwiesen. Häusel spricht vom limbischen System als »Supermacht in unserem Kopf« und von einem »Thronsturz des Neocortex«.

Was bedeutet das für das Thema Weiterbildung? Hans-Georg Häusel unterscheidet drei große Emotionssysteme im Gehirn:

○ Balance – das Bedürfnis nach Sicherheit und Stabilität mit dem Subsystem Harmonie
○ Dominanz – das Bedürfnis nach Durchsetzung und Status
○ Stimulanz – das Bedürfnis nach Anregung und Entdeckungen

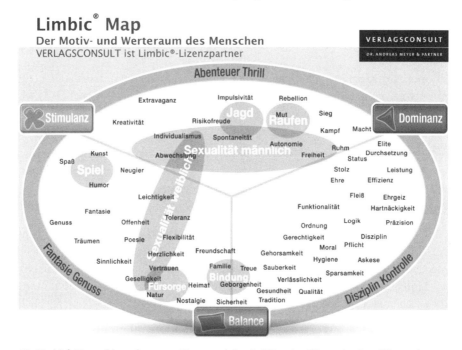

Die Limbic® Map – hier geht es um Werte und damit Wünsche: Hinter den Begriffen verbergen sich Zielgruppen mit unterschiedlichen Motiven.

Diese Emotions- und Motivsysteme halten uns unbewusst auf Kurs. Das bedeutet: Sie »ticken« nicht gleich, sondern haben zum Teil antagonistische und korrigierende Funktionen. Häusel spricht von »Machtkämpfen im Kopf«. *Stimulanz* steht zum Beispiel für die Kraft der Innovation und der Kreativität, *Dominanz* für die Kraft des Wachstums, aber auch der Zerstörung, und *Balance* bildet mit der Kraft der Beharrung und der Erhaltung oft den korrigierenden Kontrapunkt. Diese spezifische Dynamik findet sich genauso im Unternehmenskontext: »Innovation« und »Expansion« treiben an, aber ohne »Bewahrung« und »Harmonie« wäre nachhaltiger Erfolg nicht möglich (Häusel 2014a, S. 105).

Hans-Georg Häusel hat für die Beratungs- und Trainingspraxis die Limbic® Map entwickelt. Dort sind zum einen empirisch Motive und Emotionen abgetragen, zum anderen ist mit einem Blick erkennbar, wo die weibliche und wo die männliche Wertewelt verortet ist.

213

WIE: Was hat Weiterbildung mit »Belohnung« zu tun?
Oder: Perspektivwechsel dank Limbic®

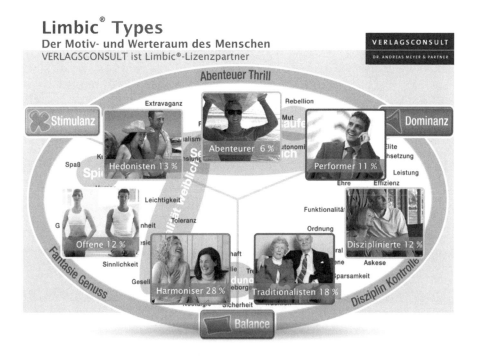

Limbic® Types: Zielgruppen, die sich über Werte und Motive definieren

Die besondere Leistungsfähigkeit von Limbic® lässt sich hier bereits erahnen. Hinter den Emotionen und Motiven stecken unterschiedliche Zielgruppen, und das bedeutet in der praktischen Arbeit viel: Mithilfe der Clusterung von Werten lässt sich die jeweilige Werteheimat einer Zielgruppe beschreiben. Salopp formuliert: Man erkennt, wie jemand tickt. Einige Unterscheidungen sind besonders plakativ, zum Beispiel, wenn man nach den Motiven des Kaffeetrinkens oder nach den Motiven des Schenkens fragt. Je nach Zielgruppe kann beides mit völlig unterschiedlichen Emotionen verbunden sein. Beispiel Schenken: Es kann dazu dienen, jemandem die eigene Individualität zu demonstrieren (= Stimulanz-Instruktion) oder jemanden mit seiner Kennerschaft und Großzügigkeit zu beeindrucken (= Status- und Dominanz-Instruktion) oder aber – und das dürfte das häufigste Motiv sein – jemandem zu zeigen, dass man ihn mag und sich ihm verbunden fühlt (= Bindungs- und Balance-Instruktion). Grundsätzlich gilt, egal ob Farben, Formen oder Worte: Es gibt nichts, was limbisch ohne Bedeutung wäre. Wichtig ist dabei, Zielgruppen nicht zu Klischees zu verengen, sondern mit der Analyse der Motive ebenso empathisch wie kritisch zu arbeiten.

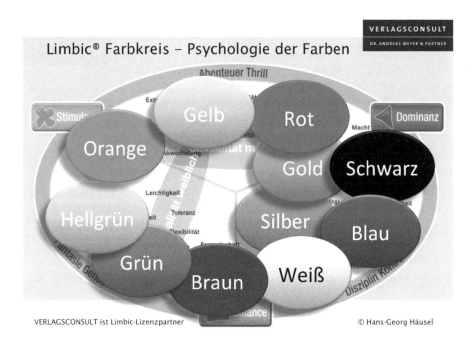

Hier zeigt sich die Stärke von Limbic: Jedes Wort, jede Melodie, jedes Material, jede Farbe hat eine emotionale Bedeutung und kann in der Limbic® Map verortet werden.

Manche emotionale Bedeutung erschließt sich sofort: Blau und Weiß sind klassische Farben technisch orientierter Firmen – von Fachverlagen bis Mercedes Benz. Hier geht es um Zuverlässigkeit und ingenieurorientierte oder wissenschaftliche Leistung (Häusel 2014a, S. 204). Aber warum hat BILD ein rotes Logo, warum dominieren im populär-konservativen Zeitschriftenbereich rot (bei *Weeklies* wie Tina, Bild der Frau, Lisa) oder gelb (bei *Yellows* wie Freizeitrevue, aktuelle, Neue Post)? Hans-Georg Häusel spricht von »Spannungsfeldern«: Zu jeder Werteheimat gehört ein auf der Limbic® Map gegenüber positionierter Bereich. Wir nennen das »kontradiktische Instruktion« – das Gegenteil der Werteheimat zieht einen magisch an. Dort »wohnen« die Sehnsüchte, die Träume – aber auch, analog dem Kinderpsychologieklassiker von Bruno Bettelheim »Kinder brauchen Märchen«, die Konfrontation mit dem »Bösen«, mit Konflikten, mit Angst und Schrecken. Denn für das Gehirn sind die starken Impulse aktivierend, belohnend – und am Ende für die eigene Entwicklung fruchtbar.

215

WIE: Was hat Weiterbildung mit »Belohnung« zu tun?
Oder: Perspektivwechsel dank Limbic®

Die Spannungsfelder im Kopf

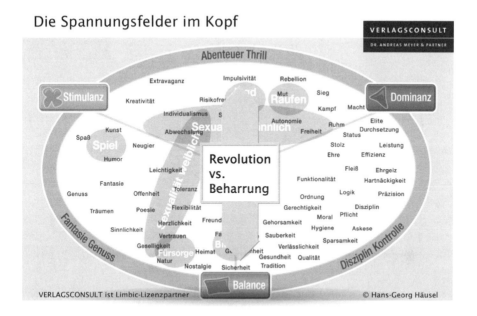

*Ein Beispiel für Spannungsfelder im Kopf. Die Sängerin Laurie Anderson formulierte es so:
»Man ist ja auch immer das Gegenteil dessen, was man ist.«*

Häusel unterscheidet die unterschiedlichen limbischen Charaktere noch genauer. Er hat sieben Limbic® Types abgeleitet, die die gesellschaftliche und strategische Zielgruppendimension abbilden. Die besondere Leistung von Limbic® ist ihre
Mehrdimensionalität; sowohl das Thema Alter wie Geschlecht werden verortet.
Die Faustregeln lauten:

o Typische weibliche beziehungsweise männliche Emotionen sind in der Lim-
    bic® Map gekennzeichnet.
o Das Thema Alter, genauer Alterung, ist wesentlich komplexer, aber mit Lim-
    bic® ebenfalls gut fassbar: jüngere Zielgruppen bis etwa 35 Jahre finden sich im
    oberen Bereich der Limbic® Map zwischen Stimulanz und Dominanz, ältere in
    der unteren, balanceorientieren Hälfte. Warum dies so ist, zeigt plastisch das
    Chart mit den altersspezifischen Neurotransmitterverläufen. Die wichtigste
    Erkenntnis: Cortisol, das Angst- und Stresshormon, nimmt in seiner Konzen-
    tration über die Lebensjahre hinweg deutlich zu, Testosteron und Dopamin
    hingegen ab (Häusel 2014a, S. 121).

Was bedeutet im Kontext von Limbic® »Belohnung«? Es heißt erst einmal: Jemand
wird »limbisch richtig abgeholt«, seiner emotionalen Werteheimat entsprechend.

Der Konzentrationsverlauf der Hormone

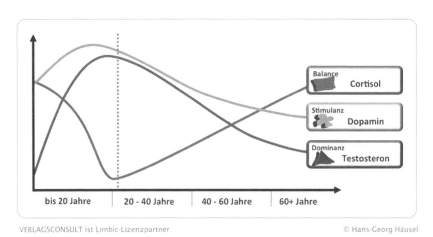

VERLAGSCONSULT ist Limbic-Lizenzpartner   © Hans-Georg Häusel

*Was wir selbst nur schwer wahrnehmen können: Die Botenstoffe im Gehirn verändern sich mit
dem Alter dramatisch. Das Angst- und Stresshormon Cortisol sorgt im Alter für zunehmende
Unsicherheit und ein immer stärkeres Sicherheitsbedürfnis.*

Diese Werteheimat gilt es zu erkennen. Hier hilft eine Abbildung schnell weiter.
Deutlich wird: Unbeabsichtigt kann sonst das Gegenteil erreicht werden, jemand
fühlt sich bestraft. Die Emotionssysteme haben jeweils zwei Seiten. Einen ähnlichen Effekt gibt es bei Placebos: Placebos verbessern Symptome; Nocebos verschlechtern sie.

○ Auf Dominanz-Orientierte wirken Emotionen wie Stolz, Siegesgefühl, Erhöhung des Selbstwertgefühls belohnend beziehungsweise Lust steigernd; Emotionen wie Ärger, Wut, Machtlosigkeit hingegen werden vermieden, weil sie
Unlust erregen beziehungsweise wie eine Strafe wirken.
○ Stimulanz-Orientierte empfindend Prickeln oder Überraschung als belohnend, Langeweile als bestrafend.
○ Und Balance-Orientierte schließlich empfinden Geborgenheit, Sicherheit, Stabilität als belohnend, aber nicht Unsicherheit, Angst, Stress (Häusel 2016, S. 48).

Wofür ist diese Differenzierung wichtig? Jede Zielgruppe will anders angesprochen werden. Ein Wort wie »Herausforderung« ist für Dominanz-Orientierte absolut positiv besetzt, während Balance-Orientierte damit Hektik, Chaos, Überforderung assoziieren.

217

WER: Mit wem haben Sie es zu tun?
Die Limbic®-Basics – die richtige Zielgruppe auswählen

Belohnung und Bestrafung im Kundengehirn

Belohnung funktioniert je nach Zielgruppe spezifisch. Der Motivkontext entscheidet. Anders formuliert: Was sich für den einen als lustvoll anfühlt, kann beim anderen das Gegenteil bewirken.

WER: Mit wem haben Sie es zu tun?
Die Limbic®-Basics – die richtige Zielgruppe auswählen

Die zentrale Frage lautet: Mit wem haben Sie es genau zu tun? Aber es gibt noch weitere Fragen: Wie unterschiedlich sind die Menschen, die zu Ihnen kommen? Wie können Sie nach Limbic® einschätzen, für welche Motive und Werte sie stehen – und was ihre tatsächlichen Erwartungen sind? Menschen limbisch zu »verstehen« ist Übungssache. Von Vorteil ist es, möglichst viel über das Privat-, Alltags- und Konsumleben zu erfahren. Denn über Marken oder Einkaufsstätten kann man auf limbische Präferenzen schließen. Audi und Porsche sind im Bereich Dominanz, Mini im Bereich Stimulanz, Volkswagen nahe bei Balance auf der Linie zu Stimulanz und Škoda ist eher im Bereich Disziplin positioniert (Häusel 2014a, S. 193). Das bedeutet: Schon die Konsumpräferenzen, die Marken, mit denen sich Menschen umgeben, liefern Hinweise auf ihre Wertewelt.

Hilfreich ist es, wenn man die limbischen Zielgruppen auf vier reduziert: die Harmonizer, die Kreativen, die Performer und die Bewahrer – diese grobe Clusterung genügt oft für eine erste Annäherung. Die beruflichen Funktionen sind bei

Fortbildungen bekannt, und auch hier gibt es Muster. Wobei klar sein dürfte: Sich Zielgruppen-Know-how nach Limbic® aufzubauen ist keine schnelle Abkürzung, kein »Patentrezept«-Trick, sondern ein Annäherungs- und Lernprozess. Völlig falsch verstanden wäre es, mithilfe von Limbic® Menschen in Schubladen zu stopfen. Es geht genau um das Gegenteil: die besonderen Stärken und Potenziale auf der limbischen Ebene zu erkennen – und zu fördern.

Persönlichkeit und Unternehmensfunktion

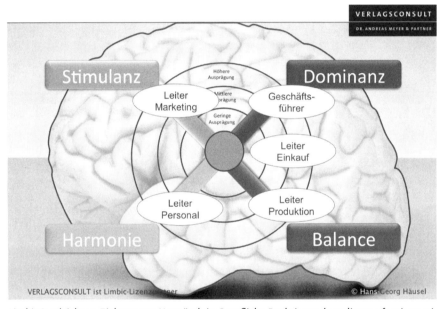

Limbic® erleichtert Zielgruppen-Verständnis: Berufliche Funktionen korrelieren oft mit spezifischen limbischen Strukturen.

In unserer Arbeit spielt beim »Wer« ein Aspekt eine zentrale Rolle: Sind wir als Dienstleister die richtigen Moderatoren für die richtige Zielgruppe? Normalerweise eine schwierige, kaum zu lösende Frage. Mit Limbic® erhält man einen gut funktionierenden – und im Gegensatz zu anderen Zielgruppenmodellen nicht (ab-) wertenden – Schlüssel, um sich mit den eigenen Präferenzen auseinanderzusetzen. Hans-Georg Häusel zum Beispiel bietet dafür auf seiner Homepage ein einfaches Tool zur Selbsteinschätzung und -verortung an. Mit etwas kritischer Selbstreflexion erkennt man ziemlich schnell, welche Motive und Werte für einen selbst typisch sind. Grundsätzlich gilt: Jeder von uns hat von allen limbischen Emotionssystemen etwas, erst der spezifische Mix bestimmt die Struktur unserer Persönlichkeit.

219

WER: Mit wem haben Sie es zu tun?
Die Limbic®-Basics – die richtige Zielgruppe auswählen

Das ist der erste Baustein des Erfolgs beim »Wer«: Sie erkennen sich selbst. Der zweite: Ihre Workshops- oder Fortbildungsteilnehmer limbisch richtig einzuschätzen. Die Leitfragen sind:

o Welche limbische Charakteristik hat der Markt, in dem die Teilnehmer arbeiten? Die Unterschiede können eklatant sein: Medienleute arbeiten eher im Wertekontext Stimulanz, Versicherungsmitarbeiter eher im Bereich Disziplin.
o Welchen Funktionsbereich haben Sie vor sich? Controller ticken anders als die Kolleginnen aus der Presseabteilung.
o Auf welchen Altersmix treffen Sie? Junge Kollegen, die sich im Privatleben eher zwischen Stimulanz und Dominanz austoben, haben auch im Job andere Präferenzen als die Kollegen über 50.
o Wenn Sie eine Truppe aus verschiedenen Funktionsbereichen haben, stellt sich die Frage, welche (aus limbischer Sicht) typischen Konflikte es gibt.
o Für uns ist immer eine der wesentlichen Fragen: Wie sieht der Mix von Männern und Frauen aus? Das hängt allerdings mit unserem Kompetenzbereich zusammen: Wir werden für neue Positionierungs- und Markenkonzepte im Medienbereich gebucht. Und Frauen, die limbisch zwischen Fantasie und Stimulanz positioniert sind, haben an unserer Art der Arbeit den größeren Spaß.

Hans-Georg Häusel empfiehlt, bei unklaren Teamverhältnissen mit den Teilnehmern eine Aufstellung nach Limbic® zu machen. Ein guter Ansatz ist, wenn die Teilnehmer sich gegenseitig positionieren. Oft wird dann mit einem Blick klar, warum ein Team zwar besonders nett, aber unzufrieden mit der eigenen Performance ist. Wenn zum Beispiel die wichtigsten Funktionsträger im Balance-Bereich ihre Werteheimat haben, spricht Hans-Georg Häusel von einer »Meerschweinchen«-Kultur. Eine Teamidealstruktur ist ausgewogener: sie hat starke Vertreter im Stimulanz- und Dominanz-Bereich (Häusel 2014a, S. 163 f.). Damit wird nicht das Credo der Homogenität von Gruppen beschworen, im Gegenteil: Unterschiede in Teams sind gut und nötig. Dass nicht alle gleich sind, ist das Salz in der Suppe. Und limbisch bedingte Konflikte – der Kreative bezeichnet den Bewahrer als »Erbsenzähler«, dieser revanchiert sich und bezeichnet den Kreativen als »Chaoten« (Häusel, 2014a, S. 165) – gehören dazu. Mehr noch: Sie können mithilfe von Limbic® verstanden, im Idealfall fruchtbar aufgelöst beziehungsweise im positiven Sinne genutzt werden.

Die Beschäftigung mit Limbic® hat uns übrigens eines verdeutlicht: Auch wir können nicht »für jeden« da sein. Denn unser eigenes limbisches Profil muss nicht nur zu unserem Tun passen, sondern ebenso zum Auftraggeber und zum Team. Und ja, selbst wenn es selten vorkommt, es kann sein, dass es einmal einfach nicht passt. Unser Credo lautet: Sich möglichst spitz aufstellen, und für diejenigen limbisch gut erkennbar sein, die ähnlich gepolt sind wie wir.

WAS: Weiterbildung ist ein Produkt – wie wird es für Ihre Kunden zuverlässig ein Gewinn?

Wenn Sie mit Limbic® als Methodik arbeiten wollen, geht es darum, die Macht des Unbewussten zu verstehen – und zu nutzen. Für uns ist Limbic® allerdings mehr: weniger Methode als vielmehr Haltung. Wir sprechen in diesem Zusammenhang von »Strategie der Empathie«. Uns geht es um Wirkung, genauer um Selbstwirksamkeit. Wie, so fragen wir uns, können unsere Teilnehmer für sich selbst etwas mitnehmen? Was sorgt für Motivation, Spaß und Wir-Gefühl – und zwar über das aktuelle Projekt hinaus? Wie die meisten erfahrenen Berater haben wir eine große Zahl eigener Tools entwickelt, die wir lustvoll variieren und ergänzen. Die besten Ideen kommen dabei oft von langjährigen Klienten, die mit Limbic® als Background inzwischen intuitiv wissen, was sie voranbringt. Ein paar dieser Ansätze wollen wir vorstellen. Und zwar im Sinne von Anregung, nicht im Sinne von »Patentrezept«. Wir lehnen »Pfannen-Schnell-Rezepte« generell ab – nur die Tools, die man selbst entwickelt hat, haben den eigenen, authentischen Sound.

Grundfrage »Zufriedenheit«: Wir glauben an die Kraft der Spezialisierung – und die radikale Zuspitzung von Produktleistungen. Und zwar prinzipiell, egal ob es sich um unsere eigenen oder um gemeinsam zu entwickelnde Leistungen unserer Klienten handelt. Entscheidend ist dabei stets der Perspektivwechsel: Der Blick des Endkunden entscheidet. Ebenso einfach wie überzeugend hilft das Kano-Modell, Kunden-Realität und -Erwartungen richtig einzuschätzen – aus Kundensicht.

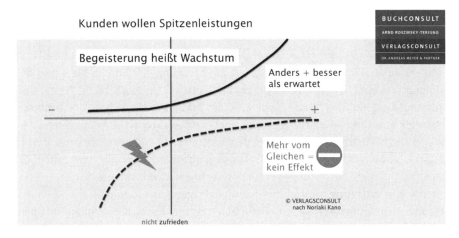

Das Kano-Modell hilft, Kundenerwartungen durch die Brille des Kunden zu sehen. Standard ist Standard und macht nicht zufrieden. Erst Spitzenleistungen locken aus der Reserve. Begeisterungsanforderungen = schwarze Linie; Basis = gestrichelte Linie

221

WAS: Weiterbildung ist ein Produkt – wie wird es
für Ihre Kunden zuverlässig ein Gewinn?

Die besondere Stärke dieses Kano-Modells ist es, den Wert von Leistungen (für den Kunden) zu verdeutlichen. Leistungen, die alle anbieten, erfüllen Basisanforderungen. Basisanforderungen machen keinen Kunden zufrieden oder gar glücklich (Quadrant unten rechts). Werden die Standards eines Marktes nicht erfüllt, gibt es nicht nur *keine* Zufriedenheit, sondern vehemente Verärgerung (Quadrant unten links). Das Dilemma ist: Erhöht man seine Anstrengungen im Bereich der (meist austauschbaren) Basisanforderungen, erzielt man beim Kunden keine Wirkung. Das führt zu zwei Regeln. *Erste Regel:* Mehr vom Gleichen sorgt nicht für mehr Effekt.

Was hinausführt aus diesem Dilemma: Dem Kunden unerwartete Leistungen bieten. Anders formuliert: Begeisterungsanforderungen zu erfüllen heißt Kundenerwartungen gezielt *übertreffen*. Die *zweite Regel* lautet deshalb: Anders und besser als erwartet führt zum Wow-Effekt. Wachstum ist die (fast unvermeidliche) Folge. Wie sieht der Bezug zu Limbic® aus? Hier wird es spannend, es geht um Grundeinstellungen, um Haltung. Das Kano-Modell lässt sich grob (!) auf die Limbic® Map übertragen: Die obere Hälfte steht für Aktivierung und Erwartungen übertreffen, die untere für Balance, heißt: Standards erfüllen. Heißt aber damit auch: Zone der Generik, der Me-too-Angebote, des Nichtauffallens – der Komfortzone.

Das Kano-Modell auf die Limbic® Map übertragen: Generische Leistungen bleiben in der Zone des Austauschbaren. Aktivierend wirken emotional als einzigartig empfundene USP-Leistungen.

Als Weiterbildungsanbieter wird es von Ihrem Konzept und Ihren Zielen bestimmt, wie und wo auf der Limbic® Map Sie sich positionieren. Analog dem Kano-Modell werden Sie auf Erfüllung gehobener Basisanforderungen – Hans-Georg Häusel spricht von Wohlwollen, Kompetenz und Verlässlichkeit – nicht verzichten können. Doch diese Faktoren differenzieren nicht: »nett zu sein« allein macht einen nicht zum Star.

Die Vertrauenssäulen im emotionalen Gehirn

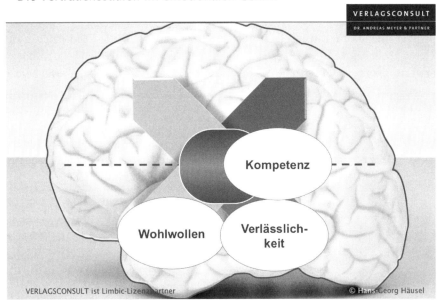

Auch eine Lehre des Kano-Modells: Spitzenleistungen allein helfen nicht. Die Erfüllung gehobener Basisanforderungen ist notwendig, um Vertrauen entstehen zu lassen.

Belohnung im Sinne von »Begeisterung« erfordert, und hier hilft Limbic® ebenfalls zur Veranschaulichung, starke Gefühle, starke Aktivierung – kurz: Extreme. Wir unterscheiden zwischen funktionalen (= messbaren, funktional nachvollziehbaren) und emotionalen Begeisterungs- oder USP-Faktoren. Wobei – und da zeigt sich wieder die Stärke der Limbic® Map – jede funktionale Eigenschaft für das Unterbewusstsein immer einen emotionalen Wert hat. Je nach Ausprägung einen starken oder einen schwachen. Wie das funktioniert, kennt jeder, der als Kind Quartett gespielt hat. Kleinste funktionale Unterschiede (ein paar PS mehr oder weniger zum Beispiel) haben plötzlich große emotionale Bedeutung. Wenn Sie zum Beispiel die profilgebenden Leistungsbegriffe »Komparativ« (= deutlich besser als), »Superlativ« oder »Innovation/First« in die Limbic® Map einzeichnen, werden Sie immer im oberen Bereich landen.

Limbic® wird damit zu einem Instrument, mit dem Sie die eigene Leistung in Abgrenzung zu den Leistungen anderer sehr schnell »kartografieren« können. Wenn Sie die Brille Ihrer Kunden aufsetzen, können Sie Ihre eigenen Leistungen limbisch übersetzen – und, wenn Sie wollen, deren limbische Wirkung operativ optimieren

WARUM: Limbic® als strategisches Instrument

Erhöhung der Wirkung ist das Stichwort – und die Frage ist, auf welcher Ebene. Limbic® dient uns im Rahmen unserer Markenpositionierungs- und strategischen Coaching-Arbeit als Hebel, um die Handlungsspielräume unserer Klienten unternehmerisch zu erweitern. Wie ist das zu erreichen? Wir arbeiten mit den Prinzipien von EKS, der Engpasskonzentrierten Strategie, einem der effektivsten Strategie-Ansätze, die wir kennen. EKS beruht auf vier Gedanken:

○ Konzentration auf die eigenen Stärken
○ Konzentration auf »enge« Zielgruppen (Wir sprechen pro Marke von einer sehr spitz definierten Kernzielgruppe, die so attraktiv ist, dass sie umliegende Zielgruppen anzieht.)
○ Konzentration auf Lücken/Engpässe (Das können Probleme einer Kernzielgruppe genauso wie unerfüllte Wünsche/Sehnsüchte sein.)
○ Tiefendimension (Hier geht es um die gesellschaftliche Relevanz und damit um das Wesen einer Marke. Wir teilen die Auffassung, dass der Markenkern nie einen ökonomischen, sondern immer einen gesellschaftlichen Wert/Benefit repräsentiert.)

Bei allen vier Kategorien geht es um Werte beziehungsweise Emotionen, die alle auf der Limbic® Map positioniert werden können. Für uns steht dabei – als roter Faden – das Thema Zielgruppe und Marke im Zentrum jeder strategischen Überlegung. Die Marke bezieht sich immer direkt auf Werte und Wünsche der Kernzielgruppe, das verleiht ihr die emotionale Relevanz. Anders formuliert: Die Werte der Marke und der Kernzielgruppe stehen in einem Austauschverhältnis und laden sich gegenseitig auf. Nur in dieser Interdependenz entwickeln sie magnetische Anziehungskraft – und zwar in einer ganz pragmatischen Weise: Zielgruppen werden von Markenverwendern, also von Menschen, angezogen, niemals von der Marke als solcher allein.

Was heißt das im Kontext Weiterbildung? Weiterbildungskonzepte beziehen sich in der Regel auf konkrete Engpässe bestimmter, wir würden sagen: eng definierter Zielgruppen. Jedes Weiterbildungsangebot bezieht sich in der Regel nicht nur auf ein Sachthema, also ein fachlich funktionales Defizit. Sondern in der Regel enthält es noch andere Botschaften. Das können zielgruppenspezifische (Werte-) Angebote sein, wobei »Bildung für die Besten« oder »Excellence in Business« limbisch etwas anderes bedeutet als »Weiter mit Bildung«. Der Kern, oder genauer die Identität, des Angebots wird umso stärker sein, wenn es eine gesellschaftliche Dimension oder gar Vision enthält, die mit der persönlichen Weiterentwicklung der Weiterbildungsteilnehmer korreliert. Wir sprechen hier von »Kontextualisierung«. Oder: Wie können Sie mit Ihrem Angebot einen unkopierbaren und einzigartigen »Wert« mitgeben?

Eine der zentralen Fragen ist die der (Eigen- oder Selbst-)Motivation. Zwei Ansätze bilden hier für uns Orientierungspunkte: zum einen die Selbstbestimmungstheorie (Self-Determination Theory, SDT), zum anderen die Positive Psychologie, wie sie von Martin Seligman in den USA beziehungsweise im deutschsprachigen Raum von Willibald Ruch und Tobias Esch vertreten wird.

Selbstbestimmungstheorie: Die von den US-Amerikanern Richard M. Ryan und Edward L. Deci begründete Selbstbestimmungstheorie fußt auf drei kulturübergreifenden Grundbedürfnissen: soziale Sicherheit beziehungsweise Eingebundenheit, Kompetenz, Autonomie.

Am Beispiel des Gesundheitssystems wird anschaulich, was dahintersteckt: Patienten brauchen Vertrauen, wollen richtig »abgeholt« werden. Die nächste Stufe wird im heutigen Gesundheitssystem so gut wie nicht angesprochen und aktiviert: die Eigenkompetenz – niemand kennt den eigenen Körper besser als der Patient selbst. Und die letzte Stufe, die Stärkung der Autonomie des Patienten, ist zwar im Sozialgesetzbuch als Ziel verankert, steht in der klassischen Schul- und Apparatemedizin aber nicht im Zentrum. Das Gefühl von Kompetenz bedeutet, eigenmotiviert und zielgerichtet zu agieren. Autonomie steht für das Gefühl der Freiwilligkeit, für die selbstständige Internalisierung von Wissen und damit eine intrinsische Motivation. Diese Art von Selbstmotivation befindet sich auf der Limbic® Map mit den Werten »Autonomie« und »Freiheit« im emotional stark aktivierenden Dominanz-Bereich. Zur selbstmotivierten Problemlösung gehört untrennbar aber auch der Stimulanz-Bereich – ohne intrinsisch motivierte Kreativität sind Lösungen nicht denkbar.

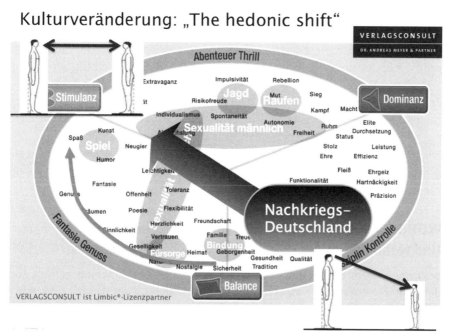

Kulturveränderung: „The hedonic shift"

Der Wertewandel in der postmodernen Gesellschaft ist tiefgreifend; die Digitalisierung hat ihn noch einmal beschleunigt. Kunden wollen nicht »ernst genommen« werden, sondern sich auf Augenhöhe weiterentwickeln.

Positive Psychologie: Bei dem von Martin Seligman seit Ende der 1990er-Jahre entwickelten Ansatz der Positiven Psychologie geht es ebenfalls um die Stärkung vorhandener positiver Eigenschaften. Im Gegensatz zur klassischen, defizitorientierten Psychologie steht hier die Stärkung vorhandener Charaktereigenschaften, das »Aufblühen« von Menschen im Zentrum. Die Grundannahme der Positiven Psychologen lautet: Glück ist erlernbar. Und: »Wer seinen Charakter optimiert, lebt zufriedener und arbeitet besser« (Schiessl 2009, http://www.spiegel.de/spiegelwissen/a-622742.html).

Von Seligman ist folgende Geschichte überliefert: Seine damals fünfjährige Tochter sollte eines Tages ihrem Vater helfen, im Rosengarten Unkraut zu jäten. »Doch statt artig zu rupfen, tanzte sie fröhlich im Blumenbeet herum und spielte mit Schnecken. Ihr Vater, berüchtigt für seinen kurzen Geduldsfaden, schrie sie an. Etwas altklug erklärte ihm seine Tochter: Jahrelang sei sie eine Heulsuse gewesen, bis sie eines Tages beschlossen habe, von nun an nicht mehr wegen jeder Kleinigkeit loszugreinen. ›Das war das Schwierigste, was ich je gemacht habe. Und wenn ich aufhören kann zu weinen, kannst du auch aufhören, zu schimpfen und zu schreien‹« (ebd.). Und genau das ergaben die Forschungsergebnisse seitdem:

»Wer seine Stärken ausspielt, statt immer an seinen Schwachstellen herumzudoktern, lebt sowohl im Beruf wie in der Freizeit zufriedener« (ebd.).

Unsere Erfahrungen in der Workshop-Praxis sehen so aus, dass die Thematisierung der Positiven Psychologie zwar intellektuell herausfordernd ist – wir lassen Teilnehmer gern eine Zuordnung der Kernzielgruppen und Faktoren der Positiven Psychologie nach Ruch erarbeiten –, aber sehr oft mit einer erstaunlichen Veränderung der Atmosphäre verbunden. Die Besinnung auf Charakterstärken wirkt nicht nur wie ein kollektives Kraftschöpfen, eine leicht euphorische Mobilisierung des Energielevels, sondern es macht Lust auf die Konkretisierung strategischer Perspektiven. Perspektiven, die jetzt weniger abstrakt erscheinen, weil sie auf den Stärken der Menschen aufsetzen.

WOHIN: Die Kombination von Limbic® mit anderen Tools. Und wohin das in der Praxis führt

Bei Limbic® geht es uns nicht nur um eine kognitive Auseinandersetzung mit dem Unterbewusstsein, sondern – dafür ist die Nutzung des Ansatzes der Positiven Psychologie ein gutes Beispiel – auch um die intuitive Nutzung limbischer Mechanismen. Anders formuliert: Eine Strategie, die Zielgruppen radikal ins Zentrum stellt, soll »spürbar« in ihrer Wirkung werden – auch bei der persönlichen Entwicklung der Teilnehmer. Zwei Strategieansätze entsprechen diesen Ansätzen:

- ○ Blue Ocean Strategy
- ○ Business Model Generation (BMG)

Blue Ocean Strategy: Die Blue Ocean Strategy zeichnet sich durch einen faszinierenden Grundgedanken aus: die Konkurrenz nicht zu bekämpfen, sondern ihr auszuweichen beziehungsweise sie überflüssig zu machen. Es ist eine stimulanz- und nicht dominanzgetriebene Strategie-Denke, die nur dann erfolgreich ist, wenn konsequent von Zielgruppen her gedacht wird, und voraussetzt, es »anders und besser« zu machen als bisher. In ihrem Buch »Der Blaue Ocean als Strategie« (2005) beschreiben W. Chan Kim und Renée Mauborgne, was radikale Zielgruppenfokussierung bedeutet. Am Beispiel des Diabetikermarktes schildern sie, wie die dänische Novo Nordisk mit der traditionellen Denke brach und sich einen »Blue Ocean« erarbeitete. Bis dahin waren Ärzte in ihrer Mittlerfunktion die Hauptzielgruppe aller Pharmafirmen. Der Ansatz, den Engpass, das umständliche und riskante Hantieren der Diabetespatienten mit Ampullen und Spritzen, zu erkennen, war die Initialzündung dafür, einen völlig anderen Weg einzuschlagen: Die Erfindung eines füllfederartigen Insulinpens erlöste Diabetiker von den

227

WOHIN: Die Kombination von Limbic® mit anderen Tools.
Und wohin das in der Praxis führt

Problemen und der damit verbundenen Peinlichkeit, sich öfter am Tag Insulin zu verabreichen. Die radikale Vereinfachung brach mit den Dogmen des Medizinmarktes und stellte den Patienten und dessen Wohlbefinden radikal in den Mittelpunkt – nicht den Arzt.

Business Modell Generation (BMG): Was fasziniert uns am Einsatz der »BMG Canvas« von Alexander Osterwalder und Yves Pigneur? Das kann man kurz machen: die gleiche Haltung. Alles beginnt beim Kunden, bei der Zielgruppe, beim Menschen. Die BMG-Canvas bezieht sich in allen ihren Dimensionen immer auf die eine und einzige Frage: Was bringt der Zielgruppe einen überlegenen Nutzen? Die übrigen Felder der BMG-Strategie stehen für die Konsequenzen: Was benötige ich, um diesen Benefit zu generieren?

Bei beiden Strategieansätzen steht die Frage nach dem Profit des Unternehmens ganz am Schluss (ein Vorgehen, das in der EKS bereits 40 Jahre vorher formuliert worden ist). Profit ergibt sich danach quasi als unausweichliche wirtschaftliche Folge überragender Kundenzufriedenheit beziehungsweise -begeisterung. Allerdings modifizieren wir die Nutzung der BMG-Canvas: Bei jedem der Felder, egal, ob sie sich auf die Zielgruppe, auf den Markt oder die internen Ressourcen beziehen, stellen wir *eine* zuspitzende Frage. Sie lautet: Was ist einzigartig? Genauer: Was ist der USP-Faktor? Und USP übersetzen wir mit »einzigartiger, differenzierender Haben-Wollen-Faktor«. Kurz: Was macht eine Leistung oder ein Produkt für eine spezifische Zielgruppe sexy?

Was hat dieses Vorgehen mit Limbic® zu tun? Jede Leistung lässt sich in die Limbic® Map eintragen. Je nach Zielgruppenpositionierung wird auf einen Blick klar, ob eine Leistung mit den Engpässen (= ungelöste Probleme und unerfüllte Sehnsüchte) und der Werteheimat einer Zielgruppe korreliert. Dabei spielt es keine Rolle, ob es sich um einen B-to-C- oder einen B-to-B-Zusammenhang (s. folgende Abbildung) handelt.

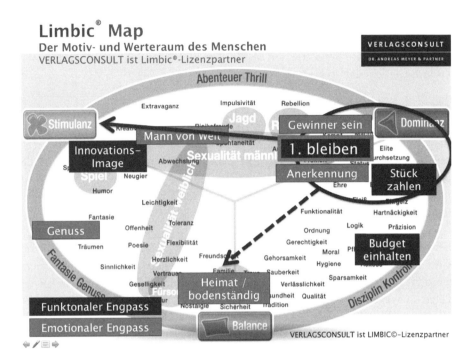

Im B-to-C- wie im B-to-B-Bereich lassen sich Engpässe von Kunden auf der Limbic® Map dar-
stellen. Hier als Beispiel die ungelösten Probleme beziehungsweise unerfüllten Wünsche eines
Marketingleiters.

Zusammenfassung

Die Kernfrage beim Thema Strategie heißt für uns immer: Hat sich die Haltung
gegenüber dem Kunden signifikant verändert? Das ist für uns zugleich der Kern
jeder Fort- und Weiterbildung: Was hat es dem Menschen gebracht? Das Denken in
»limbischen Belohnungen« trifft den eigentlichen Zweck jeder Art von Weiterbildung: das (intrinsische) Lernen. Limbic® hilft, Menschen in ihren Stärken richtig
einzuschätzen und »abzuholen«. Lustvolles Lernen sieht für jede Zielgruppe etwas anders aus, weil die »limbischen Spannungsfelder« beziehungsweise die Positionierung von Werteheimat und Belohnungsinstruktion unterschiedlich sind.

Was sind die immanenten Ziele von Fortbildung? Atmosphäre verbessern,
Führungs- und Kommunikationsprobleme »reparieren«, Menschen öffnen und
»kreativer« machen. Dann erst kommen all die nachgelagerten »faktischen« Ziele:
von mehr Umsatz bis mehr Gewinn. Menschen bei Weiterbildungen zu begeistern,
funktioniert mit Aha-Effekten, Überraschungen, positiven Regelbrüchen. Diese
»belohnenden« Wirkungen haben auf der Limbic® Map ein Zuhause: Nicht in der

Balance-Zone mit ihrer Meerschweinchen-»Wir-haben-uns-alle-lieb«-Atmosphäre. Sondern im Bereich zwischen Stimulanz und Dominanz.

Um hier die Potenziale Ihrer Teilnehmer wirklich auszuschöpfen, haben wir einen einfachen Tipp: Arbeiten Sie mit Bildern – selbstgemalt oder – von uns bevorzugt – aus Zeitschriften ausgerissen. Anders als bei Worten, die meist in der Limbic® Map an mehreren Stellen positioniert werden können, sind Bilder unmissverständlich, weil intuitiv sofort erfassbar. Versuchen Sie es einmal: Jedes Ergebnis und Zwischenergebnis auf ein Bild und einen Begriff fokussieren. Das macht ziemlich viel Spaß – vorausgesetzt, man verbietet alle einschlägigen Klischees (die Sie alle nur zu gut kennen: Kompass, Leuchtturm, Baum, Schiff, Berg, Füllhorn und so weiter). Fragen Sie nach der *ultimativen Belohnung*. In diesem Sinne viel Freude beim Anwenden und Experimentieren mit Limbic®.

Literatur

- Häusel, Hans-Georg: Brain View. Warum Kunden kaufen. Freiburg: Haufe. 4. Auflage 2016
- Häusel, Hans-Georg: Top Seller. Was Spitzenverkäufer von der Hirnforschung lernen können. Freiburg: Haufe 2015
- Häusel, Hans-Georg, Think Limbic! Die Macht des Unbewussten nutzen für Management und Verkauf. Freiburg: Haufe, 5. Auflage 2014a
- Häusel, Hans-Georg: Neuromarketing. Erkenntnisse aus der Hirnforschung für Markenführung, Werbung und Verkauf. Freiburg: Haufe, 3. Auflage 2014b
- Häusel, Hans-Georg: Kauf mich! Wie wir zum Kaufen verführt werden. Freiburg: Haufe 2013
- Häusel, Hans-Georg: Emotional Boosting. Die hohe Kunst der Kaufverführung. Freiburg: Haufe, 2. Auflage 2012
- Kim, W. Chan/Mauborgne, Renée. Der Blaue Ozean als Strategie. Wie man neue Märkte schafft, wo es keine Konkurrenz gibt. München: Hanser 2005
- Osterwalder, Alexander/Pigneur, Yves. Business Model Generation. Ein Handbuch für Visionäre, Spielveränderer und Herausforderer, Frankfurt am Main: Campus 2011
- Schiessl, Michaela: Ich und die Anderen – Heule nicht, handle! Spiegel Online, 21.04.2009: http://www.spiegel.de/spiegelwissen/a-622742.html

Bewegtes Lernen im Fokus der Hirnforschung

Werner Michl, Bernd Heckmair

Tags: Emotion, Körper, Handlungsorientierung, Bewegung, Lernen, Flow, Opioide, Sprachentraining, ADHS

Positionierung

»Gehungen statt Sitzungen« ist ein konkreter Ansatz, der weit über klassische Weiterbildung hinaus einsetzbar ist: Jedes Meeting, jede Konferenz, jede Verhandlung kann zumindest Elemente davon enthalten, nämlich eine Zeiteinheit X, die in Dynamik verbracht wird statt im statischen Sitzen. »Walk & Talk« setzen Führungskräfte ein – und natürlich Sprachenlehrer, womit wir wieder bei Weiterbildung wären.

»Bewegung« für handlungsorientiertes Lernen einzusetzen ist naheliegend und wird von den beiden Autoren einerseits mit Studien der Hirnforschung verknüpft, andererseits mit Erlebnispädagogik, also Konzepten für junge Menschen. Den entscheidenden Ansatz sehen sie darin, »dass bei körperlicher Aktivität die Neurotransmitter Dopamin, Noradrenalin und Serotonin ausgeschüttet werden«, körpereigene Hormone also, die verstärkend wirken. Und die letztlich die Behaltensleistung deutlich verbessern, was in vielen Didaktikbüchern erwähnt wird und was nun die Neurowissenschaften beobachtbar nachweisen konnten.

Zwei weitere konkrete Formate bieten Bernd Heckmair und Werner Michl mit Montanalingua, einem System des Sprachenlernens, und Via nova für AD(H)S-Betroffene. Übrigens ein Symptom, das inzwischen auch mehr und mehr Erwachsene ausprägen – und worunter Erwachsene leiden, die etwa bei klassischen Seminaren kaum »Sitzfleisch« bewahren können.

Lassen Sie sich von diesen konkreten Beispielen motivieren, mehr Bewegung in Ihre Maßnahmen einzubauen, durchaus diesseits von Outdoor-Trainings, frei von aufwendigen Geräten …

Von der Hand zum Hirn und zurück

Hinter der Formel des bewegten Lernens verbergen sich vier Dimensionen. Da ist erstens die körperliche Bewegung, die im Handeln und Lernen neue Zugänge eröffnet, im positiven Sinne verstört und neue Perspektiven schafft. Zum Zweiten hat uns die moderne Gehirnforschung gezeigt, dass in und mit der Bewegung hirnorganische Veränderungen ausgelöst werden, die Lernen prinzipiell begünstigen. Drittens steht Bewegung für Bewegt-Sein im Sinne eines intensiven Erlebens, verbunden mit Emotionen, was enorm wichtig ist für nachhaltiges Lernen. Und viertens soll damit ausgedrückt werden, dass sich das Konstrukt Lernen selbst – also das, was Forscher, Theoretiker und Praktiker unter dem Begriff Lernen verstehen – bewegt, verändert und weiterentwickelt.

Emotionen – die Treibmittel unserer Existenz

Es wurde ignoriert, es wurde separiert: Gehirn und Geist auf der einen, Körper und Seele auf der anderen Seite. Es wurde getrennt, was eigentlich zusammengehört. Antonio Damasio, ein amerikanischer Neurowissenschaftler portugiesischer Abstammung, hat diese unselige Dichotomie in seinem Klassiker »Descartes' Irrtum. Fühlen, Denken und das menschliche Gehirn« (1999) als nicht länger haltbaren Mythos entlarvt: Emotionen sind ebenso wie Kognitionen nichts anderes als biochemische Prozesse und neuronale Strukturen. Sie sind Materie, die man mit bildgebenden Verfahren darstellen und sogar messen kann.

Damasio stützt sich wie sein Kollege Joseph LeDoux auf den Philosophen und Pragmatiker William James, der 1884 einen Artikel mit dem Titel »What is an Emotion?« veröffentlichte (LeDoux 2003, S. 48). James fragte sich, warum wir weglaufen, wenn wir in Gefahr sind, und war mit der naheliegenden Antwort »weil wir uns fürchten« nicht zufrieden. Emotionen sind Reaktionen des Körpers. Wenn wir vor einem Bären weglaufen, treiben uns Herzrasen, Muskelspannung und schwitzende Handflächen an. James dreht das scheinbar Naheliegende um und stellt fest: »Wir fürchten uns, weil wir laufen.« Und: »Wir sind traurig, weil wir weinen.« LeDoux nimmt diese gedankliche Umkehrung als Ausgangspunkt für den Zusammenhang zwischen Kognition und Emotion: »Der mentale Aspekt der Emotion, das Gefühl, ist ein Sklave ihrer Physiologie, nicht umgekehrt. Wir zittern nicht, weil wir uns fürchten, und wir weinen nicht, weil wir traurig sind; wir fürchten uns, weil wir zittern, und wir sind traurig, weil wir weinen« (ebd., S. 50).

LeDoux illustriert seine überraschende und irritierende Hypothese mit einem Beispiel: Ein Wanderer erblickt unversehens eine Schlange. Was geht in ihm vor? Von der Netzhaut seines Auges wird die Information an den Thalamus, einer zentralen Schaltstelle im Hirn gemeldet. Von dort wird diese in den visuellen Cortex, einem Teil des Großhirns, projiziert und unter Mitwirkung weiterer kortikaler Strukturen verarbeitet. Dieser Vorgang braucht seine Zeit. Ein wesentlich schneller ablaufender Prozess soll indessen verhindern, dass der Wanderer von der Schlange gebissen wird: Der Thalamus feuert direkt an den Mandelkern, unser Angstzentrum. Dieser mobilisiert unmittelbar den Körper. Neurotransmitter beschleunigen die Pulsfrequenz, die Muskeln spannen sich an. Noch bevor das Großhirn, die viel zitierten »grauen Zellen«, Verhaltensalternativen entwerfen kann, übernimmt der Körper das Kommando. »Fight or Flight« heißt die Alternative, die der Wanderer intuitiv ergreift. Auf diesem »unteren Pfad reisen die Emotionen im Rohzustand« (Goleman 2006, S. 29), lösen unmittelbar Handlungen aus, gelangen erst verzögert oder überhaupt nicht ins Bewusstsein.

Der Körper ist die Bühne für die Emotionen

Emotionen steuern in hohem Maße unser Verhalten, ohne dass uns das bewusst ist. Über den »oberen Pfad« (Goleman 2006, S. 29) erlangen wir nur zum Teil Einblick in das Innenleben, nehmen als Gefühle wahr, was uns der Körper vermittelt. Insofern spielen Emotionen beziehungsweise Gefühle eine zentrale Rolle beim Lernen. Wie sich der Bogen von den aktuellen Erkenntnissen der Neurowissenschaften zu einem konstruktivistisch inspirierten Bildungsverständnis spannen lässt, zeigt der Schweizer Psychotherapeut Luc Ciompi. Emotionen beziehungsweise Affekte, so Ciompi (1999, S. 95 ff.)

- »[...] sind die Energielieferanten oder ›Motoren‹ und ›Motivatoren‹ aller kognitiven Dynamik,
- bestimmen andauernd den Fokus der Aufmerksamkeit,
- wirken wie Schleusen oder Pforten, die den Zugang zu unterschiedlichen Gedächtnisspeichern öffnen oder schließen,
- schaffen Kontinuität; sie wirken auf kognitive Elemente wie ein ›Leim‹ oder ›Bindegewebe‹,
- bestimmen die Hierarchie unserer Denkinhalte,
- sind eminent wichtige Komplexitätsreduktoren.«

Was die Praktiker des Handlungslernens immer schon wussten, konnte von Neurowissenschaftlern nun bewiesen werden: Emotionen sind enorm wirksame »Lernkraftverstärker«, fokussieren die Aufmerksamkeit, steigern Motivation und Gedächtnisleistung, initiieren schließlich unser Belohnungssystem. Wenn etwas für uns neu ist, wenn uns etwas besser gelingt als erwartet, wenn wir eine Herausforderung erfolgreich bewältigen, immer dann wird die »Dopamindusche« (Scheich 2003) aufgedreht. Körpereigene Opioide stimulieren uns, versetzen uns in ein Hochgefühl und münden bestenfalls in den »Flow« (Csíkszentmihályi 2000).

Die Rolle von Körper und Bewegung beim Lernen

»Emotion, Gefühl und Bewusstsein – alle diese Prozesse sind auf Repräsentationen des Organismus angewiesen. Ihr gemeinsames Wesen ist der Körper« (Damasio 2000, S. 341). Damasio stellt den Körper in den Mittelpunkt des neuronalen Geschehens. Wir wissen inzwischen, dass bei körperlicher Aktivität die Neurotransmitter Dopamin, Noradrenalin und Serotonin ausgeschüttet werden. Ausdauerleistungen zum Beispiel wirken sich direkt auf kognitive Strukturen aus. Was vor einigen Jahren Tierversuchen vorbehalten blieb, konnte nun in groß angelegten Feldstudien für den Homo sapiens nachgewiesen werden. Erstaunlicherweise fördern nicht nur komplexe Aktivitäten wie Eiskunstlauf, Modern Dance oder Feldhockey die Hirnentwicklung, sondern auch vergleichsweise einfach strukturierte sportliche Betätigungen wie Laufen oder Schwimmen. »Laufen macht schlau!« ist denn auch das Ergebnis einer Studie, in der eindrucksvoll gezeigt wurde, wie sich Bewegung neuronal auswirkt. So wurde das visuell-räumliche Gedächtnis mit einem sechswöchigen Lauftraining deutlich verbessert (Reinhardt 2009). Das »Transferzentrum für Neurowissenschaften und Lernen« in Ulm, Initiator dieser Studie, veröffentlicht seit 2005 laufend Ergebnisse über den positiven Einfluss von Bewegung – insbesondere Sport – auf die Hirnentwicklung.

Bewegung, zumal sportliche, hat meist zudem eine spielerische Komponente. Bei intelligenten Rudeltieren wie Wölfen, Bären und Hunden werden im Spiel soziale Bindungen gefestigt. Die Tiere lernen im spielerischen Tun das Verhalten und die Botschaften ihrer Artgenossen zu deuten und entsprechende Reaktionsweisen auszutesten – Fähigkeiten, die eine gelungene Sozialisation auszeichnet (Ratey 2006, S. 217). Wenn Ratten in einer Umgebung mit vielen Bewegungsangeboten aufwachsen, die also zum Beispiel mit Laufrädern, Tunnelgängen und Balancierbalken ausgestaltet ist, bilden sich in ihren Gehirnen neue Nervenzellen. In Experimenten zeigte sich erstaunlicherweise, dass alte Mäuse noch stärker von den Bewegungserfahrungen profitierten als junge Mäuse. Natürlich können diese Erkenntnisse nicht eins zu eins auf den Menschen übertragen werden. Immerhin weiß man, was noch in den 1990er-Jahren ausgeschlossen erschien, dass Erwachsene auch in fortgeschrittenem Alter neue Nervenzellen bilden können (Taylor 2010). Körper und Bewegung scheinen dabei eine wichtige Rolle zu spielen.

Im Bildungsdiskurs wurde Sport traditionell auf Körperertüchtigung im engeren Sinne reduziert. Inzwischen konnten Hirnforscher belegen, dass durch sportliche Aktivität bis zu einem gewissen Grad psychische Belastungen kompensiert werden können: Eine Harvard-Studie wies nach, dass Männer, die täglich 2 800 Kalorien verbrennen, ein um 28 Prozent geringeres Risiko haben, an einer Depression zu erkranken (ebd., S. 439).

Was bringen diese Erkenntnisse für die Erwachsenenbildung?

Die Erlebnispädagogik (Heckmair/Michl 2012, Michl 2015), viel gescholten, diffamiert, aber mit der normativen Kraft des Faktischen und Praktischen ausgestattet, hat sich in der Praxis der Jugendarbeit, der Heimerziehung, der Behindertenhilfe sowie der beruflichen Bildung längst durchgesetzt und bildet eine der letzten pädagogischen Oasen in der betriebswirtschaftlichen Wüste des Total Quality Managements. In der Erwachsenenbildung, in der Hochschule, in der Schule hat sie sich als erlebnis- und handlungsorientiertes Lernen ausdifferenziert, das Methodenspektrum bereichert, Lust und Laune des Lernens steigert und die Wirksamkeit erhöht.

Was die Erlebnispädagogik spätestens seit Kurt Hahn praktiziert, ist nun durch die Gehirnforschung bestätigt worden. Den Erfolg erlebnis- und handlungsorientierten Lernens kann man an vielen Beispielen nachzeichnen. So nimmt der Anteil kooperativer Abenteuerspiele, unterschiedlicher Problemlösungsaufgaben, konstruktiver Lernprojekte (Heckmair 2012) zu und manchmal sogar überhand. Man möchte mit Kurt Hahn (1998, S. 153) warnen: »Lasst Spiele eine wichtige, aber keine vorherrschende Rolle spielen.« Langsamkeit und Labyrinthe, Natursport und spirituelle Naturerfahrung, hohe Berge, Höhlen und Hochseilgärten werden zu neuen Lernorten, an denen man vieles lernen und kennenlernen kann:

o Man nimmt seinen Körper wahr und lernt mit dem Körper und mit Bewegung.
o Dazu kommt: Balance und Gleichgewicht. Die Situation und das Leben in den Griff bekommen. Nur mit Feinmotorik, mit vorausschauendem Denken, auch mit Kreativität lassen sich manche Herausforderungen bewältigen.
o Umgang mit den eigenen Ängsten und auch den Mut haben, »Nein« zu sagen. Vertrauen in die anderen, die mich sichern. Oft muss ich mich ganz auf die anderen verlassen, habe nichts mehr selbst in der Hand. Hier ist Urvertrauen gefragt.
o Bei manchen Aufgaben brauche ich einen Partner. Sie sind allein nicht lösbar. Welchen Partner wähle ich, welcher wird mir zugeordnet?
o Aufmerksam und konzentriert eine Aufgabe angehen. Ich schaffe das nur, wenn ich ruhig werde, mich konzentriere. Wie schätze ich mich selbst ein, wie schätzen mich die anderen ein?
o Und natürlich die viel strapazierten Schlüsselqualifikationen: Kooperation, Kommunikation und viele andere Kompetenzen sind gefragt.

Es gäbe noch viele weitere Inspirationen aus der Erlebnispädagogik für die Erwachsenenbildung. Die abendländische Philosophie begann unter anderem mit dem Höhlengleichnis. Warum sollte das Gleichnis, in einer Höhle erzählt, nicht besonders wirksam werden? Natürlich eignet sich ein Hochseilgarten bestens für einige Lektionen in Konstruktionslehre, Physik und Mathematik. Die literarische oder historische Spurensuche bedeutet, unterwegs auf bewegenden Wegen zu sein. Die pädagogische Arbeit mit Labyrinthen dient nicht nur der Entschleunigung, sondern auch der Vertiefung religiöser und spiritueller Inhalte. An zwei weiteren Beispielen soll die Praxis des bewegten Lernens veranschaulicht werden.

Gehungen statt Sitzungen

Lernen ≠ sitzen

Die Zähmung beginnt unmittelbar nach dem Kindergarten. Wir lernen das Stillsitzen zum Zwecke des Lernens. Das zieht sich zehn Jahre und mehr hin – jedenfalls so lange, bis wir selbst glauben, dass das Lernen mit dem Sitzen zu tun hat. Und wenn das nicht ordentlich klappt, dann bleiben wir sitzen, zum Beispiel in der Schule, oder wir sitzen einige Probleme aus, wenn wir genügend Sitzfleisch haben. Das mit dem Sitzen geht weiter: an der Universität, im Job, bei der Weiterbildung, bei Geburtstagsfeiern, im Altersheim – aber da haben wir oft keine Wahl mehr. Wir sind es so sehr gewohnt, dass auch bei Weiterbildungen an den schönsten Orten und Tagen keine Frustration aufkommt, wenn wir den ganzen Tag drinnen lernen, obwohl es draußen schön ist. Der Geruch der frischen Blumenwiese dringt herein, falls einmal gelüftet wird, und im besten Fall gelingt es dann der bunten Wiese doch noch, uns zu einem Mittagsspaziergang zu bewegen. Der Radius der Raucher beträgt bis zu 50 Meter um das Bildungshaus, die Spaziergänger schaffen ein bis zwei Kilometer und die wenigen Jogger ein Vielfaches davon. Andererseits wäre die Mittagspause schon ideal dazu geeignet, E-Mails zu beantworten und vermeintlich wichtige Anrufe auf dem Mobiltelefon zu beantworten. Man würde so gern ... draußen wäre es eigentlich so schön, aber leider ...

Die körperliche Deformierung durch Schule und Hochschule ist erfolgreich abgeschlossen und wird nun fortgeführt durch die Erwachsenenbildner: durch PowerPoint-Präsentationen über aktives Lernen, durch Informationen über die neuesten Ergebnisse aus Hirn- und Lernforschung, die darauf hinweisen, dass Fachbeiträge, eben auch dieser, zu den ineffizienten Formen des Lernens gehören.

Wie wäre es, wenn irgendwer statt einer Sitzung eine Gehung durchführte? Herr Heckmair und Herr Michl lassen sich durch ihre Sekretärinnen entschuldigen, weil sie gerade auf einer Gehung sind. Nimmt keiner ernst, Sitzung wäre in Ordnung, aber Gehung?

Das Gehen ist nicht nur in der Erwachsenenbildung die am meisten unterschätzte Form des Lernens, dabei hat zu Fuß lernen Tradition. Sind Sie schon einmal in Athen von der Agora zur Akropolis gegangen? Den steilen Weg, den man Peripatos nennt, den Weg der Philosophen? Vermutlich kamen Sokrates, Platon und Aristoteles ins Schwitzen. Noch auf der Agora hatte Sokrates, der Jugendverderber, heftig mit Athens Spießbürgern und seinen Kontrahenten, den Rhetorikern, diskutiert, die immer alles wussten und besser wussten. Jetzt zwingt ihn der steile Weg aufwärts zum Schweigen und Nachdenken. Da wird einiges an eigenen und Gegenargumenten verdaut, überdacht, durchdekliniert. Und oben auf der Akropolis geht es weiter. Ebenfalls im Gehen. Schließlich ist Peripatos auch die Wandelhalle; sie lädt zum Philosophieren im Gehen ein. Und Raffael hat in seinem Gemälde »Die Schule von Athen« das bewegte Lernen gepriesen. Wer diese »Schule von Athen« betrachtet, merkt sofort, dass es eine sehr chaotische Schule ist. Hier sitzt niemand in Reih und Glied, hier wird geredet und gegangen. Und wer nicht mehr mag, macht seine Pause draußen und lässt den Blick über Athen schweifen.

Heute herrscht immer noch in zu vielen Schulen, Hochschulen und Bildungsstätten Frontalunterricht, und natürlich entsteht eine Front, eine Art Krieg, zwischen Lehrer und Schülerin, zwischen Professorin und Student, zwischen Erwachsenenbildner und Seminarteilnehmer. Der Mandelkern vermeldet in unbekannten Situationen Alarm und empfiehlt dem Referenten die Flucht. Der Cortex dagegen beruhigt. Wird schon alles gut gehen, obwohl einige Teilnehmer sehr kritisch dreinschauen. Der Nürnberger Trichter lässt grüßen. Je fertiger das didaktische Produkt, umso eher werden die Studierenden beziehungsweise Seminarteilnehmer abgefertigt.

Es gibt zahlreiche Untersuchungen über die Effizienz von Vorträgen und Präsentationen. Erschreckend erbärmliche Behaltensleistungen vermelden die Lernpsychologen, die Vergessensleistung dagegen ist beachtlich. Wer lebenslang lernen soll, muss schließlich gelegentlich den vollen Kopf wieder entleeren, damit wieder Neues Platz hat.

Die Behaltensleistung beim Lernen kann man aber deutlich verbessern, wenn man möglichst viele Sinne einsetzt. Comenius merkte vor 355 Jahren in seiner »Didacta magna« an: »Alles soll, wo immer möglich, den Sinnen vorgeführt werden, was sichtbar dem Gesicht, was hörbar dem Gehör, was riechbar dem Geruch, was schmeckbar dem Geschmack. Was fühlbar dem Tastsinn. Und wenn etwas durch verschiedene Sinne aufgenommen werden kann, soll es den verschiedenen zugleich vorgesetzt werden« (Comenius, zitiert nach Flitner 2007, S. 135).

Ist das jemals von Lernpsychologen, Pädagoginnen, Lehrern, Professorinnen ernst genommen worden? Und heute? Spitzt man die Argumente des Hirnforschers Manfred Spitzer zu, dann kann nur das handlungs- und erlebnisorientierte Lernen Zukunft haben. Schüler, Studierende und Seminarteilnehmer sollen sich möglichst selbsttätig den aufbereiteten Stoff aneignen. Der Lehrer wird zum Mentor, zum Lerncoach, zum Facilitator (wörtlich übersetzt: zum Lernerleichterer).

Zurück zu gelungenen Gehungen. Keiner glaubt an die Möglichkeit, wenn es nicht Vorreiter und Beispiele und Ideen gäbe. Bei einer kleinen Tagung zu den neuen Studienformen Bachelor und Master im verschneiten Bayerischen Wald gab es vier Stationen: einen Heuschober, eine Waldlichtung, einen Holzstapel und – natürlich – ein Wirtshaus. Der Stoff wurde in vier Hauptpunkte eingeteilt und auf die vier Stationen, die nach und nach erwandert wurden, verteilt. Der kurze Vortrag mit einem Flipchartplakat wurde jeweils mit anregenden Fragen beendet, die paarweise auf dem etwa halbstündigen Weg zur nächsten Station diskutiert wurden. Und zwischendurch gab es einen in Thermosflaschen vorbereiteten warmen Tee. Obgleich natürlich die Stofffülle begrenzt ist, kann man alles intensiv im Gehen besprechen – und am Schluss winkt das Wirtshaus mit einer deftigen Brotzeit.

Seit Jahren gibt es literarische Wanderungen im Süden Münchens. Am Ufer des Ammersees hatte Bert Brecht ein Haus gekauft, dort einen langen Sommer verbracht und einige seiner Gedichte geschrieben. Er lag wohl im flachen Wasser des Ammersees, was ihn zum Gedicht »Vom Schwimmen in Seen und Flüssen« inspirierte. Und wird nicht einer, der dort, wo Brecht im Wasser lag, dieses Gedicht vorgelesen bekommt, einen besonderen Zugang zur Lyrik Brechts bekommen?

Natürlich steht eine Wandertagung noch aus. Kleingruppen streifen durch den Harz, zum Beispiel auf den Spuren Heinrich Heines oder Goethes, und vertiefen im Gehen ein Thema. Sie treffen an bestimmten Orten andere Gruppen, um ihre Ergebnisse auszutauschen. Am späten Nachmittag wird das Seminarhaus erreicht, um im Plenum zu diskutieren. Der nächste Morgen beginnt mit einem Vortrag und dann gehen die Teilnehmer, und es geht wieder los. Der Fantasie sind nirgendwo Grenzen gesetzt. Wie wäre es mit dem Lateinlehrer, der mit seinen Schülern in den Alpen auf den Spuren Hannibals wandelt, Livius im Gepäck? Oder könnte der Architekturprofessor nicht mit seinen Studierenden Städte und Dörfer durchwandern und so Baustile entdecken?

Montanalingua – Sprachen lernen in der freien Natur

»Griechisch kann ich fast gar nicht. Mein Vater hatte die Idee, es mir durch Unterricht beibringen zu lassen, aber mit einer neuen Methode: in der Form eines Lehrspiels. Wir spielten Ball und sagten dabei die Deklinationen auf; etwa so, wie man manchmal die Schüler mithilfe des Spielbretts in Arithmetik und Geometrie einzuführen sucht. Denn es war ihm unter anderem geraten worden, er solle versuchen, in mir die Lust zum Lernen und zu meinen Pflichten durch das Prinzip der Freiwilligkeit wachzurufen; ich sollte selber den Wunsch danach empfinden« (Michel de Montaigne, 1533–1592).

Herausforderungen draußen und Herausforderung Fremdsprache

Das mit dem Bach hätte nicht kommen dürfen! Ivo hat offensichtlich ein Problem. Er soll Carla, deren Augen verbunden sind, sicher und nur mit Worten über eine definierte Strecke durch einen mit natürlichen Hindernissen gespickten Wald den Weg weisen. Was auf den ersten Blick nicht besonders schwierig anmutet, ist für Ivo eine besondere Herausforderung, denn er darf nur Englisch sprechen. Auch für Carla, die sich auf Ivo verlassen muss, wird die Sache kompliziert, denn sie bekommt ausschließlich Hilfestellung in englischer Sprache und darf nur auf Englisch nachfragen. Wie also soll Ivo Carla erklären, dass das Hindernis vor ihr nasse Füße verursachen und nur durch einen großen Schritt überwunden werden kann?

Carla und Ivo gehören zu einer Gruppe Studierender, die erlebnisorientiertes Sprachenlernen mit dem Montanalingua-Programm durchführt. Die Studierenden machen auf ihrer Exkursion das, was viele andere im Vorlesungsraum tun – sie lernen Englisch als Fremdsprache. Durch erlebnispädagogische Methoden, die für den Fremdsprachenunterricht getestet und aufbereitet wurden, lernen sie in der Natur die Notwendigkeit und den Einsatz grammatikalischer Grundlagen, verschiedenste Vokabeln in definierten Wortfeldern und deren Anwendung.

Das 2004 gestartete Projekt »Montanalingua« ist ein Versuch, »Bewegung« in den Fremdsprachenunterricht zu bringen. Dabei sollen die Studierenden – oder natürlich auch Mitarbeitende aus Unternehmen – den Vorlesungsraum verlassen, hinaus in die Natur gehen und sich herausfordernden Aktionen und Übungen stellen, die von ihnen neben Teamgeist, Kooperationsbereitschaft sowie Kreativität und Initiative bei Problemlösungen vor allem eine intensive Kommunikation verlangen. Lernen kann man mit der Montanalingua-Methode die Fremdsprachen Englisch, Französisch, Schwedisch und Deutsch. Und natürlich, wenn man das Prinzip verstanden hat, funktioniert das Prinzip mit jeder anderen Sprache. Erfahrungen gibt es mit Bulgarisch, Finnisch, Polnisch und Russisch. Die passenden Vokabeln und grammatischen Strukturen, die vorab eingeführt und in Grundzügen erlernt werden, sind der Schlüssel zum Erfolg. Entwickelt wurde das Sprachlernprogramm vom Sprachinstitut dialogue in Lindau. Partner waren unter anderem der Bundesverband Individual- und Erlebnispädagogik, die Jugendbildungsstätte des Deutschen Alpenvereins, Outward Bound Rumänien, die Universität Stockholm. Wissenschaftlich begleitet wurde das Montanalingua-Programm von Werner Michl (TH-Nürnberg GSO) und Claudia Riemer (Universität Bielefeld).

Erfolgskriterien erlebnisorientierten Fremdsprachenlernens

Zurück zu Carla und Ivo: Ivo zermartert sich das Hirn – vor einer halben Stunde hat er doch die Begriffe gehört und gelernt, die er jetzt so dringend bräuchte. Kurz vorher hatte es noch geklappt: »Be careful! A tree! Take a step to the right!« Und: »Okay, great!«, lautete das Lob von Carla, als Ivo einer dicken Buche ausweicht. Das hilft ihm hier am Bach nicht weiter – ein Schritt nach rechts bedeutet für Carla trotzdem nasse Füße.

Carla spürt Ivos Unsicherheit. »What's going on?«, will sie wissen. Ivo murmelt etwas auf Deutsch und erntet eine fragende Geste. Da fällt es ihm ein: »Watch out! It's slippery. Let me take your hand! Take a step forward!« – und Carla überquert den Bach. »Excellent! Well done!«, lobt Ivo seine Partnerin und ist glücklich, dass sie das schwierige Wegstück gemeistert haben.

Die Erkenntnisse von »Montanalingua« sind sehr ermutigend. Im Einzelnen zeigt sich:

○ Die Motivation der Beteiligten steigt deutlich, wenn sie ihr normales Umfeld verlassen und in die Natur gehen.
○ Die Konstruktion »Ich lerne das, was ich anschließend sofort brauche« fördert die grundlegende Auseinandersetzung mit der Fremdsprache.
○ Schlüsselqualifikationen, wie zum Beispiel Kommunikations- und Kooperationsfähigkeit, werden quasi durch die Hintertür eingeführt und stützen die weitere Sprachausbildung – auch später im Hörsaal.
○ Und das Gelernte prägt sich durch diese handlungsorientierte Methode besser und nachhaltiger ein.

Im Jahr 2008 gab es mehrere dreitägige Workshops für Dozenten. Auch an der Technischen Hochschule Nürnberg setzt man mittlerweile auf die »neue« Art, Fremdsprachen zu lernen. Im Wahlpflichtfach »Konzepte handlungs- und erlebnisorientierten Lernens« der Fakultät Sozialwissenschaften waren im Sommersemester 2008 28 Studierende aus dem vierten und fünften Semester auf Exkursion bei erlebnistage Bayerischer Wald (www.erlebnistage.de).

Montanalingua – Transfer in andere Sprachen und Kontexte

Eine engagierte Studentin aus Russland hatte für ihren Leistungsnachweis zwei Module aus dem Montanalingua-Programm vorbereitet, um ihren Kommilitonen wichtige Wörter aus der russischen Sprache beizubringen. Dabei wurden mehrere alte Seile zu einer etwa 150 Meter langen Leine gespannt. An den Seilen wurden mit Wäscheklammern viele Kleidungsstücke und Dinge des Alltags angebracht.

Erst lernten die Studierenden diese Begriffe auf klassische Weise. Dann bildeten die Teilnehmer Paare. A bekam die Wörter auf einem kleinen Spickzettel. B hatte die Augen verbunden und wurde von A am Seil entlang geführt. Den ersten Gegenstand am Seil sollte B ertasten und das passende Wort in russischer Sprache finden.

In einer zweiten Übung mussten die Wörter zu kleinen Sätzen geformt werden. Wieder im Raum zurück, gab es eine kurze Wiederholung. Das alles dauerte natürlich viel länger als der klassische Sprachunterricht, aber war es auch nachhaltiger?

Am Tag darauf machte die Gruppe die Probe aufs Exempel. Erstaunlich viele Wörter waren »hängengeblieben«, und alle Studierenden staunten über ihre Lernfortschritte.

Im September 2010 trafen sich 15 Studierende der Technischen Hochschule Nürnberg mit Kommilitonen der Mikkeli University of Applied Sciences (Finnland) wieder bei erlebnistage Bayerischer Wald. Einige Montanalingua-Lektionen später hatten die finnischen Studierenden den künftigen Sozialpädagoginnen und Sozialpädagogen einige wichtige Wörter der finnischen Sprache beigebracht, und umgekehrt die Finnen etwas Deutsch gelernt.

Im Oktober 2011 versuchen sich 16 Trainer, Teilnehmer der Outward Bound-Weltkonferenz in Singapur, mit dem Zauberstab. Es ist schwierig, diesen leichten Stab zu Boden zu bringen, weil der Fingerkontakt die ganze Zeit gewahrt bleiben muss. Das Sprachniveau liegt bei den Niveaustufen A1 bis C2 des gemeinsamen europäischen Referenzrahmens; die Grammatik fokussiert auf den Imperativ, eventuell auf die Adjektivdeklination. Einige wichtige Wörter und Sätze, wie zum Beispiel »ein bisschen höher, ein bisschen tiefer, vorne hoch, langsamer, nicht so schnell, den Stab auf die Finger legen« werden eingeübt. Alles steht, sichtbar für alle, auf einem Poster. Dann geht es los. Zwischendurch kann man unterbrechen, die Wörter nochmals wiederholen, die Aussprache verbessern, neue Wörter hinzufügen. Nach etwa 30 Minuten ist die Übung beendet. Die 16 Trainer aus 13 Ländern sind begeistert und wollen in ihren Outward Bound-Häusern zukünftig Montanalingua einsetzen.

Zum Montanalingua-Projekt gibt es vier Methodenbücher – zum Deutsch-, Englisch-, Französisch- oder Schwedisch-Lernen. Montanalingua bietet 24 innovative Module für die genannten Zielsprachen und wendet sich an Lehrer und Hochschullehrer im Sprachunterricht und an Erlebnispädagogen bei der Arbeit mit fremdsprachigen Gruppen. Eine 30-minütige DVD in den vier Sprachen dient als Zusatzkomponente zum Methodenbuch. Sie enthält unter anderem eine kurze Animationssequenz und beispielhaft dargestellte Unterrichtseinheiten.

Die Methoden des bewegten Lernens sind durch nichts zu ersetzen. Aber wir wollen ehrlich sein: Es ersetzt auch nicht den kurzen anregenden Vortrag, die engagierte Diskussion, die inspirierende Textarbeit einzeln oder im Team oder die vertiefende Lektüre des Fachbuchs.

Via nova – ADHS zwischen Alm und Alltag

Beim Aufmerksamkeit-Defizit-Syndrom (ADS) oder bei der Aufmerksamkeitsdefizit-/Hyperaktivitätsstörung (ADHS) scheiden sich die Geister; es werden schnelle Diagnosen gestellt und einfache Therapien verordnet. Bewegungsarmut, Sitzpädagogik, neue Medien, Vernachlässigung einerseits, genetische Defekte andererseits werden als Ursachen genannt. Ist AD(H)S eine Krankheit oder gab Zappelphilippe es schon immer? Immerhin hat sich diese Störung im »Struwwelpeter« niedergeschlagen. Auch »Max und Moritz«, die Lausbuben bei Ludwig Thoma, Nabokovs Lolita, Pippi Langstrumpf, Micky Maus und Mick Jagger waren Nervensägen. Aber heute hat sich die Lebenssituation deutlich verändert. Die neuen Medien konkurrieren erfolgreich mit Sport und Spiel, und das Einzelkind wird entweder nachhaltiger kontrolliert und verwöhnt oder vernachlässigt und gänzlich mit Medienkonsum ruhiggestellt. Etwas polemisch könnte man sagen, dass das schulische Lernen die pädagogische Käfighaltung fortsetzt, die heute im Elternhaus beginnt. Die Kindersicherheitsindustrie und der elterliche Überwachungswahn sorgen von Anfang an für Übersicht und »Sicherheit«.

Die gängige, schnelle und vielleicht auch bequeme Lösung des Problems sind Medikamente. Man sollte aber durchaus den Fokus auf die Stärken und auf die Bedürfnisse der Kinder richten, die von AD(H)S betroffen sind. Manchmal mögen Medikamente helfen. Sie ersetzen aber nicht ein gezieltes Training der Eltern, professionelle Beratung, Psychotherapie und zahlreiche weitere Methoden und therapeutische Ansätze.

Gerald Hüther zählt zu den bekanntesten Hirnforschern Deutschlands. Zusammen mit der Sinn-Stiftung hat er 2009 das Projekt Via nova durchgeführt, ein innovatives Therapie- und Entwicklungskonzept für Jungen mit ADHS-Symptomatik. Ein Bericht im »Stern«, Interviews in »GEO« und »Psychologie Heute« sowie eine Fernsehsendung sorgten dafür, dass das Projekt in ganz Deutschland bekannt wurde.

Via nova

Zwölf Jungen im Alter von acht bis 14 Jahren verbrachten zwei Sommermonate auf einer Südtiroler Berghütte auf 2 400 Meter Höhe unter einfachsten Bedingungen. Alle hatten eine ärztliche ADS-Diagnose und wurden mit Psychostimulanzien, meist Ritalin, behandelt. Während des Almaufenthalts wurden die Medikamente abgesetzt. Wenn irgendwie möglich, sollten die Eltern später im Alltag ebenfalls darauf verzichten, ihren Kindern Medikamente zur Beruhigung zu verabreichen. Die Kinder wurden von Pädagogen, Therapeuten und Medizinern betreut. Das Hüttenleben bestimmte den Alltag: Holz machen, einheizen, gemeinsam kochen, die Hütte sauber halten, das Vieh versorgen. Natürlich blieb Zeit für kreative Aktivitäten, fürs Draußensein, für eigene Interessen.

Gerald Hüther bezeichnete den therapeutischen Ansatz von Via nova als »systemische Impulstherapie«, die natürlich die Eltern einbezieht. Allerdings hätte ein Hinweis nicht geschadet, dass dieser Rückzug in die Bergeinsamkeit deutliche Parallelen zu erlebnispädagogischen Projekten aufweist. Schließlich sind Bewegung, Erlebnis, Gemeinschaft, körperliche Leistung, Durchhaltevermögen wichtige Faktoren dieser Therapie. Das Konzept von Via nova basiert auf Erkenntnissen aus der Hirnforschung, enthält Elemente der systemischen Psychotherapie und der Erlebnispädagogik.

Via nova ist natürlich kein leichter Weg, sondern steinig, labyrinthisch, alles andere als gradlinig. Die ersten Tage auf der Berghütte sind durch destruktives Verhalten gekennzeichnet: die Kinder stören, verstören und zerstören, schauen zu und ziehen sich zurück. Viele sind zum ersten Mal in einer Gemeinschaft, sollen sich ein- und unterordnen, müssen sich die Erwachsenen teilen, wollen, aber bekommen nicht die volle und alleinige Aufmerksamkeit. »Schon nach den ersten Tagen auf der Alm brauchten diese Kinder kein Ritalin mehr, und es wurde sichtbar, was alles in diesen Kindern steckt, die man so leichtfertig mit Psychopharmaka ruhigstellt. Ich hoffe sehr, dass Eltern dadurch bestärkt werden, sich künftig mit Händen und Füßen gegen die Pathologisierung ihrer Kinder zu wehren« (Hüther http://www.geo.de/reisen/reisewissen/6014-rtkl-interview-alm-statt-ritalin). Der Gehirnforscher Gerald Hüther, der wie kein anderer aus diesem Metier die Grenzlinien zur pädagogischen Praxis überschreitet, betrachtet AD(H)S eher als eine Variante misslungener Sozialisation, die sich durch eine graduell hohe Mutterbindung auszeichnet. Diese exklusive Bindung trägt zu einem großen Aufmerksamkeitsbedürfnis bei, das die Hinwendung zu Dritten und zu gemeinsamen Interessen beeinträchtigt. Daher, so Hüther, braucht es gemeinsame Erlebnisse, die man teilen kann.

Diese Erkenntnis wird in dem Kultbuch und US-Bestseller »Last Child in the Woods« (2011) von Richard Louv bestätigt, der von einer Naturdefizitstörung spricht (2011, S. 55 f.), die auch der Auslöser von AD(H)S sei. Kinder werden zappelig, weil sie nicht mehr oder zu wenig in der Natur, im Wald oder auf der Wiese spielen. Seine Therapieempfehlung ist das freie Spiel draußen vor der Tür. Kinder mit ADHS-Diagnose verbesserten ihre Konzentrationsfähigkeit statistisch nachweisbar nach einem 20-minütigen Spaziergang in einem Naturpark. Die Vergleichsgruppe war in gepflegten Stadt- und Wohngebieten unterwegs (ebd., S. 141). Auch Andreas Weber behauptet in seinem Bestseller »Mehr Matsch!«: »Natur heilt ADHS« (Weber 2012, S. 76).

Zurück zu Via nova: Die Kinder, ihre Betreuer und Therapeuten leben für acht Wochen gemeinsam auf einer Alm mit Tieren, die sie gemeinsam versorgen. Sie leben einfach – und meistern die täglichen Aufgaben gemeinsam. Es ist alles da, was die Kinder zu einem erfüllten und kreativen Leben brauchen: eine kleine Werkstatt; Ausstattungen zum Kochen, Backen und Herstellen von Joghurt und Käse, aber auch Spiele aller Art, Musikinstrumente und Material für Kunstaktionen.

Die Sinn-Stiftung, verantwortlich für die Durchführung von Via nova, sieht folgende Ziele für den Hüttenaufenthalt:

o »Impuls-Selbst-Kontrolle stärken
o eigene und fremde Bedürfnisse erkennen
o Spannungspunkte lösen
o Aufmerksamkeit dosieren
o und immer wieder: Sich für andere einsetzen, gemeinsam etwas schaffen.
o Eltern und Kinder sollen erkennen:
o das Leben besteht aus prozesshaften Entwicklungen und Wechselwirkungen (nicht aus diagnostischen Festlegungen);
o Veränderung und Selbstgestaltung sind möglich;
o Auffälligkeiten, Defizite und Schwächen können sich (vielleicht unerwartet) als Ausdruck von Bedürfnissen und/oder versteckten Talente zeigen.«

Natürlich war den Veranstaltern bewusst, dass nach dem Schritt von der Südtiroler Alm in den Alltag vieles von dem Gelernten verloren gehen kann. Zum einen wurde ein Internetforum angeboten, zum anderen sollten Mentoren die weitere Betreuung übernehmen. In der Sendung »Wo die starken Kerle wohnen. Kinder mit AD(H)S versuchen einen Neuanfang« (ZDF, 37 Grad, 09.03.2010) wurde das Projekt Via nova ausführlich geschildert. Eltern und Kinder wurden nach dem Almaufenthalt auch in ihrem Alltag begleitet. Manche Entwicklungen sind erfreulich, manche ernüchternd. Das Projekt wurde 2010 und 2011 wiederholt. Dass der Transfer in den Alltag allzu lässig unterstellt wird, ist eine grundlegende Kritik, mit der sich die Erlebnispädagogik von Anfang an auseinandersetzen musste. Auch Via nova muss in diesem Bereich noch neue Wege gehen, um das Gelernte noch besser zu sichern, und kann Beispiel geben auch für die »Erwachsenenwelt« – man denke an Ausgleich bei Gefahr von Burnout oder generell dem Trend zu mehr Achtsamkeit auch in Unternehmen.

Literatur und Internetlinks

● Begley, Sharon: Neue Gedanken – neues Gehirn. Die Wissenschaft der Neuroplastizität beweist, wie unser Bewusstsein das Gehirn verändert. München: Goldmann 2007
● Ciompi, Luc: Die emotionalen Grundlagen des Denkens. Entwurf einer fraktalen Affektlogik. Göttingen: Vandenhoeck & Ruprecht 1999
● Csíkszentmihályi, Mihály: Das Flow-Erlebnis. Jenseits von Angst und Langeweile im Tun aufgehen. Stuttgart: Klett-Cotta, 8. Auflage 2000

- Damasio, Antonio R.: Descartes' Irrtum. Fühlen, Denken und das menschliche Gehirn. München: List, 4. Auflage 1999
- Damasio, Antonio R.: Ich fühle, also bin ich. Die Entschlüsselung des Bewusstseins. München: List 2000
- Damasio, Antonio R.: Der Spinoza-Effekt. Wie Gefühle unser Leben bestimmen. München: List 2005
- Flitner, Andreas (Hrsg.): Johann Amos Comenius: Große Didaktik. Stuttgart: Klett-Cotta, 10. Auflage 2007
- Goleman, Daniel: Soziale Intelligenz. Wer auf andere zugehen kann, hat mehr vom Leben. München: dtv 2006
- Hahn, Kurt: Die sieben Salemer Gesetze. In Knoll, M. (Hrsg.): Kurt Hahn: Reform mit Augenmaß. Stuttgart: Klett-Cotta 1998, S. 151–153
- Heckmair, Bernd: 20 erlebnisorientierte Lernprojekte. Weinheim und Basel: Beltz, 3. Auflage 2008
- Heckmair, Bernd/Michl, Werner: Einführung in die Erlebnispädagogik. München, Basel: Ernst Reinhardt, 7. Auflage 2012
- Heckmair, Bernd/Michl, Werner: Von der Hand zum Hirn und zurück. Bewegtes Lernen im Fokus der Hirnforschung. Augsburg: ZIEL 2013
- Hüther, Gerald: Interview: Alm statt Ritalin! In: http://www.geo.de/reisen/reisewissen/6014-rtkl-interview-alm-statt-ritalinHüther)
- LeDoux, Joseph: Das Netz der Gefühle. Wie Emotionen entstehen. München: Hanser 2. Auflage 2003
- Louv, Richard: Das letzte Kind im Wald. Weinheim und Basel: Beltz 2011
- Montanalingua (o. J.): Fremdsprachen und Erlebnispädagogik. 24 praktische Vorschläge für Lehrer und Kursleiter. dialoge sprachinstitut Lindau (Vertrieb über Ernst Klett Verlag – Sprachen)
- Michl, Werner: Erlebnispädagogik. München, Basel: Ernst Reinhardt UTB, 3. Auflage 2015
- Ratey, John J.: Das menschliche Gehirn. Eine Gebrauchsanweisung. München: Piper, 4. Auflage 2006
- Reinhardt, Ralf: Laufen macht schlau! Aerobes Ausdauertraining, Genotyp und Kognition. Karlsruhe (Dissertation) 2009
- Scheich, Henning: Lernen unter der Dopamindusche. Was uns Versuche an Mäusen über die Mechanismen des menschlichen Gehirns verraten. In: DIE ZEIT, 39, 38, 2003
- Taylor, Verdon u. a: Quiescent and Active Hippocampal Neural Stem Cells with Distinct Morphologies Respond Selectively to Physiological and Pathological Stimuli and Aging. In: Cell Stem Sell, Volume 6, Issue 5, 2010
- Weber, Andreas: Mehr Matsch! Kinder brauchen Natur. Berlin: Ullstein 2012

Mal mir ein (Neuro-)Bild mit Worten!

Carl Naughton, Gertrud Kemper, Annette Reher

Tags: Sprachbilder, Metapher, Analogien, Lernprozesse, Arbeitslast, Schema, innere Bilder, Emotion, Denken, Kognition

Positionierung

Was immer Sie weiterbildend tun, die erste zu überschreitende Schwelle ist das Arbeitsgedächtnis Ihrer Teilnehmenden oder der begleiteten Personen: Welchen »cognitive load« fordern Sie dem jeweiligen Gehirn ab, wie vermeiden Sie Überlastung? Das ist der Ansatz dieses Autorentrios, das sich Lernprozessen widmet und eine wichtige Lösung präsentiert: Das Arbeiten mit Sprachbildern erhöht die Behaltensleistung deutlich.

Doch wodurch wirken »Anameta«, also Analogien und Metaphern? Die wichtigsten Aspekte finden Sie – belegt durch eigene Studien respektive Erkenntnisse der Hirnforschung – in diesem Beitrag. Wichtig sind: Vernetztheit, Konkretisieren, Erwartungsbrüche (unser Gehirn liebt Überraschungen), multimodales Aktivieren. Besonders interessant ist, dass Sie damit jenseits des limbischen Systems wirken, nämlich im kognitiven Bereich: Sie fordern das menschliche Denkhirn, allerdings in einer Form, die es bereit ist mitzugehen. Das »Schaffen eines visuellen Abdrucks im Gehirn eines Menschen« nennt die Neurowissenschaftlerin Pascale Michelon das verbale Malen von Bildern: Die Sehrinde könne nicht unterscheiden zwischen dem, was real und was eingebildet sei (nach Gallo 2016, S. 270 ff.). Schaffen Sie also Bilder in den Köpfen, lassen Sie ein »Kopfkino« ablaufen.

Auch das »Ankern« aus dem NLP findet sich hier wieder – und lässt sich mit dem Bahnen im Gehirn verbinden: Wenn Sie es schaffen, mehrere Hirnareale auf sich, auf Ihren Stoff zu konzentrieren, bleiben diese neuen Informationen und Erfahrungen besser haften – die Behaltensleistung wächst. Verfolgen Sie die detaillierte Darstellung im Beitrag, die Ihnen vielerlei Anregungen für den eigenen Einsatz von Analogien und Metaphern bietet. Wie Sie diese in »Metaphernarbeit« mit Führungskräften und Teams einsetzen können, etwa für Leitbildentwicklung, beschreibt übrigens eine andere Autorin dieses Handbuchs ausführlich in ihrem Buch »Sprachbilder, Metaphern & Co.« (Mahlmann 2010).

(Literatur: Gallo, Carmine: Talk like TED. Die 9 Geheimnisse der besten Redner. München Redline 2016; Mahlmann, Regina: Sprachbilder, Metaphern & Co. Weinheim und Basel: Beltz 2010)

Unser Gehirn arbeitet mit Bildern

Über die neurodidaktische Wirkung und Wirksamkeit von Metaphern

»Man sieht nur mit dem Herzen gut«, lässt Antoine de Saint-Exupéry den kleinen Prinzen sagen. Die Wissenschaft gibt ihm recht, drückt es aber anders aus: Sprich zu Insula und dem cingulären Cortex und mache die Welt zu einem verständnisvolleren Ort. In der kognitiven Linguistik gelten Metaphern als eine der wesentlichen Strukturierungen des Denkens. Sie werden als »konzeptuelle Metaphern« beschrieben, die einen Bildspender mit einem Bildempfänger verbinden. Aktuelle Erkenntnisse der Neurowissenschaften belegen, dass (neue) Informationen wirksam und behaltensrelevant mithilfe solcher Metaphern vermittelt werden können. Die kognitive Psychologie belegt ihren Erkenntnisnutzen, die bildgebenden Verfahren verorten sie im Hirn. Analogien und Metaphern – kurz Anametas – sind Meister der Informationsvermittler, da sie diesen Prinzipien hervorragend Folge leisten. Wie die Wirkungsweise von Analogien und Metaphern neurowissenschaftlich untermauert und für effektive Lernprozesse, veränderte Denkprozesse und verbesserte Online-Lernergebnisse umgesetzt werden kann, ist Inhalt dieses Beitrags.

Die Sprengkraft sprachlicher Bilder

Achtung: Dieser Text könnte die Wirkung eines Erdbebens haben. Die kommunikative Kraft metaphorischer Interaktion ist klar belegt. Schon in den 1980er-Jahren zeigten die Linguisten George Lakoff und Martin Johnson, wie regelmäßig und intensiv Menschen sie beim Reden und Schreiben nutzen. Sie sind kein rhetorischer Schmuck. Sie sind reale Verständnishilfen, Macheten im Informationsdschungel, Filter in der Informationsflut, mit deren Hilfe Menschen abstrakte Phänomene greifbar gestalten: Komplexes vereinfachen, Kompliziertes verständlich und Kommunikation erlebbar machen. Sie schaffen konkrete Lebendigkeit, vertraute Klarheit und funktionieren nach einem überraschend trivialen Prinzip.

»The essence of metaphor is understanding and experiencing one kind of thing in terms of another.« (Lakoff/Johnson 1980, S. 5)

Wenn so viel geballte Kraft in der Verwendung der (richtigen) sprachlichen Bilder liegt, warum ist die metaphorische Methode dann in der Lehr-Lern-Kultur unsichtbar? Mangelt es an der neurowissenschaftlichen Belegbarkeit? Aus- und Weiterbildner sind immer hungrig nach solchen Neuro-Erkenntnissen: »Lernen im Hirn, wie funktioniert es?«, »Was ist der beste Weg der Stimulation?«, »Was macht Lernen effektiv?«. Eine Umfrage des Teaching & Learning Research Program unter der Leitung von Chris Husbands und Jo Pearce in England aus dem Jahr 2012 zeigt: Neun von zehn Lehrern glauben, dass das Wissen um das Hirn für die Entwicklung der Lernangebote wichtig bis sehr wichtig sei. Aber im Rahmen der Veröffentlichung dieser Ergebnisse zeigte sich auch: Manchmal läuft das echt blöd für die Aus- und Weiterbildner. Susan Greenfield zum Beispiel, eine der bekanntesten Forscherinnen der Pharmakologie im Bereich des lernenden Gehirns und ehemals Direktorin der Royal Institution of Great Britain, suchte nach Belegen für die Grundlagen der »Lernstile«. Ihre Kollegen zeigten ihr auf, dass es diese gar nicht gibt – so das Suchergebnis nach 30 Jahren Forschung. Gefunden wurden weder Beweise für die Hilfe von »VAK« (die Lernstile Visuell, Auditiv und Kinästhetisch) noch für die anderer Lernstiltypisierungen. Diese Aussage scheint das vorzeitige Ende dieses Beitrags einzuläuten. Oder sieht es bei der Untersuchung der Wirksamkeit metaphorischer Kommunikation anders aus? Muss sie gezielter gelernt werden, damit Wissensvermittler sie zum Nutzen der Lerner einsetzen können? Zweifelt eine hirnscannergeplagte Generation von Aus- und Weiterbildnern an der Belegbarkeit ihres Nutzens?

Wundermittel »Metaphern«

Metaphern funktionieren, indem sie zwei Bereiche verknüpfen: Bildspende und Bildempfang. Das Wissen über den ersten Bereich hilft dabei, die Bedeutung des zweiten zu erschließen, seine strukturierende, hervorhebende oder ausblendende Wirkung zu verstehen. Nun gibt es gerade im Bereich der Metaphernforschung an der Schnittstelle zwischen kognitiver Psychologie und Linguistik so viele Veröffentlichungen, dass jeder gesunde Baum den Lebensmut verliert. Daher soll hier der Fokus auf einige praxisrelevante Informationen gelegt werden. Die wissenschaftliche Ausrichtung stützt sich dabei auf George Lakoff und Mark Johnson, die die kognitive Wirkweise von Metaphern als »in erster Linie eine Sache von Denken und Handeln und nur in Ableitung eine Sache der Sprache (primarily a matter of thought and action and only derivatively a matter of language)« (Lakoff/Johnson 1980, S. 153) ansehen.

Metaphern

Generell kann man drei Arten von Metaphern unterscheiden:

- **Lexikalisierte Metaphern:** Dazu gehören Wörter wie »Lebensabend« oder »Handschuh«, die bereits in die Alltagssprache eingedrungen sind.
- **Konventionalisierte Metaphern:** Diese tauchen meist in Sprichwörtern oder Phrasen mit einer sprachhistorischen Tradition auf. Sie fassen abstrakte Konstrukte in alltagsrelevante Phänomene. Zum Beispiel wirkt die Aussage »Das maximale Volumen sub-

terraner Agrarprodukte ist reziprok proportional zur intellektuellen Kapazität des Kultivators« nicht metaphorisch, obwohl es die identische Aussage ist zu »Der dümmste Bauer hat die dicksten Kartoffeln«.

- **Lebendige Metaphern:** In dieser Kategorie finden sich kühne Metaphern, deren Bezüge besonders weit auseinander liegen, und dunkle Metaphern, die scheinbar Unvereinbares in Bezug zueinander setzen. Sie sind sprachliche Bilder, die eine eigene Gebrauchsanweisung benötigen, wie zum Beispiel »das schwere Herz«.

Beinharte, echte Metaphern sind kleine Kunstwerke. Ihre Lernkraft ergibt sich aus dem Ungewöhnlichen. Das liegt unter anderem daran, dass der Empfänger ordentlich mitarbeiten muss, um sich den scheinbaren Wortsalat zu erschließen.

Analogie und Metapher: Am ehesten gelingt Wissensvermittlung im Rückgriff auf konzeptuelle Metaphern und Analogien. Ob eine Analogie oder Metapher als Wissensvehikel funktioniert, hängt ab von ihrer Art der Verfügbarkeit des notwendigen Weltwissens und ihrer Neuartigkeit. Kurz gesagt: Es geht darum, ob sie die kognitive Belastung verkleinert und ob tiefere Verständnisprozesse auftreten.

Arbeitslast und Verarbeitungstiefe: Der Cognitive Load Theory (CLT) von Paul Chandler und John Sweller (1991) liegt die Annahme zugrunde, dass die Überlastung des limitierten Arbeitsgedächtnisses zu einer Verringerung der Lernleistung führt. Um das zu verhindern, gilt es, komplexe Informationen zu komprimieren und so zu gestalten, dass sie die Aufnahmekapazität des Arbeitsgedächtnisses nicht überfordern und der Arbeitsweise des Gedächtnisses entsprechen. Eine solche portionierte und gehirngerechte Darstellung führt zu einer intensiveren Verarbeitung der Informationen. Die CLT basiert auf der Gedächtnistheorie von Alan Baddeley (1986), nach der das eng begrenzte Arbeitsgedächtnis mit einem unbeschränkten Langzeitgedächtnis interagiert. Der Kerngedanke dieser Theorie ist, durch eine lernförderliche Gestaltung der Informationen die Bildung und die Automatisierung verschiedener Schemata zu fördern, um auf diese Weise die begrenzte Kapazität des Arbeitsgedächtnisses zu entlasten, was der Unterstützung der Speicher- und Organisationsprozesse von Informationen im Langzeitgedächtnis dient.

Die Belastung des Arbeitsgedächtnisses kann bereits dadurch verringert werden, indem mehrere Einheiten zu größeren Einheiten zusammengesetzt werden. Eine der im Alltag bedeutsamsten Methoden ist das Bilden und Automatisieren dieser Schemata sowie der Einsatz »guter Gestalten«.

Levels of Processing: Die Theorie der »Levels of Processing« nach Fergus Craik und Robert Lockhart (1972) geht davon aus, dass Informationen umso sicherer gespeichert werden und umso leichter abrufbar sind, je intensiver sie verarbeitet werden.

Es konnte gezeigt werden, dass verschiedene Verarbeitungsprozesse (Enkodierung) verschiedene Gedächtniscodes unterschiedlicher Dauerhaftigkeit kreieren. Es wird angenommen, dass ein Stimulus verschiedene hierarchische Verarbeitungsebenen durchläuft, die mit einer relativ oberflächlichen Verarbeitung beginnen und mit einer tiefen semantischen Verarbeitung enden. Man spricht in diesem Zusammenhang von der »Verarbeitungstiefe« (depth of processing). Die gedankliche Anstrengung, wie sie die semantische und kognitive Auseinandersetzung mit einem Stimulus fordert, erhöht die Gedächtniswirkung durch die Verarbeitungstiefe. Je »tiefer« die Verarbeitung, umso überdauernder die Gedächtnisspur (Engramm). Konkret bedeutet das, dass zum Beispiel tiefere Gedächtnisspuren entstehen, wenn das Lernmaterial intensiver interpretiert wird, mehr Vergleiche gezogen oder Kernaussagen extrahiert werden.

Neben der kognitiven Wirkung besitzen Analogien eine stark affektive Wirkung, so fasst Frank Vohle zusammen: »Der Einsatz von Analogien und Metaphern ist ein adäquates Mittel, um die genannten Forderungen zu mehr Neugier, Staunen und Zweifel umzusetzen. Wenn der Experte eine Analogie verwendet, dann ist der Laie zunächst einmal irritiert, er benötigt eine kurze Zeit, bis er die ›Absurdität‹ des Vergleichs durchschaut hat und in der Folge die Information der Analogie mit dem Wissen in seinem Kopf verbunden hat, das heißt eine kohärente Struktur aufbaut. [...] Neben dem eher kognitiven Faktor, Irritationen hervorrufen und auflösen, hat die Analogie noch eine rein affektive Wirkung: Durch ihren bildhaften Anteil können Analogien die Stimmung positiv, aber auch negativ beeinflussen, was man sich mit der dualen Repräsentation von Wissen erklärt: ›... metaphors provides a vivid and, therefore, memorable and emotion arousing representation‹« (Vohle 2004, S. 114).

Schemata machen Infos klar: Neben diesen Aspekten ist das schnelle automatische Verarbeiten von Bildern ebenfalls auf die Existenz gespeicherter Schemata zurückzuführen. Bei Schemata handelt es sich um standardisierte Vorstellungen zu einem Objekt oder einer Situation, die wir in unserem Gedächtnis gespeichert haben. Zum Schema eines Autos gehört beispielsweise: was es hat, was es kann, wozu es genutzt wird, wem es ähnelt und so weiter. Es hat Räder, Motor, Karosserie und anderes mehr. Mithilfe solcher im Gedächtnis gespeicherten Schemata erkennen wir Objekte oder Situationen schnell und ohne die Kapazität des Arbeitsgedächtnisses zu belasten. Dies spricht für die Verwendung vertrauter Schemata auch im Bereich der Wissensvermittlung, um die Inhalte vergessensresistenter zu präsentieren.

Um die Wirksamkeit der Schemata zu belegen, wurden 76 Teilnehmer der Versuchsreihe in zwei Gruppen aufgeteilt: Gruppe A (37 Teilnehmer), Gruppe B (39 Teilnehmer). Beiden Teams wurden je fünf Begriffe präsentiert, die sie sich merken sollten.

- Gruppe A (Kontrollgruppe) sah eine klassische Textfolie mit den Begriffen.
- Gruppe B bekam dieselben Begriffe präsentiert, allerdings mithilfe der genannten gestalttheoretischen Prinzipien aufbereitet: Den Themenbereich »Training« aktivierte das Schema des Sportlers. Dieser verfügt über fünf inhaltliche Andockpunkte: einen Kopf, zwei Beine und zwei Arme. Und diese Punkte der guten Gestalt setzen wir zur Verankerung der fünf Inhalte ein. Am Kopf platzierten wir das Intelligenztraining. An der linken Hand die Kreativität, weil man so schön behauptet: Linkshänder seien kreativer. Dann steht die rechte Hand für das logische Problemlösen und der Fuß für die Aggression.

Visualisierte Darstellung der Begriffe

Das Ergebnis eines Recalls nach drei Minuten: Zwei Begriffe konnten sich 100 Prozent der Mitspieler in der Kontrollgruppe merken. An fünf einfache deutsche Hauptwörter aus dem eigenen Studiengebiet konnten sich allerdings nur acht Zuhörer dieser Gruppe A erinnern. Bei Gruppe B hatten alle Teilnehmer bis zu vier Begriffe parat und 87 Prozent wussten noch alle Begriffe. Diese Untersuchung konnte zeigen:

- Gestalten und Schemata sind bereits vorher im Betrachterhirn. Der Teilnehmer bringt sie selbst mit. Das bedeutet für Sie: Sie müssen diese nur aktivieren und um Ihre Begriffe ergänzen.
- Sie werden vom Gehirn unbewusst verarbeitet, kosten also keine bewusste Denkenergie.
- Sie funktionieren nach dem Alles-oder-Nichts-Prinzip. Wenn Sie an einen Fußballer denken, denken Sie ihn sich mit Beinen, Armen und Kopf.

Und noch ein weiteres Beispiel zur Verdeutlichung:

Innere Bilder und Tiefenverarbeitung

Die Wirkung innerer Bilder zeigt sich beim Chinesisch-Lernprogramm »Chineasily«. Es ist ein multimediales Lernprogramm, das dem sicheren und schnellen Erlernen der chinesischen Schriftzeichen dient. Dies geschieht durch die visuelle Kodierung der Zeichen anhand kreativer Analogien und Metaphern. Die Zeichen und deren Bedeutungen werden in einer interaktiven Übung präsentiert. Die Aufgabe besteht darin, sie mithilfe der bifurkativen Assoziationen einander zuzuordnen.

»Chineasily«

Die folgenden Abbildungen zeigen beispielhaft zwei Zeichen, ihre Bedeutungen und die dazugehörige Assoziation:

Zeichen – Bedeutung: Tor

Tor – bifurkative Assoziation: »der Eingang eines Westernsaloons«

Zeichen – Bedeutung: Frau

Frau – bifurkative Assoziation: »verdrehtes Geschlechtschromosom«

Die Zeichen werden durch die Vorgabe dieser bifurkativen Assoziationen sicher gespeichert und sind leicht abrufbar.

Chineasily basiert auf der Levels-of-Processing-Theorie (LOP-Theorie). Diese Theorie geht davon aus, dass Informationen umso sicherer gespeichert werden und umso leichter abrufbar sind, je intensiver sie verarbeitet werden. Chineasily setzt die LOP-Theorie konsequent um, denn das Programm ist so gestaltet, dass intensive Lernprozesse gezielt ausgelöst werden.

Die höchste Produktivität wird der visuellen Kodierung zugeschrieben, weil bei dieser Art des kreativen Denkens neue Gedächtniseinheiten mit vertrauten Gedächtniseinheiten sicher verbunden werden. Deshalb ist die visuelle Kodierung der zentrale und wichtigste Prozess von Chineasily.

Neuro-Anameta: Feuerwerker im Frontalhirn

Nun ist also der Nachweis erbracht, dass verbildlichte Metaphern es ermöglichen, Zusammenhänge und Bedeutungen auszudrücken, die auf andere Arten nur sehr schwierig elegant ausgedrückt werden können. Darauf folgt die Frage, inwiefern und vor allem wie dies mit rein sprachlicher Wissensvermittlung zu erreichen ist. Schließlich verlangt Bedeutungsübertragung auch hier, dass eine semantische Verbindung zwischen Bereichen geschaffen wird, die typischerweise nicht so oft miteinander verbunden sind.

Bereits 2004 haben Studien von Frank Vohle gezeigt, dass das Verwenden von Analogien Verständigungsprozesse beschleunigt (Vohle 2004). Die Untersuchungen der neueren Neuroforschung belegen die besondere Art der hirnseitigen Verarbeitung. Das Team um Alexander Rapp zeigte 2004, wie diese Verarbeitung funktioniert:

Wo Metaphern im Gehirn wirken

Im Versuch wurden den Probanden zwischen 19 und 51 Jahren 60 deutsche, syntaktisch gematchte Satzpaare (maximal die letzten drei Wörter der Sätze unterschieden sich) präsentiert, bestehend aus metaphorischen und nicht metaphorischen Sätzen.

Beispiel: »Die Worte des Liebhabers sind Harfenklänge« versus »Die Worte des Liebhabers sind Lügen« (Rapp 2004, S. 396)

Die Sätze wurden den Probanden in 5-Sekunden-Fenstern gezeigt, während sie im MRT-Scanner lagen. Die Aufgabe war, zu entscheiden, ob diese Sätze positive oder negative Konnotationen hatten. Die »Wirksamkeit« der Metaphern auf die Neuronen war dabei klar zu erkennen: Es zeigte sich eine eindeutige Aktivierung unter anderem im linken lateralen inferioren frontalen Gyrus (Broca-Areal 45/47). Bisherige Studien hatten nahegelegt, dass eben dieser Bereich auch bei der Integration von Wort- und Satzbedeutungen eine entscheidende Rolle spielt.

Die Reaktionszeit, also die Zeit zwischen dem Zeigen des jeweiligen Satzes bis zur Reaktion des Probanden, betrug im Durchschnitt 2,3 Sekunden für die Metaphernsätze und 2,14 Sekunden für die nicht metaphorischen Sätze. Signifikant mehr Zeit benötigt die Metaphernverarbeitung also nicht. Allerdings wirken nicht alle Metaphern gleich im Gehirn.

Gloria Bottini und Kollegen zeigten bereits 1994, dass bei der Verarbeitung komplexerer Metaphern hauptsächlich der rechte laterale temporale Bereich sowie frontale Bereiche aktiviert werden.

Beispiel: »The policeman who didn't give straight answers was jumping ditches« (Bottini 1994, S. 1244). – Die Verarbeitung dieser Metaphern aktivierte zum Beispiel den rechten superioren und den mittleren temporalen Gyrus. Diese sind involviert in die Verarbeitung komplexer syntaktischer und semantischer Verarbeitung auf Satzebene.

Gemäß der genannten Ergebnisse zeigt sich, dass je semantisch komplexer ein metaphorischer Gebrauch ist, umso eher rechts-hemisphärische Prozesse mit angestrengt werden (Giora 2000). Bereits Beemans Forschungsergebnisse von 1998 zur »Coarse Semantic Coading Theory« berichten von der rechtsseitigen Aktivierung. Der Grund für die Involvierung ist, dass Metaphern größere semantische Beziehung beinhalten. Gestützt wird dies unter anderem durch Untersuchungen, die zum Beispiel einen »Linkes-Visuelles-Feld-Vorteil« aufzeigen. Das linke visuelle Feld wird rechtshemisphärisch verarbeitet (Mashal/Faust 2008).

Glenda Schmidt und Carol Seger zeigten 2009, was genau der Unterschied und der mögliche Nutzen der zwei unterschiedlichen Forschungserkenntnisse sein kann: Die unterschiedliche Verarbeitungsart wird moderiert durch »Bekanntheit«, »Schwierigkeit« und »Figurativeness«. Dazu ließen sie Probanden nicht-metaphorische Sätze, einfache Metaphernsätze, unbekannte Metaphernsätze und unbekannte und schwer zu verstehende Metaphernsätze lesen und schauten sich die jeweilig aktivierten neuronalen Verbände an. Die rechte Hemisphäre ist tatsächlich an Metaphernverarbeitung beteiligt, und diese Beteiligung ist eine Frage der drei genannten Faktoren. Die Ergebnisse stellen sich im Einzelnen wie folgt dar:

o Es zeigt sich eine starke linkshemisphärische Aktivierung für die Bereiche, die im inferioren frontalen Gyrus die semantische Verarbeitung vornehmen.
o Rechtshemisphärische Homologe der linksseitigen semantischen Bereiche springen ein in Abhängigkeit von course coding mechanisms (Beeman 1998).
o Die Aktivierung des rechten inferioren frontalen Gyrus (BA47) geschieht im Rahmen der Verarbeitung von Bildsprachlichkeit und Bekanntheit. Das liegt am Bedarf, Informationen während des »coarse semantic coding« zu bearbeiten.
o Je schwieriger die Metaphern zu verarbeiten sind, desto mehr steigt beidseitig die Aktivierung an.
o Die anterioren Anteile der Insula spielen bei der Metaphernverarbeitung ebenfalls eine wichtige Rolle. Nämlich in Sprech- und Sprachverarbeitung, indem sie die Sprachareale des Frontal- und des Scheitellappens koordiniert. Sie befindet sich auch tatsächlich direkt neben den klassischen Broca- und Wernicke-Arealen. Während in den relevanten Scheitellappenbereichen der lexikalische Zugriff geleistet wird, findet im Frontallappen die Bedeutungsselektion statt (Bennett/Netsell 1999).

Metaphern und Lernen

Es ist wichtig, an bereits vorhandenes Wissen anzuknüpfen, um der neuen Information spontan eine Bedeutung zuzuordnen. Analogien leisten den Transfer vom Unbekannten zum Bekannten, indem sie bereits bekannte Pfade im Gedächtnis nutzen. Vier Aspekte sind dabei zentral:

o Vernetztheit
o Konkretisierung
o Erwartungsbrüche
o multimodale Aktivierung

Vernetztheit: Laut Gerhard Roth ist das Gedächtnis in unterschiedliche Bereiche organisiert, und zwar in das deklarative, das emotionale und das prozessuale Gedächtnis. Das deklarative Gedächtnis hat mit Faktenwissen, Wissen über sich selbst und über sein eigenes Leben zu tun. Es unterteilt sich in ein Faktengedächtnis, ein Vertrautheitsgedächtnis und ein episodisches Gedächtnis.

In der Regel geht episodisches Wissen in Faktenwissen, also abstraktes Wissen über. Das emotionale Gedächtnis speichert negative und positive Gefühle und das prozedurale Gedächtnis hat mit Fertigkeiten zu tun. Alle diese Gedächtnisarten hängen eng zusammen und kooperieren miteinander.

Diese Gliederung ist eine rein psychologische, stimmt jedoch exakt überein mit dem Aufbau des Gehirns. Alles, was mit Bewusstsein zu tun hat und mit dem deklarativen Gedächtnis, sitzt in der Hirnrinde, also im Neocortex. Entsprechend sitzt das Fertigkeitswissen im Kleinhirn, wie beispielsweise Fahrradfahren oder andere automatisierte Prozesse, die mit Bewusstsein wenig zu tun haben. Lernen (wie die Informationsaufnahme) passiert nicht zufällig, sondern wird gesteuert durch das limbische System, dem Sitz der Emotionen im Gehirn. Es ist ein System, das völlig unbewusst arbeitet, das aber Aufmerksamkeit, Motivation und Emotion erzeugt und mit diesen Faktoren die Vorgänge in der Großhirnrinde steuert. Das bedeutet: Völlig unbewusst arbeitende Teile des Gehirns steuern unser bewusstes Lernen.

Hinzu kommt die Tatsache, dass das Gehirn in verschiedene Regionen unterteilt ist, die unter anderem visuelle, akustische, emotionale, taktile und andere Reize aufnehmen und verarbeiten. Wenn wir von Gedächtnis sprechen, meinen wir die Fähigkeit, Informationen zu ordnen, abzuspeichern und wieder abzurufen. Es handelt sich dabei um ein komplexes Netzwerk, welches eingehende Informationen fortwährend miteinander verdrahtet.

Wenn wir also beispielsweise ein Konzert in einem dafür vorgesehenen Saal hören, dann wird nicht nur der Bereich für akustische Reize, sondern auch der für visuelle, olfaktorische und haptische Reize angeregt. Hinzu kommt, dass solch ein Ereignis zudem emotional und episodisch kodiert wird. Damit bleibt beispielsweise ein live erlebtes Konzert besser in Erinnerung als ein Stück im Radio. Alles, was wir persönlich und besonders emotional erleben und sich mit bereits gespeicherten Informationen verknüpfen lässt, wird besser behalten. Je mehr Verknüpfungen dabei zwischen den einzelnen Hirnarealen entstehen, desto besser können wir diese Informationen verstehen und hinterher behalten.

Analogien leisten einen wichtigen Beitrag zur Vernetzung der Informationen, indem sie an Vertrautes andocken, durch analoge Geschichten unterschiedliche Sinneswahrnehmungen simulieren und Emotionen provozieren. Denn mit jedem Sinneseindruck schaffen wir eine neue Gedankenbrücke.

Konkretisierung: »Das maximale Volumen subterraner Agrarprodukte ist reziprok proportional zur intellektuellen Kapazität des Kultivators.« – Hä? Geht es noch umständlicher? Nein, aber es geht konkreter: »Je dümmer der Bauer, desto dicker seine Kartoffeln.« – Je konkreter, desto besser wird der Inhalt verstanden. Leider neigen Menschen häufig dazu, Informationen zu versachlichen, anstatt sie zu konkretisieren und mit Leben zu füllen. Ein abstraktes Prinzip ohne konkretes Fundament zu vermitteln, ist so, wie wenn man beim Hausbau mit dem Dach beginnen würde.

Unser Gehirn ist so angelegt, dass es konkrete Informationen am liebsten und folglich am besten speichert. Aus neurobiologischer Sicht ergibt sich dieses Faktum aus der Beschaffenheit unseres Kurzzeitgedächtnisses. Nach Matthias Brand und Hans Markowitsch ist unser Kurzzeitgedächtnis restriktiv definiert. Damit ein Sachverhalt vom Kurzzeitgedächtnis zum Langzeitgedächtnis übertragen wird, muss dieser sowohl konkret als auch mit Aufmerksamkeit versehen sein und möglichst Assoziationen mit bereits gespeicherten Gedächtnisinhalten aufweisen können. Ein Eldorado für Analogien, da sie diese Herausforderungen bravourös meistern.

Analoge Erfahrungen sind darüber hinaus besonders effektiv, um Abstraktes emotional erfahrbar zu machen und es besonders eindringlich zu vermitteln. Das »Blue eyes, brown eyes«-Experiment der College-Lehrerin Jane Elliot ist hierfür ein eindrucksvolles Beispiel. Sie vermittelte ihren Schülern das Thema Diskriminierung dadurch, dass an einem Tag die blauäugigen Schüler die Aufgabe erhielten, alle braunäugigen Mitschülerinnen zu meiden, sich von ihnen fernzuhalten und sie als dumm und minderwertig zu bezeichnen. Am anderen Tag forderte sie die Schüler auf, den Spieß umzudrehen. Jetzt sollten sich die braunäugigen ihren blauäugigen Kommilitonen gegenüber so verhalten, wie sie es tags zuvor am eigenen Leib erfahren hatten. Dieses Experiment machte Furore. Eingängiger konnte der Begriff »Diskriminierung« wahrscheinlich nicht vermittelt werden. So konnten sich die Schülerinnen und Schüler noch 20 Jahre nach Schulabschluss an diese Stunden und an die gefühlte Bedeutung des Begriffs der »Diskriminierung« erinnern.

Ulrich Herrmann stützt diese Ansicht, indem er feststellt, dass Erfahrung als Erlebnis durch eine besondere emotionale Weise und somit auf besondere Weise ausgezeichnet ist und in dieser besonderen Weise in Erinnerung bleibt. Das bedeutet: Die Intensität des Ereignisses bewirkt die Generierung vieler neuronaler Repräsentationen und kann somit besser eingeprägt werden, denn je mehr Areale bei der Einspeicherung der Information involviert sind, desto besser wird sie behalten.

Erwartungsbrüche: Unser Gehirn liebt alles, was unerwartet und neu ist. Neues ist quasi eine Schwallbrause für die Aufmerksamkeit. Manfred Spitzer vergleicht unser Gehirn mit einer Ratemaschine. Es antizipiert bereits die Auflösung eintretender Ereignisse. Führen wir beispielsweise eine Tasse Kaffee zum Mund, erwartet unser Gehirn den Geschmack von heißem Kaffee. Befindet sich aber anstelle dessen Sojasauce in der Kaffeetasse …

Scheitert also unsere Ratemaschine aufgrund einer unerwarteten Wendung, aktiviert der Überraschungseffekt, der mit unseren Erwartungen bricht, unsere Aufmerksamkeit, und wir können unsere Schemata entsprechend für die Zukunft anpassen.

Überraschung kann zudem unsere Neugier wecken, was uns dazu veranlasst, nach Ursachen und Prinzipien zu suchen. Robert McKee beschreibt Neugier als ein intellektuelles Bedürfnis, Fragen zu beantworten und offene Muster zu erklären. Daraus lässt sich schließen, dass Neugier entsteht, wenn wir Wissenslücken feststellen.

Unser Gehirn berechnet kontinuierlich voraus, was eintreffen wird. Deshalb sorgt ein Resultat, das besser als erwartet eingestuft wird, dafür, dass ein Signal generiert wird, das die Dopaminausschüttung bewirkt. Der Neuromodulator und Neurotransmitter Dopamin ist funktionell für das Aktivieren des Belohnungssystems (und damit der Motivation) zuständig, dessen Fasern entweder direkt zum frontalen Kortex oder zum ventralen Stratium führen, insbesondere zu einem Kerngebiet, das als Nucleus accumbens bezeichnet wird.

Multimodale Aktivierung: Dass eine bildhafte Kommunikation die Wirksamkeit der vermittelten Nachrichten verstärkt, ist ein weit verbreitetes Credo. Doch wie das funktioniert, kann kaum ein Berater schlüssig erklären, geschweige denn belegen. Für die Metaphern haben diese Arbeit der Neurologe Krish Sathian und seine Kollegen der Emory University in Atlanta 2012 erledigt. Zuerst ließen sie ihre Probanden verschiedene Stoffe fühlen. Da diese dabei im Hirnscanner lagen, konnte mitverfolgt werden, welche Areale dabei anspringen. In der zweiten Versuchshälfte präsentierten die Forscher den Menschen Metaphern und nicht-metaphorische Sätze: »he is wet behind the ears« gegen »he is naïve« oder »it was a hairy situation« gegen »it was a precarious situation«. Wenig überraschend: Die sprachverarbeitenden Areale der Menschen sprangen bei allen Sätzen an. Aber Metaphern mit einer texturalen Beschreibung aktivierten zudem das parietale Operculum. Diese Region ist in der Regel in die Verarbeitung haptischer Erlebnisse durch Berührung involviert. Still blieb es da, wenn der jeweilige nicht-metaphorische Satz denselben Inhalt umschrieb. Es scheint also wirklich so, dass das Hirn sein Verständnis der Metapher auch auf Basis der jeweiligen Wahrnehmung gründet. Aber Vorsicht: Korrelation bedeutet nicht Kausalität. Es ist nur ein weiterer Puzzlestein, der zeigt, wie anders das Hirn mit metaphorischer Sprache umgeht, und welches mögliche Potenzial darin steckt.

Metaphern und Emotion: Anna Katharina Braun und Michaela Meier betonen, dass aus neurobiologischer Sicht Emotionen bei der Generierung neuronaler Repräsentationen eine wichtige Rolle spielen. Denken und Fühlen sind untrennbar miteinander verknüpft. Um dem Sachverhalt der emotionalen Beteiligung kontrolliert nachzugehen, wird die Abhängigkeit der Behaltensleistung in einem experimentellen Ansatz untersucht. Spitzer beschreibt in seinem Buch »Lernen« das Experiment, bei dem insgesamt vier Gruppen eine von zwei Geschichten vorgelesen bekamen, die sich bezüglich des emotionalen Gehalts unterschieden. Anschließend bekamen die Gruppen eine Liste mit Behandlungsmaßnahmen vorgelegt, die in den beiden Geschichten eine Rolle spielten. Die Untersuchung der Behaltensleistung ergab nach einer Woche bei den ersten beiden Gruppen, dass die Personen, die die Details der Behandlungsmaßnahmen besser memorieren konnten, die emotionsgeladene zweite Geschichte gehört hatten. Die Teilnehmer der dritten und vierten Gruppe bekamen Beta-Rezeptoren verabreicht, bevor sie die Geschichten hörten. Die Auswertung ergab, dass es bei der dritten Gruppe bezüglich der ersten Geschichte keine Veränderung gab; bei der vierten Gruppe kam es bei der ersten Geschichte zur Verminderung der Behaltensleistung, das heißt, die Dämpfung des emotionalen Reizes verminderte die Behaltensleistung. Der Schluss, den Spitzer daraus ableitet, liegt auf der Hand: Eine emotional positive Gestimmtheit verstärkt die Erinnerungsleistung. Vermutlich nicht nur infolge der Unterstützung von Neuromodulatoren wie Dopamin, sondern durch einen emotional-ganzheitlichen Zustand, den man auch als »Flow« bezeichnet.

Fazit

Analogien unterstützen die Netzwerkbildung im Gehirn. Sie dienen damit der Eigenkonstruktion von Wissen, die laut Gerhard Roth in jedem lernenden Gehirn vonstatten gehen muss. Für den Aus- und Weiterbildner bedeutet das die eigenständige Entwicklung der von Jeannette Littlemore und Graham Low 2006 geforderten »metaphorischen Intelligenz«. Sie basiert auf assoziativen und analogen Fähigkeiten und ist die Basis für die Entwicklung lern-optimierender Metaphern.

Metaphern und Denken

Dass diese Investition in metaphorische und analoge Formate lohnenswert sein kann, zeigen auch Versuche aus der Problemlösepsychologie. So ließ Dedre Gentner zum Beispiel 2001 Probanden mit unterschiedlichen Analogien über die Wirkungsweise von elektrischem Strom nachdenken. Während Gruppe A mit der Analogie des Fließens arbeitete, die Assoziationen wie einen »Flusswiderstand« auslöste, nutzte Gruppe B die Analogie der Menschenmenge, die sich durch eine Tür zwängt und an den Widerständen der Türen arbeiten muss. In Abhängigkeit der vorgegebenen Metapher konnten die Teams eine nachfolgende Aufgabe unterschiedlich gut lösen. Darin sah Gentner den Beleg dafür, dass die jeweils gewählte Analogie und die durch sie ausgelösten Assoziationen signifikanten Einfluss auf das Problemverständnis und -lösung haben.

Diesen zentralen Aspekt belegten Keith Holyoak und Paul Thagard in ihrem Buch »Mental Leaps. Analogy in Creative Thought« (1994): Die Deckungsgleichheit von Ursprungsinformation und analoger Information zeitigt den Denkerfolg. Der Blick ins Hirn belegt die »besondere« Wirkung dieser sprachbildlichen Vorarbeit. Bei dem beschriebenen Mapping sind besonders der linke dorsolaterale präfrontale Kortex und der linke inferiore parietale Kortex aktiv.

Grenzen der Metaphern und jenseits dieser Grenzen: Doch das Gehirn hat nicht immer eine so einfache Aufgabe: Metaphorische und nicht-metaphorische »Sauberkeit« hält es nur schwer auseinander. In einer kuriosen Untersuchung aus dem Jahr 2006 zeigten Chen-Bo Zhong an der University of Toronto und Katie Liljenquist an der Northwestern University (Chicago), wie sehr das Hirn ackern muss, um zwischen »a dirty scoundrel« und »being in need of a bath« zu unterscheiden. Der Beleg über die Verunreinigung durch Metaphern ist so hinreißend elegant, dass wir ihn kurz berichten möchten. Die Menschen im Versuch wurden gebeten, sich entweder an eine moralische oder unmoralische Tat in ihrem Leben zu erinnern. Als kleines Dankeschön für diese Gedankenreise durften sie sich entweder einen Stift oder eine Packung antiseptischer Wischtücher aussuchen. Diejenigen Teilnehmer, die sich ihrer Unmoralität erinnert hatten, entschieden sich signifikant häufiger für die Wischtücher. In der zweiten Runde ging es dann für neue Probanden nur noch um das Erinnern einer unmoralischen Tat. Im Anschluss daran hatten diese die Möglichkeit, sich die Hände zu waschen. Und diejenigen, die diese Möglichkeit hatten und nutzten, waren signifikant weniger bereit, der Bitte um Hilfe eines anderen Menschen zu folgen, die im Anschluss an sie herangetragen wurde.

Metaphern ausleben: Metaphern können das eigene Denken maßgeblich beeinflussen. Dazu brauchen Sie das »verkörperte Denken«. Wie geht das? In einer Studie ließ die Psychologin Angela Leung und Kollegen Studenten an kreativen Ideen arbeiten. Dabei sollten sie die verschiedenen Metaphern rund um das kreative Denken körperlich erleben, zum Beispiel »thinking outside the box«. Im Experiment saßen nun die Menschen entweder in einer zweimal zwei Meter großen Pappbox oder eben daneben. Sonst war alles gleich. Dann kamen die Kreativaufgaben. Und die Leute, die außerhalb der Box saßen, kamen in der Tat schneller auf Lösungen und auch auf bessere Lösungen als die Box-Hocker. Um »outside the box« zu denken, sollte man wirklich außerhalb der Box sein. Es wirkt. Das ist »embodied cognition«, also verkörpertes Denken. Anderes Beispiel: Wenn Menschen in Schlangenlinien durch einen Raum gehen, kommen sie auf mehr Ideen als diejenigen, die geradeaus durch den Raum schreiten. Das ist die Verkörperung von »Andere-Wege-Gehen«. Auch das wirkt.

Professor Hermann Rüppell stützt diese Ansicht, indem er feststellt, dass Erfahrung als Erlebnis durch eine besondere emotionale Weise gekennzeichnet ist und somit besser in Erinnerung bleibt. Das heißt: Die Intensität des Ereignisses bewirkt die Generierung vieler neuronaler Repräsentationen und kann sich somit besser einprägen. Denn je mehr Areale beim Einspeichern der Information involviert sind, desto besser wird sie behalten.

Metaphern beim Online-Lernen

Virtuelle Lernumgebungen sind in der postdigitalen Ära ein Alltagsphänomen, wie M. Beatrice Ligorio und ihre Kollegen 2016 deutlich aufgezeigt haben. Doch in mancherlei Hinsicht werden die Potenziale unter- beziehungsweise falsch eingeschätzt (siehe auch »Digitale Erleuchtung« Zukunftsinstitut 2016 in press). Ganz besonders die hilfreiche Stütze metaphorischer Lerninhalte und Kommunikationsmöglichkeiten sollte mehr im Fokus der Aus- und Weiterbildner stehen. Denn auch in digitalen Kontexten können Metaphern besonders gut kognitive, emotionale und affektive Bedürfnisse stillen. Denn die Metaphern helfen nicht nur in Distant-learning-Umfeldern, individuelle Konstrukte zu abstrakten Inhalten aufzubauen, sie übertragen zudem ihre Konkretheit und Vertrautheit auch in die virtuelle Welt. Sie unterstützen nachweislich die Ausdrucksmöglichkeiten in affektiven Bereichen und in der Ausbildung einer gemeinschaftlichen Lerner-Identität.

Diese metaphorische Aufladung beginnt bereits mit der Beschreibung der Lern-umgebung als »Klassenraum« (Cronje 2001) und führt weiter bis zu ihren Auswirkungen auf die individuellen Lernergebnisse. Liz Falconer zeigte 2008, dass diese Metaphernwirkung sogar förderlich für Studenten ist, die an Autismus, Hirnverletzungen oder anderen kognitiven Defiziten leiden. Ferner stützte die 2003 von Gary May und Darren Short in ihrer Studie genutzte Metapher des »Gärtnern im Cyberspace« die Vorstellung von Lernen und persönlichem Wachstum. Selbst die implizite Einstellung der Aus- und Weiterbildner lässt sich an deren Metaphereinsatz festmachen: Ahmet Çoklar und Hakki Bagci zeigten 2010: Wenn ein Ausbilder Metaphern nutzt, die implizieren, dass Technologie wichtig, nützlich und hilfreich ist, setzt er tatsächlich diese Integration in das Lernerlebnis besser um.

Dieser Effekt von Metaphern zeigt sich auch aus sozialkonstruktivistischer Perspektive, wenn sie genutzt werden, um Menschen, Situationen, Ideen und Gefühle im virtuellen Lernraum auszudrücken. Sie füllen damit die Lücke auf, die durch das Fehlen paralinguistischer Cues entsteht: das »Mitlesen« von Mimik,

Gestik oder Intonation (Aspina Vayreda/ Francesc Núñez 2010). Metaphern werden so zu soziologischem Klebstoff in einem unpersönlichen Lernumfeld. Bereits Deborah Tannen (1989) belegte diesen wichtigen Effekt metaphorischer Kommunikation. Im Zuge der Metaphernformulierung kokonstruieren Sprecher und Zuhörer die Bedeutung im Rahmen ihres Austausches. Der Nutzen für das kollaborative Lernen liegt dabei auf der Hand. Die konstruktive und kritische Art der Zusammenarbeit wird so zu einem tatsächlichen gemeinsamen »knowledge building«. Doch nicht nur das Lernergebnis wird in diesem sozialen Wirkmechanismus gestärkt. Metapherneinsatz wirkt auch auf die soziale Präsenz und die Art der Interaktion der Lernenden untereinander und in deren Folge auf das Lernerlebnis.

Literatur

- Bottini, Gloria, u. a.: The role of the right hemisphere in the interpretation of figurative aspects of language. A positron emission tomography activation study. In: Brain 117, 1994, S. 1241–1253
- Brand, Matthias/Markowitsch, Hans J.: The principle of bottleneck structures. In: Kluwe R. H./ Lüer, G./Rösler, F. (Hrsg.): Principles of learning and memory. Basel: Birkhäuser 2003, S. 171–184
- Braun, Anna Katharina/Meier, Michaela: Wie Gehirne laufen lernen. Zeitschrift für Pädagogik 50, 4, S. 507–520
- Chandler, Paul/Sweller, John: Cognitive load theory and the format of instruction. Cognition and Instruction, 8(4), 1991, S. 293–332
- Balci, Hakki/Çoklar, Ahmet: Roles assigned by prospective teachers to themselves in terms of use of educational technology: A metaphor study. Procedia Social and Behavioral Sciences, 2, 2010, S. 4412–4416
- Craik, Fergus/Lockhart, Robert: Levels of processing: A framework for memory research. 1972. Journal of Verbal Learning and Verbal Behaviour, 11, S. 671–684
- Cronje, Johannes: Metaphors and Models in Internet-Based Learning. Computers & Education, 2001, 37, S. 241–256
- Falconer, Liz: Evaluating the use of metaphor in online learning environments. Interactive Learning Environments. 2008, 16 (2). S. 117–129
- Gagnon, Léa u. a.: Processing of metaphoric and non-metaphoric alternative meanings of words after right- and left-hemispheric lesion. Brain Lang. 87 (2) 2003, S. 217–226
- Gentner, Dedre, u. a.: The Analogical Mind. MIT Press 2001
- Greenfield, Susan: Style without Substance. In: Brain and Behaviour. 2014, S. 24–25
- Herrmann, Ulrich u. a. (Hrsg.): Reformpädagogik – eine kritisch-konstruktive Vergegenwärtigung. Bad Heilbrunn: Klinkhardt 2012
- Holyoak, Keith/Thagard, Paul: Mental Leaps: Analogy in Creative Thought. Cambridge, Massachusetts: MIT Press 1994

- Husbands, Chris/Pearce, Jo: What makes great pedagogy? Nine claims from research. National College for School Leadership 2012
- Lacey, Simon u. a.: Metaphorically feeling. Comprehending textural metaphors activates somatosensory cortex. In: Brain and Language. Volume 120, Issue 3, March 2012, S. 416–421
- Lakoff, George/Johnson, Mark: Metaphors we live by. Chicago: University of Chicago Press 1980
- Leung, Angela: Embodied Metaphors and Creative »Acts«. Psychological Science 23(5), S. 502–509
- Ligorio, M. Beatrice u. a.: Metaphors and Online Learning. In: Gola, E./Ervas, F. (Hrsg.): Metaphor and Communication. Amsterdam: John Benjamins 2016, S. 235–248
- Littlemore, Jeanette u. a.: Figurative Thinking and Foreign Language Learning., Palgrave Macmillan 2006
- May, Gary/Short, Darren: Gardening in Cyberspace: A Metaphor to Enhance Online Teaching and Learning. In: Journal of Management Education Vol 27, Issue 6, 2016, S. 673–693
- Mashal, N./Faust, M. u. a.: Hemispheric differences in processing the literal interpretation of idioms: converging evidence from behavioral and fMRI studies. Cortex. 2008 Jul-Aug; 44 (7). S. 848–860.
- Naughton Carl/Kemper Gertrud: Behalten statt Abschalten. In: Die besten Ideen für erfolgreiche Rhetorik. 2011, S. 142–153
- Naughton Carl: Neugier. So schaffen Sie Lust auf Neues und Veränderung. München: Econ 2016
- McKee, Robert: Story. HarperCollins' imprint It Books 1997
- Rapp, Alexander u. a.: Neural correlates of metaphor processing. In: Cognitive Brain Research 20, 2004, S. 395–402
- Rüppell, Herrmann: Das adaptive Lehr-Lern-System. Ein pädagogisch-psychologisches Interventionsmodell mit multipler Zielsetzung. Habilitationsschrift. Philosophische Fakultät. Universität Bonn, 1982
- Schmidt, Gwenda L./Seger, Carol A.: Neural Correlates of Metaphor Processing: The Roles of Figurativeness, Familiarity and Difficulty. In: Brain Cogn. Dec; 71(3), 2009, S. 375–386.
- Sathian, Krish u. a.: Metaphorically feeling: comprehending textural metaphors activates somatosensory cortex. Brain and Language. 120: 2012, S. 416–421
- Schuldt, Christian (Hrsg.): Digitale Erleuchtung. Frankfurt am Main, Wien: Zukunftsinstitut 2016
- Spitzer, Manfred: Lernen: Gehirnforschung und die Schule des Lebens. Heidelberg: Spektrum 2002

- Steen, Gerard J./Burgers, Christian F./Reijnierse, W. Gudrun: When do natural language metaphors influence reasoning? A follow-up study to Thibodeau and Boroditsky (2013). PLOS ONE. 2014: http://dx.doi.org/10.1371/journal.pone.0113536
- Stewart, Mark T./Heredia, Roberto R.: Comprehending spoken metaphorical reference: a real-time analysis. In: Exp. Psychol. 49, 2002, S. 34–44
- Tannen, Deborah u. a. (Hrsg.): Languages and linguistics: The interdependence of theory, data, and application. Washington, D.C.
- Vayreda, Aspina/Núñez, Francesc: The role of metaphors in online interpersonal discourse. In: A Interpersonal Relations and Social Patterns in Communication Technologies: Discourse Norms, Language Structures and Cultural Variables. Hershey, Pennsylvania. IGI Global. 2010, S. 142–160
- Vohle, Frank: Analogien für die Kommunikation im Wissensmanagement. Konzept und Evaluation zur Förderung des analogen Denkens und Sprechens. Wolfratshausen 2003
- Zaidel, Eran u. a.: Effects of right and left hemisphere damage on performance of the »Right Hemisphere Communication Battery«. Brain Lang, 80, 2002, S. 510–535
- Zhong, Chen-Bo/Liljenquist, Katie: Washing Away Your Sins: Threatened Morality and Physical Cleansing. In: Science, New Series, Vol. 313, No. 5792, Sep. 8, 2006, S. 1451–1452

Was bedeuten Motivation und Emotionen für den Lernerfolg? Kognitions- und neurowissenschaftliche Erkenntnisse

Gerhard Roth

Tags: Gedächtnis, Lernen, Strukturen, limbisches System, Motivation, Emotion, Bewertungsysteme, Lehrerpersönlichkeit

Positionierung

Es muss alles zusammenpassen, darauf läuft Gerhard Roths Beitrag hinaus. Dazu gehören: Die Person des Lehrenden ist als motiviert und glaubwürdig anerkannt, und zwar von lernenden Personen, die selbst motiviert sind und passendes Vorwissen mitbringen. In solchen Fällen ist die Chance für gelingende Behaltensleistung hoch. Das hat mit Bewertungssystemen zu tun, vor allem dem limbischen System. Dieses und weitere zentrale Aspekte des Verarbeitens präsentiert der bekannte Neurowissenschaftler kompakt, um daraus seine Aussagen zu relevanten kognitiven und emotionalen Faktoren zu formulieren.

Dass tatsächlich mehrere Faktoren zusammenspielen müssen, lässt sich leicht nachvollziehen: Ist »Lernen« doch eine fordernde, besonders aufwendige Leistung, die dem geforderten Gehirn »schmecken« muss, fast im Sinne des Wortes. Mit Ihrem Seminar, Ihrer Begleitung, Ihrer Beratung schaffen Sie Neues im Gehirn Ihres jeweiligen Partners ... vielmehr dessen Gehirn erbringt diese Leistung, Bedeutungen zu konstruieren! Nur dann, wenn unser Hirn (= wir!) eine Belohnung erahnt, ist es bereit, die dem Körper abgeforderte Energie für ein solches Lernen zu investieren. Solche Belohnungen können laut Roth zum Beispiel sein: materielle Belohnungen, Lob und Anerkennung, Aussicht auf späteren Lebenserfolg – sowie Freude am Wissenserwerb und am Gelingen. Alles unbewusst, natürlich. Womit die Frage entsteht: Welche Ihrer Maßnahmen führen zu einer dieser Belohnungen oder sogar zu mehreren? Was Ihre Teilnehmenden (Coachees, Beratungskunden ...) erwarten, motiviert sie – dazu dient Ihre Marketingkommunikation, auf die wir ab Seite 395 kurz eingehen werden. Entscheidend ist, dass Sie die geweckten Erwartungen erfüllen (können)! Gleichen Sie die Erkenntnisse des Autors mit Ihren Erfahrungen ab und prüfen Sie Ihre Programme, Inhalte und Methoden.

Informationsverarbeitung – ein problematisches Konzept?

Konzepte der Pädagogik und Didaktik greifen in aller Regel Vorstellungen aus Wissenschaftsdisziplinen auf, die sich mit Wahrnehmung, Lernen, Gedächtnisbildung und Motivation beschäftigen. Das erfolgreichste solcher Konzepte ist das in der kognitiven Psychologie entwickelte Modell der *Informationsverarbeitung* (Anderson 1996).

Das Grundkonzept hierbei lautet: Lehrende senden sprachlich verfasste, bedeutungshafte Informationen aus, die in das informationsverarbeitende System des Lernenden eindringen, dort in ihrer Bedeutung entschlüsselt, mit Vorwissen verbunden und nach bestimmten Denkregeln verarbeitet werden, um dann als Wissen im Langzeitgedächtnis abgelegt und von dort gegebenenfalls – zum Beispiel in einer Prüfung – abgefragt zu werden. Lernen wird hier als *Instruktion* aufgefasst, also als Verarbeitung und Abspeichern des angebotenen Wissens. Hier gilt es dann nur, die hierbei beteiligten Mechanismen zu optimieren.

Ich will demgegenüber drei Behauptungen aufstellen, die überraschend klingen, aber neuro- und kognitionswissenschaftlich gut belegt werden können:

○ Wissen kann nicht übertragen werden. Es muss im Gehirn eines jeden Lernenden neu geschaffen werden.
○ Wissensentstehung findet unter Rahmenbedingungen statt und wird durch Faktoren gesteuert, die zum großen Teil unbewusst ablaufen und deshalb nur indirekt beeinflussbar sind.
○ Die wichtigsten dieser Faktoren sind Motivation und Emotionalität aufseiten des Lehrenden wie des Lernenden.

Bedeutende Konstruktionen im Gehirn sind hochautomatisiert: Wir haben im alltäglichen Leben das unabweisliche Gefühl, dass in der Kommunikation zwischen den Teilnehmern sprachliche Bedeutungen ausgetauscht werden. Eine bloße Aneinanderreihung sinnloser Laute und Zeichen würden wir nicht als Kommunikation und Wissensaustausch ansehen. Tatsächlich handelt es sich bei dem, was der Sprecher oder Schreibende produziert und was an das Ohr des Zuhörers oder in das Auge des Lesers dringt, lediglich physikalische Ereignisse (Schalldruckwellen beim Hören, Verteilungen dunkler Konturen auf hellem Hintergrund beim Lesen) sind, die als solche überhaupt keine Bedeutung haben. Ein Angehöriger einer fremden Volksgruppe stößt Laute aus, und ich habe keine Ahnung, welche Bedeutung sie haben, ob es sich überhaupt um Worte handelt und nicht um affektive oder musikalisch-rhythmische Äußerungen. In antiken Ausgrabungsstätten finden wir Zeichen und wissen oft lange Zeit nicht, ob diese Zeichen Zufallsprodukte, Ornamente oder Schriftzeichen darstellen.

Die Erklärung hierfür liegt klar auf der Hand: Damit physikalische Ereignisse überhaupt als bedeutungstragende Zeichen, als Sprachsymbole, erkannt werden können, muss das Gehirn des Empfängers über ein entsprechendes Vorwissen verfügen. Das bedeutet: Es müssen *Bedeutungskontexte* vorhanden sein, die den Zeichen ihre Bedeutung verleihen. Bedeutungen können somit gar nicht vom Lehrenden auf den Lernenden direkt übertragen, sondern müssen vom Gehirn des Lernenden konstruiert werden. Dabei ist wichtig zu beachten, dass die meisten bedeutenden Konstruktionen in unserem Gehirn hochautomatisiert und völlig unbewusst ablaufen, und selbst wenn sie bewusst erlebt werden, sind sie in aller Regel nicht unserem Willen unterlegen.

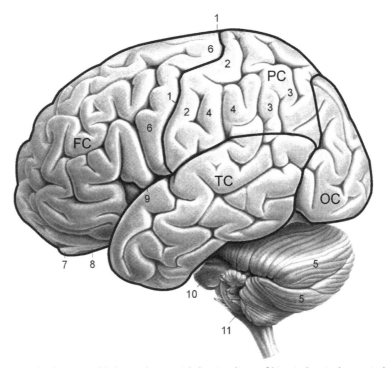

Seitenansicht des menschlichen Gehirns. Sichtbar ist die Großhirnrinde mit ihren Windungen (Gyrus/Gyri) und Furchen (Sulcus/Sulci) und das ebenfalls stark gefurchte Kleinhirn. Abkürzungen: FC Stirnlappen; OC Hinterhauptslappen; PC Scheitellappen; TC Schläfenlappen; 1 Zentralfurche (Sulcus centralis); 2 Gyrus postcentralis; 3 Gyrus angularis; 4 Gyrus supramarginalis; 5 Kleinhirn-Hemisphären; 6 Gyrus praecentralis; 7 Riechkolben; 8 olfaktorischer Trakt; 9 Sulcus lateralis; 10 Brücke; 11 Verlängertes Mark (Aus: Roth 2015, S. 59)

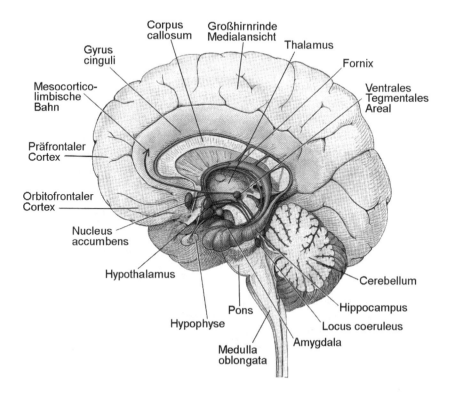

Medianansicht des menschlichen Gehirns mit den wichtigsten limbischen Zentren. Diese Zentren sind Orte der Entstehung von Affekten, von positiven (Nucleus accumbens, ventrales tegmentales Areal), und negativen Gefühlen (Amygdala), der Gedächtnisorganisation (Hippocampus), der Aufmerksamkeits-und Bewusstseinssteuerung (basales Vorderhirn, Locus coeruleus, Thalamus) und der Kontrolle vegetativer Funktionen (Hypothalamus). (Aus Roth 2015, S. 66)

Zur Verdeutlichung ein konkretes Beispiel:

Die Konstruktion von Bedeutung im Gehirn aufgrund auditorischer Signalübertragung

Wenn ein Lehrender zu den Lernenden *spricht*, so produziert er Schalldruckwellen, die an das Innenohr und schließlich – in Nervenimpulse umgewandelt – in das Gehirn der Lernenden eindringen. Dort werden sie im Bruchteil einer Sekunde einer komplizierten Analyse nach Frequenzen, Amplituden und zeitlichen Beziehungen der Schwingungen und Schwingungsüberlagerungen unterzogen und dann als menschliche Sprachlaute identifiziert. Danach werden sie sofort in Hirnzentren gelenkt, die zumindest beim Menschen angeborenermaßen für Sprache zuständig sind, nämlich in das Wernicke- und das Broca-Sprachzentrum (s. folgende Abbildung). Hier werden nacheinander Phoneme und Phonemgruppen, primäre Wortbedeutungen, syntax- und grammatikabhängige Wortbedeutungen (vorwiegend linke Hirnrinde) sowie Sprachmelodie und affektiv-emotionale Bestandteile der Sprache (vorwiegend rechte Hirnrinde) analysiert (Hemford 2002).

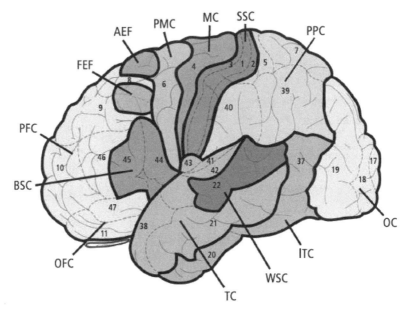

Anatomisch-funktionelle Gliederung der Hirnrinde von der Seite aus gesehen. Die Zahlen geben die übliche Einteilung in cytoarchitektonische Felder nach K. Brodmann an. Abkürzungen: AEF – vorderes Augenfeld; BSC – Broca-Sprachzentrum; FEF – frontales Augenfeld; ITC – inferotemporaler Cortex; MC – motorischer Cortex; OC – occipitaler Cortex (Hinterhauptslappen); OFC – orbitofrontaler Cortex; PFC – präfrontaler Cortex (Stirnlappen); PMC – prämotorischer Cortex; PPC – posteriorer parietaler Cortex; SSC – somatosensorischer Cortex; TC – temporaler Cortex (Schläfenlappen); WSC – Wernicke-Sprachzentrum. (Aus: Roth 2015, S. 61)

Jedes auf diese Weise als Wort, Wortgruppe und Satz identifizierte Ereignis wird – für uns unbewusst – dann mit Inhalten des *Sprachgedächtnisses* verglichen, und es werden diejenigen bereits vorhandenen Bedeutungen aktiviert oder neu zusammengestellt, die den größten Sinn machen. Hierbei wird meist auch der weitergehende Bedeutungs- und Handlungskontext einbezogen. In Fällen, in denen der Bedeutungs- und Handlungskontext eindeutig ist, mag diese Bedeutungskonstruktion blitzschnell gehen. Ein Trainer steht mit hochrotem Kopf vor einer sehr unruhigen Seminargruppe und ruft entnervt: »Ruhe!« Da braucht das Gehirn der Seminarteilnehmer nicht viel zu konstruieren, was der Trainer mit diesem Ausruf meint. Bei langen gelehrten Vorträgen von Kollegen hingegen fragt man sich häufig: »Was meint er? Worauf will er hinaus? Was ist überhaupt das Problem?«, weil beim Zuhörer das nötige Vorwissen fehlt und der Bedeutungskontext unklar ist, die beide aber im Gehirn des Kollegen vorhanden waren, als er seine Sätze formulierte.

Fehlen ein bestimmtes Vorwissen und ein bestimmter Bedeutungskontext im Gehirn des Hörers oder Lesers, so findet keine Bedeutungskonstruktion statt oder zumindest nicht die, welche der Sprecher intendierte. Nur in dem Maße, in dem in etwa dasselbe Vorwissen und derselbe Bedeutungskontext in den Gehirnen des Sprechers und des Zuhörers, des Lehrenden und des Lernenden herrschen, entstehen ungefähr dieselben Bedeutungen. Da diese Bedeutungskonstruktionen meist völlig unbewusst vonstattengehen, nehmen wir sie dementsprechend nicht wahr und erliegen der Illusion, die bewusst wahrgenommenen Sprachbedeutungen kämen direkt vom Sprecher, und Kommunikation sei die Übertragung von Bedeutungen.

| Fazit |

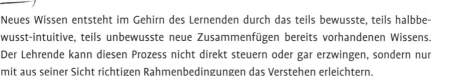

Neues Wissen entsteht im Gehirn des Lernenden durch das teils bewusste, teils halbbewusst-intuitive, teils unbewusste neue Zusammenfügen bereits vorhandenen Wissens. Der Lehrende kann diesen Prozess nicht direkt steuern oder gar erzwingen, sondern nur mit aus seiner Sicht richtigen Rahmenbedingungen das Verstehen erleichtern.

Das limbische System

Die unbewusst ablaufenden Prozesse der Bedeutungs- oder Wissenskonstruktion sind von vielen Faktoren abhängig, von denen die meisten durch ein System vermittelt werden, das in der kognitiven Psychologie lange Zeit überhaupt nicht existierte, nämlich das limbische System. Dieses System vermittelt Affekte, Gefühle und Motivation und ist auf diese Weise einer der Hauptkontrolleure des Lernerfolgs. Die wichtigsten Anteile des limbischen Systems sollen hier nur stichwortartig erläutert werden (Roth 2003a; 2015).

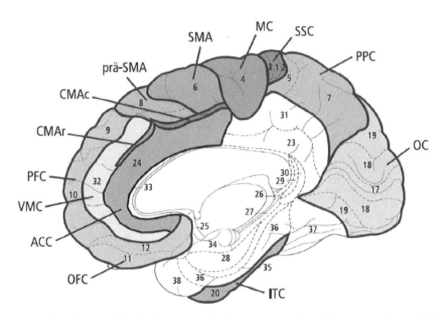

Anatomisch-funktionelle Gliederung der Hirnrinde von der Mittellinie aus gesehen. Abkürzungen: ACC – anteriorer cingulärer Cortex; CMAc – caudales cinguläres motorisches Areal; CMAr – rostrales cinguläres motorisches Areal; ITC – inferotemporaler Cortex; MC – motorischer Cortex; OC – occipitaler Cortex (Hinterhauptslappen); OFC – orbitofrontaler Cortex; prä-SMA – prä-supplementär-motorisches Areal; PFC – präfrontaler Cortex (Stirnlappen); PPC – posteriorer parietaler Cortex; SMA – supplementär-motorisches Areal; SSC – somatosensorischer Cortex; VMC – ventromedialer präfrontaler Cortex. (Aus: Roth 2015, S. 62)

Limbische Teile der Großhirnrinde: Limbische Teile der Großhirnrinde (orbitofrontaler, ventromedialer und cingulärer Cortex) sind die Ebenen der bewussten Emotionen und Motive, der bewussten kognitiven Leistungen, der Fehlerkontrolle, Risikoeinschätzung und der Handlungs- und Impulskontrolle.

- Die *Hippocampus-Formation* ist der Organisator des deklarativen, also des bewusstseinsfähigen Gedächtnisses (episodisches Gedächtnis, Faktengedächtnis, Vertrautheitsgedächtnis). Hier wird festgelegt, was in welchen Netzwerken der Großhirnrinde und in welchem Kontext in welcher Weise abgespeichert wird.
- Die Amygdala (Mandelkern) ist Ort der unbewussten emotionalen Konditionierung, und Verhaltensbewertung, und des unbewussten Erkennens und Verarbeitens emotional-kommunikativer Signale (Gestik, Mimik, Stimmlage).
- Das mesolimbische System (ventrales tegmentales Areal, Nucleus accumbens) ist Ort der Belohnung durch hirneigene Opioide und anderer »Belohnungsstoffe« sowie der Belohnungserwartung durch die Ausschüttung von Dopamin.

- Die neuromodulatorischen *Systeme* steuern über die Ausschüttung bestimmter Stoffe Aufmerksamkeit, Motivation, Interesse und Lernfähigkeit, und zwar Noradrenalin (allgemeine Aufmerksamkeit, Erregung, Stress), Dopamin (Antrieb, Neugier, Belohnungserwartung), Serotonin (Dämpfung, Beruhigung, Wohlgefühl) und Acetylcholin (gezielte Aufmerksamkeit, Lernförderung). Diese neuromodulatorischen Systeme stehen ihrerseits unter Kontrolle der Amygdala, des mesolimbischen Systems, des Hippocampus und des limbischen Cortex und wirken ihrerseits auf sie ein.

Das zentrale Bewertungssystem des Gehirns: Die genannten limbischen Zentren bilden das zentrale Bewertungssystem unseres Gehirns (LeDoux 1998; 2000; Roth 2003 a). Dieses System bewertet alles, was wir erleben und was durch uns und mit uns geschieht, in zwei Schritten:

- Im ersten Schritt werden die Wahrnehmungsinhalte, das heißt auch die vom Lehrenden ausgesendeten Reize, auf einer frühen und unbewussten Stufe der Verarbeitung danach bewertet, ob die einlaufenden Reize hinreichend neu und hinreichend wichtig sind, damit sich das kognitive und emotionale System überhaupt weiter damit beschäftigen sollen. Dies erfordert natürlich eine sehr schnelle Überprüfung durch die kognitiven und emotionalen Gedächtnismechanismen, die zum Beispiel in der sogenannten N100-Welle des ereigniskorrelierten Potenzials (EKP) zum Ausdruck kommen (Kolb 1993). Sind die Informationen unwichtig, gleichgültig ob bekannt oder neu, dann werden sie sofort »verworfen«. Sind sie bekannt, aber wichtig (vor dem Hintergrund des schnell abgefragten Vorwissens), dann werden in der Regel bereits vorhandene Routinen aktiviert, welche die Informationen adäquat weiterverarbeiten. Häufig erleben wir dies nicht bewusst oder nur mit begleitendem Bewusstsein. Werden die Informationen aber als neu *und* wichtig eingestuft, so treten in aller Regel bewusst-vorbewusste und unbewusste Verarbeitungsmechanismen parallel in Aktion, die unter anderem die sogenannte P300-Welle des EKP hervorrufen. Hier liegt eine komplexe Interaktion von Hippocampus, limbischen Zentren und kognitivem Cortex vor.
- Der zweite Schritt besteht in der Bewertung der verarbeiteten Informationen beziehungsweise der daraus sich ergebenden Reaktionen und Verhaltensweisen danach, ob sie gut/vorteilhaft/lustvoll waren und entsprechend wiederholt werden sollten, oder schlecht/nachteilig/schmerzhaft und entsprechend zu meiden sind. Dieser Prozess wird parallel von corticalen und subcorticalen limbischen Zentren durchgeführt und legt die resultierende Bewertung im *emotionalen Erfahrungsgedächtnis* nieder, das teils bewusst, teils vorbewusst oder unbewusst arbeitet. In jeder Situation wird vom limbischen System ge-

prüft, ob diese Situation bereits bekannt ist beziehungsweise einer früheren sehr ähnelt, und welche Erfahrungen wir damit gemacht haben, und es werden die damit gekoppelten positiven oder negativen Gefühle aktiviert. Dabei kommen die Details der Geschehnisse nicht aus den limbischen Zentren im engeren Sinne selbst, sondern werden vom deklarativen Gedächtnis, das im kognitiven Cortex angesiedelt ist, über den Hippocampus hinzugefügt.

Dieses System entscheidet insofern grundlegend über den Lernerfolg, als es bei jeder Lernsituation fragt: »Was spricht dafür, dass Hinhören, Lernen, Üben sich tatsächlich lohnen?« Dies geschieht überwiegend aufgrund der vergangenen, oft gar nicht mehr genau erinnerten Erfolgs- und Misserfolgserfahrungen. Kommt das System zu einem positiven Ergebnis, so werden über die genannten neuromodulatorischen Systeme in der Großhirnrinde vorhandene Netzwerke als Träger bereits vorhandenen Wissens so umgestaltet, dass neues Wissen entsteht. Entscheidend hierbei sind Geschwindigkeit und Ausmaß, mit denen passende Gedächtnisinhalte abgerufen und kombiniert und damit neue Wissensnetzwerke geschaffen werden.

Faktoren, die beim Lehren und Lernen eine wichtige Rolle spielen

Lehren und Lernen werden von einer ganzen Reihe sehr unterschiedlicher Faktoren bestimmt. Hierzu gehören vor allem:

o die Motiviertheit und Glaubhaftigkeit des Lehrenden
o die individuellen kognitiven und emotionalen Lernvoraussetzungen der Lernenden
o die allgemeine Motiviertheit und Lernbereitschaft der Lernenden
o die spezielle Motiviertheit für einen bestimmten Stoff, Vorwissen und der aktuelle emotionale Zustand
o der spezifische Lehr- und Lernkontext

Die Motiviertheit und Glaubhaftigkeit des Lehrenden: Emotionspsychologen und Neuropsychologen haben herausgefunden, dass zu Beginn einer jeden Begegnung und eines jeden Gesprächs die *Sympathie* und *Glaubwürdigkeit* des Partners eingeschätzt wird. Dies geschieht innerhalb weniger Sekunden, zum Teil noch schneller, und meist völlig unbewusst über eine Analyse des Gesichtsausdrucks (besonders Augen- und Mundstellung), der Tönung der Stimme (Prosodie), der Gestik und der Körperhaltung. Dies ist natürlich eine radikal subjektive Einschätzung und sagt nichts über das Expertentum der beurteilten Person aus. Beteiligt an dieser schnellen Abschätzung von Glaubhaftigkeit und Sympathie sind vor allem die

Amygdala und der insuläre Cortex (besonders rechtsseitig) sowie der rechte temporal-parietale Cortex (Gesichterwahrnehmung) und der orbitofrontale Cortex (Adolphs u. a. 1998; 2000; Todorov u. a. 2008). Unbewusst wahrgenommener, emotional gesteuerter Körpergeruch, der Furcht und Unsicherheit vermittelt, könnte auf kurze Körperdistanz ebenfalls eine Rolle spielen; auch dies wird in der Amygdala verarbeitet und kann völlig unbewusst geschehen (Aggleton 2000).

In der Lernsituation ist dies genauso. Lernende stellen schnell und zumindest im ersten Schritt unbewusst fest, ob der Lehrende motiviert ist, seinen Stoff beherrscht und sich mit dem Gesagten identifiziert. Dem Lehrenden sind die von ihm ausgesandten Signale meist nicht bewusst und er kann sie deshalb nicht oder nur nach großem Training willentlich steuern (manche Schauspieler und Demagogen scheinen dies zu können). Wenn also eine in vielen Jahren des Lehrens ermüdete, unmotivierte Person Wissensinhalte vorträgt, von denen sie selbst nicht weiß, ob sie überhaupt noch zutreffen, so ist dies in den Gehirnen der Lernenden die direkte Aufforderung zum Weghören. Umgekehrt kann ein sehr engagierter Vortragender seine Zuhörer für nahezu jeden beliebigen Stoff begeistern.

Die individuellen kognitiven und emotionalen Lernvoraussetzungen: Lernen ist, wie eingangs dargestellt, ein aktiv-konstruktiver Prozess der Bedeutungserzeugung und nicht des bloßen Abspeicherns von Information. Dieser Prozess läuft in einzelnen Gehirnen viel unterschiedlicher ab, als wir in der Regel wahrhaben wollen.

Uns allen ist geläufig, dass es krasse Unterschiede in den *Gedächtnisleistungen* gibt (Schacter 1996; Markowitsch 2002). Der eine kann 200 Telefonnummern und sonstige Zahlenkombinationen auswendig aufsagen, kann sich aber Namen nicht gut merken oder verirrt sich häufig, hat also ein schlechtes räumliches Gedächtnis. Bei anderen ist es genau umgekehrt. Diese Unterschiede in den verschiedenen Gedächtnisleistungen sind weitgehend genetisch bedingt und lassen sich nur in engen Grenzen und meist durch Anwendung von sogenannten Eselsbrücken verbessern. Diese funktionieren nach dem Prinzip, dass Gedächtnisleistungen, in denen eine Person gut ist (zum Beispiel räumliche Orientierung oder bildliche Vorstellungskraft) mit solchen Gedächtnisleistungen gekoppelt werden, in denen diese Person schlecht ist (zum Beispiel Zahlengedächtnis). So kann man es lernen, Ziffern mit einfachen Bildern automatisch zu verbinden, und sich somit viel leichter Zahlenkombinationen merken.

Ebenso gibt es deutliche Unterschiede in spezifischen *Lernbegabungen:* Der eine ist sehr gut in Mathematik, mäßig gut in Sprachen und schlecht in bildender Kunst. Auch hier ist mit Übung nur wenig zu machen.

Ebenso gibt es durchaus unterschiedliche *Lernstile:* Der eine lernt am besten durch Zuhören, der andere muss etwas gelesen haben, der dritte das Ganze zu

Hause noch einmal überdenken und so weiter. Verursacht wird dies durch die Tatsache, dass Lernfähigkeit und Gedächtnis hochgradig modular (das heißt in viele Schubladen gegliedert) organisiert sind, und dass die Leistungsfähigkeit dieser Module individuell stark variiert.

Dies bedeutet, dass jeder Lehrende eigentlich den Lern- und Gedächtnisstil eines jeden Teilnehmenden genau kennen müsste, um seine Tätigkeit daran optimal anzupassen – eine bei öffentlichen Seminaren nur bedingt lösbare Aufgabe. Immerhin könnte der Trainer einen bestimmten Stoff vielgestaltiger als üblich präsentieren, zum Beispiel sowohl sprachlich als auch bildhaft-anschaulich und schließlich in Frage und Antwort, und somit zumindest die Haupttypen des Lernens ansprechen. Auch wäre schon ein genaueres Wissen darüber, wie stark Lern- und Gedächtnisstile interindividuell variieren, sehr hilfreich. Viele Lernschwierigkeiten beruhen darauf, dass in aller Regel ein bestimmter Wissensvermittlungstyp, nämlich derjenige des sprachlich vermittelten Lernens, dominiert, der keineswegs allen Lernenden »liegt«.

Neben diesen hochgradig genetisch determinierten und daher wenig veränderbaren Faktoren gibt es Einflüsse auf den Lernerfolg, die vorgeburtlich oder frühkindlich festgelegt werden und dann fast ebenso schwer zu beeinflussen sind. Dies betrifft vor allem das bereits erwähnte System der Neuromodulatoren, das die allgemeine Aktivität und Aufmerksamkeit regelt und durch Neuromodulatoren wie Dopamin (anregend, antreibend), Serotonin (dämpfend) und Acetylcholin (aufmerksamkeitssteuernd) sowie eine Reihe von Neuropeptiden charakterisiert ist (Kandel u. a. 1996). Dieses System bestimmt die allgemeine Fähigkeit, Dinge und Geschehnisse der Umwelt in ihrer Bedeutung erfassen zu können. Dieses System liegt auch der allgemeinen Lernfähigkeit und Lernbereitschaft zugrunde. Es bildet sich vornehmlich teils vorgeburtlich, teils in der frühen Mutter-Kind-Beziehung aus und ermöglicht es dem Säugling und Kleinkind, die Gefühle und Intentionen der Mutter zu erfassen und danach das eigene Ich auszubilden, Impulskontrolle einzuüben und die Grundzüge sozialer Interaktion und des Einfühlungsvermögens (Empathie) auszubilden (Eliot 2001).

Die allgemeine Motiviertheit und Lernbereitschaft: Wie bereits erwähnt, existiert im Gehirn ein System, das vor jeder Situation, in der eine Person etwas tun soll, prüft, ob das verlangte Verhalten Belohnung verspricht (beziehungsweise Unlust vermeiden hilft). Im vorliegenden Fall heißt dies, dass die *Lernsituation* dem Lernenden in irgendeiner Weise attraktiv erscheinen muss. Hierüber wird die allgemeine Lernbereitschaft gesteuert, und zwar über Aufmerksamkeit und die Ausschüttung spezifischer lernfördernder Stoffe wie Noradrenalin, Dopamin und Acetylcholin. Diese Stoffe bestimmen über Afferenzen aus dem Cortex, der Amygdala, dem Hippocampus, dem basalen Vorderhirn, dem Locus coeruleus und dem dorsalen Raphe-Kern essenziell die Aktivität des Nucleus accumbens und damit das Belohnungsgedächtnis und die entsprechende Belohnungserwartung. (Zur dopamingesteuerten Belohnungserwartung s. Schultz 1998, Tobler u. a. 2005; zur lernfördernden Aktivität des Nucleus accumbens s. Schwarting 2003.)

Das Gehirn des Lernenden entwickelt bereits im Zusammenhang mit dem kindlichen Lernen und Wissenserwerb schnell *Belohnungserwartungen,* die erfüllt oder enttäuscht werden können. Dies bedeutet, dass ein Kind bei seinen Eltern und der weiteren Umgebung früh die Erfahrung machen muss, dass Lernen etwas Schönes und Nützliches ist. Dies drückt sich dann in generell erhöhter Lernbereitschaft und Motiviertheit aus. Werden Lernen, Schule und Bildung früh als mühselig und lastig empfunden oder »heruntergemacht«, so muss man sich nicht wundern, dass sich bei den Kindern erst gar keine Lernmotivation einstellt, und dies wirkt sich stark auf die Lernbereitschaft im Erwachsenenalter aus.

Ebenso ist ein leichter, anregender Stress generell lernfördernd. Hierbei wird im Gehirn der Neuromodulator Noradrenalin ausgeschüttet, der in geringen Dosen das Gehirn allgemein aufnahmebereit macht, indem er unter anderem auf Hippocampus und Nucleus accumbens einwirkt (s. vorhergehenden Absatz). In den Augen der Verhaltensphysiologen und Lernpsychologen ist es deshalb nachteilig, wenn Lernen zu entspannt und »kuschelig« ist und ohne jegliche Anstrengung auf niedrigstem Niveau passiert.

 Lernen muss als positive Anstrengung und Herausforderung empfunden werden.

Starker Stress hingegen, verbunden mit Versagensangst und Bedrohtheitsgefühl gegenüber dem Lehrenden, führt zu starker Hemmung des Lernerfolgs (Roth 2003 a, b). Das Gehirn stellt über ein spezielles »Monitorsystem« (cingulärer Cortex) zudem fest, wenn eine Belohnung (zum Beispiel in Form eines Lobs) verdient oder unverdient war, und stellt sich sofort hierauf ein. Es muss klare Regeln der Bewertung des Lernerfolgs geben, die der Lernende nachvollziehen kann.

Besonders kritisch für den Lernerfolg sind starke emotionale Zustände während der sogenannten Konsolidierungsphase, das heißt während des Übergangs vom Kurzzeit- in das Langzeitgedächtnis (Markowitsch 2000). Während im Allgemeinen mittelstarke positive wie negative Ereignisse während des Lernvorgangs den zu lernenden Inhalt akzentuieren und damit die Verankerung im Langzeitgedächtnis erleichtern können (Übersicht Roth 2003 a, b), kann es bei starken positiven wie negativen Erlebnissen während oder kurz nach dem Lernereignis einerseits zu einem »Einbrennen« des Lerninhalts (sozusagen »huckepack« mit dem emotionalen Ereignis) kommen und sich somit ein »Blitzlichtgedächtnis« (»flashbulb memory«; Brown/Kulik 1977, Pillemer 1984, Bohannon 1988, Schacter 1996,

Curron 2000) ausbilden. Zum anderen kann es aber auch zu einer »dissoziativen Amnesie«, das heißt vollständigen Unterdrückung des zuvor Gelernten kommen (Comer 1995, Schacter/Kihlstrom 1989).

Die spezielle Motiviertheit für einen bestimmten Stoff, Vorwissen und der aktuelle emotionale Zustand: Interesse und Motiviertheit drücken sich aus im Aktivierungsgrad des noradrenergen Systems, das die allgemeine Aufmerksamkeit erhöht (leichter Erwartungsstress), des dopaminergen Systems (Neugier, Belohnungserwartung) und des cholinergen Systems (gezielte Aufmerksamkeit, Konzentration). Diese Systeme machen die Großhirnrinde und den Hippocampus bereit zum Lernen und fördern die Verankerung des Wissensstoffs im Langzeitgedächtnis. Wie dies genau passiert, ist nicht bekannt. Bekannt ist hingegen, dass die Stärke des emotionalen Zustands, den der Lernende als Interesse, Begeisterung, Gefesseltsein empfindet, mit der Gedächtnisleistung positiv korreliert.

Was den Lernenden im Einzelnen interessiert, kann – wie bereits erwähnt – außerordentlich unterschiedlich sein. Dieses spezielle Lerninteresse kann genetisch determiniert, frühkindlich festgelegt oder später erworben sein. Jeder von uns weiß: Was uns brennend interessiert, das lernen wir »im Fluge«, während das, was uns nicht fesselt, schwer zu lernen ist.

Das Wissensgedächtnis hat sehr viele Module oder »Schubladen«, die jeweils in den sensorisch »zuständigen« Hirnrealen lokalisiert sind, im Prinzip zwar unabhängig voneinander arbeiten können, aber im Normalfall eng miteinander vernetzt sind (Markowitsch 2002, Rösler 2003). Dabei werden unterschiedliche Aspekte eines bestimmten Lerninhalts (Personen, Geschehnisse, Objekte, Orte, Namen, Farben, der emotionale Zustand, die Neuigkeit und anderes mehr) in unterschiedlichen Schubladen abgelegt, aber diese unterschiedlichen Aspekte bleiben untereinander verbunden und bilden ein *Bedeutungsfeld*. Entsprechend gilt: In je mehr Gedächtnisschubladen ein Inhalt parallel abgelegt ist, desto besser ist die Erinnerbarkeit, denn das Abrufen eines bestimmten Aspekts befördert die Erinnerung anderer Aspekte und schließlich des gesamten Wissensinhalts. Je mehr Wissensinhalte einer bestimmten Kategorie bereits vorhanden sind, desto besser ist die Anschlussfähigkeit. Deshalb ist es ratsam, Dinge im ersten Schritt anschaulich und alltagsnah darzustellen, sodass die Teilnehmenden sich etwas dabei vorstellen können. Dies erhöht die Anschlussfähigkeit der neuen Inhalte an die bereits vorhandenen für die Praxis.

In diesem Zusammenhang erklärt sich die Alltagsweisheit: »Aller Anfang ist schwer!« Dinge, die für den Lernenden neu, also nicht anschlussfähig sind, fallen durch die Gedächtnisnetze hindurch, weil sie nirgendwo Brücken zu bereits vorhandenem Wissen bilden können. Sie werden dann zu einem mühsam gelegten Bodensatz, aus dem dann erste Bedeutungsnetzwerke gebildet werden können. Gibt es hingegen schon weit ausgebreitete Gedächtnisnetzwerke, so wird jeder neue Inhalt schnell und gut abrufbar verankert (Schacter 1996).

Der spezifische Lehr- und Lernkontext: Der Lernerfolg hängt nicht nur vom Grad des Vorwissens, der Aufmerksamkeit und des Interesses ab, sondern auch vom *Kontext*, in dem Lernen stattfindet. Die moderne Gedächtnisforschung zeigt, dass bei jedem Inhalt, der als solcher gelernt wird, auch mitgelernt wird, *wer* diesen Inhalt vermittelt (das sogenannte Quellengedächtnis) und wann und wo das Lernen (Orts- und Zeitgedächtnis) stattfindet (Schacter 1996). Dieser Kontext ist mitentscheidend für den Lernerfolg und wird zusammen mit dem Wissensinhalt abgespeichert. Entsprechend kann schon der Lernkontext (Person, Zeit, Ort) förderlich oder hinderlich für das Abrufen eines Wissensinhalts sein (Roth 2003 a, b).

Lerninhalte, die in einer konfliktträchtigen und furchteinflößenden Umgebung von lustlosen Lehrenden vermittelt werden (etwa weil sie vom Chef ins Seminar geschickt worden sind), haben deshalb eine geringere Chance, dauerhaft im Gedächtnis verankert zu werden. Bekannt ist hier der Zusammenhang zwischen Lernerfolg und positiv wie negativ besetzten Lernorten ebenso wie der allgemeine emotionale Zustand, in dem sich der Lernende gerade befindet (mood-dependent learning und mood-dependent recall Ellis/Moore 1999, Parrot u. a. 2000).

Selbstorganisiertes« und exploratives Lernen: Über selbstorganisiertes Lernen ist in letzter Zeit sehr viel geschrieben worden (Herold/Landherr 2003). Abgesehen davon, dass Lernen als Wissenskonstruktion trivialerweise stets selbstorganisiert ist, ist die *aktive Aneignung* des Lernstoffs ein überaus wichtiger Teil des Lernerfolges. Aus Sicht der Neurobiologie kommt es hier zu einem Durchdringen kognitiver und exekutiver, das heißt verhaltenssteuernder Prozesse bei der Konsolidierung (»learning by doing«).

Zum einen ist dies dadurch erklärlich, dass sich Areale, die »rein kognitiv« beim Lesen, Zuhören und Nachdenken im okzipitalen, temporalen und (prä)frontalen Cortex aktiviert werden, mit exekutiven, das heißt auf das eigene Handeln bezogenen Arealen im parietalen Cortex verbinden (Schacter 1996, Rösler 2003). Das *deklarativ* Erlernte wird hierbei durch *prozedurale* Gedächtnisanteile bekräftigt. Gleichzeitig erhöht sich beim eigenen Handeln und Explorieren der Grad der Aufmerksamkeit, der direkt mit dem Lernerfolg korreliert ist. Hierbei werden sowohl das parietale räumlich-exekutive als auch das präfrontale kognitiv-exekutive Aufmerksamkeitssystem aktiviert (Posner/Dehaene 1994).

Das explorative Lernen ist natürlich zudem stark gelenkt vom Neugierverhalten, das wiederum eng mit dem dopaminergen System verbunden ist. Neugierde stellt eine besondere Art von Selbstbelohnung für Wissenserwerb dar und ist begleitet von einer starken Aktivierung des Frontalhirns. Das Frontalhirn ist, besonders im Bereich des sogenannten Arbeitsgedächtnisses, reich an Rezeptoren für Dopamin, was als eine Grundlage für Kreativität und Unternehmungsgeist angesehen wird (Fuster 2002).

Schlussbetrachtung

Der Lernerfolg hängt im Wesentlichen von drei Faktoren ab:

○ Erstens ist es die Art und Weise, wie die Lerninhalte vermittelt werden. Hierüber habe ich in diesem Beitrag nicht geschrieben. Details dazu finden Sie in »Bildung braucht Persönlichkeit« (Roth 2015).
○ Zweitens sind es die Glaubwürdigkeit, die fachliche und didaktisch-pädagogische Kompetenz und die Empathiefähigkeit der Lehrenden, welche die Rahmenbedingungen für das Lernen bilden, das heißt die Konstruktion von neuem Wissen im Gehirn befördern.
○ Drittens ist es der Emotions- und Motivationszustand des Lernenden und sein Vorwissen, der dies ebenfalls beeinflusst.

Die beiden letztgenannten Faktoren wirken teils additiv, teils interaktiv-multiplikativ. Dies bedeutet: Ein hochmotivierter und »begeisternder« Lehrender wird einem wenig motivierten Lernenden ohne großes Vorwissen nur wenig, aber vielleicht doch etwas beibringen können, und umgekehrt wird ein hochmotivierter, intelligenter und zudem fleißiger Lernender auch aus einem schlechten Seminar noch Nutzen ziehen, indem er sich Dinge »zusammenreimt«. Die Kombination von beidem hat eine überadditive Wirkung, da sich Motivation des Lehrenden und des Lernenden gegenseitig verstärken. Für den dritten (hier nicht weiter behandelten) Faktor, also die Art, wie eine Weiterbildungseinheit konkret gestaltet wird, gilt dasselbe. Hier geht es darum, die kognitiven Bedingungen und Ressourcen, zum Beispiel die spezifische Funktion des Arbeitsgedächtnisses, der Aufmerksamkeit, der Gedächtniskonsolidierung, der individuellen Intelligenz und des Lernstils genau zu beachten, die alle stark von den beiden anderen genannten Faktoren beeinflusst werden. Hohe kognitive Leistungen finden im Gehirn des Lehrenden ebenso wie des Lernenden immer nur dann statt, wenn die grundlegende emotional-motivationale Frage positiv beantwortet wird: »Welches ist *für mich* der Sinn dessen, was ich gerade tue?« Als Zusammenfassung und Überblick können folgende Aussagen dienen:

Die Bedeutung der Motivation für den Lernerfolg: Wie bei aller Tätigkeit, fragt das Gehirn auch beim Lernen, ob sich der Aufwand lohnt. Deshalb spielt die Belohnungserwartung eine große Rolle. Belohnungen können sein:

○ materielle Belohnungen
○ Lob und Anerkennung durch Partner, Freunde, Kollegen, Vorgesetzte und andere
○ Aussicht auf späteren Lebenserfolg (Geld, Ansehen, Macht)
○ Freude am Wissenserwerb und am Gelingen

Alle Belohnungen haben dieselbe »Endstrecke« in Form der Ausschüttung von Gehirnsubstanzen mit positiver beziehungsweise lustvoller Wirkung.

Kognitive und emotionale Faktoren: Folgende kognitiven und emotionalen Faktoren bestimmen wesentlich den Lernerfolg:

○ die Vertrauenswürdigkeit des Lehrenden
○ das Interesse am Stoff
○ der Belohnungswert des Wissens und der Leistung
○ Aufmerksamkeit, unter anderem aufgrund der Gestaltung der Lerneinheit
○ das Vorwissen und die Anschlussfähigkeit des Stoffs
○ die Aufbereitung und Art der Vermittlung des Stoffs

Alle diese Faktoren haben direkt oder indirekt mit Motivation zu tun.

Konsequenzen für die Lehr- und Lernkultur in Seminaren: Folgende Konsequenzen lassen sich daraus ableiten:

○ mittlerer Leistungsdruck (»Eustress«)
○ klare Aufgabenstellungen und Leistungsanforderungen
○ klare Belohnungsstruktur
○ Gerechtigkeit und Begründung von Tadel und Belohnung
○ sparsames, zeitnahes und variables Lob
○ Überzeugungskraft und Begeisterungsfähigkeit des Lehrenden
○ zeitnahe Bewertung der Leistung
○ Eingehen auf die individuelle Bedürfnis- und Motivationsstruktur der Lernenden

Wir erkennen also, dass viele Faktoren zusammenwirken müssen, um eine erfolgreiche Wissensvermittlung zu erzielen. Es sind nicht nur rein kognitive, sondern ganz wesentlich emotional-motivationale Faktoren, um die es hier geht, insbesondere um die Glaubwürdigkeit des Lehrenden und seinen feinfühligen und respektvollen Umgang mit den Lernenden. Leider wird in der Ausbildung zum Lehrberuf hierauf gar nicht oder zu wenig geachtet. Hier bleibt also noch viel zu tun.

Literatur

- Adolphs, Ralph/Tranel, Daniel/Damasio, Antonio R.: The human amygdala in social judgement. Nature 393, 1998, S. 470–474
- Adolphs, Ralph/Tranel, Daniel: Emotion, recognition, and the human amygdala. In: Aggleton, John. P. (Hrsg.): The Amygdala. A Functional Analysis. New York, Oxford: Oxford University Press 2000 S. 587–630
- Aggleton, John P.: The Amygdala. A Functional Analysis. New York, Oxford: Oxford University Press 2000
- Anderson, John R.: Kognitive Psychologie. Heidelberg: Spektrum 1996
- Bohannon, John N.: Flashbulb memories for the space shuttle disaster: A tale of two stories. Cognition 1988, 29: S. 179–196
- Brown, Roger/Kulik, John: Flashbulb memories. Cognition 5/1977, S. 73–99
- Comer, Ronald J.: Klinische Psychologie. Heidelberg: Spektrum 1995
- Curran, Tim: Memory without remembering and remembering without memory: Implicit and false memories. In: The New Cognitive Neurosciences, Gazzaniga, M. S. u. a. Cambridge, Mass., MIT Press 2000, S. 829–840
- Eliot, Lise: Was geht da drinnen vor? Die Gehirnentwicklung in den ersten fünf Lebensjahren. Berlin: Berlin Verlag 2001
- Ellis, Henry C./Moore, Brent A.: Mood and memory. In: Handbook of Cognition and Emotion. Dagleish, T./Power, M. J. (Hrsg.): Chichester: Wiley 1999, S. 193–210
- Fuster, Joaquin M.: Frontal lobe and cognitive development. J. Neurocytol. 31/2002, S. 373–385
- Hemford, Barbara/Konieczny, Lars: Sätze und Texte verstehen und produzieren. In: Müsseler, Jochen/Prinz, Wolfgang (Hrsg.): Allgemeine Psychologie. Heidelberg, Berlin, Oxford: Spektrum 2002, S. 589–642
- Herold, Martin/Landherr, Birgit: SOL – Selbstorganisiertes Lernen. Ein systemischer Ansatz für den Unterricht. Hohengehren: Schneider 2003
- Kandel, Eric R./Schwartz, James H./Jessell, Thomas M.: Neurowissenschaften. Heidelberg: Spektrum 1996
- Kolb, Brian/Wishaw, Ian Q.: Neuropsychologie. Heidelberg: Spektrum 1993
- LeDoux, Joseph: Das Netz der Gefühle. Wie Emotionen entstehen. München, Wien: Carl Hanser 1998
- LeDoux Joseph: Emotion circuits in the brain. Annu. Rev. Neurosci. 23/2000, S. 155–184
- Markowitsch, Hans J.: The anatomical bases of memory. In: Gazzaniga, M. S. u. a. (Hrsg.): The New Cognitive Neurosciences. Cambridge: MIT Press 2000, S. 781–795
- Markowitsch, Hans J.: Dem Gedächtnis auf der Spur. Vom Erinnern und Vergessen. Darmstadt: Wissenschaftliche Buchgesellschaft 2002
- Müsseler, Jochen/Prinz, Wolfgang (Hrsg.): Allgemeine Psychologie. Heidelberg: Spektrum 2002, S. 589–642

- Parrot, W. Gerrot/Spackman, Matthew P.: Emotion and memory. In: Lewis, M./Havi-land-Jones, J. M. (Hrsg.): Handbook of Emotions. New York, London: Guilford Press 2000, S. 476–499
- Pillemer, David B.: Flashbulb memories of the assassination attempt on President Reagan. Cognition 16/1984, S. 63–80
- Posner, Michael I./Dehaene, Stanislas: Attentional networks. Trends in Cognitive Sciences 17/1994, S. 75–79
- Rösler, Frank/Heil, Martin: The principle of code-specific memory representations. In: Kluwe, Rainer H./Lüer, Gerd/Rösler, Frank (Hrsg.): Principles of Learning and Memory. Basel, Boston, Berlin: Birkhäuser 2003, S. 71–91
- Roth, Gerhard: Bildung braucht Persönlichkeit. Wie Lernen gelingt. Stuttgart: Klett-Cotta 2015 (überarbeitete Ausgabe)
- Roth, Gerhard: Fühlen, Denken, Handeln. Frankfurt am Main: Suhrkamp, 5. Auflage 2003a
- Roth, Gerhard: The principles of emotional learning. In: Kluwe, Rainer H./Lüer, Gerd/Rösler, Frank (Hrsg.): Principles of Learning and Memory. Basel, Boston, Berlin: Birkhäuser 2003b, S. 51–68
- Roth, Gerhard/Strüber, Nicole: Wie das Gehirn die Seele macht. Stuttgart: Klett-Cotta 2014
- Schacter, Daniel L.: Searching for Memory. The Brain, the Mind, and the Past. New York: Basic Books 1996
- Schacter, Daniel L./Kihlstrom, John F.: Functional amnesia. In: Boller, F./Grafman, J. (Hrsg.): Handbook of Neuropsychology. Vol. 3. Amsterdam: Elsevier 1989, S. 209–231
- Schultz, Wolfram: Predictive reward signals of dopamine neurons. J. Neurophysiology 80/1998, S. 1–27
- Schwarting, Rainer K. W.: The pinciple of memory consolidation and its pharmacological modulation. In: Kluwe, Rainer H./Lüer, Gerd/Rösler, Frank (Hrsg.): Principles of Learning and Memory. Basel, Boston, Berlin: Birkhäuser 2003, S. 137–153
- Tobler, Philippe N./Fiorillo, Christopher D./Schultz, Wolfram: Adaptive coding of reward value by dopamine neurons. Science 307/2005, S. 1642–1645
- Todorov, Alexander/Said, Chris P./ Engell, Andrew D./Oostenhof, Nikolaas N.: Understanding evaluation of faces on social dimensions. Trends in Cognitive Sciences 12/2008, S. 455–460

Stolpersteine auf dem Weg ins Langzeitgedächtnis

Holger Schulze

Tags: Gedächtnis, Bremsen, Verarbeitung, Lernen, neuronales Netz, Speichern, Informationen, Synapsen, Konditionierung, Filter, Kurzzeit-, Langzeit-, Arbeitsgedächtnis, Transmitter, Belohnungssystem, Dopamin

Positionierung

Mehrere »Heureka-Erlebnisse« werden Sie aus diesem neurowissenschaftlich orientierten Beitrag für Ihre Praxis ableiten können: Holger Schulze macht deutlich, dass ein menschliches Gehirn im Gegensatz zum Computer mit denselben Neuronen zweierlei Arbeiten ausführt: nämlich Verarbeiten *und* Speichern. Das hat Konsequenzen für den Input: Vorsicht vor dem Überfrachten … Dopamin wird ausgeschüttet, wenn das Gehirn eine Belohnung erwartet – aha? Ja, im Moment des Aha-Erlebnisses belohnt sich das Gehirn selbst (und damit Sie als seinen Träger). Danach herrscht wieder Dopaminebbe. Das bedeutet, dass Sie für wiederkehrende (kleine) Heurekas sorgen sollten! Und zwar völlig unabhängig von Ihren eingesetzten Methoden, weil allen nämlich gemeinsam ist, dass sie aufs Langzeitgedächtnis zielen, um den gern zitierten nachhaltigen Lerntransfer zu generieren.
Für diesen Prozess des Proteinumbaus benötigt das Gehirn 24 Stunden. Dabei können Sie das Lernen übrigens unterstützen, indem Sie wiederkehrenden Gleichklang bieten (Alliterationen!) und/oder jene Struktur nachahmen, die wir im Lernen anwenden, den Dreiklang: Was Sie in Dreier- oder auch Viererkette anbieten, lässt sich leichter verarbeiten (s. auch die 7-Bit-Regeln im Beitrag »Kann des Menschen Hirn denn digital?«, S. 374 ff.). Diese »Magie der Zahlen« finden Sie beim Merken von Zifferkombinationen, indem Sie Ihr Gehirn quasi strukturiert unterstützen: Manche(r) spielt mit Primzahlen, andere erkennen Kombinationen und Rechenvorgänge in der Ziffernfolge (s. »Mnemotechniken: Wozu und wie?«, S. 154 ff.).
Freuen Sie sich nun auf einen gut verständlichen Ausflug in die Neurobiologie mit klaren Empfehlungen für Ihren Alltag als Trainer, Coach, Berater!

Einleitung

Unser Gehirn sammelt mit seinen verschiedenen Sinnessystemen Informationen über die uns umgebende Umwelt, speichert diese ab und erstellt daraus eine interne Repräsentation dieser Welt. Diese Funktion des Gehirns ermöglicht es uns, aktuelle Informationen und Sinneseindrücke mit früheren Erfahrungen zu vergleichen, und bildet damit letztlich die Grundlage für gezielte Interaktionen zwischen Mensch und Umwelt, also für Verhalten. Dabei ist diese interne Repräsentation der Welt nicht eine bloße Eins-zu-eins-Kopie derselben, sondern vielmehr ein Modell, das selektiv nur einen bestimmten Anteil der durch die Sinnesorgane zur Verfügung gestellten Gesamtinformation auswählt und speichert, während andere Teile verworfen werden. Dies geschieht mittels sensorischer und kognitiver Filter, die auf der Grundlage früherer Erfahrungen vorbewusste Bewertungen vornehmen, was zu einem bestimmten Zeitpunkt als relevant beziehungsweise irrelevant für den Organismus angesehen wird.

Ausgehend von diesen Gegebenheiten ist es nur zu offensichtlich, dass Lernen also nicht nur bedeutet, Informationen zu speichern. Vielmehr ist unser Gehirn durch Lernvorgänge einem ständigen Differenzierungsprozess unterworfen, in dessen Verlauf neue Bewertungen von Sachverhalten aufgrund neuer Informationen getroffen und dadurch zum Beispiel Entscheidungsprozesse angepasst und verfeinert werden können. Lernen erweitert und verbessert so stetig unsere Handlungsoptionen, ermöglicht Anpassung an neue Herausforderungen durch effektivere Interaktionsstrategien mit der Umwelt. Wir lernen also nicht, um etwas einfach nur zu wissen, sondern um auf der Grundlage dieses Wissens unsere Handlungsoptionen zu erweitern.

Nun ist Lernen ein individuell hochgradig verschiedener Prozess: Unterschiedlichste Lerntypen können aus einem reichhaltigen Spektrum mannigfaltiger Lernmethoden wählen. Die Individualität der Lerntypen bedingt dabei zwangsweise, dass es keine einzig gültige Lern- oder Lehrmethode geben kann, die für alle Lerner gleichermaßen optimal wäre. Hier muss jeder seinen persönlichen Weg finden.

Allen Lernmethoden gemein aber ist ihr Ziel: das langfristige Abspeichern von Informationen im Gehirn! Für jeden, der lehrt oder lernt, sind daher Kenntnisse der fundamentalen neurobiologischen Mechanismen, die Lernen in unseren Gehirnen ermöglichen, zumindest hilfreich, wenn nicht geradezu unabdingbar bei der Suche nach dem optimalen persönlichen Weg zum Lernerfolg. Dabei kommt es nicht nur darauf an, zu verstehen, wie Lernen in unseren Gehirnen funktioniert. Viel wichtiger mag es sein zu erkennen, unter welchen Bedingungen Lernvorgänge gestört oder behindert werden. Diese neurobiologischen Rahmenbedingungen des Lernens im Kontext der Erwachsenenbildung exemplarisch aufzuzeigen und

Konsequenzen für die individuelle Lernplanung und -gestaltung zu skizzieren, ist zentrales Anliegen dieses Beitrags.

Informationsverarbeitung im Gehirn

Nervensysteme bilden Netzwerke aus miteinander verknüpften Neuronen. Informationen in diesen Netzwerken fließen über besondere Kontaktstellen, die Synapsen, von Neuron zu Neuron, wobei die Stärke (und das Vorzeichen) der synaptischen Verbindungen zwischen den Neuronen diesen Informationsfluss regeln.

Das neuronale Netzwerk des menschlichen Gehirns ist dabei außerordentlich komplex: Frühere Schätzungen gingen von bis zu über 100 Milliarden Zellen aus, während neuere Methoden genauere Schätzungen zulassen. Diese geben für das gesamte Gehirn einen Bereich von 67 bis 86 Milliarden Neuronen an (Bartheld u. a. 2016; Creutzfeld 1983). Davon entfallen allein auf die Großhirnrinde, den Kortex, also den Teil des Gehirns, der uns aufgrund seiner in der Evolution enorm angestiegenen Komplexität am deutlichsten von Tieren unterscheidet, zehn bis 20 Milliarden Neurone. Und jedes dieser Kortexneurone stellt bis zu 10 000 Verbindungen zu anderen Nervenzellen her (Braitenberg 1993). Das menschliche Gehirn ist damit die komplexeste Struktur im uns bekannten Universum überhaupt.

Die besondere evolutive Stellung des menschlichen Kortex im Vergleich zu dem niederer Wirbeltiere ergibt sich aus der hohen Komplexität seiner inneren Verschaltungen: Der hohen Zellzahl innerhalb der Großhirnrinde stehen nur rund 100 Millionen Eingänge von Nervenzellen außerhalb des Kortex gegenüber. Während bei niederen Wirbeltieren, wie etwa Fröschen, die Zahl der Eingänge zu funktionell vergleichbaren Strukturen noch ungefähr genauso groß ist wie die Zahl der Nervenzellen innerhalb der Struktur, beschäftigt sich der menschliche Kortex offenbar hauptsächlich mit sich selbst. Er wurde somit zu der Struktur, mit der wir denken, fühlen, bewerten, Muster erkennen, Probleme lösen – und lernen.

Informationsverarbeitung in den neuronalen Netzen des Gehirns geschieht durch gezielte Steuerung der Informationsflüsse, der Weitergabe von Impulsen von Neuron zu Neuron innerhalb des Netzwerks. Im Unterschied zu klassischen Computersystemen, in denen das Verarbeiten von Informationen anderen Bausteinen (den Prozessoren) obliegt als das Speichern von Informationen (in Speicherchips), haben die Nervenzellen nicht nur die Aufgabe, die Informationen zu verarbeiten, sondern auch, diese zu speichern. Diese Doppelfunktion bringt Vor- und Nachteile mit sich: Auf der einen Seite lässt sich das Gehirn quasi als hochgradig paralleler Rechner verstehen, der aus einigen zig Milliarden Einzelprozessoren zusammengesetzt ist, die alle gleichzeitig Informationen verarbeiten können. Obwohl dabei jeder einzelne dieser Prozessoren ungleich viel langsamer »getaktet« ist als sein Kollege in einem Computersystem, nämlich mit maximal einem Kilohertz (10^3 pro Sekunde) statt mit mehreren Gigahertz (10^9 pro Sekunde), ist diese Architektur dennoch in vielen Bereichen noch immer deutlich leistungsfähiger als die schnellsten klassischen Rechnersysteme, etwa im Bereich der Mustererkennung. (Künstliche neuronale Netze seien an dieser Stelle von der Betrachtung ausgenommen.) Auf der anderen Seite kann die genannte Doppelfunktion aber problematisch werden: Da Neurone Informationen sowohl verarbeiten als auch speichern, kann es zu *Interferenzen* beider Prozesse kommen, wenn sie in denselben Neuronen gleichzeitig ablaufen sollen, wenn also etwas gespeichert werden soll, während schon wieder neue Informationen zu verarbeiten sind.

Speicher- und Verarbeitungsprozesse können sich gegenseitig stören.

Wir werden auf diesen Punkt bei der Besprechung der Langzeitgedächtnisbildung nochmals zurückkommen. Klassische Computer kennen dieses Problem nicht. Verarbeiten und Speichern läuft in unterschiedlichen Bausteinen ab, und daher können die beiden Prozesse sich nicht gegenseitig stören. Allerdings hat diese Architektur ebenfalls einen Nachteil: Wenn ein Speicherchip voll ist, dann ist er voll und muss im System ergänzt oder ausgetauscht werden. Da in biologischen neuronalen Netzen die Speicherkapazität von der Komplexität des Netzwerks abhängt, und diese, wie wir gleich sehen werden, durch Lernvorgänge modifiziert wird, ist der Speicher im Kopf angesichts der sich aus der Neuronen- und Synapsenzahl ergebenden enormen Fülle möglicher Verbindungen praktisch niemals voll: Die Zahl verschiedener möglicher Kombinationen von Verbindungen im kortikalen Netzwerk liegt weit jenseits der geschätzten Zahl der Atome im Universum! Optimale Voraussetzungen also für erfolgreiches, lebenslanges Lernen!

Lernen verändert den Informationsfluss im Gehirn

Wie bereits im vorhergehenden Abschnitt angedeutet, lassen sich die Synapsen zwischen den Neuronen und damit auch die Wege der Informationsflüsse im neuronalen Netzwerk durch Lernen verändern. Jede Information, die in den Kortex eintritt und dort verarbeitet wird, modifiziert das Netzwerk, wenn sie gespeichert wird, und zwar durch den Umbau der Synapsen. So kann ein derart gelernter Fakt beispielsweise Informationsflüsse so verändern, dass beim nächsten Mal, wenn der entsprechende Fakt wiedererkannt wird, die Informationsverarbeitung im Netzwerk dergestalt angepasst ist, dass gegenüber dem Vorzustand, als der Fakt noch nicht bekannt war, veränderte Entscheidungen getroffen werden können.

> Lernen verändert immer das neuronale Netzwerk im Gehirn mit dem Ziel einer auf der Grundlage des gesammelten Wissens optimierten Verhaltensanpassung.

Ein einfaches Beispiel, an dem diese Zusammenhänge veranschaulicht werden sollen, ist die klassische Konditionierung nach Pawlow (Pawlow/Anrep 1927).

Pawlowscher Hund

Pawlow demonstrierte, dass Hunde in der Lage sind, das Läuten einer Glocke mit dem Erhalt von Futter zu assoziieren. Dazu machte er sich eine Reflexreaktion der Hunde zunutze, welche darin besteht, dass Hunde, denen Futter gezeigt wird, spontanen Speichelfluss zeigen. Die Präsentation des Futters ist dabei der sogenannte unbedingte Reiz (engl. unconditioned stimulus, UCS). Der UCS hat also die Eigenschaft, eine Reaktion ohne vorheriges Lerntraining auszulösen. Pawlow paarte nun in seinen Experimenten das Läuten einer Glocke, also einen neutralen Reiz, der zunächst keine Reaktion auslöst (NS), zeitlich mit dem UCS. Dies führte dazu, dass der Hund eine Assoziation zwischen dem Läuten der Glocke und der Futterpräsentation bildete. Der neutrale Reiz wurde dadurch zu dem bedingten Reiz (engl. conditioned stimulus, CS), der nach dem Lernen ebenfalls imstande war, eine Reaktion auszulösen.

Der Hund lernt also, dass er immer dann Futter bekommt, wenn die Glocke läutet, was er dadurch anzeigt, dass das Glockenläuten (nunmehr der CS) nun auch ohne Futterpräsentation zum Speichelfluss (der Reaktion) führt.

Dieser der klassischen Konditionierung zugrunde liegende neuronale Mechanismus wird in der folgenden Abbildung veranschaulicht: Wir postulieren eine Reihe sensorischer Zellen (graue Kugeln in der oberen Reihe), von denen einige auf den UCS, andere jedoch auf den NS reagieren. Zusätzlich postulieren wir Neurone, welche die Reaktion auslösen (graue Kugeln in der unteren Reihe). Da der UCS ohne vorheriges Training eine Reaktion auslöst, der NS aber nicht (linker Bereich »Vor dem Lernen«), nehmen wir ferner starke synaptische Verbindungen zwischen den UCS-kodierenden Neuronen hin zu den reaktionsauslösenden Zellen an, schwache Verbindungen hingegen zwischen jenen und den NS-kodierenden Neuronen. Unter starken synaptischen Verbindungen verstehen wir in diesem Zusammenhang solche, die bei Aktivierung in der Lage sind, die nachgeschalteten Neurone zu aktivieren, während dies bei schwachen Verbindungen hierfür nicht ausreichend ist.

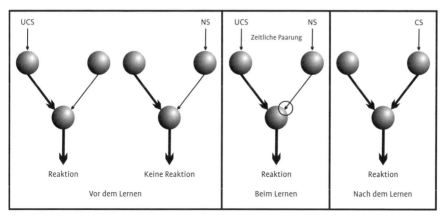

Schematische Darstellung des der klassischen Konditionierung zugrunde liegenden neuronalen Mechanismus

Werden UCS und NS nun während eines Lerntrainings (mittlerer Bereich) zeitlich gepaart, so kommt es dazu, dass die Zelle (oder der Zellverband), die die Reaktion auslöst, aktiviert ist (durch die starke Verbindung der UCS-kodierenden Zellen), während gleichzeitig der schwache Eingang der auf den NS reagierenden Neuronen ebenfalls aktiv ist. Die hebbsche Regel (Hebb 1949) besagt nun, dass diejenigen Verbindungen verstärkt werden, bei denen gleichzeitig Prä- und Postsynapse aktiviert sind, also beide Seiten der Verbindungsstelle (Kreis in der mittleren Spalte der Abbildung), was hier dank der zeitlichen Paarung von UCS und NS offensichtlich der Fall ist. Nach dieser Verstärkung, die sowohl auf einer Vermehrung synaptischer Kontakte (Bailey/Chen 1983) als auch auf Verstärkung einzelner Synapsen (Fernandes/Carvalho 2016) beruhen kann, ist dann der Eingang des nun CS allein ausreichend, die die Reaktion auslösenden Zellen zu treiben (rechter Bereich).

Das Beispiel zeigt recht anschaulich, wie ein veränderter Informationsfluss durch Lernen Reaktionen auf Situationen (Reize) modifizieren kann: Während der NS (der Glockenton) vor dem Lernen für den Hund keine Bedeutung hatte, zeigt er ihm nach dem Lernen an, dass es Futter geben wird. Auf neuronaler Ebene hat sich der Informationsfluss dergestalt verändert, dass eine durch die Glocke ausgelöste Aktivierung im Netzwerk, die zunächst nicht bis zu den die Reaktion auslösenden Zellen durchgeschaltet wurde, nun nach dem Lernen durch Verstärkung entsprechender neuronaler Verbindungen durchgeschaltet wird. Auf diese Art hat das Netzwerk neue Informationen genutzt, um sich selbst zu verändern und somit Informationsflüsse so umzuleiten, dass in Zukunft besser – weil adäquat auf eine bestimmte Situation (»Die Glocke ruft zum Essen«) – reagiert werden kann: Der Hund hat gelernt!

Informationsspeicherung im Gehirn

Kurzzeitgedächtnis: Nachdem wir im vorangegangenen Abschnitt betrachtet haben, wie durch Lernvorgänge im Gehirn prinzipiell Informationsflüsse und damit Informationsverarbeitung in neuronalen Netzwerken verändert werden können, wollen wir uns in diesem Abschnitt etwas genauer der Frage zuwenden, wie Informationen im Gehirn langfristig gespeichert werden können. Trivialerweise müssen die zu speichernden Informationen hierfür zunächst einmal in das Gehirn gelangen. Dies geschieht üblicherweise über die Sinnessysteme. Die erste Form der Speicherung findet dann im sogenannten Kurzzeitgedächtnis statt.

Unter Kurzzeitgedächtnis versteht man einen Speicher, in dem die Informationen noch nicht langfristig abgelegt werden und somit flüchtig, also nur für einen kurzen Zeitraum verfügbar sind. Die Inhalte in diesem Speicher repräsentieren die Menge an Information, die wir uns gleichzeitig bewusst machen können, weswegen man auch von Arbeitsgedächtnis spricht. Da dieses Arbeitsgedächtnis äußerst begrenzt ist und je nach Art der Inhalte nur etwa sieben plus/minus zwei Dinge gleichzeitig vorhalten kann (Miller 1956), ist dies sozusagen der Flaschenhals der Informationsverarbeitung im Gehirn. Lokalisiert ist das Arbeitsgedächtnis im sogenannten präfrontalen Kortex, der hinter der Stirn liegt.

Die Art und Weise, wie im Arbeitsgedächtnis Informationen gespeichert werden, unterscheidet sich grundlegend von der im Langzeitgedächtnis, da hier keinerlei synaptische Verbindungen dauerhaft modifiziert werden müssen. Speichervorgänge laufen daher zwar auf der einen Seite viel schneller ab, sind aber auf der anderen Seite nicht langfristig haltbar. Dieser Speicher eignet sich daher hervorragend, um sich zum Beispiel eine Telefonnummer zu merken, da man diese Information in der Regel nur so lange benötigt, bis die Nummer gewählt ist. Sobald das Gespräch beginnt, kann man sie getrost wieder vergessen, sie wird nicht mehr benötigt.

Die neuronale Grundlage dieses Speichers beruht dabei auf akuter Erhöhung der elektrischen Aktivität der Neuronen im Arbeitsspeicher: Hier existiert ein bestimmter Typ von Neuronen, der aktiv wird und es bleibt, solange eine Information vorgehalten werden soll, und wieder in ihren Ruhezustand übergeht, sobald die Information nicht mehr benötigt wird (Goldman-Rakic 1996). Im Kurzzeitgedächtnis können Informationen offenbar von Zelle zu Zelle weitergegeben werden und dadurch so lange im Netzwerk »kreisen«, bis sie nicht mehr benötigt werden. Dass dieser Mechanismus energetisch offenbar sehr kostenintensiv ist, macht es verständlich, dass der Speicher so klein ist. Als kostengünstige Alternative zur dauerhaften Speicherung ist daher ein anderer Mechanismus erfolderlich.

Langzeitgedächtnis: Wie bereits beschrieben, bedarf es zur Langzeitgedächtnisbildung des Umbaus der Synapsen zur dauerhaften Speicherung von Informationen im Gehirn. Diese Methode hat gegenüber dem Kurzzeitgedächtnis den Vorteil, dass sie kostengünstig ist: Was einmal in Form einer anatomischen Veränderung des neuronalen Netzwerkes abgelegt ist, benötigt keine zusätzliche Energie wie die dauerhafte Aktivierung einzelner Neurone beim Kurzzeitgedächtnis. Allerdings sind die Informationen nicht unmittelbar verfügbar: Zur Bewusstmachung müssen sie vom Langzeitgedächtnis zurück in das Kurzzeitgedächtnis übertragen werden.

Da der Umbau der Synapsen also offensichtlich der zentrale Vorgang bei der Langzeitgedächtnisbildung und damit des Lernens insgesamt ist, wollen wir uns diesem Vorgang nun nochmals etwas genauer zuwenden. Es ist naheliegend, dass Lernen gut funktioniert, wenn auch der Umbau der Synapsen, die synaptische Plastizität, gut funktioniert, und dass im Umkehrschluss Lernvorgänge gestört werden, wenn die synaptischen Umbauprozesse gestört werden. Was also ist nötig zum reibungslosen Ablauf synaptischer Plastizität?

Die Übertragung von Information an den allermeisten Synapsen im Gehirn erfolgt chemisch: Ausgelöst von einer elektrischen Erregung der Nervenzelle verschmelzen synaptische Vesikel – das sind kleine Zellmembranbläschen in den Synapsen – mit der präsynaptischen Membran (dem Teil der Synapse, der von dem die Information sendenden Neuron gebildet wird), wodurch der Inhalt der Bläschen, ein chemischer Botenstoff (Transmitter), in den synaptischen Spalt ausgeschüttet wird. Dieser Botenstoff wandert dann zur postsynaptischen Membran (dem Teil der Synapse, der von dem die Information empfangenden Neuron gebildet wird) und bindet dort an sogenannte Rezeptoren, wodurch es zur Öffnung der Ionenkanäle in der postsynaptischen Membran kommt. Dies ermöglicht einen Strom dieser elektrisch geladenen Teilchen durch die Membran, wodurch letztlich in dem empfangenden Neuron wieder ein elektrisches Signal ausgelöst wird, das dann weiterverarbeitet werden kann.

> Informationsübertragung an Synapsen ist ein komplizierter Vorgang aus elektrischer Erregung der Neuronen, chemischer Übertragung von Botenstoffen und wiederum elektrischer Erregung der Neuronen.

Damit dieser komplizierte Vorgang ablaufen kann, ist ein koordiniertes Zusammenspiel einer ganzen Reihe verschiedener Biomoleküle notwendig, von denen es sich bei den meisten um Proteine handelt. Wenn also Synapsen im Zuge von Lernvorgängen umgebaut oder neu gebildet werden sollen, bedarf es der Biosynthese dieser Bausteine, also der Proteinbiosynthese. Ist diese gestört, kommt es zu Beeinträchtigungen des Lernerfolgs. Die folgende Abbildung veranschaulicht diesen

Zusammenhang schematisch am Beispiel eines Lerntrainings, das in diesem Fall an mongolischen Wüstenrennmäusen durchgeführt wurde (Tischmeyer u. a. 2003).

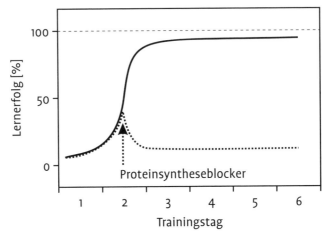

Schematische Darstellung einer Lernkurve (schwarze Kurve) mit Darstellung der Abhängigkeit der Lernleistung von der Proteinbiosynthese (gestrichelte Kurve)

Die langfristige Abspeicherung neuen Wissens hängt von einer funktionierenden Proteinbiosynthese in den entsprechenden Hirnarealen ab. Die Tiere hatten dabei die Aufgabe zu lernen, zwei Töne voneinander zu unterscheiden. Wie die schwarze Kurve in der Abbildung zeigt, lernen die Tiere bei etwa einer halbe Stunde Training pro Tag, die Aufgabe nach zwei bis drei Tagen zu meistern. Zusätzlich zum eigentlichen Training wurde einer zweiten Gruppe von Tieren (gestrichelte Kurve) aber zu einem bestimmten Zeitpunkt innerhalb des Trainingsprotokolls eine Substanz injiziert, die die Proteinbiosynthese im Gehirn der Tiere für eine gewisse Zeit blockierte, ansonsten aber keinerlei Nebenwirkungen hatte. Die so behandelten Tiere zeigen zwar in einer Trainingssitzung einen kurzfristigen Lernerfolg, dieser war aber bereits am nächsten Trainingstag nicht mehr abrufbar. Das bedeutet: Die Information erreichte zwar noch das Kurzzeitgedächtnis, eine Übertragung ins Langzeitgedächtnis fand aber nicht mehr statt. Der Zeitraum, in dem eine derartige Störung der Langzeitgedächtnisbildung in der beschriebenen Art und Weise erfolgen kann, beträgt mindestens 24 Stunden.

Der Prozess, der zur Übertragung der frisch gelernten Information aus dem Kurzzeit- ins Langzeitgedächtnis führt, benötigt mindestens 24 Stunden. In dieser Zeit ist der Prozess störanfällig.

Dieser Umstand hat nun fundamentale Konsequenzen für die individuelle Lehr- und Lerngestaltung: Es ist nämlich leider nicht von außen kontrollier- oder steuerbar, welche der Informationen, die den Tag über von unseren Gehirnen aufgenommen werden, ihren Weg in unser Langzeitgedächtnis finden. Schlimmer noch, da – wie beschrieben – die Prozesse des Speicherns und Verarbeitens von Informationen sich gegenseitig behindern können, wenn sie auf denselben Neuronen ablaufen, können verschiedene über den Tag gesammelte Informationen oder Sinneseindrücke sich gegenseitig beim Abspeichern behindern: Erreicht ein Neuron also eine neue Information, während dieses gerade damit beschäftigt ist, eine ältere Information durch den Umbau der Synapsen zu speichern, so behindert die Verarbeitung der neuen Information das Abspeichern der alten! Besonders problematisch ist in diesem Zusammenhang jede Form an Reizüberflutung, wie sie etwa durch übermäßigen Fernsehkonsum oder aber schlicht durch den Versuch eintreten kann, zu viele Informationen gleichzeitig zu speichern: Jedes Gehirn hat hier seine individuelle Kapazitätsgrenze: Lernen erfordert Zeit!

Da der Zeitraum, in dem derartige Störungen möglich sind, 24 Stunden beträgt, hängt der individuelle Lernerfolg also massiv von der gesamten Tagesplanung beziehungsweise Freizeitgestaltung des Lernenden ab. Während dabei die gezielte Wiederholung des Lernstoffs durch entsprechende Redundanzen die Übertragung des Gelernten ins Langzeitgedächtnis befördert, ist insbesondere passiver Fernsehkonsum oder jede andere Form von Reizüberflutung besonders störend, und zwar unabhängig von der Qualität oder dem pädagogischem Konzept des Lehrenden! Eine Wiederholung des Lernstoffs vor Ruhephasen, etwa vor dem Zu-Bett-Gehen, erscheint daher aus neurobiologischer Sicht besonders förderlich, um die Konsolidierung der Gedächtnisinhalte zu unterstützen. Hier hat der Schlaf selbst eine besondere Rolle, die im Rahmen dieses Beitrags aber nicht weiter ausgeführt werden soll.

Aber auch andere Freizeitaktivitäten wie etwa Sport, die andere Bereiche des Gehirns fordern als der gerade anstehende Lernstoff, sollten sich nicht störend auf die Gedächtniskonsolidierung auswirken, sondern diese durch geistige Entspannung oder Stärkung der allgemeinen körperlichen Gesundheit eher fördern.

Lernerfolg und internes Belohnungssystem: Als letzten Aspekt bei diesem kurzen Ausflug in die Neurobiologie der Gedächtnisbildung wollen wir uns nun noch kurz einem hierfür besonders relevanten Aspekt zuwenden: der Rolle des sogenannten internen Belohnungssystems für den Lernerfolg. Wie der Name schon sagt, handelt es sich hierbei um einen hirneigenen Mechanismus, der den Organismus für Erfolge beim Lernen und Problemlösen belohnt. Derartige Erfolge werden so als positive Erfahrungen erlebt, die motivieren, weiter erfolgreich zu sein, um das gute Gefühl erneut zu erleben.

Zur Realisierung dieser Funktion verwendet das Gehirn einen besonderen Botenstoff, das Dopamin. Das dopaminerge System ist ein weitverzweigtes Netz von Projektionen der dopaminproduzierenden Neurone in weite Bereiche des Kortex und insbesondere auch den für Lernvorgänge so bedeutsamen präfrontalen Kortex.

> Dopamin entfaltet zwei Wirkungen, wenn es ausgeschüttet wird: Zum einen unterstützt es die Übertragung der Informationen aus dem Kurz- ins Langzeitgedächtnis und fördert so die Gedächtniskonsolidierung. Zum anderen löst es, wie bereits erwähnt, im lernenden Individuum ein gutes Gefühl aus.

Wir alle kennen dieses Gefühl nach Erfolgserlebnissen. Wenn man zum Beispiel eine schwierige Aufgabe gelöst hat, das erste Mal verstanden hat, wie eine mathematische Gleichung zu lösen oder ein bestimmtes Werkstück anzufertigen ist, im Moment des sogenannten Aha-Erlebnisses also, dann wird Dopamin ausgeschüttet. Das Gehirn stellt so sicher, dass die neu gewonnene Erkenntnis sicher im Gedächtnis für die Zukunft abgespeichert wird, und gleichzeitig macht das gute Gefühl des Erfolgs Lust auf mehr: Das Gehirn motiviert sich gewissermaßen selbst zu weiteren Leistungen!

Aus einem etwas genaueren Blick auf die zeitliche Relation zwischen Dopaminausschüttung und Lernerfolg lassen sich nun noch weitere Empfehlungen für die persönliche Lernplanung ableiten. Wir werfen dazu wieder einen Blick auf das Lernexperiment im Tierversuch: In der folgenden Abbildung ist schematisch das Ergebnis eines solchen Versuchs dargestellt.

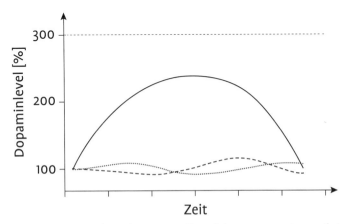

Dopaminausschüttung im präfrontalen Kortex während eines Lernexperiments (schematische Darstellung nach Stark u. a. 2000)

Gemessen wurde die Dopaminkonzentration im präfrontalen Kortex mongolischer Wüstenrennmäuse, und zwar während sie einem Lerntraining (ähnlich dem in der Abbildung links beschriebenen) unterzogen wurden (Stark u. a. 2000). Ein Dopaminlevel von 100 Prozent bezieht sich dabei auf den normalerweise vorhandenen Basiswert der Dopaminkonzentration. Wie sich dabei zeigt, wird Dopamin interessanterweise nur in einem kurzen Zeitintervall vermehrt ausgeschüttet (durchgezogene Kurve), nämlich immer dann, wenn die Tiere gerade begreifen, wie sie die ihnen gestellte Aufgabe lösen können, wenn sie also sozusagen ihren »Aha-Moment« haben. Dann steigt die präfrontale Dopaminkonzentration auf das etwa Zweieinhalbfache des Basiswerts an. Bevor dies geschieht, wird kein zusätzliches Dopamin ausgeschüttet (gestrichelte Kurve. die Werte schwanken unsystematisch um den Basiswert), und nachdem die Tiere die Aufgabe gelernt haben, auch nicht mehr, und das selbst dann, wenn sie das Gelernte noch immer optimal abrufen und reproduzieren!

> Dopamin wird vermehrt ausgeschüttet, wenn etwas Neues erlernt wird, etwa bei Erfolgserlebnissen (durchgezogene Kurve), nicht aber vor dem Lernerfolg (gestrichelte Kurve) oder nach erfolgreichem Lernen, das heißt beim wiederholten Abrufen des bereits Bekannten (gepunktete Kurve).

Dies ist nicht nur bei den Versuchstieren so, sondern gilt ganz allgemein ebenfalls für uns Menschen. Wenn Sie als Leser dieses Kapitels also beispielsweise bei der bisherigen Lektüre bereits das eine oder andere eigene »Aha-Erlebnis« hatten und sich daraufhin gut fühlten, weil sie vielleicht einen Zusammenhang erkannt oder erstmals verstanden haben, so wurde in Ihrem Gehirn Dopamin ausgeschüttet und die Chancen stehen gut, dass Sie von dem Gelesenen etwas behalten werden. Vielleicht hat Sie dieses gute Gefühl bereits motiviert und dazu ermutigt, sich noch etwas genauer mit der Thematik dieses Beitrags auseinanderzusetzen, beispielsweise dadurch, dass Sie sich einige der Originalquellen, die hier zitiert werden, beschaffen und lesen. Wenn dem so ist, so haben Sie gerade am eigenen Leib einen weiteren positiven Nebeneffekt des Dopamins kennengelernt: Es kann süchtig (aber nicht krank) machen! Nicht umsonst wird es häufig als körpereigene Droge bezeichnet, und natürlich kennen Sie alle das geflügelte Wort: »Erfolg macht süchtig.«

Erfolge können also dazu führen, dass man mehr Erfolge haben möchte, weil es ein so gutes Gefühl macht, welche zu haben. Dass das gute Gefühl leider nur so kurz anhält, liegt an der beschriebenen, zeitlich auf das Erlangen des Erfolgs selbst beschränkten Ausschüttung des Dopamins. Will man die gute Stimmung länger oder öfter erleben, muss man also immer wieder Erfolge haben. Denn wie die letzte Abbildung zeigt (gepunktete Kurve), bringt es keine zusätzliche Dopaminaus-schüttung, wenn man eine Leistung, die man bereits perfekt beherrscht, immer wieder abruft. Dieser Befund deckt sich ebenfalls mit unseren persönlichen Erfahrungen: Etwas immer wieder zu machen, was man gut kann, ist Routine und wird schnell langweilig. In keinem Fall ist es eine herausfordernde Aufgabe, auf deren Bewältigung man stolz ist. Und das Gehirn hat nichts Neues, das sich abzuspeichern lohnt. Hierfür gibt es also kein Dopamin und kein gutes Gefühl.

Dieser Zusammenhang aus Motivation, Lernerfolg und Dopaminausschüttung erklärt damit, warum Hochbegabte sich oft verweigern, etwa im Schulsystem. Die normalen Aufgaben sind für sie einfach zu leicht, stellen also für sie keine wirkliche Herausforderung dar. Die Lösung dieser Aufgaben ist damit nichts, worauf sie persönlich stolz sein könnten, nichts also, wofür sie das interne Belohnungssystem ihres Gehirns mit Dopamin belohnen würde.

Immer unterfordert zu sein, ist aus neurobiologischer Sicht genauso schädlich für den persönlichen Lernerfolg, wie ständig überfordert zu sein.

Stichwort: Erlernte Hilflosigkeit. In beiden Fällen kommt es praktisch nie zu Erfolgserlebnissen und damit nie zu dem guten Gefühl, dass uns nur das Dopamin geben kann. Frust und Leistungsverweigerung sind die unausweichlichen Folgen. Daher ist es für Lehrende wie für Lernende gleichermaßen so enorm wichtig, den individuellen Lernplan so zu gestalten, dass jeder von Zeit zu Zeit seine Lernerfolge verbuchen – spüren – kann! So wird Motivation für mehr Leistung generiert und Frust und Verweigerung vermieden!

Zusammenfassung und Schlussfolgerungen

Basierend auf den in diesem Beitrag besprochenen neurobiologischen Grundlagen der Langzeitgedächtnisbildung können wir nun noch einmal die wesentlichen Empfehlungen zusammenfassen, die aus neurobiologischer Sicht für die Gestaltung des individuellen Lernalltags gegeben werden können.

Das Gehirn realisiert Lernvorgänge durch den Umbau synaptischer Verbindungen zwischen Nervenzellen. Dieser Umbauprozess erfordert Proteinbiosynthese, und diese dauert mindestens 24 Stunden. Da Speicher- und Verarbeitungsprozesse von Informationen in biologischen Gehirnen – anders als in Computersystemen – auf denselben Elementen (den Neuronen) ablaufen, können sich diese beiden Prozesse gegenseitig stören. Bei der individuellen Lerngestaltung ist daher darauf zu achten, dass Reizüberflutungen während Lernphasen ebenso vermieden werden wie eine Überfrachtung mit zu viel Lernstoff. Wie viel Lernstoff dabei zu viel ist, ist individuell verschieden. Günstig auf den Lernerfolg wirken sich dagegen Redundanzen (Stoffwiederholungen) oder andere Ausgleichstätigkeiten wie Sport oder Entspannungsübungen aus. Eine Wiederholung des Lernstoffs insbesondere vor Schlafphasen ist zu empfehlen, da hier die genannten Interferenzen zwischen Abspeichern aktueller und Verarbeiten neuer Informationen vermieden werden.

Das dopaminerge System ist das interne Belohnungssystem des Gehirns. Es belohnt Erfolge im Begreifen und Problemlösen, nicht aber Misserfolge oder das wiederholte Abrufen bereits beherrschter Leistungen. Der dabei ausgeschüttete Botenstoff Dopamin wirkt dabei durch Erzeugung eines guten Gefühls motivierend für künftige Anforderungen und fördert gleichzeitig die Abspeicherung des neuen Wissens im Langzeitgedächtnis. Lernen sollte daher so strukturiert werden, dass es regelmäßig zu kleinen Erfolgserlebnissen kommt, um die Motivation und Leistungsbereitschaft auch künftig aufrecht zu erhalten. Ständige Überforderung wie auch Unterforderung sind in diesem Zusammenhang gleichermaßen schädlich, da sie durch das fortgesetzte Ausbleiben von persönlichen Erfolgserlebnissen die Motivation senken und so schließlich zu Leistungsverweigerung führen können.

Literatur

- Bailey, Craig H./Chen, Mary: Morphological basis of longterm habituation and sensitization in Aplysia. Science 220, 1983, S. 736–737
- Bartheld, Christopher S. von/Bahney, Jami/Herculano-Houzel, Suzana: The Search for True Numbers of Neurons and Glial Cells in the Human Brain: A Review of 150 Years of Cell Counting. The Journal of Comparative Neurology. 524, 2016, S. 3865–3895
- Braitenberg, Valentin: Vehikel. Experimente mit kybernetischen Wesen. Reinbek: Rowohlt 1993
- Creutzfeldt, Otto Detlev: Cortex Cerebri. Berlin, Heidelberg, New York, Tokyo: Springer 1983
- Fernandes, Dominique/Carvalho, Ana Luísa: Mechanisms of homeostatic plasticity in the excitatory synapse. J Neurochem. 139, 2016, S. 973–996
- Goldman-Rakic, Patricia S.: Regional and cellular fractionation of working memory. Proc Natl Acad Sci U S A. 93, 13473-80 1996
- Hebb, Donald O.: The organization of behavior: A neuropsychological theory. New York: John Wiley & Sons Inc. 1949
- Miller, George A.: The Magical Number Seven, Plus or Minus Two: Some Limits on Our Capacity for Processing Information. The Psychological Review, 63, 1956, S. 81–97
- Pawlow, Ívan Petrovich/Anrep, Gleb Vasilevich: Conditioned reflexes. An investigation of the physiological activity of the cerebral cortex. Oxford: University Press 1927

- Stark, Holger/Bischof, Andreas/Wagner, Thomas/Scheich, Henning: Stages of avoidance strategy formation in gerbils are correlated with dopaminergic transmission activity. European Journal of Pharmacology, 405, 2000, S. 263–275
- Tischmeyer, Wolfgang/Schicknick, Horst/Kraus, Michaela/Seidenbecher, Constanze I./Staak, Sabine/Scheich, Henning/Gundelfinger, Eckart D.: Rapamycin-sensitive signalling in long-term consolidation of auditory cortex-dependent memory. Europ. J. Neurosci. 18, 2003 S. 942–950

Die Kunst des Lehrens – Neurodidaktik

Torsten Seelbach

Tags: Neurodidaktik, Lehren, Aufmerksamkeit, Stimulus, Verarbeitung, Humor, Pausen, Gedächtnisbildung, Biorhythmus, Licht

Positionierung

Aufmerksamkeit steht im Fokus dieses Beitrags. Thorsten Seelbach hat sich lange Jahre im Hinblick auf die Weiterbildung mit dem Gehirn befasst, auch in seiner AFNB (Akademie für neurowissenschaftliches Bildungsmanagement): Dort finden Mitglieder eine Fülle an Material, gehirngerecht aufbereitet und zugleich mit Bezug auf das gehirngerechte Trainieren anderer. Aufmerksamkeit benötigt Stimuli, das begründet Torsten Seelbach mit klaren Analysen des Verarbeitens von Informationen. Ausflüge in die Neurobiologie und -physiologie wechseln sich ab mit klaren Empfehlungen für Ihre Praxis als Speaker, Trainer, Führungskraft: So setzen Sie Reize, mit denen Sie für Aufmerksamkeit sorgen und diese bei Ihrem Publikum auch behalten.

Wenn der Autor das Thema »Humor in Ihren Formaten« auch nur andeutet: Das Lachen kann ein entscheidendes Momentum für den Erfolg Ihrer Maßnahme sein! Als körpereigene Hormone werden Endorphine ausgeschüttet, die aus einer zunächst möglicherweise vorhandenen Abwehrhaltung ein sehr viel offeneres Verhalten machen. Was der Neurowissenschaftler Chris Bliss auf einer TEDx-Rede vorgemacht und dann erläutert hat, lässt sich natürlich genauso gut auf andere Formate übertragen (Gallo 2016, S. 215).

Mit diesem Beitrag erhalten Sie außerdem Zugang zu Originalquellen englischsprachiger Autoren (Wissenschaftler) im Bereich Neuroscience, die der Autor reichlich nutzt. (Literatur: Gallo, Carmine: Talk like TED. Die 9 Geheimnisse der besten Redner. Redline 2016)

Die Kunst des Lehrens

In diesem Beitrag finden Sie zahlreiche praktische Ansatzpunkte für die optimale Vorbereitung und Durchführung wirkungsvoller Präsentationen, Vorträge, Schulungen und Seminare aus Sicht der Gehirnforschung. Die Erforschung der Lernprozesse und der Gedächtnisbildung liefert eine Vielzahl interessanter Erkenntnisse, die wunderbar genutzt werden können.

In der Rolle des Zuhörers hat fast jeder schon einmal die unerfreuliche Erfahrung gemacht, dass bei einem Seminar oder einem Vortrag der Funke einfach nicht überspringt, dass das Interesse erlahmt, die Konzentration nachlässt, dass man den Gedankengängen des Vortragenden nicht folgen und seine Zusammenhänge nicht nachvollziehen kann, und dass man sich bereits kurz nach der Veranstaltung nur noch an wenige Inhalte erinnern kann. Und in der Rolle des Vortragenden haben ebenfalls viele Menschen derartige Erfahrungen sammeln müssen – auch wenn es natürlich schwerfällt, dies zuzugeben. Wenn ein solches Missgeschick geschieht, liegt es in den meisten Fällen an den unzureichenden didaktischen Fähigkeiten des Vortragenden.

Didaktik ist eine bereits einige Jahrhunderte alte Wissenschaft, die sich mit allen Aspekten des Lehrens beschäftigt. Lehren und Lernen sind untrennbar miteinander verknüpft und bedingen sich gegenseitig. Daher ist es nur konsequent, wenn man die wissenschaftlichen Erkenntnisse aus der Lern- und Gedächtnisforschung nutzt, um eine möglichst funktionierende und erfolgreiche Didaktik zu entwickeln.

> Gute Didaktik ist letztlich angewandte Neurowissenschaft.

Das Phänomen Aufmerksamkeit

Die Aufmerksamkeit der Zuhörerschaft – und natürlich die des Vortragenden – ist eines der wichtigsten Kriterien, wenn es darum geht, Inhalte zu vermitteln. Jeder kennt diesen Begriff und jeder verbindet mit diesem Begriff eine ganz bestimmte Bedeutung. Allerdings verhält es sich mit dem Wort Aufmerksamkeit ähnlich wie mit dem Begriff Liebe – jeder kennt ihn, jeder verbindet etwas damit, aber eindeutig definieren lässt er sich nicht. Im Großen und Ganzen bedeutet der Terminus Aufmerksamkeit das Konzentrieren der Bewusstseinsressourcen auf ein ausgewähltes Ziel. Dabei werden bewusste und unbewusste, emotionale und kognitive Prozesse miteinander kombiniert. Manche Reize ziehen nahezu von selbst die Aufmerksamkeit auf sich, wie beispielsweise ein lauter Knall, ein Lichtblitz, schnelle Bewegungen oder grelle Farben.

Bei anderen Situationen dagegen muss man sich sehr anstrengen. Besonders dann, wenn der zu beachtende Stimulus ein geringes Reizspektrum aufweist, also zum Beispiel nur schwarz-weiß und statisch ist. Wenn zudem der Stimulus emotional negativ bewertet wird, wie beispielsweise bei einer mathematischen Textaufgabe, muss ein hoher Aufwand betrieben werden, um seine Aufmerksamkeit auf das Zielobjekt oder die Zielsituation konzentrieren zu können. Ein Buch zu lesen ist daher deutlich anstrengender, als einen Film zu schauen.

Das Phänomen Aufmerksamkeit wurde in den letzten Jahren intensiv erforscht – nicht zuletzt, weil Störungen der Aufmerksamkeit bei verschiedenen Erkrankungen wie Depression, ADHS und der Alzheimer-Demenz auftreten. Aufmerksamkeit ist das Resultat einer Vielzahl verschiedener, synchron und koordiniert ablaufender Prozesse, an denen verschiedene Hirnareale beteiligt sind (Hunt 2006).

Voraussetzung dafür, dass Aufmerksamkeit überhaupt entstehen kann, ist ein gewisser neuronaler Grunderregungszustand, auch arousal genannt, der von der Formatio reticularis aus gesteuert wird. Eine seiner Hauptkomponenten ist der Locus coeruleus im Mittelhirn, von dem Projektionen in verschiedene Cortex-Areale, in das Kleinhirn, in Strukturen des limbischen Systems und in das Rückenmark führen. Diese Neuronen regulieren sowohl das allgemeine Grundniveau der Erregung als auch die kurzfristigen, episodischen Veränderungen des Erregungszustands. Der Locus coeruleus ist also so etwas wie der Hauptgenerator, der die an der Entstehung von Aufmerksamkeit beteiligten Hirnstrukturen aktiviert und die Intensität der Aktivierung der aktuellen Situation anpasst.

Die Kapazität der Aufmerksamkeit und ganz allgemein des Bewusstseins ist stark limitiert. Unser Gehirn ist grundsätzlich nicht in der Lage, sich bewusst auf mehrere Dinge gleichzeitig konzentrieren zu können. Multitasking ist daher eine Illusion! Aus Sicht eines Vortragenden erscheint es daher als besonders ungünstig, dass jeder Mensch die größte Aufmerksamkeit meist den eigenen Gedanken und Emotionen widmet. Soll man sich auf ein bestimmtes Ziel konzentrieren und einer ganz bestimmten Sache seine Aufmerksamkeit schenken, müssen also alle anderen, für diese Sache irrelevanten oder weniger wichtigen Reize ausgeblendet werden.

Diese spezielle und wichtige Form der Aufmerksamkeit wird als selektive oder fokussierte Aufmerksamkeit bezeichnet. Für die Entstehung dieser Aufmerksamkeit hat die Hirnforschung zwei einander ergänzende Mechanismen identifiziert: das frontoparietale und das cingulo-operculare Netzwerk (Petersen 2012). Das cingulo-operculare Netzwerk besteht aus dem Operculum, dem dorsalen anterioren cingulären Cortex und dem Thalamus. Dieses Netzwerk arbeitet im Hintergrund und hält über die gesamte Dauer des Prozesses – beispielsweise während einer Autofahrt – die Aufmerksamkeit aufrecht und blendet andere potenzielle Aufmerksamkeitsziele aus.

Das frontoparietale Netzwerk setzt sich aus mehreren Arealen des dorsalen frontoparietalen Cortex zusammen und arbeitet diskontinuierlich, punktuell, sporadisch – wie gesagt: Bewusste Aufmerksamkeit ist sehr anstrengend, und wenn sie nur sporadisch eingesetzt wird, kann viel Energie gespart werden. Das frontoparietale Netzwerk setzt den Startpunkt der Aufmerksamkeit und es reguliert während des Prozesses den oder die Wechsel der Aufmerksamkeit von dem einen zu einem anderen Objekt, wenn also zum Beispiel auf der Autobahn plötzlich ein anderer Wagen vor dem eigenen einschert. Die selektive Hemmung der Sinneseindrücke beginnt zwar häufig auf der Ebene der vorbewussten Prozesse, aber spätestens dann, wenn sich ein anderer Autofahrer direkt vor den eigenen Wagen drängelt, sollte sich das Bewusstsein zuschalten.

Der mediale frontale Cortex und der benachbarte insuläre Cortex sind die Orte, an denen das Ziel der Aufmerksamkeit erkannt und bewusst gemacht wird, und der Frontallappen ist der Ort, an dem bewusste Entscheidungsprozesse stattfinden, wie beispielsweise schnell auf das Bremspedal zu treten.

Aufmerksamkeit wird mit Bewusstsein in Zusammenhang gebracht und wird meistens ebenso empfunden. Es ist daher umso erstaunlicher, wie viele un- und vorbewusste Prozesse am Entstehen der Aufmerksamkeit beteiligt sind. Neben den bisher genannten Strukturen sind bestimmte Basalganglien ebenfalls an vorbewussten Prozessen beteiligt, also tief im Endhirn liegende Bereiche. Sie interagieren mit dem anterioren cingulären Cortex und fungieren als Assistent für den Frontallappen, in dem, wie eben erwähnt, bewusste Entscheidungen gefällt werden. Ebenfalls tief im Endhirn liegt das basale Vorderhirn. Es enthält zahlreiche Kerne, deren Neuronen in nahezu alle Areale des Cortex ziehen. Das basale Vorderhirn beeinflusst die Verarbeitung sensorischer Eingänge und stellt die Hauptkomponente der sogenannten anhaltenden Aufmerksamkeit oder sustained attention dar, durch die die rechten präfrontalen und parietalen Cortex-Areale aktiviert werden (Sarter u. a. 2001).

Die anhaltende Aufmerksamkeit ist ein durch Wissen angetriebener Mecha-nismus, der den sensorischen Input verarbeitet, der Wichtiges von Unwichtigem unterscheidet und der entscheidet, wie darauf zu reagieren ist.

Was bedeuten diese neurobiologischen Informationen über das Phänomen Aufmerksamkeit nun für die Didaktik im Hinblick auf Seminare, Vorträge, Präsentationen und Schulungen? Betrachten wir die für diesen Zusammenhang relevanten Erkenntnisse und ziehen daraus praktisch umsetzbare Schlussfolgerungen.

Praktisch umsetzbare Schlussfolgerungen in Bezug auf Aufmerksamkeit

Die Aufmerksamkeit wird mit Vorliebe auf sich selbst gelenkt. Für die Vor-trags-praxis ergibt sich aus dieser Erkenntnis Folgendes: Verknüpfen Sie die zu vermittelnden Inhalte mit Ihren Zuhörern, mit deren Interessen, mit deren aktueller Lebenssituation, mit deren aktuellen Problemen und dem Wunsch nach Problemlösungen. Ihr Ziel als Vortragender sollte sein, dass sich jeder Ihrer Zuhörer direkt angesprochen fühlt und das Thema des Vortrags direkt mit sich und seiner Situation verknüpfen kann. Wenn dann die Zuhörer die Aufmerksamkeit auf sich selbst lenken, lenken sie die Aufmerksamkeit indirekt auch auf das anstehende Vortragsthema.

Die Kapazität der Aufmerksamkeit ist stark limitiert. Für die Vortragspraxis ergibt sich aus dieser Erkenntnis Folgendes: Weniger ist häufig mehr. Gehen Sie daher sparsam mit Informationen um. Präsentationsprogramme verführen dazu, viel zu viele Folien zu verwenden. Besonders solche, die viel Text enthalten, strapazieren das Konzentrationsvermögen derart, dass die Aufmerksamkeit sofort wieder abnimmt. Bei jedem! Und Texte gehören grundsätzlich nicht in die Kategorie von Reizen, die spontan und ohne jedes Zutun die Aufmerksamkeit auf sich ziehen und an sich binden.

Am Entstehen und Aufrechterhalten von Aufmerksamkeit sind viele un- und vorbewusste Prozesse beteiligt. Für die Vortragspraxis ergibt sich aus dieser Erkenntnis Folgendes: Scheuen Sie sich nicht, die unbewussten Prozesse bewusst zu manipulieren – Werbeagenturen sind darin sogar sehr erfolgreich. Erregen Sie Aufmerksamkeit! Je ausgefallener die verwendeten Mittel sind, desto aufmerksamer werden Ihre Zuhörer sein. Selbst bei einer Präsentation vor einer Versammlung von Vorstandsmitgliedern gibt es zahlreiche Möglichkeiten – Humor ist eine davon. Die anhaltende Aufmerksamkeit ist ein durch Wissen gelenkter Mechanismus. Für die Vortragspraxis lässt sich aus dieser Erkenntnis folgender Ansatzpunkt formulieren: Machen Sie deutliche Unterschiede zwischen weniger wichtigen und sehr wichtigen Informationen und lassen Sie Ihren Zuhörern zwischendurch Zeit.

> Pausen zu machen erfordert Mut, aber bewusste Prozesse brauchen Zeit.

Ihre Zuhörer können unmöglich alle präsentierten Informationen speichern. Wenn Sie ihnen aber Zeit geben, die sehr wichtigen Informationen kurz zu überdenken und zu verstehen, können die Informationen leichter behalten werden. Ein Vortrag, von dem man als Zuhörer viel in Erinnerung behalten kann, wird in aller Regel als ein gelungener Vortrag bewertet.

Für die Selektion der Aufmerksamkeit stehen sage und schreibe vier verschiedene Systeme zur Verfügung

o die Basalganglien,
o das frontoparietale und
o das cingulo-operculare Netzwerk sowie
o das basale Vorderhirn.

Für die Vortragspraxis gilt daher: Es liegt an Ihnen als Vortragendem, dafür zu sorgen, dass Ihre Inhalte und Informationen diesen Selektionsmechanismen nicht zum Opfer fallen. Gestalten Sie das Ziel der Aufmerksamkeit so aus, dass es attraktiv, kurzweilig, überraschend und belebend wird.

> Je größer die Anziehungskraft des Zielobjekts ist, desto weniger Anstrengung kostet es die Zuhörer, ihre Aufmerksamkeit auf dieses Ziel zu lenken.

Sie selbst fungieren als Vermittler zwischen Ihren Zuhörern und den zu verarbeitenden Informationen. Daher stehen Sie ebenfalls im Fokus der Aufmerksamkeit – und zu Beginn des Vortrags sogar noch viel intensiver als das eigentliche Ziel der Aufmerksamkeit, nämlich der Vortragsinhalt. Machen Sie daher nicht nur das Thema, sondern machen Sie auch sich selbst attraktiv.

Am Erzeugen der Aufmerksamkeit sind über die Beteiligung des limbischen Systems viele emotionale Prozesse beteiligt. Daraus lässt sich für die Vortragspraxis folgern: Nutzen Sie diesen Mechanismus für sich. Schaffen Sie eine angenehme Atmosphäre, trauen Sie sich zu lächeln, schauen Sie die Menschen vor sich an, stehen Sie gerade. Minimalisten, die der Meinung sind, Zahlen, Fakten und Daten würden schon für sich allein sprechen, irren sehr. Folien dürfen dekorativ aussehen. Aber nicht überladen, denn sonst treten die erschreckend effizienten Selektionsmechanismen in Aktion.

Wenn Sie die Möglichkeit haben sollten, auf die Ausgestaltung des Raumes Einfluss zu nehmen, sollten Sie dies tun. Die positive Wirkung des Duftes frischen Kaffees und fröhlich bunt bedruckter Servietten wird häufig unterschätzt. Die negative Wirkung angeschlagenen Porzellans und zerschlissener Stuhlbezüge allerdings ebenfalls.

Gedächtnis und Erinnerung

Die Aufmerksamkeit der Zuhörerschaft ist die Grundvoraussetzung für das Gelingen eines Vortrags, eines Seminars oder einer Präsentation. Ebenso wichtig sind jedoch die Bereitschaft und die Fähigkeit des Auditoriums, sich das Gesehene und Gehörte merken zu wollen und merken zu können. Daher werden wir uns im Folgenden mit der Gedächtnisbildung befassen. Einfach formuliert ist mit dem Begriff Gedächtnis die Fähigkeit gemeint, Informationen codieren, speichern und wieder abrufen zu können. Grundsätzlich ist Gedächtnis weder ein einheitlicher Prozess noch befindet es sich an einem definierten Ort. Gedächtnis besteht aus mehreren Funktionseinheiten, an denen unterschiedliche Hirnstrukturen beteiligt sind. Man unterscheidet das bewusste, deklarative Gedächtnis, das für die Speicherung von Fakten und Ereignissen zuständig ist, und das unbewusste, nicht-deklarative oder prozedurale Gedächtnis, das für das Erlernen von Fähigkeiten und Gewohnheiten verantwortlich ist (Squire 2009).

Für unseren Themenzusammenhang – also für das Durchführen von Seminaren, Vorträgen und Ähnlichem – ist das deklarative Gedächtnis von Bedeutung. Hierbei werden zunächst sensorische Informationen in einen sensorischen Speicher überführt, wo sie je nach Sinnesmodalität für eine halbe bis zu zwei Sekunden verbleiben. Sie werden selektiert und in ein Arbeits- oder Kurzzeitgedächtnis übertragen, in dem nur eine begrenzte Anzahl von Informationen für ungefähr 20 Sekunden gehalten und modifiziert werden können. Das Arbeitsgedächtnis kann auch auf das Langzeitgedächtnis zugreifen und gespeicherte Informationen in das Bewusstsein heben.

Zurzeit existieren verschiedene Modellvorstellungen über die Funktionsweise des Arbeitsgedächtnisses, und die Informationen der unterschiedlichen Sinnesorgane scheinen unterschiedlich verarbeitet zu werden (Baddeley 2012). Wichtige Hirnstrukturen für die Funktionsfähigkeit des Arbeitsgedächtnisses sind der dorsolaterale präfrontale Cortex, der anteriore cinguläre Cortex und der Cortex des Schläfenlappens. Nach erneuter Selektion können dann im Verlauf eines länger andauernden Prozesses die Inhalte in das Langzeitgedächtnis transferiert werden, das in der Lage ist, diese Informationen über Jahre oder Jahrzehnte zu speichern. Dieser Prozess wird auch als Konsolidierung bezeichnet und er führt zu physiologisch nachweisbaren, anhaltenden und stabilen Veränderungen im neuronalen System. Daher ist ein Umlernen bekannter Gedächtnisinhalte letztlich schwieriger und aufwendiger als ein Neulernen bisher unbekannter Inhalte. Viele dieser gedächtnisrelevanten kognitiven Prozesse sind bei bestimmten Erkrankungen gestört. So treten beispielsweise bei depressiven Patienten häufig Störungen des deklarativen Gedächtnisses auf (Konrad 2015).

Auch wenn Aufmerksamkeit und Gedächtnisbildung zwei völlig verschiedene Prozesse sind, so teilen sie doch zahlreiche Gemeinsamkeiten: die Limitierung der Kapazitäten, das Vorhandensein der Selektionsprozesse und die Koordination der bewussten und unbewussten sowie von emotionalen und kognitiven Prozessen. Die Kapazität des Gedächtnisses, besonders des Arbeitsgedächtnisses, ist stark limitiert, und daher spielen bei der Gedächtnisbildung Selektionsprozesse eine große Rolle. Außerdem sind kognitive Prozesse wie Denken und Lernen für das Gehirn enorm anstrengende und energiefressende Prozesse. Daher versucht das Gehirn – so seltsam das auch klingen mag – derartige Prozesse möglichst zu vermeiden. Machen Sie sich also bewusst, ohne sich entmutigen zu lassen, dass Sie als Vortragender gegen die Abwehrmechanismen zahlreicher Gehirne arbeiten müssen. Die Schwierigkeiten, auf die man bei der Wissens- und Informationsvermittlung stößt, basieren nicht auf einer grundsätzlichen Unwilligkeit der Zuhörer, sondern auf einem angeborenen Schutzmechanismus der Gehirne. Tröstlicherweise gibt es jedoch auf die Frage »Wie bekomme ich das bloß in die Köpfe der Leute?« tatsächlich einige Antworten. Zwar keine Garantien, jedoch eine Reihe verschiedener Möglichkeiten!

Im Folgenden werden wir uns einige Hirnbereiche, die an der Entstehung des deklarativen Gedächtnisses, also an der Speicherung der Fakten und Ereignisse beteiligt sind, etwas genauer ansehen. Wenn man versteht, für welche Prozesse diese Strukturen verantwortlich sind, und wie diese Prozesse ablaufen, kann man diese Erkenntnisse nutzen, um Lernprozesse und die Gedächtnisbildung zu forcieren und zu erleichtern. Ebenso hilfreich ist es natürlich zu wissen, was grundsätzlich nicht funktioniert, weil die entsprechenden Hirnstrukturen es nicht zulassen oder nicht leisten können. Mit unserem Gehirn verhält es sich nämlich nicht anders als mit unserem Smartphone: Erst wenn man weiß, wie es funktioniert und was es kann, kann man es optimal nutzen. Das Gehirn ist jedoch dem Smartphone weit überlegen, denn es zeichnet sich unter anderem durch die Fähigkeit aus, Unmengen von Daten parallel verarbeiten zu können. Wenn wir uns nun gleich mit einzelnen Hirnstrukturen und den durch sie ausgeführten Prozessen beschäftigen werden, darf man nicht vergessen, dass diese Komponenten miteinander interagieren, dass zahlreiche Prozesse koordiniert und synchron ablaufen, und dass einzelne Hirnareale gleichzeitig mehrere Funktionen haben. Unser Gehirn ist eben doch kein Smartphone ...

Wie bereits erwähnt, gibt es im Gehirn keinen klar abgegrenzten, definierten Ort, an dem sich das Gedächtnis befindet. Gedächtnis ist das Resultat zahlreicher kooperierender Strukturen, und die Liste dieser Strukturen ist noch lange nicht vollständig. Bei Durchsicht der aktuellen Fachliteratur könnte man sich hin und wieder die Frage stellen, welche Hirnbereiche nicht an der Gedächtnisbildung beteiligt sind. Bezugnehmend auf unser Thema werden wir uns mit vier Bereichen beschäftigen:

- mit bestimmten Arealen der Großhirnrinde
- mit der Amygdala
- mit dem Hippocampus und
- mit einigen Basalganglien

Beginnen wir mit dem Letztgenannten.

Die Basalganglien: Unser Kurzzeit- oder Arbeitsgedächtnis kann nur wenige Informationen pro Zeiteinheit aufbewahren. Die entscheidende Determinante für die Kapazität des individuellen Arbeitsgedächtnisses ist daher die Fähigkeit zu verhindern, dass das Gedächtnis mit irrelevanten Informationen überflutet wird. Basalganglien, unter anderem der Globus pallidus und das Striatum übernehmen dabei eine Torwächterfunktion für das Gedächtnis und selektieren Informationen aus (McNab/Klingberg 2008).

Als Basalganglien werden verschiedene subcorticale Strukturen des Te-lencephalons bezeichnet, also des Großhirns. Sie erhalten Eingänge aus vielen Cortex-Arealen und fassen die eingehenden Daten zusammen. In ihrer Gesamtheit stellen sie das wichtigste System zur Vorbereitung und Kontrolle des eigenen Verhaltens dar. Sie sind Bestandteil zweier Funktionskreise: Sie gehören einerseits zu einem Verband von Hirnzentren, die für eine geplante und bewusste Steuerung zuständig sind, andererseits sind sie Bestandteil eines Verbands, der für die motivationale und emotionale Verhaltenssteuerung verantwortlich ist.

Der dritte und für unser Thema besonders wichtige Wirkungsbereich ist die Selektion der Informationen, ehe diese das Arbeitsgedächtnis erreichen. Somit übernehmen die Basalganglien zudem eine wichtige Funktion bei Lernprozessen und bei der Aktualisierung des Arbeitsgedächtnisses (Voytek 2010). Erstaunlicherweise ist bei diesem Prozess eine Lateralisierung zu beobachten: So ist vorzugsweise das linke Putamen, eine Komponente des Corpus striatum, beim Blockieren des Informationsflusses involviert, und der rechte parietale Cortex ist an der Regulierung der Gedächtnisladung beteiligt, also der Anzahl der zu merkenden Informationseinheiten (Baier 2010). In Bezug auf den Speicherinhalt des Kurzzeitgedächtnisses arbeiten Basalganglien und bestimmte Cortex-Areale offenbar eng zusammen, und zwar nicht nur, was die Quantität der Inhalte angeht, sondern auch, was die Qualität betrifft. Der rechte parietale Cortex organisiert die Menge, der präfrontale Cortex die Auswahl der Informationen. Der präfrontale Cortex markiert nämlich die wichtigen Informationen, die nicht durch die Aktivität der Basalganglien gelöscht werden sollen. Einer nahezu automatisierten Selektion der Informationen kann also gezielt entgegengearbeitet werden – in Bruchteilen von Sekunden.

Areale der Großhirnrinde: Bleiben wir zunächst auf der Ebene der Großhirnrinde und schauen uns weitere Areale an, die an der Entstehung des Gedächtnisses beteiligt sind. Da Informationen immer über die Sinnesorgane eingehen, sind natürlich die sensorischen Cortex-Areale unweigerlich mit der Gedächtnisbildung sensorischer Informationen verknüpft. Von dort werden die Signale weiter an die rhinalen Cortex-Areale geleitet. Wenn man von unten auf das Hirn sieht, liegen die rhinalen Cortices auf den inneren Seitenstreifen der Schläfenlappen. Man unterscheidet einen perirhinalen und einen entorhinalen Cortex. Beide spielen eine entscheidende Rolle bei verschiedenen Aspekten des Lernens und der Gedächtnisbildung.

Hier wird auch der Bekanntheitsgrad der Sinneseindrücke codiert. Die Areale erhalten zahlreiche Eingänge von sensorischen Cortex-Arealen und stellen eine Art Interface zwischen dem Neocortex mit seinen sensorischen Arealen und dem Hippocampus dar. Letzterer ist der Ort der Gedächtnisspeicherung und er befindet sich im Temporallappen, also in enger Nachbarschaft zu den rhinalen Cortices. Allerdings zählt der Hippocampus selbst nicht zur Großhirnrinde. Der perirhinale Cortex erhält direkte Informationen von den sensorischen Rindengebieten und spielt eine Schlüsselrolle, wenn es darum geht, etwas über ein Objekt zu lernen, sich Wissen über ein Objekt anzueignen, es zu erkennen und es abstrahieren zu können (Murray 2001).

Der zweite Teilbereich, der entorhinale Cortex, verläuft entlang des Hippo-campus, auf den er die Informationen übertragen kann, die er vom perirhinalen Cortex erhalten hat. Und vom Hippocampus aus können die Informationen auf zahlreiche Regionen des Neocortex übertragen werden, besonders auf kognitiv-assoziative Areale. Der Informationsfluss nimmt also folgenden Verlauf (Quirk/Vidal-Gonzales 2006): von den sensorischen Cortex-Arealen zum perirhinalen Cortex im Temporallappen, von dort zum benachbarten entorhinalen Cortex, von dort zum innenliegenden Hippocampus, der als Langzeitspeicher fungiert, und von dort wieder zu verschiedenen Cortex-Arealen, in denen die gespeicherten Informationen auf vielfältige Weise genutzt werden können. Dieser Weg ist keine Einbahnstraße, sondern die beteiligten Hirnstrukturen kommunizieren in beiden Richtungen miteinander. Andernfalls ließe sich eine aktuelle Erfahrung auch gar nicht mit einer vergangenen Erfahrung vergleichen, und Erinnerungen könnten nicht Bestandteil aktueller Entscheidungen und Verhaltensänderungen sein. Dieses System hat jedoch einen Haken: Der Informationsfluss vom perirhinalen zum entorhinalen Cortex wird im Normalzustand massiv blockiert. Die rhinalen Cortices stellen also eine Art Flaschenhals für den Informationstransfer vom sensorischen Cortex in den Hippocampus dar (Paz 2006). Die Informationen werden sozusagen kurz vor dem Ziel davon abgehalten, das Gedächtnis zu erreichen. Erst selektieren die Basalganglien, dann der rhinale Cortex. Das Gehirn scheint sich große Mühe zu geben, sich möglichst wenig merken zu müssen. Erhalten diese Informationen jedoch eine emotionale Bedeutung, öffnet sich die Schleuse, und die Signale erreichen den Hippocampus.

Dass Menschen von emotional aufgeladenen Ereignissen normalerweise eindringlichere Erinnerungen formen als von banalen Ereignissen, ist eine Erfahrung, die jeder kennt. Ein extremes Beispiel dafür ist, dass sich fast jeder daran erinnern kann, was er am 11. September 2001 gemacht hat, aber kaum jemand weiß noch, was er am 11. September 1998 erlebt hat. Vor wenigen Jahren hat man nun die neurophysiologische Erklärung für dieses Phänomen gefunden: Es ist die Tätigkeit der Amygdala (Quirk/Vidal-Gonzales 2006).

Die Amygdala: Diese Struktur liegt am vorderen inneren Ende des Temporallappens und grenzt unmittelbar an das Striatum, einem Basalganglion, das uns bereits in Zusammenhang mit der Informationsselektion begegnet ist. Die Amygdala ist an der Regulation vegetativer Funktionen beteiligt, aber auch an der Verarbeitung von Informationen mit einer emotionalen Komponente. Genauer gesagt ist es der basolaterale Anteil der Amygdala, der zahlreiche Verbindungen zu den rhinalen Cortices besitzt.

Bei positiven oder negativen Emotionen, die eine Erfahrung begleiten, feuern die Neurone der basolateralen Amygdala und heben die Hemmung zwischen dem perirhinalen und entorhinalen Cortex auf, sodass nun deren Neurone feuern und somit Informationen in Richtung Hippocampus leiten können (Paz 2006). Da den Neurologen inzwischen verschiedene Methoden zur Verfügung stehen, um bei arbeitenden Gehirnen bestimmte Parameter nahezu in Echtzeit messen zu können, konnte im Rahmen von Gedächtnistests nachgewiesen werden, dass sich Probanden an jene Inhalte am exaktesten erinnern konnten, bei denen während des Lernprozesses die Aktivität der Amygdala am stärksten war.

Aus bisher völlig ungeklärten Gründen ist bei Frauen die linke und bei Männern die rechte Amygdala aktiv. Für beide Geschlechter gilt jedoch:

> Je größer die emotionale Beteiligung während des Lernprozesses, desto besser gelingt das Merken dieser Inhalte.

Interessanterweise sind die Signale der Amygdala dann besonders stark, wenn die emotionalen Ereignisse eine Überraschungskomponente aufweisen.

Hippocampus: Auch der Hippocampus ist sensibel für Unerwartetes, so sensibel, dass man ihn sogar als Neuigkeitendetektor bezeichnen könnte (Kumaran/Maguire 2006). Seine Aktivität erreicht Maximalwerte, wenn der aktuelle sensorische Input nicht mit der aus der gespeicherten Erfahrung abgeleiteten Erwartung übereinstimmt. Grundsätzlich ist der Hippocampus weit mehr als nur eine Ablage für Erinnerungen (Deng u. a. 2010): Er ist die entscheidende Struktur für die Ausbildung der verschiedenen Gedächtnistypen wie beispielsweise des episodischen oder des räumlichen Gedächtnisses. Und er ist in Kooperation mit anderen Hirnstrukturen an der Ausführung emotionaler Verhaltensweisen beteiligt. Dazu weist er eine Besonderheit auf: Abhängig von Lernprozessen können im Hippocampus neue Nervenzellen entstehen. Das Dogma, nach dem nach der Geburt keine neuen Neuronen mehr gebildet werden können, ist ungültig geworden.

Wie bereits vorher kurz erklärt, sind an der Konsolidierung Umbauprozesse beteiligt. Die Entstehung neuer Neuronen und somit neuer Verbindungsmöglichkeiten ist eine dieser Baumaßnahmen. Bei verschiedenen neurologischen Erkrankungen wie Depression, Alzheimer und Parkinson ist die Neubildung und daher auch ein Teilbereich der Gedächtnisbildung gestört (Deng u. a. 2010).

Verweilen wir kurz beim Thema Gedächtnis. Das deklarative Gedächtnis für Fakten und Ereignisse liegt im mittleren Temporallappen. Um mit dem dort gespeicherten Wissen arbeiten zu können, bedarf es jedoch einer weiteren Hirnstruktur. Der präfrontale Cortex greift auf diese Erinnerungen zurück und verknüpft sie mit erlernten Verhaltens- und Handlungsregeln. Die Erinnerungen werden durch die Aktivität dieses Hirnareals bewusst und können in der aktuellen Situation flexibel genutzt werden. Der präfrontale Cortex ist entscheidend an der Überwachung, der Organisation und der Nutzung von Gedächtnisinhalten beteiligt (Squire 2009). Zusätzlich werden Areale des präfrontalen Cortex aktiv, wenn es darum geht, Ungewissheiten und Unsicherheiten aufzulösen (Yoshida/Ishii 2006). Mehrdeutigkeit oder Unsicherheit in der Interpretation duldet unser Gehirn nicht.

Es ist für eine Entscheidungsfindung unabdingbar, dass unser Gehirn allen Informationen eine bestimmte Bedeutung zuweist, damit der Organismus adäquat auf jeden Reiz reagieren kann. Dass die Region, die Mehrdeutigkeiten auflöst, auch die Region ist, die Gedächtnis bewusst macht, liegt auf der Hand: Aktuelles wird mit Gespeichertem verglichen, um die aktuelle Situation möglichst schnell eindeutig bewerten zu können.

Informationen über die Gedächtnisbildung für die Didaktik nutzen

Betrachten wir wieder die relevanten Erkenntnisse und entwickeln daraus praktische Gebrauchsanleitungen.

Die Aufnahmekapazität des Arbeitsgedächtnisses ist sehr begrenzt. Daraus lässt sich für die Vortragspraxis Folgendes ableiten: Wie schon beim Phänomen der Aufmerksamkeit, gilt für das Phänomen der Gedächtnisbildung ebenfalls: weniger ist mehr. Ihre Zuhörer werden sich an mehr Folien erinnern, wenn nur wenige gezeigt wurden. Bei einer zu großen Menge, präsentiert in einer zu engen Taktung, bleiben am Ende tatsächlich weniger in Erinnerung – und zwar in absoluten, nicht in relativen Zahlen!

Die Basalganglien filtern automatisch irrelevante Informationen aus, es sei denn, der präfrontale Cortex markiert diese Informationen als wichtig. Für die Vortragspraxis ergibt sich aus dieser Erkenntnis Folgendes: Unterstützen Sie die Arbeit des präfrontalen Cortex Ihrer Zuhörer, indem Sie es ihnen leicht machen, Wichtiges von Unwichtigem zu unterscheiden. Machen Sie deutliche Unterschiede – auch wenn einem als Vortragendem natürlich alles, was man sagen möchte, als sehr wichtig erscheint.

Selektiert wird wegen des begrenzten Speicherplatzes des Arbeitsgedächtnisses auf jeden Fall. Wenn Sie nun alle Informationen als gleich wichtig behandeln, dann werden die Basalganglien Ihrer Zuhörer die Selektion vornehmen, und zwar nach individuellen Kriterien, die mit Sicherheit nicht immer mit Ihren Bewertungsmaßstäben übereinstimmen!

Ein Umlernen bekannter Gedächtnisinhalte ist aufwendiger und schwieriger als das Neulernen bisher unbekannter Inhalte. Daraus lässt sich folgern: Formulieren Sie klar und unzweideutig das, worauf es Ihnen ankommt. Erklären Sie Ihr Thema nachvollziehbar und beantworten Sie möglichst zügig die aufkommenden Fragen aus dem Auditorium. Einmal falsch abgespeicherte Informationen lassen sich nachträglich nicht so einfach wegradieren und überschreiben, daher müssen direkt von Anfang an die Informationen korrekt präsentiert werden.

Der Informationsfluss zum Arbeitsgedächtnis ist stark reduziert, es sei denn, emotionale Komponenten öffnen die Schleuse zum Gedächtnis. Dieser Mechanismus ist Ihre Chance. In diesem Zusammenhang gilt exakt dasselbe, was für das Thema Aufmerksamkeit gilt: Schaffen Sie eine angenehme und freundliche Atmosphäre, suchen Sie Blickkontakt, beantworten Sie freundlich jede Frage, erstellen Sie ansprechende Slides und so weiter. Wer der Meinung ist, Zahlen, Fakten und Daten würden schon für sich allein sprechen, irrt gewaltig. Reine Zahlen, Fakten und Daten werden kaum den Weg ins Langzeitgedächtnis finden. Daher sollten Sie unbedingt darauf achten, dass Sie genau dies vermeiden.

Der präfrontale Cortex ist gleichermaßen für die Organisation und die Nutzung des Gedächtnisses wie auch für die Auflösung von Mehrdeutigkeiten verantwortlich. Daraus ergibt sich für die Vortragspraxis: Der präfrontale Cortex vergleicht Aktuelles mit Gespeichertem, und falls dabei eine Situation, ein Reiz, eine Information nicht eindeutig zuzuordnen und einzusortieren ist, macht diese Hirnregion aus einer Mehrdeutigkeit eine Eindeutigkeit. Dieser Mechanismus arbeitet schnell und ist sehr effektiv, da er, kaum merklich, tagtäglich in unzähligen Situationen aktiv werden muss. Allerdings greift dieser Mechanismus auch dann ein, wenn es um das Verstehen abstrakter Inhalte, um komplexe kognitive Prozesse geht. Vereinfacht formuliert könnte man behaupten: Was der Mensch nicht versteht, erklärt er sich selbst.

Für Sie als Vortragender oder Vortragendem bedeutet das, dass Sie die Inhalte, die Sie vermitteln möchten, erstens in einen allgemeinen, bekannten Kontext setzten, und zweitens möglichst klar und nachvollziehbar formulieren sollten. Der bekannte Kontext gibt dabei eine Interpretationsrichtung vor, und die exakte Beschreibung des Inhalts wird den Interpretationsspielraum möglichst klein halten. Außerdem wird es sich als sehr hilfreich erweisen, wenn Sie die Fragen Ihres Auditoriums nicht gesammelt am Ende Ihres Vortrags beantworten, sondern nach Möglichkeit im Augenblick ihres Auftretens. Bleibt eine Unsicherheit zu lange bestehen, setzt der interne Interpretationsprozess ein und formt bereits eine Lösung, noch ehe die Frage formuliert und beantwortet werden konnte. Es ist für Sie bedeutend schwieriger, eine möglicherweise falsche oder unerwünschte Interpretation nachträglich in die von Ihnen gewünschte Richtung umzulenken, als für einen kurzen Moment Ihren Vortrag zu unterbrechen, um eine akute Frage zu beantworten.

> Vor Abschluss einer Entscheidungsfindung kann man in die Gedächtnisbildung eingreifen. Danach wird es sehr schwierig.

Die circadiane Rhythmik

Die meisten biologischen Funktionen unterliegen einer circadianen Rhythmik. Das bedeutet, sie weisen zyklische Intensitätsschwankungen auf, die sich in einem ungefähr 24-stündigen Rhythmus wiederholen. Der Schlaf-Wach-Rhythmus, die Körpertemperatur, der Blutdruck, die Herzfrequenz, die Konzentration bestimmter Hormone im Blut (wie Melatonin, Insulin, Cortisol und Wachstumshormone), der Leberstoffwechsel, die Nierenfunktion, Verdauungsprozesse, sogar die Aktivität bestimmter Gene unterliegen einem Tag-Nacht-Rhythmus. Entscheidend für unser vorliegendes Thema ist die Erkenntnis, dass auch verschiedene Leistungen des Gehirns wie die Aufmerksamkeit, das Konzentrationsvermögen, die Kapazität des Arbeitsgedächtnisses, die Stabilisierung des Langzeitgedächtnisses und die verschiedenen Exekutivfunktionen, also die für die Bewältigung komplexer Aufgaben benötigten kognitiven Prozesse, dieser Rhythmik unterworfen sind. Etliche der Hirnstrukturen, die an der Entstehung von Aufmerksamkeit und Gedächtnis beteiligt sind, werden von Neuronen des Thalamus kontaktiert, besonders des paraventrikulären Nucleus des Thalamus. Das bedeutet, dass der Thalamus den Grad der Aufmerksamkeit und der Gedächtnisbildung beeinflussen kann.

Der für unser Thema interessante Aspekt dieser Interaktion ist, dass die Aktivität des Thalamus wiederum durch das Tageslicht gesteuert wird. Lichtsignale der Netzhaut werden nicht nur über die Sehnerven in Richtung des visuellen Cortex geschickt, sondern sie gelangen auch über eigene Nervenbahnen zu den sogenannten suprachiasmatischen Nuclei (SCN), zwei paarig angelegte Gruppen aus ungefähr 10 000 Neuronen, die direkt über der Sehnervkreuzung im vorderen ventralen Hypothalamus liegen. Diese Strukturen sind bei allen Säugetieren die Haupttaktgeber für die circadiane Rhythmik aller Strukturen und Organe.

Die SCN projizieren – wie erwähnt – in verschiedene Areale des Thalamus, der wiederum Signale zur Amygdala, zum präfrontalen und frontalen Cortex sowie zum Hippocampus und zu weiteren Hirnarealen schickt (Tardito u. a. 2010). Diese Kaskade, über die letztlich Informationen über die aktuelle Lichtmenge vermittelt wird, kann den circadianen Rhythmus eines Organismus verschieben. Helligkeit in den Abendstunden verschiebt die Rhythmik nach hinten, Helligkeit in den frühen Morgenstunden verschiebt sie nach vorn. Ebenso können Arbeitszeiten und andere soziale Aktivitäten sowie der Zeitpunkt der Nahrungsaufnahme, körperliche Übungen und Schlafphasen über die SCN die Rhythmik verschieben: Social Jetlag wird eine durch soziale Faktoren verursachte Phasenverschiebung genannt. Die SCN regulieren nicht nur thalamische Strukturen, sondern auch das ventrale tegmentale Areal, eine zu den Basalganglien zählende Struktur des Mittelhirns. Über diese Verbindung werden bestimmte Verhaltensweisen wie der allgemeine Erregungszustand und die Motivation an die circadiane Rhythmik angepasst. Einerseits fungieren also die suprachiasmatischen Nuclei als eine Art Wachmacher für das Gehirn, andererseits jedoch ermöglichen sie den für die Gedächtnisbildung unabdingbaren Schlaf (Squire 2009).

Während der Phasen des sogenannten Slow-Wave-Sleeps kann man koordinierte Aktivitäten des Hippocampus und des Neocortex beobachten, was darauf hindeutet, dass in diesen Phasen aktuelle Erinnerungen in das deklarative Langzeitgedächtnis überspielt und konsolidiert werden. Im Hippocampus werden außerdem bestimmte Gene, deren Produkte für die Stabilisierung und Speicherung von Erinnerungen notwendig sind, ebenfalls circadian abgelesen. Die REM-Phasen des Schlafs hingegen sind wichtig für die Bildung des prozeduralen Gedächtnisses. Wie eng und wichtig die Koppelung zwischen der tageszeitlichen Rhythmik und den kognitiven Funktionen ist, erkennt man besonders deutlich, wenn sie nicht mehr richtig funktioniert. Bei Patienten, die an einer unipolaren Depression leiden, ist der circadiane Rhythmus entgleist, und gleichzeitig treten Störungen des deklarativen Gedächtnisses, der Exekutivfunktionen und der mentalen Flexibilität auf (Konrad 2015). Durch medikamentöse Therapien kann der Tagesrhythmus der Patienten wieder normalisiert werden, was im Idealfall dazu führt, dass sowohl die Symptome einer Depression verschwinden als auch die kognitiven Leistungen wieder vollkommen hergestellt werden können. Allerdings haben die Medikamente auch Nebenwirkungen.

Welchen praktischen Nutzen können wir aus der circadianen Rhythmik ziehen?

Auch aus diesem Thema können relevante Tipps für Ihre Präsentation oder Ihren Vortrag abgeleitet werden.

Die circadiane Rhythmik wird durch die Lichtmenge gesteuert. Hier gilt: Mangel an Licht macht müde, auch das Gehirn. Sorgen Sie dafür, dass der Raum, in dem Ihr Vortrag stattfinden soll, ausreichend beleuchtet ist. Wenn der Raum für eine Präsentation abgedunkelt werden muss, schalten Sie möglichst sofort nach Beendigung Ihres Vortrags das Licht wieder ein.

Das kognitive Leistungsvermögen unterliegt einer circadianen Rhythmik. Für die Vortragspraxis ergibt sich daraus: Wichtige Veranstaltungen sollten weder in die frühen Morgenstunden noch in die späten Abendstunden gelegt werden. Genetisch bedingt gibt es die Frühaufsteher und die Nachteulen tatsächlich, daher ist es wichtig, einen Kompromiss zu finden. Die Vormittagsstunden und der frühe Nachmittag eignen sich am besten, wenn die Aufmerksamkeit und die geistigen Fähigkeiten Ihrer Zuhörer besonders gefordert werden.

Schlafphasen sind enorm wichtig für die Gedächtnisbildung. Dieses Faktum ist sehr wichtig für Sie selbst. Da jeder Vortragende sein Thema, die Inhalte und die Reihenfolge sehr gut kennen sollte, brauchen Sie ein gut funktionierendes Gedächtnis. Sorgen Sie also besonders vor wichtigen Terminen für ein ausreichendes Schlafpensum. Das berühmte Schulbuch unter dem Kopfkissen war lange Zeit eine anekdotenhafte Regel, nun aber gibt es Beweise für seine Richtigkeit. Man sollte sich kurz vor dem Einschlafen mit den relevanten Themen noch einmal kurz beschäftigen.

Zusammenfassung

Wie das Herz, die Lunge und der Verdauungstrakt hat sich auch das Gehirn in erster Linie als ein Überlebensorgan entwickelt, nicht als Erkenntnisorgan. Bewusste, kognitive Prozesse wie Konzentrieren, Lernen, Nachdenken und Erinnern sind sehr energieaufwendige und anstrengende Prozesse, die das Gehirn aus Gründen des Selbstschutzes zu vermeiden sucht. Auch wenn unser Gehirn ein Weltmeister der Parallelverarbeitung ist, so kann es bewusste Prozesse nur einzeln und nur nacheinander bearbeiten. Alle Prozesse, die mit kognitiven Leistungen zusammenhängen, besitzen sehr starke Selektionsmechanismen und basieren funktionell auf einer großen Anzahl von vor- und unbewussten sowie durch Emotionen beeinflussten Mechanismen.

Als Vortragender arbeitet man also gegen zahlreiche angeborene neuronale Prozesse an, durch die sich das Gehirn der Zuhörer davor schützt, das zu tun, was man jedoch als Vortragender erwartet: aufmerksam zuzuhören und zuzusehen, nachzudenken, zu behalten und die Informationen umzusetzen.

Es gibt allerdings nicht nur Mechanismen, die das Gehirn davor bewahren, etwas zu tun, es gibt auch Mechanismen, die das Gehirn gezielt in die Lage versetzen, es doch zu tun. Diese Mechanismen fallen verblüffenderweise ebenfalls nahezu vollständig in die Kategorie der vor- und unbewussten Prozesse und in die Kategorie der emotionalen Prozesse. Das Wie eines Vortrags öffnet die Bahnen zu Aufmerksamkeit und Gedächtnis viel effektiver als das Was! So bleibt ein inhaltlich-intellektuell-logisch perfekter Vortrag vollstandig ohne Wirkung, wenn er keine emotionalen Komponenten enthält. Und machen Sie sich bewusst, dass Sie selbst Teil Ihres Vortrags sind.

Die Werbeindustrie hat erkannt, dass man den Warenumsatz deutlich steigern kann, wenn die Waren durch sympathische Menschen präsentiert werden. Seien Sie mutig und preisen Sie Ihre Ware an: nämlich Ihren Vortrag, Ihre Präsentation, Ihr Seminar, Ihre Vorlesung, Ihr Thema!

Literatur und Quellen

- Baddeley, Alan: Working Memory: Theories, Models, and Controversies. Annual Review of Psychology, Palo Alto 2012, Nr. 63, S. 1–29
- Baier, Bernhard u. a.: Keeping Memory clear and stable – the contribution of human basal ganglia and prefrontal cortex in working memory. The Journal of Neuroscience, Washington 2010, Vol. 30, Nr. 29, S. 9788–9792
- Deng, Wei u. a.: New neurons and new memories: how does adult hippocampal neurogenesis affect learning and memory? Nature Reviews Neuroscience, New York 2010, Vol. 11, S. 339–350
- Hunt, Robert D.: The Neurobiology of ADHD. Medscape, New York Sep 25, 2006
- Konrad, Carsten u. a.: Kognitive Störungen bei unipolarer Depression. Der Nervenarzt, 2015, Nr. 1, S. 99–115, Heidelberg: Springer Nature
- Kumaran, Dharshan/Maguire, Eleanor A.: An unexpected sequence of events: Mismatch detection in the human hippocampus. PLoS Biology, San Francisco 2006, Vol. 4, Nr. 12, e424
- McNab, Fiona/Klingberg, Torkel: Prefrontal cortex and basal ganglia control access to working memory. Nature Neuroscience, Bethesda 2008, Nr. 11, S. 103–107
- Murray, Elisabeth A./Richmond Barry J.: Role of perirhinal cortex in object perception, memory, and associations. Current Opinion in Neurobiology, London 2001, Nr. 11, S. 188–193

- Paz Rony u. a.: Emotional enhancement of memory via amygdala-driven facilitation of rhinal interactions. Nature neuroscience, New Jersey 2006, Vol. 9, Nr. 10, S. 1321–1329
- Petersen Steven E./Posner Michael I.: The attention system of the human brain: 20 years after. Annual Review of Neuroscience, Palo Alto 2012, Nr. 35, S. 73–89
- Quirk, Gegory J./Vidal-Gonzales, Ivan: Keeping the memories flowing. Nature Neuroscience, Bethesda 2006, Vol. 9, Nr. 10, S. 1199–1200
- Starter, Martin u. a.: The cognitive neuroscience of sustained attention: where top-down meets bottom-up. Brain Research Reviews, Elsevier Amsterdam 2001, Nr. 35, S. 146–160
- Squire, Larry R.: Memory and brain systems: 1969–2009. The Journal of Neuroscience, Washington 2009, Vol. 29, Nr. 41, S. 12711–12716
- Tardito, Daniela u. a.: Time in the brain: Rhythms of intercellular and intracellular processes. Medicographia, Suresnes Cedex 2010, Vol. 32, Nr. 2, S. 152–158
- Voytek, Bradley/Knight, Robert T.: Prefrontal cortex and basal ganglia contributions to visual working memory. PNAS, Washington 2010, Vol. 107, Nr. 42, S. 18167–18172
- Yoshida, Wako/Ishii, Shin: Resolution of uncertainty in prefrontal cortex. Neuron, Cambridge (USA) 2006, Nr. 50, S. 781–789

Erkenntnisse der limbischen Hirnforschung für Weiterbildung nutzen

Helmut Seßler

Tags: Emotionen, limbisches System, Stimulanz, Dominanz, Balanceunterstützer, Balancebewahrer, Belohnungsimpulse, Trainingssituationen, alle erreichen, Typorientierung

Positionierung

Erneut stoßen Sie auf das limbische System: mit seinen Reaktionen, interpretiert vor allem aus der Perspektive Vertrieb. Lesen Sie besonders interessiert: wenn Sie erstens selbst im Vertrieb tätig sind und sich anregen lassen wollen; wenn Sie zweitens Verkaufsschulungen geben, also Vertriebler trainieren oder coachen; und drittens, wenn Sie Ihre Akquise für sich als Trainer, Coach, Berater optimieren möchten. Dabei gleicht Helmut Seßler die Limbic® Map (s. Beitrag »LIMBIC – oder was Menschen antreibt«, S. 209) seiner Erfahrung nach an die vier Typen à la DISG an, indem er neben Dominanz und Stimulanz die Balance in Unterstützer und Bewahrer differenziert.

Was immer Sie mit diesem Modell über sich und über andere erfahren – zum Beispiel über Ihre Teilnehmenden im Seminar –, können Sie nutzen, um künftig (noch besser) negative Emotionen zu vermeiden, »die positiven Emotionen zu maximieren und Lust- und Belohnungsimpulse zu erzeugen, indem Sie zum Beispiel dieselbe emotionale Sprache sprechen wie Ihr Gesprächspartner«, so Helmut Seßler. Er will Sie ermuntern, sprachlich Bilder und Geschichten zu erzeugen – und somit Emotionen. Was er übrigens selbst sehr schön in seinem Beitrag vormacht ... Möglichst alle fünf Sinne zu adressieren, ist eine weitere Konsequenz aus dem Fokus auf das limbische System: vor allem das Tasten (die Haptik) sei entscheidend, so Seßler, der konkrete Beispiele dazu liefert. Dass er Trainingssituationen beleuchtet, ist gerade für Seminare und Workshops besonders hilfreich, etwa zu »Mit schwierigen Teilnehmern konstruktiv umgehen«.

Auf diese Weise tasten Sie sich an beiderlei Chancen heran, nämlich durch Beachten der Typologie möglichst alle Varianten an Teilnehmenden zu erreichen und für die Vis-à-vis-Situation mit einzelnen Klienten sich exzellent genau auf diese Person einzustellen – und ihre individuelle Disposition. Denn auch das Prinzip der Ähnlichkeit lässt sich hirnphysiologisch abbilden: Wenn wir etwas wiedererkennen, zieht uns das eher (oder gar magisch!)

an. So wirken zum Beispiel Markenartikel, wenn sie, visuell vorgeführt, Aktivitäten im Belohnungszentrum erzeugen. Auch das Prinzip der Ästhetik funktioniert auf ähnliche Weise, indem wir Ähnliches im anderen suchen – häufig Ähnliches zu Personen und Sachen, die uns nahe sind.

So werden Sie dazu tendieren – zumindest im Hinblick auf Coaching und Beratung –, sich Klienten zuzuwenden, bei denen »die Chemie stimmt«: ein geflügeltes Wort, das im Zusammenhang mit chemischen Transmittern im Gehirn eine neue Dimension einnimmt.

Ohne Emotionen geht gar nichts mehr – auch nicht in der Weiterbildung

Neurowissenschaftler stellen fest, dass menschliches Verhalten entscheidend von den Emotionen gesteuert wird. Der Neurologe Antonio Damasio zum Beispiel betont, dass menschliche Entscheidungen einen emotionalen Anstoß bräuchten, wir mit dem Verstand allein nicht handeln könnten und »die Vernunft möglicherweise nicht so rein ist, wie die meisten Menschen denken oder wünschen« (Damasio 2010, S. 12).

Nach den Erkenntnissen der Hirnforschung trifft der Mensch die meisten seiner Entscheidungen emotional und intuitiv. Der Psychologe Gerd Gigerenzer betont in seinem Buch »Bauchentscheidungen« (2007) die Macht des Unbewussten und der Intuition für menschliche Entscheidungsprozesse. Und Gerald Traufetter führt in seinem Buch »Intuition – Die Weisheit der Gefühle« (2007) Belege und Argumente an, dass bei allen Entscheidungen des Menschen das Unbewusste mitmische und sogar einen größeren Anteil habe als das Bewusstsein. Hans-Georg Häusel schließlich fasst den Kern der Hirnforschung so zusammen: »Alles, was keine Emotionen auslöst, ist für unser Gehirn wertlos« (Häusel 2007, S. 6). Dabei unterscheidet die Forschung mit dem Stimulanzsystem, dem Dominanzsystem, dem Balance-Unterstützer-System und dem Balance-Bewahrer-System vier Emotionssysteme.

Dazu später mehr. Denn wahrscheinlich fragen Sie sich jetzt, was es für Sie als Trainer, Berater oder Coach bedeutet, wenn Ihre Seminar- und Trainingsteilnehmer und Coachees, aber auch Sie selbst, nicht allein mit Verstand geschlagen sind, sondern (auch) am Gängelband der Emotionen und Gefühle hängen.

Weiterbildungsgeschehen auf Emotionssysteme abstimmen

Der Nutzen für Sie: Sie können nun versuchen, das gesamte Seminargeschehen zu emotionalisieren, um nicht nur die Ratio, sondern auch die Emotio Ihrer Teilnehmer anzusprechen. Entscheidend jedoch ist: Wenn Sie beurteilen können, welches

Emotions- und Wertesystem bei Ihren Teilnehmern jeweils dominiert, können Sie zum Beispiel das Seminargeschehen konsequent darauf abstellen, eine typgerechte Ansprache wählen und die Teilnehmer persönlichkeitsorientiert motivieren. Sie können überdies typgerecht mit jedem Teilnehmer kommunizieren und ein teilnehmerorientiertes Lernumfeld schaffen, das die Menschen im Seminarraum aktiviert, sich am Seminargeschehen zu beteiligen. Wie das gelingt, zeigt das folgende Beispiel.

Mit dominanten Seminartteilnehmern richtig umgehen

Einer Ihrer Seminarteilnehmer ist sehr dominant veranlagt. Sie motivieren ihn zur aktiven Teilnahme, indem Sie ihm den Umsetzungsnutzen der Weiterbildungsmaßnahme verdeutlichen und belegen, dass ihm das neue Wissen helfen wird, sein Unternehmen voranzubringen und die Konkurrenz zu überflügeln. So befriedigen Sie sein Dominanzstreben. Bei anderen Seminarteilnehmern allerdings beobachten Sie, dass andere Emotionssysteme vorherrschen. Bei diesen Menschen müssen Sie anders vorgehen als bei dem dominanten Teilnehmer – die Kunst besteht darin, möglichst alle Typen individuell zu berücksichtigen.

Wenn Sie zum Beispiel ein Seminar für Führungskräfte oder Entscheider durchführen, werden mit einiger Wahrscheinlichkeit sehr viele dominante Performer-Persönlichkeiten auf Ihren Seminarstühlen sitzen. Führungskräfte und Entscheider verfügen sehr oft über eine dominante Persönlichkeit. Sie können einen Großteil des Seminargeschehens darauf abstellen.

In einem Vier-Augen-Coachingprozess hilft es ungemein, wenn Sie das Emotions- und Wertesystem des Coachees beurteilen können. Denn bei einem Coaching ist es von elementarer Bedeutung, einen persönlichen Zugang zum Klienten zu finden.

Die Erkenntnisse der limbischen Hirnforschung unterstützen Sie dabei, die Emotionen, Werte und Motive Ihrer Teilnehmer zu berücksichtigen und Ihre Trainingsmethodik darauf abzustellen. Hinzu kommt: Das Wissen um die Emotionssysteme Ihrer Gesprächspartner hilft Ihnen bei Ihrer Akquisition, weil Sie Ihre Argumentation auf das Persönlichkeitsprofil des Entscheiders abstimmen können, der darüber bestimmt, ob das Unternehmen Sie beziehungsweise Ihre Dienstleistung »einkauft«. Den dominanten Zahlen-Daten-Fakten-Entscheider überzeugen und begeistern Sie mit einer nüchternen Kosten-Nutzen-Analyse – er wird sich dann dazu entschließen, Sie für die firmeninterne Weiterbildungsmaßnahme zu buchen. Den beziehungsorientierten Entscheider hingegen gewinnen Sie wohl eher, indem Sie auf vertrauensbildende Maßnahmen setzen.

Nun ist es an der Zeit, sich intensiver mit jenen vier Emotionssystemen zu beschäftigen, denn nur wenn Sie diese Emotionssysteme kennen, können Sie die

Persönlichkeitsstruktur Ihrer Teilnehmer besser einschätzen – und überdies Ihre eigene. Denn klar ist: Sie erhöhen die Effektivität und Effizienz Ihrer Weiterbildungsmaßnahmen, wenn Sie die Wirkung kalkulieren können, die Sie aufgrund Ihres Charakters und Ihrer Mentalität auf die Teilnehmer ausüben. Wenn Ihre extrovertierte, die Menschen vereinnahmende Art den veränderungsresistenten Bewahrer-Seminarteilnehmer verschreckt, ist der Erfolg Ihrer Weiterbildungsaktivitäten gefährdet.

Die vier Emotionssysteme: Positive Emotionen herbeiführen und negative vermeiden

Die Hirnforschung geht davon aus, dass menschliches Verhalten, unsere Entscheidungen, unsere Wahrnehmung, ja sogar die Ausformung unserer Persönlichkeit auf drei Urprogrammen basieren: den limbischen Instruktionen (Stimulanz, Dominanz, Balance). Aus ihnen lassen sich folgende Emotionssysteme ableiten:

Menschen mit bevorzugtem Dominanzsystem: Für die *Performer* sind Ergebnisse und Macht wichtig. Sie wollen als aktive und handlungsfähige Menschen anerkannt werden und besser als andere sein, einen Wettbewerbsvorsprung erringen, an der Spitze stehen, andere hinter sich lassen. Das Motto der dominanten Performer lautet: »Setze dich durch!«

Menschen mit bevorzugtem Stimulanzsystem: Den *Innovatoren* geht es um Freude, Spaß, Abwechslung und Abgrenzung. Sie lieben das Neue, Unbekannte, Innovative. Sie wollen anders sein als die anderen und sich vom Durchschnitt abheben. Fantasievolle Innovatoren leben nach dem Motto: »Sei anders, brich aus dem Gewohnten aus!«

Menschen mit bevorzugtem Balance-Unterstützer-System: Den *Unterstützern* geht es um Beziehungen, Geborgenheit und menschliche Wärme. Sie wollen als vertrauensvoll und wertvoll angesehen werden und freuen sich, wenn sie anderen Menschen helfen können. »Strebe nach stabilen und vertrauensvollen Beziehungen!«, so das Leitmotiv der Unterstützer.

Menschen mit bevorzugtem Balance-Bewahrer-System: Für die *Bewahrer* sind Daten und belegbare Fakten bedeutsam. Sie wollen als vernünftig und objektiv urteilende Menschen angesehen werden und scheuen jede Veränderung. Sie möchten den Status quo erhalten und agieren daher sicherheitsorientiert und nach dem Motto: »Vermeide Veränderungen um jeden Preis!«

Allerdings: Bleiben Sie sich der Tatsache bewusst, dass ein emotionales Profil nicht die Landschaft »Mensch« selbst abbildet, sondern eher eine Landkarte ist, die ein abstrahierendes Bild der Wirklichkeit darstellt. Es bietet eine sinnvolle Ergänzung zu persönlichen Gesprächen und individuellen Eindrücken und ist ein unterstützendes Hilfsinstrument bei der Einschätzung anderer Menschen, aber auch bei der Beurteilung der eigenen Persönlichkeit. Das Dominanz-, das Stimulanz-, das Balance-Unterstützer- und das Balance-Bewahrer-Emotionssystem gibt es nie in »Reinkultur«. Trotzdem: Meistens dominiert bei einem Menschen eines der Emotionssysteme.

So mancher Trainer, Berater oder Coach wird jetzt vielleicht verunsichert fragen: »Kann ich meinen Beruf nur noch ausüben, wenn ich den Magnetresonanztomographen im Gepäck habe, um die Hirnströme meiner Kunden zu messen?« Natürlich nicht. Entscheidend ist vielmehr Ihre Kompetenz, die praxisorientierten Aspekte der Erkenntnisse der Hirnforschung für die typorientierte Durchführung Ihrer Weiterbildungsveranstaltungen zu nutzen.

Einer dieser praxisorientierten Aspekte liegt darin, dass Sie es vermeiden sollten, aufseiten Ihrer Teilnehmer negative und blockierende Frustgefühle zu erzeugen. Dies geschieht, wenn Sie punktgenau am Emotionssystem eines Teilnehmers vorbeikommunizieren und ihn zum Beispiel mit Aktionen zur Teilnahme und Umsetzung Ihrer Weiterbildungsinhalte motivieren, die ihn langweilen und überhaupt nicht interessieren. Oder wenn Sie zu allen Teilnehmern sagen: »Wenn Sie das umsetzen, werden Sie mit Ihrem Führungsteam und Ihrem Unternehmen ganz neue Wege beschreiten und kraftvolle Veränderungsprozesse in Gang setzen.« Dieses Argument wird die Bewahrer und die Unterstützer unter Ihren Teilnehmern eher in die Flucht schlagen als begeistern.

Zielführender ist es, die positiven Emotionen zu maximieren und Lust- und Belohnungsimpulse zu erzeugen, indem Sie zum Beispiel dieselbe emotionale Sprache sprechen wie Ihre Gesprächspartner (s. folgende Abbildung).

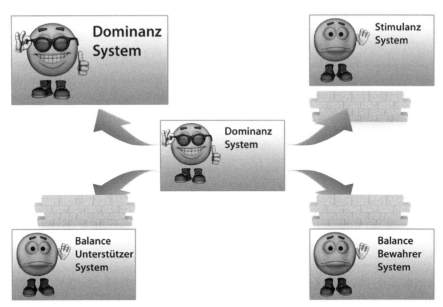

Verschiedene emotionale Sprachen führen zu Kommunikationsmauern, dieselbe emotionale Sprache hingegen eröffnet den Zugang zum Gesprächspartner (Copyright: INtem®)

Natürlich lässt sich die Entstehung blockierender Gefühle auf Teilnehmerseite nicht immer verhindern. Die Konsequenz: Wenn es schon zu negativen Emotionen kommt, sollten Sie versuchen, diese mit geeigneten positiven Emotionen quasi zu überschreiben. Denn auch das Vermeiden oder Erleichtern von Unlust wird vom Gehirn meistens als Belohnung empfunden.

»Wer bist du?«: Menschentypen erkennen

Wer in seinen Weiterbildungsveranstaltungen typorientiert agieren möchte, ist darauf angewiesen, das jeweilige Persönlichkeitsprofil der Teilnehmer überhaupt erst einmal zu identifizieren. Natürlich: Je länger Sie einen Teilnehmer kennen – vielleicht aus früheren Begegnungen im Seminarraum oder aufgrund der Vorbesprechungen im Vorfeld einer firmeninternen Veranstaltung –, desto treffsicherer wird Ihre Einschätzung ausfallen. Im Idealfall können Sie Ihre Weiterbildungsveranstaltung von Anfang an auf das jeweilige Emotions- und Wertesystem oder die Persönlichkeit Ihrer Teilnehmer abstimmen. Das wird aber wohl eher die Ausnahme sein.

Wie schaut es also mit unbekannten Teilnehmern aus? Oder denjenigen, denen Sie erst zum zweiten oder dritten Mal begegnen? Bei externen Weiterbildungsveranstaltungen lernen Sie die Teilnehmer vielleicht erst im Seminarraum bei der Begrüßungsrunde näher kennen.

»Begrüßungsrunde« – darin liegt Ihre Chance. Um Denk- und Verhaltenspräferenzen sowie Persönlichkeitsprofile einschätzen zu können, sind Übung und Training notwendig. Wer seine Wahrnehmungsfähigkeit konsequent schult, kann an Indikatoren wie der Körpersprache, also an Aspekten wie Haltung, Dynamik und Bewegung, eine erste Einschätzung etwa im Rahmen der Begrüßungsrunde wagen, um diese Einschätzung im weiteren Verlauf der Weiterbildungsveranstaltung zu vertiefen.

Auch die Sprechweise, die Stimme – also Lautstärke, Modulation und Tempo – und die Wortwahl, die verwendeten Formulierungen und Inhalte sind relevant, wenn die Herausforderung darin besteht, einen Teilnehmer einem Emotionssystem zuzuordnen. Hinzu kommt: Wie ist er gekleidet? Wie tritt er auf – eher bestimmend oder eher zurückhaltend? Geht er forsch, aktiv und gesprächig vor, wenn er eine Frage stellt? Wie drückt er sich aus, welche Sprachbilder benutzt er, ist er ernst oder kommunikativ-heiter gestimmt?

Kleinigkeiten sind dabei entscheidend – und vor allem Ihre aufmerksame Beobachtungsgabe: Die Sonne scheint, der Teilnehmer hat aber einen Regenschirm dabei? Das lässt mit einiger Wahrscheinlichkeit auf einen sicherheitsorientierten Menschen schließen. Der Teilnehmer legt im Vorgespräch einen Taschenrechner auf den Schreibtisch, um Ihre Angaben nachzuprüfen? Sie können davon ausgehen, dass es sich um einen Menschen handelt, der relativ penibel und auf Sicherheit bedacht ist.

All diese Beobachtungen helfen Ihnen, eine immer genauere Einschätzung vorzunehmen, um auf Teilnehmerseite schließlich die positiven Emotionen zu maximieren und negative Frustgefühle größtenteils zu vermeiden.

Es wurde schon kurz angedeutet: Sie dürfen nicht vergessen, eine Selbsteinschätzung vorzunehmen und zu prüfen, welches der Emotionssysteme bei Ihnen das bestimmende ist.

Internettipp

Zur Unterstützung gibt es unter www.intem.de/persoenlichkeitstest/ die Möglichkeit, mithilfe eines Schnelltests das eigene bevorzugte Emotionssystem zu analysieren.

Neben der Selbstreflexion sollten Sie Gespräche mit Menschen nutzen, die Sie gut kennen: beruflich, aber auch und vor allem privat. Denn im privaten Bereich geben wir uns oft eher so, wie wir »wirklich« sind.

Ihre Teilnehmer und Sie: Emotionen, Werte und Motive berücksichtigen

Der große Nutzen Ihres Wissens um die limbischen Instruktionen besteht darin, dass Sie Ihre Weiterbildungen individuell(er) auf die Persönlichkeitsstruktur Ihrer Teilnehmer ausrichten können. Im Folgenden erhalten Sie dazu einige Anregungen: Sie sollten sie auf Ihre Teilnehmer und Ihre konkreten Seminar-, Trainings- und Coachingsituationen transferieren und dabei die Rahmenbedingungen berücksichtigen, die für Ihre Weiterbildungsveranstaltungen relevant sind.

Weiterbildungen typenübergreifend emotionalisieren

Allgemein, also typenunabhängig, gilt, dass Sie wo immer möglich die Emotionalisierung Ihrer Weiterbildungen anstreben sollten: Wer mit Emotionen lernt, lernt besser. Wer mit Körper, Geist und Seele am Weiterbildungsgeschehen teilnimmt, erhöht die Behaltens- und Umsetzungswahrscheinlichkeit. Je mehr sich die Teilnehmer mit Herz und Verstand, mit Emotio und Ratio, mit Leidenschaft und Vernunft mit den Seminarthemen beschäftigen, desto effektiver verläuft ein Training.

Es steht in Ihrer Verantwortung als Trainer, Berater und Coach, über die Emotionalisierung der Weiterbildungsinhalte Ihre Teilnehmer zur aktiven Teilnahme am Seminargeschehen zu motivieren. Darum gilt:

○ Betten Sie Ihre Weiterbildungsinhalte in das »emotionale Warum« ein, verdeutlichen Sie stets, welchen konkreten Nutzen Ihre Teilnehmer durch die Weiterbildung haben.

○ Beachten Sie dabei das Prinzip »Vision statt Packeis«: Der Teilnehmer will, etwas pathetisch gesprochen, wissen: »Hilft mir die Weiterbildung, meine beruflichen Vorstellungen oder Träume zu verwirklichen und meine Hoffnungen im beruflichen Bereich zu erfüllen?«

○ Starten Sie das emotionale Kopfkino. Bedenken Sie allerdings: Bei dem einen Teilnehmer (Bewahrer) gelingt dies durch eine Statistik, bei dem anderen (Innovator), indem Sie die Weiterbildungsziele in leuchtend-schillernden Farben und inspirierenden Sprachbildern zeichnen.

○ Sprechen Sie die Werte und die emotional besetzten Themen der Teilnehmer an: Bilder, Gedanken und Emotionen werden von unseren Werten gesteuert.

○ Wecken Sie das Interesse der Teilnehmer durch Best-Practice-Beispiele. Dieses Vorgehen wird durch die Hirnforschung legitimiert. Demnach existieren vier Zugänge zum Gehirn: über die Sinne, über Symbole, über Episoden und über Sprache. Mit dem episodischen Gedächtniszugang zum Beispiel ist gemeint, dass Sie über das Erzählen von Geschichten – also Storytelling – einen emotionalen Zugang zum Gehirn des Teilnehmers finden. Hier kommt das Best-Practice-Beispiel zum Einsatz.

Weiterbildung mit allen fünf Sinnen

Ein wichtiger Aspekt, bei dem Sie auf jeden Fall überlegen sollten, inwiefern Sie ihn für Ihre Veranstaltungen nutzen können, lautet: Kommunizieren Sie mit Ihren Teilnehmern über alle fünf Sinne und auf allen fünf Sinneskanälen: Lassen Sie Ihre Teilnehmer Ihre Weiterbildungsinhalte sehen, hören, riechen, schmecken und vor allem ertasten (s. auch Beitrag »Warum Haptik im Coaching wirkt«, S. 139 ff.).

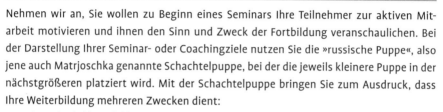

Weiterbildungsinhalte haptisch nahebringen

Nehmen wir an, Sie wollen zu Beginn eines Seminars Ihre Teilnehmer zur aktiven Mitarbeit motivieren und ihnen den Sinn und Zweck der Fortbildung veranschaulichen. Bei der Darstellung Ihrer Seminar- oder Coachingziele nutzen Sie die »russische Puppe«, also jene auch Matrjoschka genannte Schachtelpuppe, bei der die jeweils kleinere Puppe in der nächstgrößeren platziert wird. Mit der Schachtelpuppe bringen Sie zum Ausdruck, dass Ihre Weiterbildung mehreren Zwecken dient:

- Die Weiterbildung hilft zum einen, dass das Unternehmen, für das Ihre Teilnehmer arbeiten, seine unternehmerischen Ziele verwirklichen kann.
- Zum anderen unterstützt die Weiterbildung die Teilnehmer dabei, ihre individuellen und persönlichen Weiterbildungsintentionen zu realisieren.

Das heißt: Die verschiedenen Zielebenen sind miteinander verschachtelt und stehen in einem Zusammenhang – dies wird den Teilnehmern mithilfe der Schachtelpuppe auf eine ertastbare und erfahrbare Art und Weise veranschaulicht und visualisiert.

Karl Werner Schmitz berichtet in seinem Buch »Die Strategie der 5 Sinne« (2015, S. 206) von Managementtrainings, die im Dunkeln durchgeführt werden: »Weiterbildungsseminare finden in unbeleuchteten und verdunkelten Räumen statt, um – zum Beispiel – Teambildungsprozesse voranzutreiben. Weil der Mensch im Dunkeln auf den Sehsinn verzichten muss, streckt er automatisch die Hände aus, auch um die Orientierung und Sicherheit bietende Berührung mit anderen Menschen zu suchen. Diese haptische Geste trägt zum Vertrauensaufbau bei. Das Beispiel zeigt, dass die Haptik in der Weiterbildung Fuß fasst und als Katalysator für die Optimierung von Teamprozessen fungieren kann.«

Schmitz schlägt des Weiteren vor (S. 209), Wissen sinnenspezifisch abzuspeichern. So können Sie die Zusammenfassung Ihres Seminars auf Film, auf Papier, aber auch auf Audio-CDs abspeichern: »Der visuelle Lerntyp nutzt den Film oder das Buch – er sucht die körperliche Berührung mit dem Buch –, der auditive hingegen die CD. Dem haptischen Lerntyp macht es Spaß und Freude, wenn er Dinge in die Hand nehmen kann. Er lernt am besten, wenn er Dinge im wahrsten Sinne des Wortes ›begreifen‹ kann. Wenn es gelingt, den Lerner auf seinem spezifischen Sinneskanal anzusprechen, erhöht sich der Lernerfolg«, so Schmitz.

Tipp

Lassen Sie die Lernunterlagen von den Teilnehmern selbst erstellen. Diese nehmen Papier, Stift und andere Materialien in die Hand, um Folien, Protokolle und Collagen zu den Weiterbildungsinhalten anzufertigen. Oder sie greifen zu Videokamera oder Smartphone, um die Inhalte in einem Weiterbildungsfilm zu verewigen. Natürlich braucht es dafür Ihre Bereitschaft, Teile der Inhalte »kopiert« nach draußen zu geben.

Die Integration des Geschmacks- und Geruchssinns in die Weiterbildungsmaßnahme ist am schwierigsten – aber mit etwas Kreativität durchaus möglich: Es gibt riechende Visitenkarten – also Visitenkarten, die einen Duft ausströmen. Warum sollte es nicht auch im Seminarraum möglich sein, den Geruchssinn der Seminarteilnehmer anzusprechen, indem die Trainingsunterlagen angenehm duften? Oder: Bei so gut wie jedem Training gibt es eine Mittagspause – und ein Mittagessen. Vielleicht lässt sich das Essen mit dem Seminarthema verknüpfen.

Nutzen Sie jede Gelegenheit, um Ihren Teilnehmern Informationen und neues Wissen über alle Sinne und körperlich »am eigenen Leib« begreifbar und emotional erfahrbar zu machen.

Weiterbildungen typenindividuell emotionalisieren

Nehmen wir an, Sie starten mit Ihrer Weiterbildung und wissen, »mit wem Sie es zu tun haben« – Sie können Ihre Teilnehmer mit jeweils einem der Emotions- und Wertesysteme in Verbindung bringen. Wenn Sie es sich nun auf Ihre Weiterbildungsfahnen geschrieben haben, teilnehmerzentriert zu agieren und die Teilnehmer zu aktivieren, liegt es nahe, auch hier die Kenntnis der bevorzugten Emotionssysteme zu nutzen – dazu nun einige Beispiele.

Beispiel 1: Wählen Sie eine teilnehmerorientierte Ansprache und Motivation: Es ist zielführend, wenn Sie dem dominanten Performer unter Ihren Seminarteilnehmern die Vorteile und Chancen aufzeigen, die sich durch die Seminarteilnahme und das neue Know-how für die persönliche Karriereplanung ergeben. Und dem Bewahrer weisen Sie nach, dass der Lernerfolg gewiss dazu beiträgt, seinen Job zukunftssicherer zu gestalten, weil er so seinen Willen zum lebenslangen Lernen bekundet.

Dem Innovator gegenüber sollten Sie hervorheben, dass ihm die Seminarteilnahme dabei hilft, die Herausforderungen der Zukunft zu meistern: »Unser Seminar zum Management internationaler Projekte unterstützt Ihr Unternehmen und Sie dabei, die internationale Ausrichtung zu verstärken, Neukunden primär im Ausland zu akquirieren und sich einen Wettbewerbsvorsprung zu sichern.«

Und was ist mit dem Unterstützer? Dessen Engagement lässt sich erhöhen, indem Sie ihm verdeutlichen, dass er das im Seminar erworbene neue Wissen auch an seine Kollegen weitergeben kann, die leider keine Gelegenheit hatten, an dem Training teilzunehmen.

Das Prinzip ist stets dasselbe: Sie nutzen das Wissen um die bevorzugten Emotions- und Wertesysteme, um individuell auf die Teilnehmer einzugehen, Ihr Vorgehen als Trainer oder Coach auf die individuellen Bedürfnisse und Vorlieben jedes Teilnehmers abzustimmen und diese zu aktivieren. Denn mit aktiver Beteiligung lernt es sich am besten.

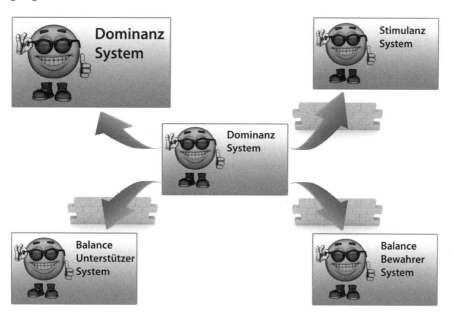

Die Kommunikationsform des Seminarteilnehmers berücksichtigen und annehmen (Copyright: INtem®)

Beispiel 2: Mit schwierigen Seminarteilnehmern konstruktiv umgehen: Natürlich ist es nicht immer möglich – und wohl auch nicht notwendig –, bei jedem Seminarschritt auf jeden Teilnehmer einzugehen. Aber es gibt gewisse Seminarsituationen, in denen dies geboten ist, etwa beim Umgang mit schwierigen Teilnehmern, deren Motivation zu wünschen übrig lässt oder die das Seminargeschehen sogar stören.

Ihr Wissen um die dominante Persönlichkeit eines Performer-Seminarteilnehmers, der ständig Fragen stellt, die nicht immer etwas mit den Seminarthemen zu tun haben, der permanent dazwischenruft und mit seinen Redebeiträgen das Seminargeschehen zu dominieren und den Seminarverlauf zu beeinflussen versucht, erlaubt Ihnen nun dreierlei:

- Sie wissen, dass der Teilnehmer eine dominant veranlagte Persönlichkeit hat und Ihnen nichts Böses will, wenn er immer wieder in das Seminargeschehen eingreift. Er ist nun einmal so veranlagt, das werden Sie während des Seminars auch nicht verändern können. Sie bauen mehr Souveränität und Gelassenheit auf, wenn Sie es akzeptieren können, dass der Teilnehmer so tickt, wie er tickt. Der produktive Umgang mit schwierigen Charakteren gehört zu den Herausforderungen, denen Sie sich als Trainer, Berater und Coach zu stellen haben.
- Sie entwickeln eine Strategie, wie es Ihnen gelingt, den schwierigen Teilnehmer gerade wegen seiner Persönlichkeitsstruktur konstruktiv in das Seminargeschehen einzubinden. Überlegen Sie, inwiefern Sie ihm Verantwortung übertragen können. Vertrauen Sie ihm zum Beispiel in der Seminarphase, in der es um Team- und Gruppenarbeit geht, die Leitung einer Kleingruppe an. So kanalisieren Sie sein Dominanzgehabe in produktives Fahrwasser.
- Wenn der dominante Performer sein Verhalten so sehr ins Extreme treibt, dass dadurch der Seminarerfolg gefährdet ist, verfügen Sie nun über Ansatzpunkte, um ihm sein störendes Verhalten so vor Augen zu führen, dass er mithilfe der Selbstreflexion und Ihrer Initiative, ihm zum Beispiel die Leitung einer Kleingruppe anzuvertrauen, von selbst sein störendes Verhalten ablegt – zumindest für die Dauer des Seminars.

Hinzu kommt die folgende Überlegung: Wenn Sie mit einem Seminarteilnehmer immer wieder anecken und sich in fruchtlose Diskussionen verstricken, liegt das eventuell daran, dass der Teilnehmer und Sie sich allzu ähnlich sind, also eine verwandte Persönlichkeitsstruktur haben und beide zu den dominanten Performern gehören. Oder der Teilnehmer und Sie sind so grundverschieden, dass es geradezu zwangsläufig zu Meinungsverschiedenheiten kommt: Sie als beziehungsorientierter Unterstützer haben ein Problem mit dominanten Machtmenschen – und diese mit Ihnen!

Ihr Vorteil ist aber: Als Trainer, der die Bedeutung der Emotions- und Wertesysteme für die menschliche Wahrnehmung und die menschlichen Verhaltensweisen erkannt hat, sind Sie zur Selbstreflexion fähig. Aufgrund des Wissens um die jeweilige Persönlichkeitsstruktur sind Sie in der Lage, das eigene Verhalten zu überprüfen und es im Rahmen des Möglichen und Angemessenen der Situation anzupassen:

○ Den ewigen Fragesteller bitten Sie um konstruktive Lösungsvorschläge, die helfen, die Seminarthemen voranzubringen.
○ Den Ablehner, Neinsager und Bedenkenträger fordern Sie auf, eine Begründung für die Ablehnung zu formulieren – so nutzen Sie das konstruktive Potenzial seiner Argumente.
○ An den in seinem Schweigen dahinbrütenden Verweigerer und motivationslosen Teilnehmer stellen Sie konkrete Fragen – vielleicht lässt er sich so aus seiner Lethargie erwecken.
○ An den Redseligen richten Sie eine geschlossene Frage, um ihn zum Kern der Sache zu führen.

Beispiel 3: Teilnehmerorientiertes mediales Lernumfeld schaffen. Wer die Persönlichkeitsstruktur seiner Teilnehmer zu analysieren vermag, kann seine Visualisierungen, die Präsentation der Seminarinhalte und auch den Medieneinsatz teilnehmerorientiert(er) gestalten. Matthias Garten hat mit der »Presentation-Booster-Methode« für das Thema »Präsentationen« ein an den vier Emotionssystemen orientiertes Konzept entwickelt, mit dem der teilnehmerorientierte Einsatz von Visualisierungs- und Präsentationsmedien möglich ist.

Solange man mit und in einem homogenen Teilnehmerfeld agiert, ist der Einsatz von Medien, die sich speziell an eines der bevorzugten Emotionssysteme wendet, relativ leicht zu handhaben. Die Königsdisziplin besteht darin, auch ein gemischtes Publikum auf der visuellen und didaktisch-methodischen Ebene angemessen anzusprechen. Garten (2013, S. 62) empfiehlt: »Reservieren Sie von der Gesamtzeit Ihrer Präsentation circa zehn Prozent für die Roten (jedoch nicht weniger als zehn Minuten)« – gemeint sind die »roten« dynamisch-dominanten Performer – »20 Prozent für die Gelben, 30 Prozent für die Grünen und 40 Prozent für die Blauen« – gemeint sind die Innovatoren, die Unterstützer und die Bewahrer.

Natürlich: Wer versucht, alle vier Gruppen gleichermaßen anzusprechen und Inhalte mithilfe von Metaphern und Beispielen; Zahlen, Daten und Fakten; beziehungsförderndem Storytelling und gezielt-strukturierten Detailinfos zu präsentieren, droht an Konkretheit und Klarheit einzubüßen, und darunter leidet auch die Überzeugungskraft. Darum ist es zielführender, Prioritäten zu setzen.

Bei sehr heterogen zusammengesetzten Seminargruppen kann als Richtschnur die eigene Persönlichkeitsstruktur dienen: Sie wählen die Vorgehensweise, die Ihnen am ehesten entspricht. Ihre Glaubwürdigkeit und Authentizität sind dann höher – und das ist Erfolg versprechender als der Versuch, es allen recht zu machen.

Beispiel 4: An Zielgruppen orientieren. Lässt sich ein Kompromiss finden, der die mehrdimensionale und die konkrete Zielgruppenansprache zugleich erlaubt? Der Kompromiss ist bei externen Veranstaltungen schwierig: Hier werden wohl Vertreter aller vier Persönlichkeitstypen vertreten sein. Auch das Thema lässt meistens keine verbindlichere Einschätzung zu. Allerdings: Wenn sich das externe Seminar beispielsweise an Controller richtet, die die neuesten Projektmanagementtechniken erlernen wollen, ist die Wahrscheinlichkeit groß, dass sich vorwiegend Bewahrer-Teilnehmer in Ihrem Seminarraum einfinden. Klug ist es wohl, den Seminarablauf, die Inhalte und die Medienauswahl auf diese Gruppe abzustimmen.

Etwas leichter fällt die Zielgruppenorientierung in der Regel bei internen Veranstaltungen. Denn Sie können im Vorfeld herauszufinden versuchen, welche Teilnehmertypen Ihnen begegnen werden. Zudem ist es möglich, mit den Verantwortlichen zu klären, dass sich Ihre Weiterbildung beispielsweise primär an Unterstützer-Mitarbeiter wendet.

Eine weitere Kompromissoption ergibt sich durch die Kombination mehrerer Zielgruppenansprachen oder durch den Wechsel jener Ansprache, die im Laufe der Seminardauer mal auf das eine, dann auf das andere Emotionssystem abhebt.

Bei besonders wichtigen Seminarthemen – etwa wenn es um den Transfer der Inhalte auf die berufliche Alltagswirklichkeit der Teilnehmer geht – ist es ratsam, möglichst alle Emotionssysteme zu berücksichtigen. Bieten Sie den Teilnehmern an, sie telefonisch, per E-Mail oder Chat, mithilfe eines umfangreichen Skripts oder auch durch Begleitung am Arbeitsplatz bei der Umsetzung zu unterstützen. Es liegen dann genügend verschiedene Angebote vor, damit für jeden Persönlichkeitstyp und alle Emotionssysteme das Passende dabei ist, um die Umsetzungsphase effektiv zu gestalten.

Sie als selbstständiger Trainer, Coach, Berater

Nutzen Sie Ihr Wissen über die Emotionssysteme, um Ihre Kundenakquisition zu optimieren. Wählen Sie bei der Ansprache zum Beispiel eine unkonventionelle Ansprache, um den Emotionalisierungseffekt zu erhöhen: Senden Sie dem Interessenten keine 08/15-Unterlagen zu, sondern bringen Sie sich auf unnachahmliche Weise ins Gespräch: »Bei uns sind die Präsentationsunterlagen zu unseren Seminaren, Trainings und Coachings männlich, 181 cm groß, 77 kg schwer und hochkompetent!« Geschieht der Erstkontakt auf schriftlichem Wege, legen Sie ein Foto von sich bei.

Versäumen Sie es nicht, die limbischen Erkenntnisse auf andere Zielgruppen zu übertragen. In Kreditverhandlungen mit Banken ist es hilfreich, wenn Sie den Typus des Bankberaters einschätzen und die Verhandlung entsprechend ausrichten können. Und das gilt gleichermaßen für Ihre Kunden. Die meisten Trainer, Berater und Coaches sind zugleich als Verkäufer und Akquisitionsfachleute unterwegs. Darum: Übertragen Sie Ihr limbisches Wissen auf Ihre Akquisition und Ihre Kundenbetreuung.

Welches Emotionssystem bei Ihnen vorherrscht, wissen Sie bereits. Jetzt müssen Sie »nur noch« Ihre Kunden richtig einschätzen. Bei Bestandskunden dürfte es Ihnen leicht fallen, eine am jeweiligen Emotionssystem orientierte Kundenansprache zu wählen und sich für jeden Kundentypus eine spezielle Strategie zu überlegen:

○ Bei den Gesprächen mit einem Unternehmen, bei dem Sie eine unternehmensinterne Weiterbildung durchführen wollen, haben Sie es auf Entscheiderebene mit einem *dominanten Performer* zu tun. Präsentieren Sie wenige, aber klar strukturierte Argumente. Eine grafische Darstellung ist dabei hilfreich. Treffende Analysen und verschiedene Lösungsalternativen helfen dem Performer bei der Entscheidungsfindung. Sie sollten daher rasch auf den Punkt kommen. Fachbegriffe können Sie ohne Bedenken verwenden. Allerdings: Ein zu langer Beziehungsaufbau ist meistens nicht erwünscht.

○ Im Gespräch mit dem *Stimulanzkunden* präsentieren Sie am besten locker und entspannt und mit den neuesten Medien. Bauen Sie Animationen, Bilder und Videos ein. Erzählen Sie dem Innovator Erfolgsgeschichten und arbeiten Sie mit lebendigen und ausgefallenen Beispielen. Wichtig: Vermeiden Sie unbedingt ausschweifende und langweilige Erklärungen.

○ Kommen wir zum *Balance-Bewahrer-Kunden*: Legen Sie diesem Kunden Tabellen, Zertifikate, ISO-Normen, Testergebnisse, Diplome und wissenschaftliche Untersuchungen vor, die Ihre Expertise nachweisen. Sie müssen Ihre Aussagen auf jeden Fall belegen. Geben Sie dem Bewahrer Garantien, liefern Sie Hintergrundinformationen, nehmen Sie sich vor allem Zeit für die Beratung und gehen Sie ins Detail.

○ In der Verhandlung mit einem *Balance-Unterstützer-Kunden* ist es richtig, wenn Sie mit »Full-Services«, »Rundum-Sorglos-Weiterbildungspaketen« und »Alles aus einer Hand«-Trainingsangeboten arbeiten. Stärken Sie die persönliche Beziehung zum Unterstützer, zeigen Sie Empathie und achten Sie seine ethischen und ökonomischen Werte. Wenn möglich, integrieren Sie Erfolgsbeispiele aus dem eigenen Erfahrungsbereich in Ihre Argumentation.

Schwingen Sie sich auch sprachlich mit dem Kunden auf einer Wellenlänge ein: Beim Performer sprechen Sie während der Argumentationsphase »von unseren *leistungsstärksten* Möglichkeiten«, beim Innovator hingegen »von unseren *fantastischen* Weiterbildungsmöglichkeiten«. Beim Bewahrer ist es empfehlenswert, »unsere *absolut bewährten* Trainingsmöglichkeiten« zu erwähnen, während es beim Unterstützer gut ankommt, wenn Sie die Formulierung »von unseren *sehr persönlichen* Möglichkeiten« nutzen.

Ein weiteres Anwendungsgebiet ist die Mitarbeiterführung. Wenn Sie an Ihrem Weiterbildungsinstitut Trainer beschäftigen, ist es effektiv, mitarbeiterorientiert zu führen und zu motivieren. Gehen wir davon aus, Sie wollen Ihre Mitarbeiter motivieren, sich bei einer Akquisitionsoffensive mit Herzblut einzubringen. Sie nehmen sich vor, sie mithilfe einer (ent)flammenden Motivationsrede bei der emotionalen Ehre zu packen: Dem Performer zeigen Sie dabei auf, dass ihm die Akquisitionsoffensive die Chance bietet, seinen Verantwortungsbereich zu vergrößern und einen großen Karriereschritt zu tun: »Sie können jetzt zeigen, was in Ihnen steckt und dass Sie besser sind als andere!« Beim Bewahrer hingegen dient der Hinweis, das erfolgreiche Akquisitionsprojekt sichere die wirtschaftliche Stabilität Ihres Weiterbildungsinstituts, als Motivationsanreiz. Beim Unterstützer argumentieren Sie, die Akquisitionsoffensive lasse sich nur im Team lösen und wenn alle an einem Strang zögen. Und beim Innovator betonen Sie, wie abwechslungsreich die Akquisitionsaufgabe doch sei! Verdeutlichen Sie ihm, wie spannend die Aufgabe sein wird – so stimulieren Sie ihn, sein Bestes zu geben.

Zusammenfassung und Ausblick

Jeder Mensch tickt unterschiedlich, jeder Seminarteilnehmer ist ein einzigartiges Individuum. Jeder hat ein individuelles emotionales Profil. Trainer, Berater und Coaches, die für ihre Teilnehmer möglichst viele effektive und nachhaltige Lerntransfers und Lernerfolge herbeiführen möchten, müssen versuchen, dieser Individualität und Einzigartigkeit gerecht zu werden. Dazu schätzen sie das jeweilige Emotions-, Motiv- und Wertesystem eines jeden Teilnehmers ein, um auf dieser Grundlage das Seminargeschehen darauf so weit wie möglich abzustimmen. Zugleich nehmen sie diese Einschätzung bei sich selbst vor, analysieren also das von ihnen jeweils bevorzugte Emotionssystem, um das Seminar noch teilnehmerzentrierter durchführen zu können.

Eine Herausforderung der Zukunft besteht darin, für heterogene Weiterbildungsgruppen, in denen alle vier Typen vorhanden sind, noch griffigere Konzepte zu entwickeln, die die gleichberechtigte Berücksichtigung aller Emotionssysteme und Persönlichkeitstypen ermöglichen.

Literatur

- Damasio, Antonio R.: Descartes' Irrtum: Fühlen, Denken und das menschliche Gehirn. Berlin: List, 6. Auflage 2010
- Garten, Matthias: Präsentationen erfolgreich gestalten und halten. Wie Sie mit starker Wirkung präsentieren. Offenbach: Gabal, 2. Auflage 2013
- Gigerenzer, Gerd: Bauchentscheidungen. Die Intelligenz des Unbewussten und die Macht der Intuition. München: Bertelsmann 2007
- Häusel, Hans-Georg: Top Seller. Was Spitzenverkäufer von der Hirnforschung lernen können. Freiburg: Haufe-Lexware 2015
- Häusel, Hans-Georg: Think Limbic! Die Macht des Unbewussten nutzen für Management und Verkauf. Freiburg: Haufe-Lexware, 5. Auflage 2014
- Häusel, Hans-Georg: Brain Script – warum Kunden kaufen. Vortrag 2007, Download unter: www.sv-bw.de/veranstaltungen/handelsforum/handelsforum2007/05_hf07.pdf
- Meier, Rolf: Das Einzige, was stört, sind die Teilnehmer. Schwierige Seminarsituationen meistern. Offenbach: Gabal, 3. Auflage 2012
- Seßler, Helmut: Limbic® Sales. Spitzenverkäufe durch Emotionen. Freiburg: Haufe-Lexware, 2. Auflage 2013
- Schmitz, Karl Werner: Die Strategie der 5 Sinne. Wie Sie mit Haptik Ihren Unternehmenserfolg nachhaltig steigern. Weinheim: Wiley 2015
- Traufetter, Gerald: Intuition – Die Weisheit der Gefühle. Reinbek: Rowohlt 2007

Risiken und Nebenwirkungen digitaler Medien

Manfred Spitzer

Tags: digital, Computer, Gehirnentwicklung, Neuroplastizität, Risiken, Ablenkung, Synapsen, kognitive Reserve, bilingual, Bildungsniveau

Positionierung

Mit jedem Moment des Denkens und Tuns ändert sich das Gehirn: Diese Neuroplastizität ist eng verwoben mit dem Vorgang des Lernens – und darauf geht Manfred Spitzer in seinem durchaus provokanten Beitrag in diesem Handbuch ein. Was seine Aussagen so brisant macht, ist das durch die Gehirnforschung geklärte Faktum, dass bestimmte Verknüpfungen beziehungsweise erfahrungsabhängige Entwicklungsprozesse nur bis zu einem bestimmten Lebensalter überhaupt möglich sind. Was in jungen (jüngsten) Jahren nicht passiert ist, kann im Erwachsenenalter so gut wie nicht nachgeholt werden!
Wenn es Ihnen also um Weiterbildung geht, die sich meist an Erwachsene richtet, ist für Sie die Kenntnis dieser Tatsachen mehrdimensional relevant: Inwieweit können Sie in Ihren Rollen (als Trainer/Coach/Berater, als Führungskraft, als Elternteil ...) beeinflussen, dass die Basis in jungen Jahren dafür gelegt wird, im späteren Berufsleben – wie auch Privatleben – über ein Gehirn zu verfügen, dass das in unserer Zivilisation erforderliche Denken, Planen, Konstruieren und Reagieren ermöglicht? In welcher Weise müssen Sie berücksichtigen, dass jüngere Teilnehmende eventuell genau das mitbringen, was Manfred Spitzer klarlegt – und damit bestimmte Verhaltensweisen nie erlernt haben? Und was können Sie tun, auf anders sozialisierte (und nicht-literalisierte) Teilnehmende und Coaches einzugehen? Offen bleibt die Frage, ob wir Weiterbildner künftig damit rechnen müssen, schlicht vermehrt selbst digital aktiv(er) zu werden, um die anders gelagerten Bedürfnisse dieser hier »zitierten« Generationen erfüllen zu können, weil deren Gehirne anders gestaltet sind ... Der Autor greift auf eine schier füllhornartige Menge an Studien zurück, die er seinen Lesern zugänglich macht: Wertvolle Erkenntnisse der Neurowissenschaften für Sie!

Darum geht es

Digitale Informationstechnik ist Teil des modernen Lebens: Schon Kinder kaufen im Internet, spielen an der Konsole, plaudern über Facebook mit Freunden und machen mit Google ihre Hausaufgaben. Deswegen könne man den richtigen Umgang mit den digitalen Medien nicht früh genug lernen. – Diese Ansicht entpuppt sich bei genauerem Hinsehen als schwerer Irrtum. Kinder sind keine kleinen Erwachsenen. Ihre besonders lernfähigen Gehirne benötigen bestimmte Erfahrungen, um Verbindungen zwischen Nervenzellen im Gehirn ausbilden zu können, das heißt, ihr Gehirn überhaupt erst zu bilden, wie anhand zahlreicher Beispiele aus der Entwicklungspsychologie, der experimentellen Psychologie und der Gehirnforschung dargestellt wird: Wer sprechen lernt, braucht den Umgang mit sprechenden Menschen. Sitzen kleine Kinder hingegen vor Bildschirmen und Lautsprechern, bleiben sie in ihrer Sprachentwicklung zurück (Kuhl u. a. 2003, Zimmerman u. a. 2007). Wer Kinder im Vorschulalter mathematisch besonders fördern will, der sollte Fingerspiele mit ihnen machen, denn Zahlen werden vom Gehirn über die Finger erworben, nicht durch Daddeln an einem iPad (Gracia-Bafalluy/Noël 2008, Noël 2005). Und wer handschriftlich Inhalte aufschreibt, verankert sie tiefer, als wer nur auf einer Tastatur tippt (Mueller/Oppenheimer 2014).

Zugleich ist aus der Bildungsforschung bekannt: Wer schon als Kleinkind viel Zeit vor Bildschirmmedien verbringt, zeigt in der Grundschule vermehrt Störungen bei der Sprachentwicklung sowie Aufmerksamkeitsstörungen (Spitzer 2012). Eine Playstation im Grundschulalter verursacht nachweislich schlechte Noten im Lesen und Schreiben (Weis/Cerankosky 2010), und ein Computer im Jugendzimmer wirkt sich negativ auf die Schulleistungen aus (Fuchs/Woessmann 2004). Hinzu kommt die Suchtgefahr, denn Computerspiele sind programmiert, um Sucht zu erzeugen. Weitere Folgen digitaler Medien, insbesondere auch des Smartphones, sind Ängste und Abstumpfung, Schlafstörungen und Depressionen, Übergewicht und Gewaltbereitschaft (Spitzer 2014).

Es ist besorgniserregend, dass Kinder heute täglich etwa doppelt so viel Zeit mit digitaler Informationstechnik verbringen als in der Schule. Diese Risiken und Nebenwirkungen digitaler Informationstechnik werden von Eltern, Erziehern und Lehrern seit Jahren beobachtet, finden jedoch gesellschaftlich und politisch aufgrund massiver Lobbyarbeit der Medien und der Hersteller von Informationstechnik kaum Beachtung. Mit den entsprechenden Konsequenzen für späteres Lernen im Erwachsenenalter, siehe Weiterbildung …

Computer und Gehirne

Digitale Medien nehmen uns geistige Arbeit ab – so wie Rolltreppen, Fahrstühle und Autos uns körperliche Arbeit abnehmen. Die negativen Folgen mangelnder körperlicher Aktivität für Muskeln, Herz und Kreislauf sind bekannt, und wir tun viel, um ihnen entgegenzuwirken und uns körperlich fit zu halten. Wichtig ist nun die vergleichsweise junge Einsicht: Mit unserem Gehirn verhält es sich ebenso, denn nur wenn wir es trainieren, werden und bleiben wir geistig fit. Unser Gehirn entwickelt nur dann seine geistige Leistungsfähigkeit, wenn wir es in Kindheit und Jugend in jeglicher Hinsicht bestmöglich nutzen und damit überhaupt erst ausbilden. Und es auch als Erwachsene weiterhin trainieren!

Bei einem Computer liegen die Leistungsfähigkeit seiner wesentlichen Komponenten, der Verarbeitungseinheit (Central Processing Unit, CPU) und Speichereinheit (Festplatte) fest, sie ändern sich nach seiner Produktion nicht mehr und haben eine bestimmte Kapazität, die sich in Rechenschritten/Sekunde (CPU) beziehungsweise Mega-, Giga- oder Terabyte (Festplatte) bemisst. Die Verarbeitungs- und Speicherkapazität des Gehirns dagegen bildet sich erst durch seine Benutzung. Sie ist weder bei der Geburt schon vorhanden noch entsteht sie von selbst. Unsere Sprachzentren beispielsweise sind zwar biologisch angelegt, benötigen zu ihrer Ausbildung jedoch hunderttausende sprachliche Inputs, aus denen das Gehirn mittels Extraktion statistischer Regeln allgemeine Wörter (Vokabeln), deren Bedeutungen (Semantik) und die Regeln der Kombination von Wörtern zu komplexeren Bedeutungsstrukturen (Grammatik) ableitet. Ohne sprachlichen Input geschieht dies nicht, und das Ganze muss bis etwa zum 13. Lebensjahr erfolgt sein. Danach ist die Plastizität der Sprachzentren nicht mehr gegeben, die für deren Bildung notwendig ist. Ganz allgemein gilt: Zur Ausbildung geistiger Leistungsfähigkeit bedarf es der aktiven Auseinandersetzung mit entsprechenden Erfahrungen, mit allen Sinnen und dem gesamten Gehirn.

Zu den wichtigsten Erkenntnissen der Gehirnforschung aus den letzten 30 Jahren gehört die Einsicht, dass sich das Gehirn mit jedem Gebrauch ändert – man spricht von Neuroplastizität beziehungsweise ihrer Konsequenz: Lernen. Erst hierdurch entfaltet das Gehirn überhaupt seine Leistungsfähigkeit. Im Gegensatz zum Computer hat ein Gehirn weder eine CPU noch eine Festplatte. Stattdessen besteht es aus etwa hundert Milliarden Nervenzellen, von denen jede über bis zu zehntausend Verbindungen mit anderen Zellen vernetzt ist. Die Nervenzellen verarbeiten Informationen (in Form elektrischer Impulse), indem sie sich diese wechselseitig zuspielen. Hierbei überqueren diese Impulse die Verbindungsstellen der Nervenzellen – die Synapsen – die hierdurch ihre Stärke der Verbindung ändern. Die »Hardware« Gehirn ändert sich somit durch ihre Benutzung (das heißt die auf ihr laufende Software).

Diese Änderungen der Synapsenstärken stellen die Speicherung dar! Damit geht die Verarbeitung der Informationen automatisch mit dem Speichern einher. Beide Funktionen werden also nicht von zwei unterschiedlichen Modulen bewerkstelligt, sondern sind zwei Aspekte eines Prozesses: des Gebrauchs der Nervenzellen. Dieser führt daher auch zu einer zunehmend besseren Verarbeitungsleistung während Kindheit und Jugend.

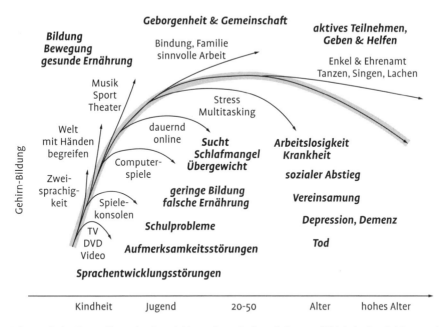

Schematische Darstellung der Entwicklung der geistigen Leistungsfähigkeit des Gehirns und einiger Faktoren, die sich positiv beziehungsweise negativ darauf auswirken (nach Spitzer 2012)

Hinzu kommt ein weiterer wesentlicher Gesichtspunkt: Kleine Kinder lernen sehr schnell (ihre Synapsen ändern sich beim Gebrauch in einem vergleichsweise stärkeren Ausmaß), gerade weil sie noch gar nichts wissen oder können und so rasch wie möglich das Laufen und Sprechen lernen sowie die Welt und ihre Mitmenschen begreifen müssen. Schon im Schulalter ändern sich die Synapsen langsamer, und bei Erwachsenen ist deren Veränderungsgeschwindigkeit vergleichsweise gering.

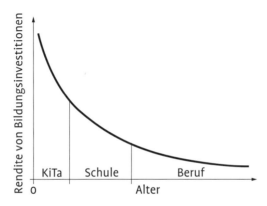

Bildungsrendite in Abhängigkeit vom Lebensalter des zu Bildenden (nach Heckman 2006)

Der Kurvenverlauf in der Abbildung ist letztlich Ausdruck eines allgemeineren biologischen Sachverhalts der Gehirnentwicklung, nämlich der Abhängigkeit des Ausmaßes der Veränderung synaptischer Verbindungen bei deren Gebrauch vom Lebensalter (Spitzer 2010, 2012). Betrachten wir zur Illustration das folgende Beispiel:.

Entwicklungsfenster beim Sehen

Kleinkinder mit einem normalsichtigen (100 Prozent) und einem schwächeren Auge (zum Beispiel 70 Prozent) dürfen nicht ihrer spontanen Entwicklung überlassen werden. Denn die Sehzentren in ihrem Gehirn verarbeiten bevorzugt die scharfen Bilder des 100 Prozent sehfähigen Auges und berücksichtigen die unschärferen Bilder des Auges mit nur 70-prozentiger Sehkraft nur wenig. Dies beeinträchtigt das Entstehen von Verbindungen vom schwächeren Auge zu den Sehzentren, und wenn man nichts tut, ist aus dem schwächeren Auge mit fünf Jahren ein blindes Auge geworden.

Dieser Prozess ist dann unumkehrbar, das heißt Verbindungen, die in jungen Jahren nicht geknüpft wurden, können später nicht mehr entstehen. Man spricht hier auch von Entwicklungsfenstern, sensiblen Phasen oder Perioden. Wann diese Perioden beginnen und enden, hängt von der jeweiligen Gehirnfunktion und dem Ablauf der Entwicklung der an dieser Funktion beteiligten Module ab. So sind die Sehzentren bei der Geburt schon aktiv und entwickeln sich früh. Ihre maximale Zahl an Verbindungen (Synapsen) erreichen sie im achten Lebensmonat, wonach weitere Strukturierung (man spricht auch von der Ausbildung innerer Repräsentationen, das heißt von Lernen) mit einer Abnahme der Zahl der Verbindungen einhergeht (nur diejenigen, die gebraucht werden, bleiben bestehen).

Um diesem sehr ungünstigen Spontanverlauf bei einseitig schwachsichtigen Kindern zu verhindern, muss man ihnen das gesunde Auge mit einer Art »Piratenklappe« verschließen. Dadurch zwingt man das Gehirn, die Signale vom schwachen Auge zu verarbeiten (statt nur die besseren Signale vom scharf sehenden Auge), und es ist genau diese Verarbeitung, die für die »Verdrahtung« des schwachen Auges sorgt. Erst die Verarbeitung der Impulse dieses Auges führt also dazu, dass das Auge überhaupt das Sehen lernt! Unterbleibt das Training, ist das Auge zeitlebens unwiderruflich blind.

Gehirnentwicklung

Nicht anders ist es beim bereits angeführten Spracherwerb. Unterbleibt dieser bis zum Alter von etwa 13 Jahren, kann die Sprachentwicklung danach nicht mehr erfolgen. Das kritische Zeitfenster ist mithin länger offen, die Sprache entwickelt sich später als das Sehen. Von großer Bedeutung ist aber, dass es auf das an das Kind gerichtete Sprechen ankommt, also nicht einfach nur darauf, ob ein akustischer Input (»Berieselung«) vorhanden ist, sondern eben darauf, dass dieser aktiv verarbeitet wird.

Hierfür ist Eltern-Kind-Interaktion wesentlich. Eine Studie an sozial sehr schwachen Familien konnte zeigen, dass die Anzahl der in einem Zeitraum von zehn Stunden an das Kind gerichteten Wörter von unter 670 bis mehr als 12 000 variiert (Weisleder/Fernald 2013). Entsprechend gab es Unterschiede zwischen dem Vokabular und der Geschwindigkeit der Sprachverarbeitung im Alter von zwei Jahren. Dies passt sehr gut zu einer fast zwei Jahrzehnte alten Studie, in deren Rahmen 42 Familien mit kleinen Kindern über mehrere Jahre hinweg im Hinblick auf die Anzahl und Art der über den Tag an die Kinder gerichteten Wörter beobachtet und untersucht wurden: Im Alter von drei Jahren hatten die Kinder aus Familien mit höherem sozioökonomischem Status etwa 30 Millionen mehr Wörter gehört als Kinder aus sozial schwachen Familien (Hart/Risley 1995).

Gleichzeitig mit dem sehr raschen Aufnehmen von Informationen erfolgt die biologische Entwicklung des Gehirns: Das Gehirn des Neugeborenen hat nur etwa ein Viertel (350 Gramm) des Gewichts und der Größe des Gehirns eines erwachsenen Menschen (1 300 bis 1 400 Gramm), obwohl sowohl die Nervenzellen als auch deren Verbindungsfasern bereits vorhanden sind und nach der Geburt zahlenmäßig kaum zunehmen. Es ist vor allem Fett, das im Laufe der Entwicklung des Gehirns nach der Geburt das Gehirn so groß werden lässt. Dabei handelt es sich um eine ganze besondere Art von Fett, Myelin genannt, mit dem bestimmte Zellen (die Schwannschen Zellen) die Nervenfasern ummanteln. Diese Myelinisierung der Nervenfasern bewirkt, dass die Impulse nicht mehr langsam (maximal mit etwa drei Metern pro Sekunde) entlang einer Nervenfaser laufen, sondern schnell (mit bis zu 115 Metern pro Sekunde) entlang der Faser springen.

Dieser Unterschied ist für die Gehirnfunktion sehr bedeutsam, denn das Gehirn ist modular aufgebaut. Es verarbeitet Informationen vor allem dadurch, dass diese zwischen verschiedenen, jeweils einige Zentimeter voneinander entfernt liegenden Modulen Dutzende Male hin- und herfließt. Hieraus erklärt sich die enorme Bedeutung der Myelinisierung. Die Zeit, die Impulse von einem Modul zu einem anderen benötigen, beträgt bei einer Nervenleitgeschwindigkeit von drei Metern pro Sekunde bei einer Distanz von zehn Zentimetern etwa 30 Millisekunden. Dies mag kurz erscheinen, ist jedoch für eine Informationsverarbeitung, die letztlich darin besteht, dass Impulse zwischen unterschiedlichen Modulen vielfach hin- und herfließen, sehr lang.

Der rasche Austausch zwischen Modulen setzt eine schnelle Leitung der Impulse voraus, woraus sich wiederum ergibt, dass ein Modul, dessen Verbindungsfasern noch nicht myelinisiert sind, nur wenig zur Informationsverarbeitung beitragen kann. Damit ist eine nichtmyelinisierte Nervenfaserverbindung im Gehirn so etwas wie eine tote Telefonleitung – physikalisch vorhanden, aber praktisch ohne Funktion.

Durch die Anfärbung von Fett in Gehirnschnitten ließ sich schon vor etwa einhundert Jahren nachvollziehen, wann beziehungsweise in welcher Reihenfolge Verbindungsfasern zur Ausreifung kommen (s. folgende Abbildung). Zum Zeitpunkt der Geburt sind nur die primären sensorischen und motorischen Areale myelinisiert, also Bereiche, die für die ersten einfachen Verarbeitungsschritte von Umweltsignalen (Sehen, Hören, Tasten) verantwortlich sind oder direkt die Muskulatur ansteuern. Signale von der Außenwelt und an die Außenwelt können daher nur auf einfache Weise bearbeitet werden. Der Säugling macht erste Erfahrungen und reagiert auf sie auf einfachste Weise: Man zwickt ihn ins Bein und das Bein zuckt.

Im Gehirn des Neugeborenen werden die Informationen jedoch noch nicht sehr tief verarbeitet, also noch nicht auf komplexe raumzeitliche Muster hin untersucht. Erst durch die zunehmende Zuschaltung (durch Myelinisierung) von Arealen, deren Input die Aktivitätsmuster »einfacherer« Areale darstellen, kann dies erfolgen. Diese zunehmende Verarbeitungstiefe entsteht somit erst durch die biologische Reifung des Gehirns im Sinne der Myelinisierung nach der Geburt. Es werden zunehmend neue, »höhere« Gehirnbereiche durch schnelle Fasern mit bereits funktionierenden Gehirnarealen verbunden, sodass immer mehr Gehirnareale in die Informationsverarbeitung einbezogen werden und der Komplexitätsgrad der Verarbeitung zunimmt. Teile des Frontallappens des Menschen sind aufgrund dieser Entwicklung erst zur Zeit der Pubertät oder sogar erst danach funktionell voll mit dem Rest des Gehirns verbunden.

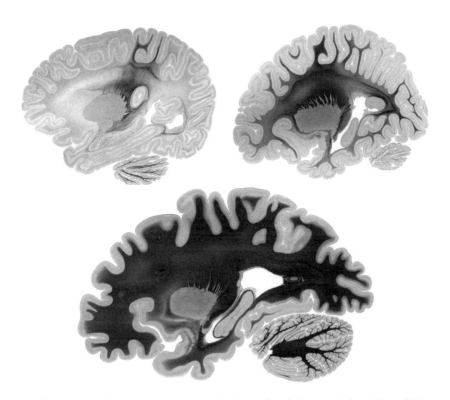

Darstellung der Myelinisierung von Faserverbindungen kortikaler Areale durch die Anfärbung des Myelins mit schwarzem Farbstoff, wie sie der deutsche Anatom Paul Flechsig bereits 1920 publizierte. Links oben ist das Gehirn eines Neugeborenen als Schnittbild zu sehen, rechts das Gehirn eines Kindes im Kindergartenalter und unten das Gehirn eines Erwachsen. Beim Säugling sind nur wenige Areale mit schnell leitenden Fasern verbunden.

Diese, verglichen mit anderen Primaten, sehr stark verzögerte Gehirnentwicklung beim Menschen wurde lange als Nachteil angesehen. Computersimulationen neuronaler Netzwerke, die sich eigens mit den Wechselwirkungen der Gehirnreifung und des Lernens beschäftigten, zeigen jedoch, dass die Reifung des Gehirns letztlich einen guten Lehrer ersetzt. Dieser sorgt dafür, dass wir beim Lernen mit dem Einfachen beginnen und dann die Komplexität immer mehr steigern. Im alltäglichen Lebensvollzug während der ersten Lebensjahre (in der Regel ohne Lehrer) sind wir jedoch den verschiedensten Reizen ausgesetzt, deren Struktur von »ganz einfach« bis »hochkomplex« reicht. Die Tatsache, dass sich das Gehirn entwickelt und zunächst überhaupt nur einfache Strukturen verarbeiten kann, stellt jedoch sicher, dass das Gehirn zunächst nur Einfaches lernt (Verarbeiten ist immer auch Lernen!).

Insgesamt folgt die Gehirnentwicklung dem einfachen Prinzip »von außen nach innen« (s. folgende Abbildung). Bei der Geburt schon entwickelt sind einfache Zentren der Sensorik und Motorik. Diese Bereiche des Gehirns haben also Verbindungen zur Außenwelt: entweder über die Sinnesorgane einschließlich des Tastsinns der gesamten Körperoberfläche (Input) oder über motorische Fasern zu den Muskeln (Output). »Höhere« Zentren der komplexen Informationsverarbeitung zwischen Input und Output hingegen entwickeln sich erst und werden zugeschaltet, sodass ein System resultiert, dessen Datenanalysefähigkeit mit zunehmendem Alter einen immer höheren Komplexitätsgrad erreicht. Das Frontalhirn – der Sitz von Denken, Bewerten, Willensakten, Zielen und Handlungsplänen sowie Simulationen künftiger Ereignisse (Probehandeln) – bildet im Hinblick auf seine Entwicklung das Schlusslicht und ist erst mit etwa 20 Jahren (oder etwas danach) voll entwickelt.

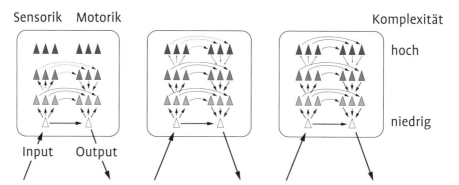

Schema zur Gehirnentwicklung vom Säugling (links) zum Erwachsenen (rechts). Nur die Neuronen in »niedrigen«, »einfachen« Arealen sind beim Säugling bereits mit schnellen Fasern verbunden und damit »online«

»Paradoxe Festplatte« und kognitive Reserve

Zugleich zeigt die Erfahrung von Menschen mit ausgereiftem Gehirn Folgendes: Wer als Erwachsener schon drei Sprachen beherrscht, wird die vierte rascher lernen als derjenige, der nur seine Muttersprache gelernt hat. Wer schon drei Musikinstrumente beherrscht, lernt das vierte schneller als ein Erwachsener, der erst ganz von vorn zu musizieren beginnt, und beim Gebrauch von Werkzeugen oder dem Erlernen von Chemie oder Physik ist es ebenso: Je mehr ein Mensch als Kind und Jugendlicher gelernt hat, desto besser lernt er als Erwachsener: eine wichtige Erkenntnis für die berufliche Aus- und Weiterbildung!

Zum Vergleich: Wenn die Festplatte eines Computers zu 50 Prozent beschrieben ist, beträgt die verbleibende Kapazität noch die Hälfte, wenn sie zu 90 Prozent beschrieben ist, bleiben noch zehn Prozent Kapazität. Mit dem Gehirn verhält es sich offensichtlich anders: »Ich kann schon drei Sprachen, da geht jetzt nichts mehr, denn meine Sprachzentren sind nahezu voll.« – Diesen Satz belächeln wir mit Recht, denn die Erfahrung zeigt das genaue Gegenteil! Das Gehirn verhält sich wie eine paradoxe Festplatte: Je mehr schon gespeichert ist, desto größer die Kapazität! Der Grund hierfür liegt in der – verglichen mit einem Computer – fundamental anderen Architektur des Gehirns: Bereits gespeicherte Inhalte ermöglichen es dem Gehirn, neue Inhalte effizienter zu speichern, wie man sich an den angeführten Beispielen verdeutlichen kann. Das Beherrschen mehrerer Sprachen behindert das Erlernen einer weiteren Sprache nicht, sondern ermöglicht es vielmehr! Daraus folgt: Für lebenslanges Lernen sorgen wir in Kindergarten und Schule. Und es folgt auch: Wer mit 20 noch nichts gelernt hat, wird sich später mit dem Lernen sehr schwertun.

Hinzu kommt: Je mehr das Gehirn in jungen Jahren gelernt hat, desto differenzierter arbeitet es und desto leistungsfähiger ist es. Dies drückt sich in einer erhöhten kognitiven Reserve im Alter aus und somit in einer besseren Ausgangslage bei Erkrankungen, die zu neuronalem Zelltod und damit zu geistigem Abbau führen (Valenzuela/Sachdev 2006).

Betrachten wir hierzu ein weiteres Beispiel: Wer zweisprachig aufgewachsen ist und zeitlebens die zweite Sprache gelegentlich spricht, bekommt die Symptome einer Demenz – unabhängig von deren Typ – mit einer Verspätung von etwa fünf Jahren, wie fünf internationale Studien mittlerweile zeigen konnten (Alladi u. a. 2013, Bialystok u. a. 2007, Chertkow u. a. 2010, Craik u. a. 2010, Schweizer u. a. 2012). Dabei ist es nicht so, dass die krankheitsbedingten pathologischen Veränderungen, also die kleinen Infarkte (bei Multi-Infarkt-Demenz) oder die Ablagerung von Plaques und Fibrillen (bei Alzheimer-Demenz) später auftreten; vielmehr verfügt ein gut gebildetes Gehirn über mehr Reserven, die es nutzen kann, wenn die Hardware langsam kaputt geht. Da Zweisprachigkeit in den meisten Fällen nicht das Resultat von Begabung (Genetik) ist, sondern durch die Umstände (unterschiedliche Herkunft oder Auswanderung der Eltern) bedingt ist, zeigt diese Studie die Auswirkungen geistiger Tätigkeit auf einen späteren geistigen Abstieg (lat.: de – herab; mens – der Geist), also eine sich entwickelnde Demenz, sehr klar. Es gibt übrigens kein Medikament, mit dem sich das Auftreten einer Demenz auch nur annähernd so gut verzögern ließe, wie dies für Zweisprachigkeit nachgewiesen ist. Krankhafte Veränderungen bei Alzheimer-Demenz werden also durch geistige Tätigkeit nicht verhindert. Vielmehr kann ein gebildeter Geist deutlich kranker sein als ein schwacher Geist, ohne dass man dies merkt.

Vor dem Hintergrund dessen, was hier stark zusammengefasst und auf wenige Prinzipien reduziert zur Gehirnentwicklung festgestellt wurde, ergeben sich die negativen Auswirkungen digitaler Informationstechnik auf die Entwicklung der geistigen Leistungsfähigkeit junger Menschen unmittelbar als Konsequenz von deren vielschichtiger Beeinträchtigung der natürlichen Gehirnbildung, die immer als Wechselwirkung zwischen biologischen Reifungs- und psychologischen Lernprozessen zu verstehen ist.

Mediennutzung in der Kindheit

Wenn man Medienpädagogen glaubt, dann gibt es für Kleinkinder nichts Besseres als digitale Informationstechnik. »Dank der intuitiven Oberfläche können Kleinkinder – mit und ohne Beteiligung von Erwachsenen – die verschiedenen Programme, Spiele, Videosequenzen und so weiter selbsttätig und spielerisch erkunden«, schreibt der Frühpädagoge Martin Textor in der Zeitschrift »Kita aktuell« (10/2014), nicht ohne anzumerken: »Allerdings besaßen im Jahr 2012 erst 15 Prozent der Familien einen Tablet-PC.« (Da gibt es also Nachholbedarf, denn »diese Geräte sind für kleine Kinder geradezu prädestiniert«. Und der Medienpädagogische Forschungsverbund Südwest fügt in seiner entsprechenden Studie (2012, S. 20) hinzu: »Ohne Tastatur, nur mittels Touchscreen, stehen Internetangebote oder Apps quasi sofort per ›Knopfdruck‹ zur Verfügung. Lese- oder Schreibkompetenzen sind zur Nutzung von Inhalten nicht mehr zwingend erforderlich, die oftmals visuell gesteuerte Menüführung erlaubt potenziell selbst Vorschulkindern die Nutzung.«

Glaubt man der Schrift »Digital genial« der Krippenerzieherin Antje Bostelmann und des Kunstpädagogen Michael Fink, können Kleinkinder den Tablet-PC nutzen, um »ihre Umgebung genauer wahr[zu]nehmen«, indem sie »beispielsweise [...] mit der eingebauten Kamera ein Foto« machen oder Filme drehen. »Eine Dolmetscher App ermöglicht es, mit einem gerade eingewanderten Kind zu sprechen« und »Dank einer Pflanzenbestimmungs-App können bei einem Waldspaziergang Bäume, Sträucher, Blumen, Pilze und so weiter identifiziert und weitere Informationen über sie abgerufen werden«. Das Fazit von Herrn Textor: »Es gibt also viele Möglichkeiten, wie sich Tablet-PCs im Kindergarten sinnvoll einsetzen lassen. Die Kosten sind gering, da die Geräte und Apps recht preiswert sind ...«

Im Nachbarland Österreich hat mittlerweile das Kultusministerium (zusammen mit der Europäischen Union) das Handbuch für die Aus- und Weiterbildung von Kindergartenpädagog/innen Safer Internet im Kindergarten gefördert. Dort findet man im ersten Kapitel (Die frühe Kindheit als »Medienkindheit«) das Folgende: »Keine Seltenheit mehr: Einjährige Babys, die gerade das Laufen lernen, finden sich am iPad der Eltern erstaunlich gut zurecht – besser vielleicht als in der eigenen Wohnung. [...] Es liegt daher auf der Hand, dass mediale Frühförderung ein immer wichtigerer Bestandteil der Bildungsarbeit werden muss« (Buchegger 2013, S. 6).

Auch für die Schulen wird immer wieder Nachholbedarf festgestellt, werde doch Deutschland ansonsten den Anschluss an die digitale Welt verpassen (Anonymus 2014). Daher werden Tablet-PCs und Laptop-Computer für den Unterricht ab der ersten Klasse empfohlen, und in den Niederlanden unter der Bezeichnung »Steven Jobs-Klassen« bereits eingeführt. In Uruguay wird seit einigen Jahren jeder Erstklässler mit einem eigenen Computer ausgestattet.

Die auch hierzulande heftig vorangetriebene Digitalisierung der Klassenzimmer steht in krassem Gegensatz zu dem, was wir zu den Auswirkungen digitaler Informationstechnik an Schulen wissen: Die großen deutschen Studien zur Computernutzung im Unterricht haben festgestellt, ebenso wie die entsprechenden internationalen Studien, dass Computer an Schulen weder das Lernen noch die Schulleistungen verbessern, nicht einmal die Fähigkeit zur Benutzung von Computern oder des Internet fördern und insgesamt zu mehr gestörter Aufmerksamkeit führen. Das Problem der Sucht wird in diesen Studien erst gar nicht angesprochen. Auch die im November 2014 publizierte internationale Vergleichsstudie zur Nutzung digitaler Informationstechnik an Schulen (ICILS; Bos u. a. 2014) enthält weder einen Bezug zu Schulnoten noch einen Hinweis zur suchterzeugenden Wirkung digitaler Medien.

Risiken und Nebenwirkungen

Wer schon als Kleinkind viel Zeit vor Bildschirmmedien verbringt, zeigt in der Grundschule vermehrt Störungen der Sprachentwicklung und Aufmerksamkeitsstörungen (Zimmerman u. a. 2007), erreicht nach großen Langzeitstudien insgesamt ein deutlich geringeres Bildungsniveau (Hancox u. a. 2005) und wird aufgrund antisozialer Verhaltensweisen mit höherer Wahrscheinlichkeit kriminell (Robertson u. a. 2013). Eine Spielekonsole verursacht bei Grundschulkindern nachweislich schlechte Noten im Lesen und Schreiben sowie Verhaltensprobleme in der Schule (Weis/Cerankosky 2010). Ein Computer im Jugendzimmer von 15-Jährigen wirkt sich negativ auf die Schulleistungen aus (Fuchs/Wößmann 2004) und im Jugendalter führen Internet und Computer zu einer Verringerung der Selbstkontrolle und zur Sucht (Frölich/Lehmkuhl 2012, Gentile 2009, Kim 2011).

Computer-, Internet- und neuerdings auch Smartphone-Sucht sind ernst zu nehmende Risiken digitaler Informationstechnik. Die Suchtbeauftragte der Bundesregierung gibt die Zahl der Computerspiel- beziehungsweise internetabhängigen 14- bis 24-Jährigen mit einer Viertelmillion an, zu denen noch 1,4 Millionen als in dieser Hinsicht »problematisch« geltenden Computer- und Internetnutzer hinzukommen. Der Anteil Smartphone-Süchtiger beträgt in Südkorea, einem Land mit sehr starker Smartphone-Nutzung, etwa 18 Prozent (Daten des dortigen Wissenschaftsministeriums). Zudem führt Smartphone-Nutzung zu Unaufmerksamkeit (Zheng u. a. 2014), Depressionen (Rosen u. a. 2013a, Thomée u. a. 2011, Yen u. a. 2009), Ängsten und geringerem akademischem Erfolg (Lepp u. a. 2014), Einsamkeit (Beranuy u. a. 2009), Schlafstörungen (Murdock 2013, White u. a. 2011) sowie zu mehr Alkohol- und Tabakkonsum und Schulversagen (Sánchez-Martínez/Otero 2009).

Die Nutzung sozialer Netzwerke wie Facebook macht junge Menschen nicht sozialer, sondern depressiver, ängstlicher, unzufriedener und einsamer, wie neuere Studien zeigen (Kross u. a. 2013, Rosen u. a. 2013). Auch stört Facebook den Schlaf (Wolniczak u. a. 2013). Zudem wissen wir aus der allgemeinen Gehirnforschung, dass sich das soziale Gehirn des Menschen durch soziale Erfahrungen entwickelt (Powell u. a. 2012), weil wir vom Gehirn insgesamt (siehe oben) und vom sozialen Gehirn bei Primaten wissen (Sallet u. a. 2011), dass es sich mit seiner Verwendung überhaupt erst bildet. Wenn junge Mädchen in den USA im Alter zwischen acht und zwölf Jahren täglich zwei Stunden mit anderen Mädchen verbringen, jedoch sieben Stunden in Facebook (Pea u. a. 2012), dann muss uns das alarmieren: Denn in diesem Alter ist das soziale Gehirn in Entwicklung, kann sich aber nicht entfalten, wenn realer sozialer Kontakt durch einen Bildschirm ersetzt wird (Spitzer 2012). Entsprechend wurde in der weltweit größten Längsschnittstudie hierzu gefunden, dass der Gebrauch von Bildschirmmedien bei Jugendlichen mit geringerer Empathie gegenüber Eltern und Freunden einhergeht (Richards 2010).

Die negativen Auswirkungen digitaler Medien auf Kinder und Jugendliche im körperlichen, sozialen und kognitiven Bereich sind Besorgnis erregend. Hinzu kommen deren Suchtpotenzial und deren langfristige Risiken für körperliche und geistige Erkrankungen. Vor allem bei Kindern und Jugendlichen ist daher eine Konsumbeschränkung dringend erforderlich, um diesen bekannten und durch sehr viele Studien eindeutig nachgewiesenen Nebenwirkungen zu begegnen. Wer 35 Wochenstunden Schule hat, verbringt außerhalb der Schule täglich 3,75 Stunden mit dem Schulstoff. Der durchschnittliche Konsum digitaler Medien liegt dagegen bei 7,5 Stunden täglich. Junge Menschen verbringen also doppelt so viel Zeit mit digitalen Medien als mit dem gesamten Schulstoff zusammengenommen.

Konkrete Studien zur Anwendung digitaler Informationstechnik im Bildungsbereich bestätigen das hier gezeichnete Bild und zeigen – ganz entgegen den vielen diesbezüglichen Behauptungen – keineswegs einen positiven Effekt auf den Bildungserfolg durch die Digitalisierung unserer Bildungseinrichtungen. Computer nehmen uns geistige Arbeit ab und sind daher für das Lernen ebenso ungeeignet, wie das Auto als Trimm-dich-Gerät ungeeignet ist: Es nimmt uns körperliche Arbeit ab und trainiert daher unseren Körper nicht.

Die große vom Bundeswissenschaftsministerium, der Europäischen Union und der deutschen Telekom geförderte Studie »Schulen ans Netz. 1000 mal 1000: Notebooks im Schulranzen« hatte weder bessere Noten noch besseres Lernver-

halten der Schüler zum Ergebnis: »Insgesamt kann die Studie somit keinen ein-
deutigen Beleg dafür liefern, dass die Arbeit mit Notebooks sich grundsätzlich in
verbesserten Leistungen und Kompetenzen sowie förderlichem Lernverhalten von
Schülern niederschlägt.« Allerdings waren »die Schüler im Unterricht mit Notebooks tendenziell unaufmerksamer« (Schaumburg u. a. 2007, S. 120). Nicht einmal
der Umgang mit Computern wurde in den Computer-Klassen gelernt: »Im Infor-
mationskompetenz-Test wurden keine Unterschiede zwischen Notebook- und
Nicht-Notebook-Schülern gefunden« (S. 121).

Drei Jahre später hatte das »Hamburger Netbook-Projekt. Sekundarstufen
Schulen« die gleichen Ergebnisse, zeigten sich doch »keine signifikanten Unter-
schiede in der Kompetenzentwicklung« (Müller/Kammerl 2010, S. 118) zwischen
Schülern in Klassen mit beziehungsweise ohne Computer. Auch der Umgang
mit Medien wurde nicht gelernt: »Ein eindeutiger Trend zu einer Stärkung der
Medienkompetenz im Umgang mit Computer und Internet konnte in Folge des
Netbook-Einsatzes nicht verzeichnet werden« (Müller/Kammerl 2010, S. 118). Die
Schüler besaßen vielmehr zu 90 Prozent »bereits bei Projektbeginn einen eigenen
Computer zu Hause. Das Computer- und Internetwissen haben sich die Schüler
hauptsächlich selbst beigebracht (58 Prozent) oder es wurde ihnen von Familien-
mitgliedern (28 Prozent) vermittelt. Die Schule spielt hier eine untergeordnete Rol-
le (8 Prozent)« (Müller/Kammerl 2010, S. 117).

Drei Beispiele: Baby-TV, Lesen in der Grundschule und Suchmaschinen für Referate

Stellvertretend für die vielen Beispiele von negativen Auswirkungen von frühem
Bildschirmmedienkonsum auf die Gehirnbildung seien hier nur drei genannt.
Babys verbringen den Hauptteil ihres Lebens mit Schlafen. Wenn sie dann für
einen wesentlichen Teil ihrer wachen Zeit einem Medium ausgesetzt werden, von
dem sie – im Gegensatz zur wirklichen Welt und wirklichen Menschen – nichts
lernen können, dann lernen sie insgesamt weniger. Wer also sein Baby zum Erwerb der Muttersprache vor einen Bildschirm setzt, der riskiert einen negativen
Einfluss auf dessen Sprachentwicklung, wie eine Studie an über 1 000 Babys und
deren Eltern zeigte (s. folgende Abbildung). Man befragte die Eltern genau nach
den Mediennutzungsgewohnheiten ihrer Kinder und führte mit den Kleinen
dann einen Sprachtest durch. Das Ergebnis: Wer Baby-TV oder Baby-DVDs schaut,
kennt deutlich weniger Wörter, ist also in seiner Sprachentwicklung verzögert.
Der Effekt war beim Konsum von Babyprogrammen besonders stark ausgeprägt.
Wenn ein Elternteil täglich vorlas, ergab sich hingegen ein positiver Effekt auf die
Sprachentwicklung.

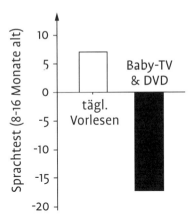

Auswirkung des täglichen Vorlesens (links) oder Konsums von speziell für Babys produzierten Programmen (Baby-TV oder Baby-DVD) auf das Ergebnis eines Sprachtests (Abweichung der Rohwerte vom Mittelwert) bei Kindern im Alter von acht bis 16 Monaten.

Zur Verdeutlichung der Risiken und Nebenwirkungen digitaler Medien im schulischen Bereich sei eine chinesische Studie angeführt, die verdeutlicht, was geschehen kann, wenn man diese nicht berücksichtigt (Tan u. a. 2013). Man untersuchte die Lesefähigkeit von nahezu 6 000 Schülern der Klassen 3, 4 und 5 mit denselben Tests, die man schon 20 und zehn Jahre vorher verwendet hatte, als der Anteil der Schüler mit schweren Lesestörungen (Analphabeten) bei zwei bis acht Prozent lag. Bekanntermaßen verwendet die chinesische Schrift etwa 5 000 Symbole, die von Schulkindern nur dann behalten werden, wenn sie sie selbst oft mit der Hand schreiben. Wenn nun Chinesen am Computer schreiben, verwenden sie eine ganz normale Tastatur und schreiben Lautschrift, also zum Beispiel »li«, woraufhin der Computer dann eine Liste von Wörtern anzeigt, die alle wie »li« klingen. Dann wird mit der Maus das Zeichen mit der gemeinten Bedeutung angeklickt und der Computer setzt es anstatt »li« ein. Diese Methode, Chinesisch zu schreiben – genannt Pinyin Methode – ist sehr effizient und wird daher in chinesischen Grundschulen in der zweiten Hälfte der Klasse 3 gelehrt.

Das Erlernen dieser Fähigkeit ist jedoch von der »Nebenwirkung« begleitet, dass über 40 Prozent der Schüler in Klasse 4 nicht mehr lesen können – in Klasse 5 sind es über 50 Prozent. Zudem zeigte sich, dass diejenigen Schüler, die zuhause noch gelegentlich mit der Hand Chinesisch schreiben, in Klasse 4 und 5 auch noch eher des Lesens mächtig sind als diejenigen, die praktisch vollständig auf digitale Eingabe umgestiegen sind. Die Risiken und Nebenwirkungen digitaler Medien sind kaum besser zu verdeutlichen!

Wer meint, dass wir hierzulande deutlich besser dran sind, der irrt: Auch in Deutschland wurde die kursive Handschrift in manchen Bundesländern bereits abgeschafft. Die Kinder schreiben Druckbuchstaben und erlernen daher nicht mehr die komplexen Motorprogramme, die auch ihrem Gedächtnis helfen, wenn sie etwas aufschreiben. In den USA wurde im Frühjahr 2013 in 46 Bundesstaaten die Handschrift aus dem Curriculum der Grundschule gestrichen! Klassenziel für das Ende von Klasse 4 ist jetzt, mit zehn Fingern tippen zu können. Wir wissen jedoch aus entsprechenden Studien, dass Tippen keineswegs in seiner Komplexität der Handschrift entspricht und dass Handgeschriebenes im Gedächtnis besser hängenbleibt als auf der Tastatur Getipptes (Longcamp u. a. 2005, 2008, 2011, Mueller/Oppenheimer 2014). Erlernen Schulkinder also nicht mehr das Schreiben mit der Hand, kommt dies dem Berauben junger Menschen eines wichtigen Werkzeugs zur Steigerung ihrer Merkfähigkeit gleich. Man schadet also ihrem Bildungsprozess.

Betrachten wir ein drittes Beispiel: An vielen Schulen werden Referate dann mit besseren Noten gewürdigt, wenn sie mithilfe moderner Informationstechnik erstellt und gehalten wurden. Es komme darauf an, dass die Schüler nicht nur die Inhalte des Referats anhand von irgendwelchem Material erarbeiten, sondern dass sie gleichzeitig auch noch den Umgang mit digitaler Informationstechnik, also mit dem Computer, dem Internet, Suchmaschinen und Präsentationssoftware erlernen.

Eine im Fachblatt Science publizierte Studie amerikanischer Wissenschaftler hat jedoch ergeben, dass Informationen, die entweder per Buch, per Zeitung, per Zeitschrift oder per Google gewonnen werden, dann am wenigsten im Gedächtnis haften bleiben, wenn sie gegoogelt wurden (Sparrow u. a. 2011). »Das kann ich ja googeln«, scheint sich unser Gehirn zu sagen und die Inhalte dann eben nicht abzuspeichern. Wer also etwas googelt anstatt es in einem Buch zu lesen, hat eine geringere Chance, damit sein Wissen zu erweitern. Nun wird von Seiten der Verfechter dieses Ansatzes betont, dass die Schüler doch heute Medienkompetenz erlernen müssten, weil man ja alles googeln könne und man daher auch noch kaum noch etwas zu wissen brauche. Es wird gesagt, dass es in den Bildungseinrichtungen gar nicht mehr um das Aneignen eines Fundus an Wissen ginge, sondern nur noch um die Kompetenz des Umgangs mit Wissen, das man beispielsweise aus dem Internet herunterladen könne. Diese Ansicht erweist sich bei näherem Hinsehen als unhaltbar! Um eine Suchmaschine wie Google zu verwenden, braucht man weder Medienkompetenz noch Internetführerschein. Man braucht nur einmal zusehen, wie jemand Google bedient: Auf den Browser klicken, das Feld aufrufen, dann die Suchbegriffe eintragen und auf Los klicken. – Einmal gesehen, gleich gekonnt! Wenn Google einem dann aber innerhalb von 0,1 Sekunden 10 000 Hits auf den Bildschirm wirft, dann braucht man etwas – und zwar notwendig – um damit etwas anfangen zu können: Vorwissen!

Weiß man gar nichts, so wird man auch nicht googeln (weil man auch keine Frage hat). Weiß man fast nichts, so nützt einem Google nichts, weil man bei den vielen

Dingen, die Google auf dem Bildschirm anzeigt, nicht die Spreu vom Weizen trennen kann. Ganz allgemein gilt: Je besser man sich in einem Fachgebiet auskennt, desto besser kann man in diesem Fachgebiet auch suchen und etwas finden. Darüber hinaus gibt es keine allgemeine Kompetenz, die es ermöglicht, noch besser zu googeln. Das Gerede von »Medienkompetenz« entpuppt sich damit als inhaltsleer. Ebenso ist es sehr misslich, dass von vielen offiziellen pädagogischen Stellen davon die Rede ist, dass heute »Wissen« nicht mehr notwendig sei und es nur noch auf »Kompetenz« ankomme. Dies ist völliger Unsinn! Es ist gerade das Wissen über ein bestimmtes Sachgebiet, das es mir erlaubt, die Informationen in diesem Sachgebiet zu bewerten und adäquat mit ihnen umzugehen. Damit ist Wissen eine Grundvoraussetzung für die Benutzung des Internet. Wenn aber nun Wissen mithilfe von Google am allerschlechtesten im Kopf hängenbleibt, dann folgt zwingend: Wenn man wirklich will, dass unsere Schüler in den Bildungseinrichtungen darauf vorbereitet werden, später in der Berufswelt Suchmaschinen und das Internet zu nutzen, dann darf man in der Schule eines auf keinen Fall tun: Googeln.

Zudem gilt für das Halten von Referaten, dass beim Suchen von Informationen mittels Suchmaschinen, beim Auffinden von Informationen irgendwo im Netz und beim Verfrachten dieser Informationen mittels »Copy« und »Paste« von beispielsweise Wikipedia nach PowerPoint kaum mentale Aktivität (im Sinne tiefer Verarbeitung) im Kopf des Schülers abläuft. Früher hat man exzerpiert, das Exzerpt geordnet und dann noch einmal in Reinschrift übertragen, beispielsweise auf eine Transparentfolie. All diese Aktivitäten wurden von entsprechenden geistigen Aktivitäten und damit von entsprechenden Veränderungen im Gehirn begleitet, die wir als Lernen bezeichnen. Nichts dergleichen geschieht bei der Benutzung von Informationstechnik!

Was ist zu tun?

Langzeitstudien an gut tausend Neugeborenen konnten zeigen, dass der Medienkonsum im Kindergartenalter deutliche negative Auswirkungen auf den Bildungserfolg im Erwachsenenalter hat und dass zudem der Medienkonsum im Kindergartenalter für einen Teil des Übergewichts im Erwachsenenalter verantwortlich ist. Schulabbrecher kommen zudem viel leichter »auf die schiefe Bahn« beziehungsweise enden in einer Suchtkarriere. Übergewicht wird gerade in den letzten Jahren immer häufiger als suchtähnliches Verhalten interpretiert, insbesondere im Lichte neuer Daten aus der Gehirnforschung.

Nimmt man die angeführten Datensätze im Zusammenhang, so ergibt sich eine recht dichte Indizienkette von Medienkonsum im Kinder- und Jugendalter zu Gesundheits- und Bildungsproblemen im Jugend- und Erwachsenenalter. Diese Kette geht weit über das hinaus, was landläufig diskutiert wird, nämlich das Erlernen inadäquater Haltungen und Gewohnheiten durch digitale Medien im Kindes- und Jugendalter. Der Zusammenhang reicht vielmehr tiefer: Medienkonsum senkt die Chance zur Ausbildung von Selbststeuerungsfähigkeit, und diese wiederum ist ein Schutzfaktor. Bei Erwachsenen spricht man im Zusammenhang mit ihrer beruflichen Tätigkeit von mehr oder weniger vorhandener Resilienz.

Aus dieser Sicht ergeben sich praktische Konsequenzen: Wer meint, dass im Kindergarten oder in der Grundschule mehr Mediennutzung stattfinden sollte, damit die Kinder und Jugendlichen »Medienkompetenz« erlangen, muss nachweisen, dass die vermuteten Vorteile größer sind als die mit Sicherheit vorhandenen Nachteile. Einen solchen Nachweis blieben diejenigen, die Computernutzung gerade im Kindesalter stark propagieren, bislang schuldig. Wenn zudem Computer an Schulen in höheren Klassen nicht zu vermehrter Kenntnis im Umgang mit Computern führen, sei die Frage erlaubt, wie man dann den Einsatz von Computern zur Medienkompetenz-Stärkung in Kindergärten oder Grundschulen rechtfertigen will. Medienkompetenz soll in aller Regel über mehr Mediennutzung vermittelt werden, und diese Mediennutzungszeit macht eine Mediensuchtentwicklung wahrscheinlich und reduziert zudem die Selbststeuerungsfähigkeit als wichtigsten Schutzfaktor gegenüber einer Suchtentwicklung. Medienkonsum in der Kindheit bewirkt damit nicht nur eine geringere Chance auf Bildung und Gesundheit, sondern erhöht zugleich das Risiko für abweichendes Verhalten bis hin zur Sucht. Dies betrifft sowohl stoffgebundenes Suchtverhalten wie Alkohol- und Tabakmissbrauch (Sánchez-Martínez/Otero 2009) als auch nicht-stoffgebundenes wie die Mediensucht.

Wir können nicht zulassen, dass einige wenige Konzerne die Gehirne der nächsten Generation massiv schädigen. Daher ist es an der Zeit, die Risiken und Nebenwirkungen digitaler Medien ernst zu nehmen. Denn für alle jungen Menschen unter 18 Jahren haben wir Erwachsenen die Verantwortung. Und der müssen wir uns stellen. Auch deshalb, weil diese Entwicklung massiv ins Erwachsenenleben wirkt – und Weiterbildung jeglicher Art deutlich erschwert: Das erforderliche Investment an Zeit und Geld wird zusätzlich unnötig ausgeweitet.

Literatur

- Alladi, S. u. a.: Bilingualism delays age at onset of dementia, independent of education and immigration status. Neurology 81, 2013, S. 1–7
- Anonymus: Anschluss verpasst. Die Zeit 2014
- Beranuy, M./Oberst, U./Carbonell, X./Chamarro, A.: Problematic internet and mobile phone use and clinical symptoms in college students: The role of emotional intelligence. Comput Hum Behav 25, 2009, S. 1182–1187
- Bialystok, E./Craik, F. I. M./Freedman, M.: Bilingualism as a protection against the onset of symptoms of dementia. Neuropsychologia 45, 2007, S. 459–464

- Bos, W./Eickelmann, B./Gerick J./Goldhammer, F./Schaumburg, H./Schwippert, K./ Senkbeil, M./Schulz-Zander, R./Wendt, H.: ICILS 2013. Computer- und informationsbezogene Kompetenzen von Schülerinnen und Schülern in der 8. Jahrgangsstufe im internationalen Vergleich. Münster, New York: Waxmann 2013
- Bostelmann, A./Fink, M.: Digital Genial: Erste Schritte mit Neuen Medien im Kindergarten. Berlin: Bananenblau 2014
- Buchegger, B.: Unterrichtsmaterial Safer Internet im Kindergarten. ÖIAT Österreichisches Institut für angewandte Telekommunikation 2013 (www.saferinternet.at)
- Chertkow, H. u. a.: Multilingualism (but not always bilingualism) delays the onset of Alzheimer's disease: Evidence from a bilingual community. Alzheimer Disease and Associated Disorders 24, 2010, S. 118–125
- Craik, F. I. M./Bialystok, E./Freedman, M.: Delaying the onset of Alzheimer disease: Bilingualism as a form of cognitive reserve. Neurology 75, 2010, S. 1717–1725
- Frölich, J./Lehmkuhl, G.: Computer und Internet erobern die Kindheit. Vom normalen Spielverhalten bis zur Sucht und deren Behandlung. Stuttgart: Schattauer 2012
- Fuchs, T./Wößmann, L.: Computers and student learning: bivariate and multi variate evidence on the availability and use of computers at home and at school. CESifo Working Paper 2004, S. 1321 (www.CESifo.de)
- Gentile, D.: Pathological video-game use among youth ages 8-18: A national study. Psychological Science 20, 2009, S. 594–602
- Gottwald, A./Vallendor, M.: Hamburger Netbook-Projekt. Behörde für Schule und Berufsbildung, Hamburger Straße 31, 22083 Hamburg. 2010
- Gracia-Bafalluy, M./Noël, M. P.: Does anger training increase young children's numerical performance? Cortex, 44, 2008, S. 368–375
- Hart, B./Risley, T. R.: Meaningful Differences in the Everyday Experience of Young American Children. Baltimore: Paul H. Brookes Publishing Co. 1995
- Hancox, R. J./Milne, B. J./Poulton R.: Association of television viewing during childhood with poor educational achievement. Archives of Pediatrics & Adolescent Medicine 159. 2005, S. 614–618
- Heckman, J. J.: Skill formation and the economics of investing in disadvantaged children. Science 312, 2006, S. 1900–1902
- Kim, S.: South Korea ditching textbooks for tablet PCs. USA Today (20.7.2011). Associated Press www.usatoday.com/tech/news/2011-07-20-south-korea-tablet-pc_n.htm
- Kuhl, P. K./Tsao, F.-M./Liu, H.-M.: Foreign-language experience in infancy: effects of short-term exposure and social interaction on phonetic learning. PNAS 100: 2003, S. 9096–9101
- Lepp, A./Barkley, J. E./Karpinski, A. C.: The relationship between cell phone use, academic performance, anxiety, and satisfaction with life in college students. Computers in Human Behavior 31, 2014, S. 343–350

● Longcamp, M./Boucard, C./Gilhodes, J. C./Anton, J. L./Roth, M./Nazarian, B./Velay, J. L.: Learning through hand- or typewriting influences visual recognition of new graphic shapes: Behavioral and functional imaging evidence. Journal of Cognitive Neuroscience 20, 2008, S. 802–815

● Longcamp, M./Hlushchuk, Y./Hari, R.: What differs in visual recognition of handwritten vs. printed letters? An fMRI study. Human Brain Mapping 2011/32, S. 1250–1259

● Longcamp, M./Zerbato-Poudou, M. T./Velay, J. L.: The influence of writing practice on letter recognition in preschool children: A comparison between handwriting and typing. Acta Psychologica 119, 2005, S. 67–79

● Medienpädagogischer Forschungsverbund Südwest: miniKIM 2012. Kleinkinder und Medien. Landesanstalt für Kommunikation Baden-Württemberg (www.mpfs.de). Stuttgart: Selbstverlag 2012

● Mueller, P. A./Oppenheimer, D. M.: The pen is mightier than the keyboard: Advantages of longhand over laptop note taking. Psychological Science 25, 2014, S. 1159–1168

● Murdock, K. K.: Texting while stressed: Implications for students' burnout, sleep, and well-being. Psychology of Popular Media Culture 2, 2013 S. 207–221

● Noël, M. P.: Finger gnosia: A predictor on numerical abilities in children? Child Neuropsychology 2005, 11, S. 413–430.

● Parker, Jones O. u. a.: Where, when and why brain activation differs for bilinguals and monolinguals during picture naming and reading aloud. Cerebral Cortex 22, 2012, S. 892–902

● Pea, R./Nass, C./Meheula, L./Rance, M./Kumar, A./Bamford, H./Nass, M./Simha, A./Stillerman, B./Yang, S./Zhou, M.: Media use, face-to-face communication, media multitasking, and social well-being among 8- to 12-year-old girls. Developmental Psychology 48, 2012, S. 327–336

● Powell, J./Lewis, P. A./Roberts, N./García-Fiñana, M./Dunbar, R. I. M.: Orbital prefrontal cortex volume predicts social network size: An imaging study of individual differences in humans. Proceedings of the Royal Society, published online 1 February 2012 (doi: 10.1098/rspb.2011.2574)

● Rehbein, F./Kleimann, M./Mößle, T.: Computerspielabhängigkeit im Kindes- und Jugendalter. Empirische Befunde zu Ursachen, Diagnostik und Komorbiditäten unter besonderer Berücksichtigung spielimmanenter Abhängigkeitsmerkmale. Kriminologisches Forschungsinstitut Niedersachsen (KFN), Schriftenreihe Bd. 108, 2009

● Richards, R. u. a.: Adolescent screen time and attachment to peers and parents. Archives of Pediatrics & Adolescent Medicine 164, 2010, S. 258–262

● Robertson, L. A./McAnally, H. M./Hancox, R. M.: Childhood and adolescent television viewing and antisocial behavior in early adulthood. Pediatrics 131, 2013, S. 439–446

● Rosen, L. D./Whaling, K./Rab, S./Carrier, L. M./Cheever, N. A.: Is Facebook creating »iDisorders«? The link between clinical symptoms of psychiatric disorders and technology use, attitudes and anxiety. Computers in Human Behavior 29, 2013, S. 1243–1254

- Sallet, J./Mars, R. B./Noonan, M. P./Andersson, J. L./O'Reilly, J. X./Jbabdi, S./Croxon, P. L./Jenkinson, M./Miller, K. L./Rushworth, M. F. S.: Social network size affects neural circuits in macaques. Science 334, 2011, S. 697–700
- Sánchez-Martínez, M./Otero, A.: Factors associated with cell phone use in adolescents in the community of Madrid (Spain). CyberPsychology & Behavior 12, 2009, S. 131–137
- Schaumburg, H./Prasse, D./Tschackert, K./Blömeke, S.: Lernen in Notebook-Klassen. Endbericht zur Evaluation des Projekts »1000mal1000: Notebooks im Schulranzen«. Schulen ans Netz e. V. Bonn, November 2007
- Schweizer, T. A./Ware J./Fischer, C. E./Craik, F. I. M./Bialystock, E.: Bilingualism as a contributor to cognitive reserve: Evidence from brain atrophy in Alzheimer's disease. Cortex 48, 2012, S. 991–996
- Sparrow, B./Liu, J./Wegner, D. M.: Google effects on memory: cognitive consequences of having information at our fingertips. Science 333, 2011, S. 776–778
- Spitzer, Manfred: Medizin für die Bildung. Heidelberg: Spektrum 2010
- Spitzer, Manfred: Digitale Demenz. München: Droemer 2012
- Spitzer, Manfred: Cyberkrank! München: Droemer 2015
- Tan, L. H./Xu, M./Chang, C. Q./Siok, W. T.: China's language input system in the digital age affects children's reading development. PNAS 111, 2013, S. 1119–1123
- Textor, M.: Tablet-PCs – ein neues Medium für Kleinkinder in Familie und Kita. Kita aktuell, 10/2014, S. 225–226
- Thomée, S./Hårenstam, A./Hagberg, M.: Mobile phone use and stress, sleep disturbances, and symptoms of depression among young adults – a prospective cohort study. BMC Public Health 11, 2011, S. 66 (doi: 10.1186/1471–2458–11–66)
- Valenzuela, M. J./Sachdev, P.: Brain reserve and cognitive decline: A non-parametric systematic review. Psychological Medicine 36, 2006, S. 1065–1073
- Weis, R./Cerankosky, B. C.: Effects of video-game ownership on young boys' academic and behavioral functioning: A randomized, controlled study. Psychological Science 21, 2010, S. 463–470
- Weisleder, A./Fernald, A.: Talking to children matters. Early language experience strengthens processing and builds vocabulary. Psychological Science 24, 2013, S. 2143–2152
- White, A. G./Buboltz, W./Igou, F.: Mobile phone use and sleep quality and length in college students. International Journal of Humanities and Social Science 1, 2011, S. 51–58
- Wolniczak, I./Cáceres-DelAguila, J. A./Palma-Ardiles, G./Arroyo, K. J./Solís-Visscher, R./Paredes-Yauri, S./Mego-Aquije, K./Bernabe-Ortiz, A.: Association between Facebook Dependence and Poor Sleep Quality: A Study in a Sample of Undergraduate Students in Peru. PLoS ONE 8(3): e59087. doi:10.1371/journal.pone.0059087, 2013
- Yen, C./Tang, T./Yen, J./Lin, H./Huang, C./Liu, S.: Symptoms of problematic cellular phone use, functional impairment and its association with depression among adolescents in Southern Taiwan. Journal of Adolescence 32, 2009, S. 863–873

- Zheng, F./Gao, P./He, M./Li, M./Wang, C./Zeng, Q./Zhou, Z./Yu, Z./Zhang, L.: Association between mobile phone use and inattention in 7202 Chinese adolescents: a population-based cross-sectional study. BMC Public Health 14, 2014, S. 1022–1028
- Zimmerman, F. J./Christakis, D. A./Meltzoff, A. N.: Associations between media viewing and language devlopment in children under age 2 years. Journal of Pediatrics 151, 2007, S. 364–368

Mein Brainy: Lernen in kleinen und großen Schaltkreisen

Gertraud Teuchert-Noodt

Tags: Mythen, Lernprozesse, neuronale Aktivität, Entwicklungsstufenmodell, Kompensation, Reorganisation, Morphogene, limbisches System, Schaltkreise, Hippocampus, Stirnhirn, Gedächtnis, Dopamin

Positionierung

Die Neurowissenschaftlerin Gertraud Teuchert-Noodt startet nach dem Ausschlussverfahren mit »Neuro-Mythen«: Was gelegentlich aus tatsächlichen Ergebnissen der Hirnforschung abgeleitet und umgesetzt wird, kann durchaus fehlgeleitet sein! In diesem Sinne sind Neuro-Erkenntnisse sicher sorgsam zu interpretieren – und das tut die Autorin bravourös: Sie präsentiert drei neuronale Erkenntnistheorien, die sie in die Metapher eines Buchenwaldes verpackt, der aus einerseits hochstämmigen Buchen und andererseits windausgesetzten krummen Zwergbuchen besteht. Leser finden »neuronale Aktivität«, »Entwicklungsstufenmodell« und »Kompensation durch Reorganisation«, die Gertraud Teuchert-Noodt dann im Detail mit Gedächtnisbildung, Lernschwierigkeiten durch (zu) frühen Umgang mit digitalen Medien, Vorgängen in Hippocampus und Stirnhirn diskutiert. »Alltagskompetenz gewinnen beziehungsweise erhalten!« ist eine Botschaft, die auch Sie als Weiterbildner in Ihren diversen Rollen angeht.

Natürlich stoßen wir auch in diesem Beitrag auf das »Reward-System« und damit auf das Dopamin: Als »natürlichen Speicherknopf Ihres Gehirns« bezeichnet plakativ der Wissenschaftsjournalist Carmine Gallo das Dopamin (Gallo 2016, S. 143 ff.). Was sagen soll: Wenn Sie in Ihrer Weiterbildnerrolle Neues, Überraschendes in Ihr Format einbauen, erhalten Sie zunächst einmal erhöhte Aufmerksamkeit und einen Transfereffekt quasi gleich mitgeliefert, weil die Merkquote wahrscheinlich sehr viel höher ist als bei Inhalten, die schon bekannt sind. (Zugleich gilt, dass Sie drumherum durchaus Bekanntes bieten sollten, wegen des Andockens an Vorwissen, s. S. 265 ff.). Folgen Sie der Autorin auf dem Weg durchs Gehirn, um mehr über das Wirken und Bewirken Ihrer Workshops und Begleitungen zu erfahren.

Brainy statt Handy und Navi

Bis auf den heutigen Tag gibt es keine Lerntheorie. Aber es gibt neuronale Erkenntnistheorien aus der jüngeren Vergangenheit, die gemeinsam einen Zugang zum aktuellen Stand der Lern- und Gedächtnisforschung im Verbund kleiner Schaltkreise und im systemischen Kontext des großen limbo-präfrontalen Schaltkreises vermitteln. Zur Erklärung werden entsprechende Modelle eingesetzt.

Ein Lernprozess wird über den von Sinnesreizen angesteuerten limbischen Hippocampus und die Kurzzeitgedächtnisbildung eingeleitet. Das Stirnhirn vermittelt den raum-zeitlichen Abgleich aktueller mit gespeicherten Inhalten und veranlasst über das »Arbeitsgedächtnis« die Überführung von Lerninhalten in Langzeitspeicher. Lernen ist dann erfolgreich, wenn die kommunizierenden Schaltkreise im neurochemischen und hirnrhythmischen Gleichgewicht agieren.

»Alltagskompetenz« setzt eine Verankerung von *Raum* und *Zeit* im limbo-präfrontalen System voraus. Entsprechende Qualitäten wachsen dem Kind und Jugendlichen erst mit der sehr langsamen Reifung des Stirnhirns zu. Eben das machen uns die auf Beschleunigung ausgerichteten neuen Medien streitig. Ein Verlust an raum-zeitlicher Verrechnung im limbischen und frontalen Kortex des Erwachsenen entspricht einem Verlust an Denkfähigkeit und Persönlichkeitsstruktur. Zustände der Überforderung von Befindlichkeiten (zum Beispiel Burnout) können therapeutisch über dieselben, dem Lernen zur Verfügung stehenden, Schaltsysteme aktivitätsgesteuert kompensiert (= verlernt) werden. Empfehlung ist, mehr das Brainy statt Handy und Navi einzusetzen.

Mythen: Wie das Lernen nicht funktioniert

Es ist paradox: Je mehr die Hirnforschung vor einem halben Jahrhundert in Schwung kam und je mehr Erkenntnisse sie auch zum Thema Lernen ans Tageslicht brachte, desto mehr Irrungen und Wirrungen haben unsere Gesellschaft heimgesucht. Gerade dann waren Neurowissenschaftler selbst daran beteiligt, wenn Details aus der boomenden Rezeptorforschung linear in die Produktion gingen. Daran waren speziell Pharmaindustrie und Pädagogik interessiert. Aus jeder noch so vorläufigen Erkenntnis musste Profit gezogen werden, Patienten und Schulkinder wurden zu den Opfern. Ein paar Beispiele sollen das für die Pädagogik herausstellen.

○ »Mehr Lichtsignale für das Auge erhöhen die Zahl der Synapsen an Nervenzellen und steigern nachhaltig die Dichte der rezeptiven Felder in der Sehrinde.« Das fanden die Nobelpreisträger David H. Hubel und Torsten N. Wiesel in den 1960er-Jahren heraus. Deswegen sollten Klarsichtscheiben im Kinderwagen den Babys der 1968er-Generation frühzeitig zu einem kritischen Blick in unsere Welt verhelfen.

o »Die mütterliche Sprache wirkt prägend auf die sich anbahnende Psyche des Föten« (Tomatis 1990). Aus diesem Grund soll Musikbeschallung im Mutterleib beziehungsweise die vorgeburtliche Einführung in eine Fremdsprache und in die Zahlenlehre die Begabung des Kindes fördern.

o »Technische Spielsachen sensibilisieren für das spätere Berufsleben.« Deshalb soll neuerdings bereits in Vor- und Grundschulen eine »digitale Medienkompetenz« durch Verwendung von Tablet-PCs im Unterricht vermittelt werden. Die gesellschaftliche Globalisierung erzwingt beständige Informiertheit, weshalb auch für Kinder Smartphone und Co. unabdingbare Begleiter des Alltags sein sollen.

Hinterlegt werden all diese fehlgeleiteten Bildungsstrategien mit der über mehrere populäre Magazine und nunmehr seit über einem Jahrzehnt hin verbreiteten Halbwahrheit: »Beim Neugeborenen sind die Nervenzellen wie ein gleichmäßiges, dichtes Netz verbunden, das Impulse in alle Richtungen weiterleitet. [...] Je vielfältiger die Anregungen sind, desto komplexere Strukturen bilden sich aus. Dieser Prozess ist im Wesentlichen mit der Pubertät abgeschlossen; danach steht dem Lernenden weitgehend nur das bis dahin gebildete Netz zur Verfügung« (unter anderem SPIEGEL spezial »Lernen zum Erfolg«, 2002, 3/2, S. 913). Diese plakative Sicht der Hirnreifung stimmt einfach nicht. Sie hat zu entsprechenden pädagogischen Fehlschlüssen geführt und tut dies einmal mehr im neuen Zeitalter der ausgerufenen digitalen Medienkompetenz für alle ab der Geburt.

Auch Erwachsene fallen den so eilfertig vermarkteten Fehlinterpretationen neurowissenschaftlicher Ergebnisse zum Opfer. Den in den letzten Jahrzehnten so rasant angewachsenen Wissensstoff in verkürzte Schul- (G8) und Studienkonzepte (deutscher Bachelor) zu verpacken, »Brain-Training« über Laufradsport zu vermitteln, weil es die Vermehrung der Nervenzellen im Hippocampus fördert (s. S. 363), wichtige Informationen in Clouds zu bunkern und Big Data in der Hosentasche herumzutragen, diese und mehr Beispiele sind zu nennen. Zusätzlich revolutioniert die voranschreitende Digitalisierung die Berufswelt, ohne jedoch eine längst notwendige und auf den Erkenntnissen der Hirnforschung basierende Medienkompetenz und -ethik als notwendiges Rahmenkonzept für die neue Arbeitswelt zu entwickeln. Wie kann vom Change Manager die geforderte Flexibilität, Planungs- und Timingkompetenz erworben werden, wenn die Digitalisierung per se dagegen hält? Wie kann der Mensch im Gehirn fit bleiben, wenn er es nicht trainiert, sondern sich auf Handy und Navigationsgeräte verlässt?

Realität: Zusammenschau dreier neuronaler Erkenntnistheorien

Erst kürzlich stieß ich auf ein überzeugendes Modell zur Erklärung der jüngsten neuronalen Erkenntnisse zum Thema Lernen, die – begleitend zur boomenden Experimentalforschung der zweiten Hälfte des vergangenen Jahrhunderts – von Verhaltens- und Neurophilosophen formuliert wurden: Auf einem Spaziergang an der Ostsee sollte ich einem fachfremden Kollegen plausibel machen, was einerseits die Genetik und andererseits die Umwelt zur Ausbildung eines lernbegabten und intelligenten Gehirns beitragen. Meine vielen Worte haben es nicht gebracht. Aber plötzlich sahen wir den autochthonen hochstämmigen Buchenwald auf der einen Seite des Weges und die krummen Zwergbuchen auf der dem ständigen Wind des Meeres ausgesetzten anderen Seite, der Steilküste.

Autochthoner Buchenwald an der Steilküste der Ostsee: Den hochstämmigen Buchen im Waldesinneren stehen krumme Zwergbuchen der Steilküste gegenüber.

Dieses ökologische Erklärungsmodell zeigt das Zusammenwirken dreier neuronaler Mechanismen, um die Struktur-Funktions-Reifung des Gehirns sowie lebenslanges Lernen und Gedächtnisbildung zu erklären:

○ neuronale Aktivität
○ entwicklungsbedingte Dynamik
○ adaptive Kompensation

Mein Begleiter hat sofort etwas verstanden: Das Gehirn ist ein sich selbst organisie-
rendes (= autopoietisches) Ökosystem, wie es zwei chilenische Neurophilosophen
(Maturana/Varela 1987) beschrieben haben. Ihre »Evolutionäre Erkenntnistheorie«
konnte nahezu zeitgleich von drei europäischen Theoretikern aus der experimentellen Verhaltens- und Neurobiologie für ein neues Verständnis von Gehirnfunktionen belegt werden.

Das Prinzip der neuronalen Aktivität (Wind/Sturm): »Eine wiederholte Aktivierung
von Nervenzellen führt in einem frühkindlich labilen Nervennetz (= cell assembly)
zu erhöhter Effizienz und Stabilisierung des Kontaktspektrums«, so postulierte
Donald Hebb (Hebb 1949). Hiermit stieß er eine bis heute anhaltende Forschung an.
    Das Hebbsche Postulat wurde als dasjenige Prinzip erkannt, das unser Lern-
verhalten lebenslang bestimmt. Die geforderten Aktivitäten werden von Sinnesorganen angeliefert und zusätzlich von hirneigenen Rhythmen hinterlegt. Die Entdeckung des »cell assembly« und einer zugehörigen »Lernsynapse« ließen nicht
lange auf sich warten. Das »Assembly« wurde als eines von 40 bis 60 Millionen
Funktionsmodulen der Großhirnrinde entlarvt, und die »Lernsynapse« wurde als
ein ganz spezifisches Rezeptorsystem beschrieben, das über eine hochkomplexe
molekulare Prozesskaskade wirkt und Langzeitpotenziale (LTP) bildet. Das ruft
in lokalen Nervennetzen eine Art Echoeffekt hervor und leitet weitere molekulare
Prozesse zur synaptischen Gedächtnisbildung ein (s. Kandel u. a. 1995).
    Wir blieben einen Moment fassungslos stehen: Dann sollte sich die fortschrei-
tende Digitalisierung der Berufswelt mit ihrer aktivitätsgesteuerten Beschleunigung – wie ein am Meer aufkommender Sturm – bis auf die molekulare Ebene
menschlichen Verhaltens auswirken?! Ja, und ich fügte noch hinzu: Faszination
und zugleich Ironie des Schicksals ist es, dass Hebb mit diesem Postulat seinerzeit
gleichzeitig die künstliche Intelligenzforschung angestoßen hatte.
    Die hirneigenen Rhythmen beginnt man erst in jüngster Zeit systematisch zu
analysieren, obgleich ihre stimulierende Wirkung auf den menschlichen Geist
zum Uraltwissen der Menschheit gehört. Kreuzgänge in Klosterkirchen und ebenso unser Spaziergang, sagte ich meinem Begleiter, wirken äußerst stimulierend.
Wir wissen doch, dass heutzutage Lernprobleme von Schülern und Leistungsab-
fälle von Berufstätigen in erster Linie mit dem Mangel an Muskel- und Nerventrai-
ning sowie mit Herz- und Hirnrhythmusstörungen zu tun haben. Mein Begleiter
hakte nach: Woher die krummen Zwergbuchen denn ihre spiralige Wuchsform
hätten?

Entwicklungsbedingte Dynamik: Das Prinzip der entwicklungsbedingten Dynamik darf nicht außen vor bleiben, antwortete ich. Jean Piagets »Entwicklungsstufenmodell« (Piaget 1975) legt den Finger auf die kindliche Entwicklung und fordert, dass einem phylogenetischen Grundkonzept zufolge »neue Strukturen aus zuvor angelegten hervorgehen«, die von frühkindlicher »sensomotorischer/präoperationaler Phase« ausgehend »kritische Phasen« durchlaufen und schrittweise in die kognitive Reife des Erwachsenen überführt werden. Deswegen also, erwog mein Begleiter, können nur Baumsprösslinge, aber nicht die hochgewachsenen Altbuchen durch Dauerwinde und Stürme krumm werden? Genau. Hochstämmige Buchen bricht der Sturm eher, weil sie nicht mehr die Flexibilität und innere Widerstandskraft haben wie Jungbuchen. Dementsprechend, ergänzte ich, sind junge Menschen generell mit hoher Flexibilität und Leichtigkeit im Lösen von Problemen – also mit fluider Intelligenz – ausgestattet. Dahingegen bedient sich der erfahrenere Mensch mehr und mehr seines Wissens, also einer kristallinen Intelligenz. Neuheiten wie die aktuell fortschreitende Digitalisierung werden von ihm – wie man sieht – nur zögerlich angenommen.

Dem Verhaltenspsychologen Piaget blieb allerdings verborgen, wer oder was – über die Gene hinaus – steuernd auf das Entwicklungsprogramm einwirken sollte. Das führte uns direkt zu dem dritten, für das autopoietische Verständnis notwendigen Aspekt, nämlich der Struktur-Funktions-Kopplung und umweltbezogenen neuronalen Selbstorganisation.

Adaptive Kompensation: Das Prinzip der »Kompensation durch Reorganisation«, das der Göttinger Neurobiologe Joachim R. Wolff, (Wolff/Wagner 1983) erkannt hat, beschreibt die Strategie reifender Nervennetze, sich während sukzessiver Entwicklungsstufen der Umwelt gegenüber offen zu verhalten und in physiologisch destabilen Zuständen (= Korrelate für »kritische Phasen«) adaptiv zu reorganisieren. Das kindliche Gehirn besitzt somit, ebenso wie eine Jungbuche, eine immens hohe Affinität für Einflüsse aus der Umwelt. Ein instabiler Zustand bildet die Grundlage für eine Anpassung und Anbahnung von weiteren adaptiven Veränderungen.

Wie sich das konkret erkläre, wollte mein Begleiter nun wissen. Da ich vor uns einen geraden und langen Weg durch den Hochwald sah, holte ich weiter aus. Denn bis heute gilt, dass die »Kompensationstheorie« und die Frage, was das grundsätzlich mit funktionalem versus dysfunktionalem Lernen zu tun hat, etwa der Entwicklung von Burnout und psychischen Erkrankungen, noch bei weitem nicht generell zur Kenntnis genommen wird. Diesbezügliche Forschungsresultate verbergen sich noch zu sehr in fachspezifischer Primärliteratur.

Seit den 1980er-Jahren waren die »Morphogene« (= Wachstumsfaktoren) in den Laboren entdeckt worden, erklärte ich. Sie wirken auf die Nervenzellen wie Sonne und Regen auf die Pflänzlinge im Wald. Träufelt man ein paar Tropfen eines Hormons oder Transmitters auf Nervenzellen in der Kulturschale, dann bilden sie Ausläufer und lassen Synapsen sprießen. Das brachte die synaptische Plastizitätsforschung in Fahrt. Zuerst wurde das Phänomen nach Hirnschädigungen entdeckt, was als »reaktive Plastizität« in die Literatur eingegangen ist. Seitdem wissen wir, warum sich Erblindete auf eine bessere Raumorientierung verstehen als sehende Menschen, und warum selbst ein älterer Schlaganfallpatient die verlorene Sprache und motorische Beweglichkeit ein Stück weit zurückerwerben kann. Also bewahren sich auch Erwachsene in kortikalen Nervennetzen eine Reserve an Neuroplastizität und sind dementsprechend lernfähig. Denn auf der Ebene von Nervennetzen können die Begriffe *Plastizität* und *Lernen* einfach synonym verwendet werden.

Und ich fuhr fort: Transmitter, Hormone und Rezeptoren mit morphogener Wirkung dienen der chemischen Kommunikation zwischen Nervenzellen, und die sprechen über Erregung und Hemmung eine wertfreie Sprache miteinander. Hemmung ist so wichtig wie Erregung. Sie modelliert nämlich den Fluss der Erregung. Neuronale Schaltkreise funktionieren wie im Straßenverkehr, wenn zwei hintereinander geschaltete rote Ampeln die grüne Welle freigeben. Ein von der Natur äußerst intelligent erdachtes Verfahren, das durch Rückbahnung und Rückhemmung selbstregulativ ist. So streben die Nervennetze im unermüdlichen Bemühen nach nie wirklich realisierbarem Gleichgewicht – wie die Buchen im Wald – der Reife zu. Entwicklung und Lernen gehen im Kindes- und Jugendalter Hand in Hand.

Es war ein intelligenter Wurf der Evolution, Gene und Nervenzellen gemeinsam in die Arena des Spiels der Informationsspeicherung zu werfen. Im genetischen Uraltgedächtnis sind die Rahmenbedingungen für Entwicklungsabläufe vorgegeben, und im Gehirn werden die Lebenserfahrungen in die reifenden und hochplastischen Nervennetze programmiert. Dabei ist es den Neuronen völlig egal, ob sie ihren Bund mit einer realen oder virtuellen Umwelt schließen. Sie reagieren auch auf irrsinnigste Aktivierungen mit plastischer Anpassung. Aber dann dekompensieren ganze Hirnsysteme, und deswegen kann man das Prinzip des Lernens nur im systemischen Kontext wirklich verstehen. Vorläufiges Fazit war für meinen Begleiter und mich, dass also die krumme Zwergbuche an der Steilküste der Ostsee das Resultat einer vieljährigen dekompensierend wirkenden Umweltbelastung ist.

Vor diesem theoretischen Hintergrund vermag sich der Leser mit Fragen zu seiner persönlichen Lernfähigkeit vermutlich noch nicht so ohne Weiteres wiederfinden. Aber er weiß jetzt, dass Stressanfälligkeit gegenüber medialen Verführungen ihre Vorgeschichte haben und er bei sich Einkehr halten mag. Denn Widerstandskraft am Arbeitsplatz, Flexibilität, Neugierde, Einfallsreichtum und Kooperationsbereitschaft lassen sich bewusst trainieren. Deswegen lasse er sich in den folgenden Abschnitten darauf ein, in die systemische Hirnforschung und das lebenslange Lernen in kleinen und großen Schaltkreisen einzusteigen.

Lernen in kleinen und großen Schaltkreisen

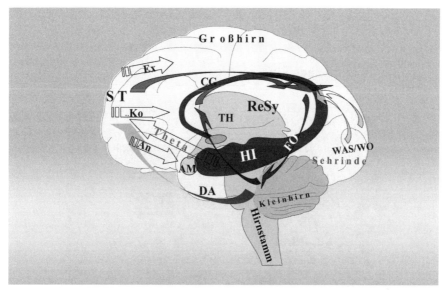

Modell des Gehirns

Man sieht in dieser Abbildung die Darstellung des großen limbo-präfrontalen Schaltkreises unter Beteiligung von Stirnhirn (ST), Cingulum (CG), Hippocampus (HI), Amygdala (AM), »Reward System« (ReSy), Fornix (FO), meso-präfrontaler Dopamin- (DA-) Bahn und Thalamus (TH); der hippocampale Theta (4–8 Hertz) folgt einer Direktverbindung aus dem Hippocampus zum Stirnhirn; Kontrollfunktionen des Stirnhirns sind topisch organisiert und dienen der Exekutive (Ex), Konflikt- (Ko) und Angstbewältigung (An).

Für die Gedächtnisbildung verantwortlich ist das limbo-präfrontale System (dazu s. Lehrbücher der Neurobiologie, beispielsweise Duus 2001; Kandel u. a. 1995). Über den limbischen Kortex (Hippocampus, Dentatus, Amygdala, Cingulum und Fornix) und den präfrontalen Kortex (= Stirnhirn, Überlappungsfeld aufsteigender Bahnen aus Thalamus und Hirnstamm) wird quasi alles mit allem verbunden. Hier konvergieren sämtliche Signalgeber, die das Gehirn aus der Außen- und Innenwelt erreichen, und von hier divergieren die Bahnen zu den das Verhalten steuernden Erfolgsstrukturen im Gehirn. Hin- und Rückschaltungen sind nicht in sich geschlossen, wie das für den Reflexapparat im Rückenmark gilt. Stattdessen kommunizieren immer nur partielle Schaltelemente in einzelnen Nervennetzen und Modulen miteinander, was eine resultierende Assoziation gewissermaßen unvorhersagbar macht, also subjektiviert. Die Koexistenz hirneigener Rhythmen veranlasst die Vorstellung einer Gleichzeitigkeit im Prozess von Fühlen, Denken und Handeln. Zusätzlich wird über dieses hochgradig plastische System ganzheitlich die psychische Befindlichkeit gesteuert. Da bleibt den Genen nur eine sehr indirekte Mitsprache.

Plastizität im limbischen Hippocampus

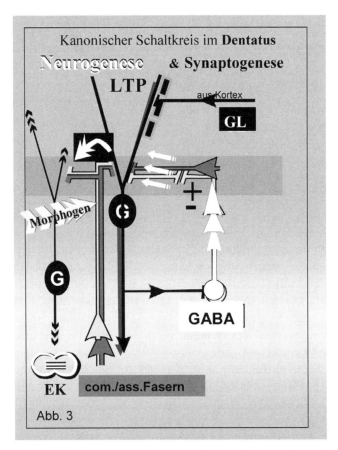

Kanonischer Schaltkreis im hippocampalen Dentatus (aus Teuchert-Noodt 2000)

Die Abbildung zeigt die lebenslang nachreifenden Körnerzellen (G) (= Neurogenese mit Ursprung im embryonalen Keimlager, EK) und die durch Morphogene junger Körnerzellen induzierte Diskonnektion und Reorganisation (= Synaptoge-nese; nach links gebogener weißer Pfeil auf schwarzem Hintergrund). GABAerge Rückkopplungen (weiße Pfeile in der rechten Hälfte des Schaltkreises) dienen der Kompensation des gestörten Erregungsflusses zur Wiederherstellung der Balance von Erregung und Hemmung (+/–). Die kortikale Erregung wird über Langzeitpo-tenziale (LTP) induzierende »Lernsynapsen« angeliefert.

Warum fliegen (vor allem) Kinder auf digitale Medien, als ob sie aus Schokolade wären? Offenbar regt allein der Filmeffekt sehr an. Warum kann für Erwachsene das Rasen am Sonntag über Autobahnen und für Berufskollegen das Jetten von Ort zu Ort und von Zeit zu Zeit zur Leidenschaft werden? Offenbar machen höhere Ge-schwindigkeiten und die Auflösung von Raum und Zeit süchtig. Neuronale Ant-worten geben die Systemeigenschaften des limbischen Hippocampus. Er ist von Natur aus mit speziellen plastischen Merkmalen ausgestattet, die für das Lernen unabdingbar sind. Das betrifft

o eine systemisch verankerte Vitalität,
o eine unverwüstliche Plastizität und
o eine leidenschaftliche Beharrlichkeit, die sich – fast automatisch – zur Sucht auswächst.

Systemisch verankerte Vitalität: Der Hippocampus wird von einem autonomen Pulsator aus Thetawellen (4 bis 8 Hertz) angetrieben und ist für das Gehirn so etwas wie ein »Außenbordmotor«. Wie der Herzschlag den Blut- und Sauerstoff-transport regelt, so regelt der Theta den Durchfluss von Informationen aus Kor-tex und Hirnstamm. Darüber stellt der Hippocampus ein hohes Maß an Vitalität und allgemeiner Wachheit zur Verfügung. Physiologen sagen, er checkt die Dinge auf Neuheitswert und verwirft Belangloses (»Sensitivierung« und »Habituation«; Duus 2001). Das ist die beste Voraussetzung für anhaltende Wachheit und Neu-gierde von der Geburt bis ins Alter. Das weiß die Medienindustrie sehr genau mit ihrem mittlerweile riesigen Angebot für Tablet, Handy und PC ab dem frühen Kin-desalter. Die Einbindung der Amygdala und thalamisch-kortikaler Schaltkreise verleiht dieser limbischen Eigendynamik zusätzlich emotionale Qualitäten.

Gleichzeitig ist der Hippocampus so etwas wie der »Pförtner« des Großhirns. Unser Kopf würde bersten, wenn es ihn nicht gäbe. Er führt eine erste Integration aller sensorischen, motorischen und assoziativen Aktivitäten durch, was Physio-logen als »Komparator- und Selektorfunktion« bezeichnen. Informationen mit Neuheitswert dürfen passieren, aber alte Kamellen signalisieren den typischen Null-Bock. Elektronische Medien sind ein gefundenes Fressen. »Da tut sich was«, sagt der Hippocampus des Kindes ebenso wie der des Erwachsenen. Was sich vor Ort tut, das verstehen wir auf physiologischer Ebene neuerdings immer besser:

Für die Raumverrechnung aktualisieren sich zwei Bahnen aus der Sehrinde, die auf hippocampalen »Platzneuronen« konvergieren (O'Keefe/Burgess 1996). Eine der Bahnen führt zur Erkennung von Objekten (»Was-Bahn«) und die andere zur Zuordnung der Raumkoordinaten (»Wo-Bahn«). Ein 30-bis-40-Millisekunden-Takt greift zusätzlich akustische Signale auf und bildet mit den visuell angetragenen Informationen gemeinsam sogenannte »Gleichzeitigkeitsfenster« (Pöppel 1985). Im Zeitalter von Internet und Musikkanälen sind der Informationsfluss dichter und die Zeitintervalle für die Verarbeitung von Informationen kürzer geworden. Es fragt sich, ob im Jahr 2014 von Stockholm vielleicht ein Warnsignal gegen den hohen Medienkonsum ausgehen sollte, als der Vater der Entdeckung der »Platzneurone« (O'Keefe) den Nobelpreis erhielt? Die Brisanz der Wirksamkeit der digitalen Medien steckt in weiteren Details.

Unverwüstliche Plastizität: Für die genannten Aspekte besitzt der Hippocampus eine geradezu unverwüstliche Neuroplastizität. Wie das? Ein lokales, im Inneren des hippocampalen Dentatus eingeschlossenes Keimlager spendet lebenslang neue Nervenzellen, deren reifende Rezeptoren über ihre morphogene Wirkung im lokalen Umfeld synaptische Plastizität induzieren. An diesem Ort des Gehirns kommt das Wolffsche Prinzip der entwicklungsbedingten Kompensation und Reorganisation lebenslang zum Tragen. Der solches leistende kanonische Schaltkreis des Dentatus mag das Geschehen demonstrieren (s. Abbildung auf S. 362; Teuchert-Noodt 2000). Da geht es zu wie auf einer Stehparty: Einer kommt (neue Nervenzelle und Rezeptoren) und ein anderer geht (Zelltod und synaptische Degeneration). Es fragt sich allerdings, ob der digitale User aus verkürzten Zeiten durch multimediale Anwendungen für sich selbst wirklich eine höhere Anzahl an Informationen herausholt.

Das Tiermodell hat uns in meiner Bielefelder Forschergruppe eines anderen belehrt: Beide, die Zellneubildung (Neurogenese) und die synaptische Einbindung (Synaptogenese) in vorhandene Schaltkreise des Dentatus, erwiesen sich im kindlichen Gehirn als extrem dynamisch. Beide pendelten sich ab der Adoleszenz auf ein mittleres Niveau ein (Dawirs/Teuchert-Noodt/Hildebrandt/Fei 2000). Soziale Deprivation sowie die Applikation von Drogen und Psychopharmaka erwiesen sich als sehr einflussreiche Induktoren beider Aspekte (Dawirs/Hildebrandt/Teuchert-Noodt 1998; Teuchert-Noodt/Dawirs/Hildebrand, 2000; Keller/Bagorda/Hildebrandt/Teuchert-Noodt 2000).

Auch in anderen Laboren sind weltweit Untersuchungen zu den vielfältigen Einflussfaktoren auf die zelluläre Dynamik erfolgt. Allerdings wurde andernorts generell die induzierte Synaptogenese vernachlässigt, die im systemischen Geschehen essenziell ist. Vielleicht konnten deswegen bislang keine klinischen Konsequenzen aus den Erkenntnissen zur lebenslangen Neurogenese abgeleitet werden.

Vor diesem Hintergrund konnten wir weitere systemische Einblicke gewinnen. Psychische Belastungen und Stressoren jeglicher Art wirken sich im Kindesalter nicht nur auf die Reifung der hippocampalen Schaltelemente aus. Vielmehr dekompensieren sie nachhaltig reifende Transmitter wie das für mentale Prozesse unersetzliche Dopamin (Busche/Polaschek/Lesting/Neddens/Teuchert-Noodt 2004). Ebenso wie jene krummen Zwergbuchen an der Steilküste der Ostsee reagieren Transmitter und Neurone im limbo-präfrontalen System auf einen Challenge mit dysfunktionaler Anpassung der Nervennetze (Winterfeldt/Teuchert-Noodt/ Dawirs 1998; Brummelte/Neddens/Teuchert-Noodt 2007) und mit Entkoppelung von Stirnhirnfunktionen (Bagorda/Teuchert-Noodt/Lehmann 2006). Die defizitäre Aufmerksamkeit und Hyperaktivität (ADHS), die Legasthenie und die zunehmende Lernschwäche der Schuljugend mit entsprechenden Auswirkungen auf Berufs- und Privatleben als Erwachsene lassen sich aus hirnphysiologischen Unstimmigkeiten aufgrund chronischer Belastungen des Nervensystems ableiten. Im Grunde genommen wird über die experimentelle Analyse der Hirnreifung unter Umwelteinflüssen lediglich das bewiesen, was man seit vielen Generationen bereits weiß: Nur stressfreies Lernen führt zum Erfolg!

Im Erwachsenen – und das gilt für Manager und jeden beliebigen Berufstätigen gleichermaßen – leisten die ausgereiften Transmitter natürlichen Widerstand gegenüber Stressoren, wie das Modell der Hochstammbuchen demonstriert. Ein dramatischer Umbau der Nervennetze und Bahnsysteme schließt sich aus, wie uns vergleichende Laborstudien bestätigt haben. Dennoch: Hochbelastete Arbeitsbedingungen, die Einnahme von Tranquilizern oder Psychostimulantien dysregulieren gleichwohl die Neuro- und Synaptogenese im Dentatus. Für das zeitlebens unmittelbar aus hippocampaler Aktivität versorgte Stirnhirn führt auch das zu physiologischer Fehlsteuerung kognitiver Funktionen und veranlasst Schlafstörungen, Konzentrationsschwäche, Kopfschmerzen, Burnout, Aggressivität und/ oder Depression (Teuchert-Noodt/Schlotmann 2012).

Leidenschaftliche Beharrlichkeit: Der Hippocampus unterhält einen zusätzlichen Regelkreis, das sogenannte »Reward-System« (s. Abbildung S. 361). Dieser integrierte Bypass erzeugt über Opioide eine sich selbst verstärkende Wirkung, schaukelt sich regelrecht auf und erzeugt Sucht. Im Berufsleben mag das die Arbeitsleistung kurzfristig steigern. Dann resultiert eine gewisse Befriedigung beziehungsweise Selbstbelohnung, weshalb salopp auch vom »Belohnungssystem« geredet wird. Der Schulrektor muss den Konzertschülern nach öffentlicher Aufführung eines Violinkonzerts nicht Schokoladetafeln verteilen (so erlebt). Kinder fühlen sich durch positive Selbsterfahrung zur Genüge belohnt.

Die unmittelbare Verknüpfung des Reward-Systems mit der visuellen Ortsverrechnung über die »Was-Wo-Bahn« wird uns am Arbeitstisch alltäglich vorgeführt. Die Akten türmen sich in scheinbar chaotischen Stapeln. Aber die innere Landkarte ahnt ganz genau, was wo verborgen liegt. Neuerdings löst der Computer dieses Problem. Er erlaubt viel raschere Erfolge bei der Suche im Internet, Zeit verfliegt, und ehemals unliebsame Tätigkeiten werden sogar zur Leidenschaft. Abhängigkeit und Sucht können sich anbahnen. Natürlich kann man im Hörsaal oder Seminarraum neben dem Zuhören noch multitasken, um gleichzeitig mehrere Dinge auf den Weg zu bringen. Nicht erst Informatiker haben diese Methode entwickelt, sondern das Hirn selbst gibt über parallele Bahnsysteme diese Möglichkeit bedingt vor. Was allerdings dabei herauskommt, wird die Zeit entscheiden (s. folgender Text). Die digitale Revolution spielt sich nicht nur in Gesellschaft und Wirtschaft ab, sondern sie spielt sich insbesondere in unseren eigenen Köpfen ab.

Konkret: Die digitalen Beschleuniger von »Was-Wo-Erfahrungen« schlagen wie ein Gewitter ein und lassen das »Belohnungssystem« nicht mehr los. Für den Changemanager ist es problemlos möglich, im Unternehmen neue Prozesse, Strategien und Systeme blitzschnell zu entwickeln. Aber sobald der Manager in die Lage versetzt ist, situativ im jeweiligen Changeprojekt das passende Vorgehen auszuwählen, muss er Fachkompetenz unter Beweis stellen. Diese liefert das hippocampale System allerdings nicht mit. Jüngste Studien haben das Erlernen einer Fremdsprache über das System »Computerlernen« testen wollen und haben die Misserfolge eindrucksvoll dokumentiert (Giessen 2015/2016).

Wohl gemerkt: Das limbische System ist nur für den Einstieg in Lernprozesse verantwortlich. Es arbeitet im Unterbewusstsein. Für ein erfolgreiches Abspeichern der Lerninhalte in das Langzeitgedächtnis ist dann das im Bewusstsein verankerte Stirnhirn in Kooperation mit dem ganzen Kortex verantwortlich.

Plastizität im Stirnhirn

Das Stirnhirn versetzt uns in den Zustand des »Bewussthabens« (Schmitz 2009) von persönlich Erlebtem. Nein, es ist nicht ein höchstes Zentrum für ein historisches und ethisch-moralisches, ein soziales und umweltbezogenes Bewusstsein und was der menschliche Geist sonst noch alles im Ich-Bezug für sich erfahrbar macht. Vielmehr ist das Stirnhirn dasjenige Hirnareal, in dem individuelle Erfahrungen in die bewusste Wahrnehmung von Raum und Zeit überführt werden. In Raum- und Zeitkategorien zu denken und kreativ zu handeln, ist das eigentliche Merkmal, das Homo sapiens gegenüber seinen nächsten Verwandten – den Primaten – auszeichnet. Genau das will uns das digitale Zeitalter streitig machen!

Das Stirnhirn ist trefflich als »Drehscheibe« sämtlicher senso-motorischer und assoziativer Teilleistungen zu verstehen. Wie im Bürgermeisteramt laufen hier die Informationen ein, werden geprüft und zur Ablage weitergereicht beziehungsweise in willentliche Handlungen umgesetzt. Nun wird dem Leser sicher klar, warum der Hippocampus – als »Pförtner« – das meiste der Informationen schon einmal vorsortieren muss. Mit ihm unterhält das Stirnhirn einen »heißen Draht« über eine vom Thetarhythmus geleitete Direktbahn. Das Stirnhirn ist also in die absolute Verantwortung genommen. Seine Zuständigkeiten betreffen

- die Gedächtnisbildung,
- die Kontrolle über die somatischen und viszeralen Funktionen des Körpers und
- das bewusste Erfahren und Bewerten der Informationen und Befindlichkeiten, und das bei begrenzter(!) Plastizität seiner Nervennetze.

Gedächtnisbildung: Das Stirnhirn stellt für die kortikale Gedächtnisspeicherung das sogenannnte »Arbeitsgedächtnis« zur Verfügung. Mehrere Schritte sind beteiligt: Aktuelle Botschaften werden nach Ernst Pöppel zu bewusst werdenden »Anwesenheitsfenstern« von drei bis vier Sekunden Dauer zusammengefasst (Pöppel 1985). In lokalen Modulen werden Gamma-Schwingungen (< 30 Hertz) erzeugt. Interferieren diese mit den Thetawellen aus dem Hippocampus und mit diskreten Deltawellen (0,1 bis 3 Hertz) aus dem Thalamus, dann breitet sich eine Phasensynchronisation über ausgedehnte assoziative Felder des Kortex aus. Ein Denkprozess wird angestoßen und eine Gedächtnisspur kann gelegt werden. Das Zusammenspiel der Frequenzbänder ist für dieses Geschehen obligat. Wenn dieses Zusammenspiel versagt, erzeugt das Konzentrations-, Denk-, Merkschwächen und es kann zu psychischen Problemen kommen (Gonzales-Burgos/Lewis 2008). Man bedenke, wie leicht harte Musikrhythmen die diffizile rhythmische Kommunikation zwischen Neuronenfeldern (zer-)stören können!

Denken heißt – neuronal gesprochen – assoziieren. Eine aktuelle Botschaft wird mit bereits gespeicherten Inhalten in Bezug gesetzt, und neue Inhalte werden angebahnt. Je stimmiger die hirneigenen Rhythmen den Vorgang tätigen, desto besser wird eine assoziative Anbahnung von Gedächtnisspuren geschehen. Auch die über den Betarhythmus (14 bis 28 Hertz) gesteuerte Kommunikation zwischen den beiden Hemisphären gehört dazu. Denn eine linkshemisphärische Aktivierung der Sprach- und Schreibrindenfelder will unbedingt von rechtshemisphärischen Assoziationen begleitet werden, um das Sprechen und Schreiben inhaltlich anzureichern. Ein Spaziergang in der Natur leistet die beidseitige Anbahnung. Wie viele oder wenige Assoziationsfelder an einem Denk- und Handlungsprozess beteiligt sind, hängt natürlich in erster Linie von entsprechend inhaltsreicher Beschaffenheit beteiligter Funktionsmodule im assoziativen Kortex ab. Was digital in Clouds abgelegt wurde, das kann nicht teilhaben und lässt das Assoziieren verarmen.

Angebahnte Gedächtnisspuren werden erst im Schlaf definitiv verankert, ein Prozess der physiologisch als »Konsolidierung« bekannt ist: Aus dem Hirnstamm machen sich beim Einschlafen die Deltawellen auf den Weg in das Stirnhirn. Von dort aus desynchronisieren sie im Tiefschlaf die tagaktiven Frequenzbänder. Ab und zu werden sie aus dem Hippocampus von Theta induzierten »Bursts« durchbrochen. Diese gewitterartigen Störungen mischen die untertags vorgebahnten Konnektivitäten auf, verstärken die Vorbahnung und leiten die Konsolidierung der tagsüber gelegten Gedächtnisspuren ein. Wie die Schlafforschung berichtet, wiederholt sich der Vorgang über viele Nächte hin, um eine Gedächtnisspur nachhaltig einzuschreiben. Es ist also unbedingt förderlich, Lerninhalte über eine gewisse Zeit zu wiederholen. Auch das ist eine uralte Erkenntnis, die heutzutage durch die analytische Experimentalforschung hinterlegt wird.

Tipp

Ein wichtiger Tipp für den Lerner ist es, vor dem Einschlafen die Vokabeln und Wissenselemente aller Art nicht nur »unter das Kopfkissen zu legen«, sondern sie tatsächlich noch einmal zu wiederholen.

Eine gute Abendlektüre zu lesen, fördert die Chance, am Arbeitsplatz geistig fit zu sein. Abendliches Fernsehen und Medienspiele wirken sich dagegen krass kontraproduktiv aus. Man kann sich nur ausmalen, wohin die Konsolidierung am Abend vorgebahnter digitaler Welten den Krimi- und Spielsüchtigen führt: Die plastische Adaptation kann ihn geradewegs in seiner virtuellen Welt einsperren. Denn beide für das Lernen wichtigen Stellgrößen, endogene Rhythmen und plastische Adaptation von Nervennetzen, reagieren auf jegliche Reize und programmieren sie gemeinsam in das Gedächtnis ein.

Kontrolle über die somatischen und viszeralen Funktionen des Körpers: Während einer Gedächtnisbildung kontrolliert das Stirnhirn den Zustand der Befindlichkeiten über mehrere parallele Schaltkreise (s. Abbildung aus S. 361). Zum Ersten betrifft das die Kontrolle und Überwindung von Konflikten: Frontal-cinguläre Nervennetze kommunizieren unmittelbar mit Hippocampus und dem »Reward-System«, was den selbstverstärkenden Effekt einer Handlung kontrolliert und somit der ständigen Konfliktbewältigung dient. Ein »Null-Bock« kann nur dann überwunden werden, wenn über diese Kontrolle reflektiv gegengesteuert wird. Momente des Tagträumens, Bewegungspausen, Musizieren und anderes mehr sind dafür zuträglich. Das löst durch cinguläre Aktivierungen Erschöpfungszustände. Man spürt es sehr genau, wenn sich die Balance zwischen Hippocampus und »Arbeitsgedächtnis« wiederherstellt. Auch diese jüngste Erkenntnis der Neurophysiologen weiß die Menschheit intuitiv von alters her. Jetzt könnte sie verbindlich in Lehrpläne, Seminarstrukturen und Projekte zur Humanisierung und wirklichen Effektivierung des digitalen Arbeitsplatzes übernommen werden.

Zum Zweiten betrifft das die Kontrolle der emotionalen Disposition: Im basalen Stirnhirn gelegene Nervennetze dienen der Bewältigung emotionaler Spannungen. Sie kontrollieren Schaltkreise der Amygdala. Versagt diese Kontrolle nachhaltig, kann das unter anderem ein Angstsyndrom auslösen. Nicht nur Schüler sollten ihre Hausaufgaben angstfrei angehen können, auch Berufskollegen sollten wegen Kurzzeitverträgen nicht in Existenzängste geraten müssen. Neuronal betrachtet kann also eine Lernblockade oder eine Frustration am Arbeitsplatz wiederum durch eine ganz diskrete Sperre der neuronalen Kommunikation begründet sein. Nur ein von positiver Motivation getragenes Arbeiten und Lernen kann und wird erfolgreich sein.

Zum Dritten betrifft das die Kontrolle über die bewusste Entscheidungsfindung: Ein spezieller Kontrollverlust aus dem dorsalen/medialen Stirnhirn richtet sich gegen die »Exekutive«, die Handlungsabläufe plant und intendiert. Das Arbeitsgedächtnis ist unmittelbar betroffen. Hiermit haben wir das Problem des »digitalen Stresses« am Arbeitsplatz an der Wurzel gepackt. Entscheidungsschwäche, Tatenlosigkeit und Burnout beziehen ihre Ursache in erster Linie aus einer erworbenen physiologischen Schwäche dieser Stirnhirnkompetenzen. Neuroplastizitäts- und Rhythmenforschung haben dazu wertvolle Resultate geliefert. Es lohnt sich insbesondere für Manager, aber auch für jeden Arbeitnehmer, diese Zusammenhänge zu erfahren, um besser mit sich haushalten zu lernen. Denn auch Erwachsene sind und bleiben lernfähig. Sie müssen natürlich ihren Willen über Stirnhirnaktivierungen bewusst einsetzen. Vielleicht verhilft die abschließende Betrachtung über die Plastizität lokaler Schaltkreise im Stirnhirn zum besseren Verständnis.

Das bewusste Erfahren und Bewerten von Informationen und Befindlichkeiten: Ist es nicht widersinnig? Einerseits ist das Stirnhirn für höchste mentale Leistungen, geistige Flexibilität und den »freien Willen« des Menschen zuständig. Andererseits verfügt es nur über eine begrenzte neuronale Flexibilität. Diese neuronale Limitierung rührt daher, dass – anders als im hippocampalen Dentatus – nachgeburtlich keine Nervenzellen nachreifen und der lokale Transmitterstoffwechsel aus Glutamat (GL), GABA und Dopamin auf Ressourcen angewiesen ist, die in der Kindheit und Jugend erworben werden.

Vergleichen wir den limbischen und frontalen kanonischen Schaltkreis:

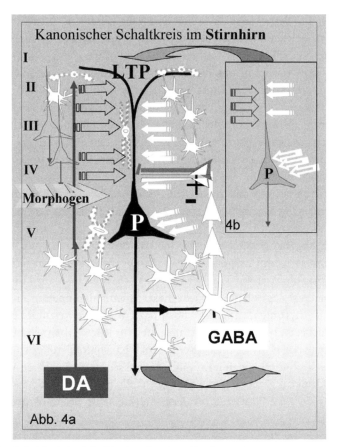

Kanonischer Schaltkreis im Stirnhirn (aus Teuchert-Noodt 2000)

Dieser Schaltkreis besteht aus entsprechenden Schaltelementen wie im Dentatus (s. Abbildung auf Seite 362). Im Schaltzentrum befindet sich die Pyramidenzelle (P, schwarz) der Laminae (L) III/V. Nachgeburtlich werden keine neuen Zellen gebildet. Stattdessen wird während der Entwicklung durch die »morphogene Wirkung« von Dopamin (DA) (leere Pfeile), »adaptive Reorganisation« (= umweltbezogene Nervennetzbildung) induziert; DA konkurriert dabei mit speziellen GABA-Neuronen um Innervationsplätze (weiße Pfeile). In der Abbildung 4b (oben) wird eine dysfunktionale Reorganisation durch GABA (Neubildung dendritischer Verbindungen bei gleichzeitigem Verlust somatischer Verbindungen, s. weiße Pfeile) bei traumatisch induziertem DA-Verlust (schwarze Leerpfeile) demonstriert.

Im Zentrum der sechs Rindenschichten des Kortex stehen die glutamatergen (GL) Pyramidenzellen. Dopamin (DA) konkurriert mit lokalen GABA-Neuronen um die »richtige Modulation« der Pyramiden (s. obigen Vergleich mit Rotlichtampeln im Straßenverkehr). Eine ausbalancierte Stimmigkeit der beteiligten Transmitter und Hirnrhythmen hat positive Wirkung auf die Funktionen. Aber bei pathologisch verändertem Theta und erschöpften DA-Ressourcen kann das Stirnhirn keine kortikale Phasensynchronisation intendieren, Teilfunktionen fallen aus und mentale Erschöpfung stellt sich ein (Gonzales/Burgos/Lewis 2008).

Wichtige Stellschraube ist die sehr langsam in das Stirnhirn einreifende Dopamin-Bahn (Dawirs/Teuchert-Noodt/Czaniera 1993). Sie hat – wie die jungen Körnerzellen im Dentatus – eine morphogene Wirkung auf das vorhandene Innervationsspektrum der Pyramiden und veranlasst – gemäß der Wolffschen Kompensationstheorie – eine umweltbezogene Reifung der Nervennetze. Auch im Stirnhirn geht wiederum »Lernen und Entwicklung Hand in Hand«. Dopamin ist also in der Kindheit ein Wegbereiter für heranreifende soziale Kompetenzen und all die genannten Eigenschaften, die den gesellschaftstüchtigen Erwachsenen ausmachen! Die Probleme setzen ein, wenn die Dopaminreifung durch Drogen- und Psychopharmakamissbrauch gemindert wird (s. Literatur Teuchert-Noodt). Neuerdings haben digitale Medien entsprechende Effekte. Das Ergebnis ist eine dysfunktionale Reorganisation (Verschiebung der DA-/GABA-Innervationspfeile in der Abbildung auf der gegenüberliegenden Seite) der modulären Schaltkreise im Stirnhirn mit schwersten Folgen für die kognitive Entwicklung (Dawirs/Teuchert-Noodt 2001; Teuchert-Noodt 2003).

Fazit

Die digitale Revolution hat den modernen Menschen in seiner Arbeitswelt mit der Wucht eines schwersten Naturereignisses überfallen. Wirkliche Medienkompetenz setzt eine Verankerung von Raum und Zeit im limbo-präfrontalen System voraus. Ein Verlust an raum-zeitlicher Verrechnung in höheren Hirnregionen kommt einem Verlust an Denkfähigkeit und Persönlichkeitsstruktur gleich. Wie wird unser Brainy damit fertig? Eine Empfehlung könnte sein, das Gehirn mehr denn je zuvor bewusst zu trainieren! Das heißt: Einüben von »Alltagskompetenz«. Heißt: alle beteiligten Teilaspekte zu berücksichtigen, den Körper- und Hirnstoffwechsel durch regelmäßiges Bewegungstraining, medienfreie Ruhephasen, Schlafkultur, Lesen, Musizieren und Wandern zu entlasten. Dann können die Ressourcen von Neurotransmittern und endogenen Hirnrhythmen wieder aufgefrischt werden, um die Balance von Leib und Geist zu erneuern. Heißt präventiv: Urlaub von digitalen Medien zu nehmen, um reale Raum-Zeit zu rekrutieren und sich der Früherkennung kognitiver Defizite rechtzeitig zu stellen. Empfehlung ist, regelmäßig mehr das Brainy statt Handy und Navi zu benutzen.

Literatur

- Bagorda, Francesco/Teuchert-Noodt, Gertraud/Lehmann, Konrad: Isolation rearing or methamphetamine traumatisation induce a dysconnection of prefrontal efferents in gerbils: implications for schizophrenia. J. Neural Transm. 113 (3), Heidelberg, München: Springer 2006, S. 365–379

- Busche, Andrea/Polaschek, Dirk/Lesting, Jörg J./Neddens, Jörg/Teuchert-Noodt, Gertraud: Developmentally induced imbalance of dopaminergic fibre densities in limbic brain regions of gerbils (Meriones un.). J. Neural Transm. 111 (4), Heidelberg, München: Springer 2004, S. 451-463

- Brummelte, Susanne/Neddens, Jörg/Teuchert-Noodt, Gertraud: Alterations in GABAergic network of the prefrontal cortex in an animal model of psychosis. J. Neural Transm. 114(5) Heidelberg, München: Springer 2007, S. 539–4720

- Dawirs, Ralph R./Teuchert-Noodt, Gertraud/Czaniera, Reiner: Maturation of the dopamine innervation during postnatal development of the prefrontal cortex in gerbils (Meriones unguiculatus). A quantitative immunocytochemical study. J. Hirnf.. 34, 1993, S. 281–291

- Dawirs, Ralph R./Hildebrandt, Keren/Teuchert-Noodt, Gertraud: Adult treatment with haloperidol increases dentate granule cell proliferation in the gerbil hippocampus. J. Neural Transm. 105, Heidelberg, München: Springer 1998, S. 317–327

- Dawirs, Ralph R./Teuchert-Noodt, Gertraud/Hildebrandt, Keren/Fei, Fung You: Granule cell proliferation and axon terminal degradation in the dentate gyrus of gerbils during maturation, adulthood and aging. J. Neural Transm. 107, Heidelberg, München: Springer 2000, S. 639–647

- Dawirs Ralph R./Teuchert-Noodt, Gertraud: A novel pharmacological concept in an animal model of psychosis. Acta Psychiatr. Scand. 104 (Supp. 408), 2001, S. 10–17

- Duus, Peter: Neurologisch-topische Diagnostik. Anatomie. Physiologie. Klinik. Stuttgart, New York: Thieme 2001, S. 466

- Gallo, Carmine: Talk like TED – Die 9 Geheimnisse der besten Redner. München: Redline 2016

- Giessen, Hans W.: Serious Games Effects: An Overview. In: Procedia – Social and Behavioral Sciences, Vol. 174 Elsevier, 2015, S. 2240–2244. Inklusive SWR2 Aula: Computer oder doch Papier? Wann und wie wir am besten lernen. 2016

- Gonzales-Burgos, Guillermo R./Lewis, Ashwal B.: GABA neurons and the mechanisms of network oscillations: Implications for understanding Neural Synchrony cortical dysfunction in schizophrenia. Schizo. Bull. Vol. 34, 2008, S. 944-961

- Hebb, Donald O.: The Organization of Behaviour: A neuropsychological approach. New York: John Wiley & Sons. 1949

- Kandel, Eric E./Schwartz, James J./Jessell, Thomas M.: Neurowissenschaften – eine Einführung. Heidelberg: Spektrum 1995, S. 786

- Keller, Anja/Bagorda, Francesco/Hildebrandt, Keren/Teuchert-Noodt, Gertraud: Effects of enriched and of restricted rearing on both neurogenesis and synaptogenesis in the hippocampal dentate gyrus of adult gerbils. Neur. Psychiat., Brain Res. 8, 2000, S. 101–108.
- O'Keefe John, J./Burgess, Neil: Geometric determinants of the place fields of hippocampal neurons. Nature, 381, University College London, London 1996, S. 425–428
- Maturana, Humberto R./Varela, Francisco: Der Baum der Erkenntnis. Die biologischen Wurzeln menschlichen Erkennens. Frankfurt am Main: Fischer 1987, S. 280
- Piaget, Jean: Der Aufbau der Wirklichkeit beim Kind. Ges. Werke, Bd. 1, Stuttgart: Klett 1975
- Pöppel, Ernst: Grenzen des Bewusstseins. Über Wirklichkeit und Welterfahrung. Stuttgart: Deutsche Verlagsanstalt 1985, S. 192
- Schmitz, Hermann: Kurze Einführung in die Neue Phänomenologie. Freiburg, München: Karl Alber 2009
- Teuchert-Noodt, Gertraud: Neuronal degeneration and reorganization: a mutual principle in pathological and in healthy interactions of limbic and prefrontal circuits. Rev. J. Neural Transm. Suppl., 2000, S. 315–333
- Teuchert-Noodt, Gertraud/Dawirs, Ralph R./Hildebrandt, Keren: Adult treatment with methamphetamine transiently decreases dentate granule cell proliferation in the gerbil hippocampus. J. Neural Transm. 107(2), 2000, S. 133–143
- Teuchert-Noodt, Gertraud: Multisystemische Fehlanpassung von Schaltkreisen im Gehirn und die Frage nach der Entstehung psycho-kognitiver und degenerativer Erkrankungen. ZNS & Schmerz 4/03, 2003, S. 10–17
- Teuchert-Noodt, Gertraud/Schlotmann, Angelika: Lust an der Überforderung und dann Burnout – Wie das Gehirn entscheidet, ob Überforderung Lust oder Unlust erzeugt. Supper Verl. Germ. 2012, S. 52
- Tomatis, Alfred A.: Der Klang des Lebens. Reinbek: Rowohlt 1990, S. 303
- Winterfeldt, Thomas./Teuchert-Noodt, Gertraud/Dawirs, Ralph R.: Social environment alters both ontogeny of dopamine innervation of the medial prefrontal cortex and maturation of working memory in gerbils (Meriones un.). J. Neurosc. Res. 52, 1998, S. 201–209
- Wolff, Joachim R./Wagner, Günther P.: Selforganization in synaptogenesis: interaction between the formation of excitatory and inhibitory synapses. In: Basar, Eroglu C./Flohr Hans Werner/Haken, Hermann/Mandell, Arnold J. (Hrsg.): Synergetics of the Brain. Heidelberg: Springer 1983, S. 50–59

Kann des Menschen Hirn denn digital?!

Hanspeter Reiter

Tags: E-Learning, digitales Lernen, Blended Learning, Präsenz, Lesen, Entertainment, Infotainment

Positionierung

Was für eine Frage, diese Kapitelüberschrift! Eigentlich ist doch das Gehirn der Computer des Menschen, mit schier unendlicher Kapazität – oder? Jedenfalls ist das eine zentrale Metapher, die gern genutzt wird. Aber es kommt sofort Protest, von Hirnforschern allemal: Denn die »Rechenprozesse« in unseren Kopf laufen durchaus anders ab als das 1-0-Prinzip eines künstlichen Rechners, das ist spätestens mit diesem Handbuch klar(er) geworden! Gerade Multitasking kann uns überfordern, weil es kontraproduktiv ist für den vielschichtigen Prozess der Gedächtnisbildung, ergo: des Lernens. Was heißt das für das Thema E-Learning? Für einen kritischen Ausblick (jedenfalls aus Sicht der Hirnforschung!) finden Sie diverse Antworten bereits in verschiedenen Beiträgen, unter anderem bei Manfred Spitzer und Gertraud Teuchert-Noodt. Dennoch gibt es einige Ansätze neurowissenschaftlicher Erkenntnisse, die den Einsatz digitaler Medien in der Weiterbildung (also bei Erwachsenen, nicht Kindern oder Jugendlichen) durchaus unterstützen, siehe das wiederkehrende Belohnungssystem, befeuert durch Dopaminausstoß: Genau das meinen jene Forscher, Entwickler und Anwender, wenn sie die starken Effekte digitaler Lernumgebungen pointieren, herkömmlich meist in Form von Serious Games, also digitalen Lernspielen. Doch was steckt wirklich dahinter? Das wird erst die Zukunft bringen.

Um Ihnen Gedankenanstöße zu liefern, habe ich zusätzliche Stimmen pro und kontra E-Learning eingeholt, da digitale Lernmedien und -umgebungen eine zunehmende Rolle spielen. Damit haben sich zum Beispiel die Teilnehmer mehrerer Workshops bei den Jubiläums-Impulstagen des GABAL e.V. intensiv beschäftigt, Mitte 2016 im Rahmen »40 Jahre Weiterbildung« mit über 100 Teilnehmenden. Es war eine ganz klare Botschaft der Weiterbildner, sich damit auseinandersetzen zu wollen!

Selbst wenn Sie bisher darauf verzichten, Webinare einzusetzen oder Kurse in virtuellen Klassenräumen zu geben, als Online-Tutor derlei Seminare zu betreuen oder auch mithilfe solcher »Werkzeuge« digital Klienten zu beraten und zu coachen, sollten Sie sich fragen: Werde ich künftig wirklich darum herumkommen, diese Medien und Kanäle zu nutzen? Könnten Sie beispielsweise Ihre Präsenzformate mit Blendend-Learning-Formaten begleiten?

Und wie halten Sie es mit Neuromarketing? Diese Gretchenfrage werden wohl viele mit »Was geht mich das an?« oder so ähnlich beantworten. Dennoch: Nutzen Sie die Chance, die Erkenntnisse aus den Neurowissenschaften anzuwenden, um die logische Fortsetzung zu schaffen und diese nicht nur in Ihren Weiterbildungsveranstaltungen anzuwenden, sondern ebenso dafür, Ihre Angebote, Programme, Leistungen künftig so zu vermarkten, wie die Hirnforschung es als hilfreich und sinnvoll »empfiehlt«. Und was ist Marketingkommunikation denn anderes als »lernen lassen«?! Seien Sie auch hierauf gespannt ...

Für und Wider aus Sicht der Neurowissenschaften zu Weiterbildung zwischen Event und E-Learning

Nochmals zurück zur Kapitelüberschrift: Stellt sich diese Frage wirklich? Wird doch allzu häufig das menschliche Gehirn mit einem Hochleistungscomputer verglichen, und der Mensch vergleicht sich selbst seit Jahren mit Computern, etwa im Schachspiel oder in Quizsendungen. Doch dürfte sich im Laufe der Handbuchlektüre eines deutlich herausgeschält haben: Das menschliche Gehirn ist mehr als eine Maschine! Statt nur rein rational zu entscheiden und beobachtend schlicht Fakten zu verarbeiten, gilt es immer, Emotionen zu berücksichtigen. Anders als Cyborgs oder auch Vulkanier (s. Mr. Spock in »Raumschiff Enterprise«) ist all unser Denken von Emotionen begleitet – und beeinflusst! Die Frage nach dem Pro und Kontra E-Learning gegenüber einer Präsenzveranstaltung ist also durchaus berechtigt. Und was sagen uns die Experten nun dazu?

Bereits im Einführungskapitel haben Sie einen Absatz zu der Frage gefunden, wie es in Zukunft um digitale Weiterbildung stehen mag – und damit auch um Präsenzmaßnahmen (s. S. 33 ff.). Zum guten Schluss werfen wir erneut einen Blick auf die 19 Beiträge dieses Handbuchs – und legen eine andere Folie darüber: Was bringen digitale Lernangebote aus Sicht der Hirnforschung? Ergänzt wird diese Sammlung durch Stimmen weiterer Beiträger, die sich ganz konkret eben dazu geäußert haben, kurz und knapp. Das Fazit fasst zusammen, frei von Empfehlung.

Kreuz und quer ...

Wenn Sie das Gedankengut Ihrer Lektüre nochmals Revue passieren lassen, die Aussagen und Empfehlungen reflektieren, werden Sie feststellen: Konkrete Aussagen zu digitaler Aus- und Weiterbildung fehlen. Das hat natürlich damit zu tun, dass die Autoren etwas zum Thema Hirnforschung und Erwachsenenlernen schreiben sollten, also keineswegs speziell zu E-Learning. Das bedeutet, wir können nur ableiten, was sich in den Beiträgen versteckt ...

Manfred Spitzer sagt zwar deutlich, was nach seiner Erfahrung und seiner Forschung davon zu halten ist, Kinder (sehr) frühzeitig mit digitalen Medien zu konfrontieren. Das auf Erwachsenenbildung zu übertragen, wäre allerdings gar zu einfach! Kaum zu verhindern ist, dass mehr und mehr Schulen mit digitalen Lehr- und Lerngeräten ausgestattet werden – dafür stellen das Bundesministerium für Bildung und Forschung sowie die für Schulen und Hochschulen (eigentlich) zuständigen Ministerien der Länder mehr und mehr Geld zur Verfügung. Das bedeutet, dass nachfolgende Generationen völlig anders »gepolt« auch ans Thema Weiterbildung herangehen werden ...

Und wenn die Stiftung Lesen sich für Vorlese-Apps ausspricht, betont sie zugleich, wie sehr der Erfolg dieses digitalen Lesens in frühen Jahren davon abhängt, dass erstens die Eltern miteinbezogen werden, anstatt die Kinder allein zu lassen, und zweitens, dass die gedruckten Bücher mit im Spiel sind: Interaktive Kinderbuch-Apps können in Kombination mit einem Printbuch für frischen Wind in Vorlesestunden sorgen. »Mit solchen digitalen Vorlesestunden lassen sich insbesondere Zielgruppen erreichen, die eher nicht so gern lesen, wie die Jungen, die sich über die Technik für Geschichten begeistern können« (https://www.stiftunglesen. de/download.php?type=documentpdf&id=1854). Das mag erst recht für jene Generationen gelten, die gern als »Digital Immigrants« bezeichnet werden – oder (mein Begriff) als »Digital Naives« im Vergleich zu den »Digital Natives« – und damit für das Erwachsenenlernen!

Und so meint Gerald Hüther auch klassische Brettspiele, wenn er zusammen mit seinem Ko-Autor Christoph Quarch »Rettet das Spiel!« ausruft. Im Interview mit Carmen Schirm-Gasser im Schweizer Portal »Blick« lauten seine Argumente: »Aus der Gehirnforschung weiß man, dass völlig absichtsloses Spielen für die besten Vernetzungen im Gehirn sorgt. Was geht dabei im Gehirn vor sich? Botenstoffe, die das Spielen freisetzt – Katecholamine, endogene Opiate und andere Peptide –, haben einen wachstumsstimulierenden Effekt auf die neuronalen Vernetzungen. Dadurch bauen sich bestehende Netzwerke weiter aus. Das passiert allerdings nur durch das Spielen, nicht durch Belehrungen und Fördermaßnahmen« (http://www. blick.ch/gesundheit/medizin/hirnforscher-gerald-huether-spielen-ist-duenger-fuer-das-gehirn-id5721031.html). Das spricht durchaus gegen Gamification, also den Einsatz sogenannter Serious Games in der Erwachsenenbildung. Entsprechend fällt sein Statement aus (s. S. 382 f.).

Findet sich denn auch das eine oder andere strikte »Pro« vonseiten Hirnforschern? Lassen Sie uns schauen, was die Beiträge dieses Handbuchs bezüglich digitaler Lernangebote aussagen.

Schon PowerPoint ist digital: Im Beitrag von Torsten Seelbach finden Sie konkrete Anregungen, wie Sie Ihre PowerPoint-Präsentation gehirngerecht(er) ausstatten können (s. S. 297 ff.). Nun sind Webinare als sehr klassische Form des digitalen Lernens meist durch PowerPoint begleitet, MOOCs häufig ebenfalls, als Videoaufzeichnung von Präsenzveranstaltungen etwa an (US-)Universitäten. Wer diese Hinweise beherzigt, tut also einen großen Schritt in Richtung »E-Learning kann gelingen«. Siehe dazu auch auf Seite 380 ff. das Statement von Inga Geisler.

Trainieren Sie Ihr Gedächtnis – am besten analog: Julia Kunz befasst sich in ihrem Beitrag (s. S. 154 ff.) damit, mithilfe welchen Vorgehens Sie »das Gedächtnis« unterstützen können. Damit schaffen Sie Wiederholungen verschiedener Art und strukturieren das, was Sie sich merken möchten – und zwar nachhaltig merken! Derlei Vorgehensweisen lassen sich mit den Studienergebnissen von Julia Shaw verbinden, deren klare und extrem plakative Aussage ist, es sei sehr einfach, künstliche Erinnerungen einzupflanzen respektive diese zu verändern und/oder durch andere zu ersetzen (Shaw 2016). »Umgekehrt wird ein Schuh daraus« ließe sich ableiten, dass mit gleichartigem Vorgehen sowohl das Bahnen als auch das Ankern im Gedächtnis einfacher möglich ist, zum Beispiel durch multisensorische Eselsbrücken. Stellen Sie sich mit allen Ihren Sinnen vor, wie etwas ist, was es bewirkt. Konkret: Sie wollen sich daran erinnern, dass Ottawa die Hauptstadt von Kanada ist? Stellen Sie sich ein kräftig rotes Ahornblatt vor, auf dem ein O hüpft. Verbinden Sie die Fakten mit bizarren Vorstellungen [...] »Wenn Sie das nächste Mal Appetit auf Eiscreme haben, bilden Sie sich ein, dass Ihnen davon schlecht wird [...] dass Sie [...] kotzen mussten [...] je mehr Details, desto besser [...] Wenn Sie sich die Eiscreme wirklich abgewöhnen wollen – das ist die Voraussetzung –, können Sie Ihr Gehirn [...] austricksen« (Shaw 2017).

Metaphern erleichtern das Lernen in digitalen Kontexten: Gertrud Kemper, Carl Naughton und Annette Reher definieren einen sehr konkreten Ansatz im Ausklang ihres Beitrags auf S. 260 f.: »Denn auch in digitalen Kontexten können Metaphern besonders gut kognitive, emotionale und affektive Bedürfnisse stillen. Denn die Metaphern helfen nicht nur in diesen Distant-Learning-Umfeldern, individuelle Konstrukte zu abstrakten Inhalten aufzubauen, sie übertragen zudem ihre Konkretheit und Vertrautheit auch in die virtuelle Welt. Sie unterstützen nachweislich die Ausdrucksmöglichkeiten in affektiven Bereichen und in der Ausbildung einer gemeinschaftlichen Lerneridentität.«

Aromen künftig auch digital als Verstärker?! Chancen für das E-Learning durch verstärkende Elemente zeichnen sich durchaus für die (nahe) Zukunft ab, etwa durch das Einbeziehen olfaktorischer und gustatorischer Reize. Damit rekurrieren wir unter anderem auf den Beitrag von Regina Mahlmann (s. S. 167 ff.), die derlei (nicht nur) für den Tagungsbereich (und damit für Präsenzseminare!) ausführlich darlegt. Sollte es also möglich werden, Düfte und Geschmack ins digitale Lernen zu integrieren, wäre das tatsächlich ein gewaltiger Schritt nach vorn, Multisensorik lässt grüßen! Und tatsächlich zeichnet sich ab, dass Biotech-Unternehmen wie Aromyx in Kürze damit werden dienen können! Die Idee ist, »Gerüche und Geschmäcker« digitalisiert auf Chips zur Verfügung zu stellen, die sich dann auf Rechnern jeglicher Art wieder »abspielen« lassen (Wirtschaftswoche 2017).

Analog oder digital – je nach Lerntyp: Dass es entscheidend sein kann, im Vorfeld die unterschiedlichen Lerntypen potenzieller Teilnehmender zu identifizieren, um ein Angebot eher als Präsenzveranstaltung, E-Learning-Seminar oder Blended-Learning-Kurs zu etablieren beziehungsweise entsprechend zu differenzieren, zeigt der Beitrag von Michael Bernecker (s. S. 25 ff.): DiSG-Typen gehen durchaus unterschiedlich vor! »Studierende des dominanten Typs bevorzugen kurze und knappe Kommunikationswege, sodass ein persönlicher Kontakt mit dem Dozenten nicht regelmäßig erforderlich ist. Gelegentlicher Mailkontakt oder die Möglichkeit eines Sprechstundentermins sind vollkommen ausreichend, sodass beispielsweise Online-Vorlesungen gut geeignet sind, um diesem Persönlichkeitstypen entgegenzukommen« (s. S. 33). »Auch Onlinevorlesungen können eine gute Alternative für stetige Studierende darstellen, werden aber weniger gewünscht als klassische Vorlesungen« (s. S. 35). Für I- und G-Studierende kommt digitales Lernen dagegen weniger infrage, weil sie stärker auf Austausch in der Gruppe und das direkte Erleben fokussiert sind.

Um Ihnen konkreten Input zur eingangs gestellten Frage zu verschaffen, habe ich weitere Experten um kurze Statements gebeten:

Stimmen von Experten: Neurowissenschaften für und wider E-Learning

Benny Briesemeister: Neuromarketing – ein Buzzword. Aber auch eine interessante Disziplin. Neuro, weil auf den Methoden und Erkenntnissen und Methoden der Neurowissenschaft aufbauend. Marketing, weil sie im Marketing zuerst auftrat. Mittlerweile ist Neuromarketing jedoch auch in anderen Bereich des Berufslebens angekommen. Ich selbst hatte beispielsweise die Möglichkeit, im Auftrag eines Konsumgüterherstellers ein E-Learning unter die Lupe zu nehmen. Ich sollte mit den Methoden der Neurowissenschaft untersuchen, an welchen Stellen das E-Learning seinen Zweck erfüllt und wo noch Handlungsbedarf bestand.

Ein paar der Erkenntnisse möchte ich hier teilen:

- **Lernen, wann und wo ich will?** E-Learning-Systeme werden eingesetzt, um den Lernenden das Lernen nach eigenem Tempo zu ermöglichen. In der Realität heißt das oft: Die meisten Teilnehmer werden das Lernen irgendwo nebenher erledigen. Wenn mein Gehirn aber eigentlich mit anderen Dingen beschäftigt ist, lernt es zwar implizite Informationen – Fakten, Richtlinien und andere explizite Inhalte gehen jedoch unter!
- **Lernen fällt leichter, wenn es Spaß macht.** Unser Hirn lernt dann am besten, wenn Lernerfolge systematisch verstärkt werden. Gut gemacht. Grünes Häkchen dran. Und weiter. Hier ruht aus meiner Sicht die größte Stärke, aber auch die größte Schwäche des E-Learnings. Es ist sehr einfach, jeden kleinen Teilerfolg zu belohnen. Auch wenn es in der Praxis viel zu selten tatsächlich getan wird. Problematisch ist hingegen, dass die Lernenden durch das E-Learning nie erfahren werden, wie es zur richtigen Antwort kam. Auch eine richtige Antwort kann auf einem falschen Weg entstanden sein. Verstärken wir diesen, trainieren wir fehlerhaftes Verhalten.
- **Nicht überlasten!** Sind E-Learnings zu lang, kann man Pausen einlegen. In manchen E-Learnings ergeben Pausen Sinn – in anderen gar nicht. Mir wurde auf meine Aussage, ein E-Learning von etwa 60 Minuten Länge sei eindeutig zu lang, entgegnet, dass ein Kurs an der Universität eineinhalb Stunden dauern würde. Da wäre man deutlich drunter. Faktisch richtig. In der Praxis aber leider falsch. Denn: Irgendwann macht unser Hirn dicht und verarbeitet zwar weiterhin Informationen, lernt diese aber nicht mehr. Ist das E-Learning vorbei, sind die Informationen vergessen. Nicht im Sinne des Erfinders, oder?

Zum Glück lässt sich mittlerweile testen – unter anderem mit den Methoden der Neurowissenschaften –, ob ein E-Learning alle Anforderungen erfüllt. Richtig gestaltet und eingesetzt, kann es eine sehr sinnvolle Fortbildungsmaßnahme sein.

Christian Elger: »Digitale Demenz« ist das Schlagwort, mit dem Kinder von der Nutzung digitaler Medien möglichst ferngehalten werden. Ausgehend von der Vorstellung, dass dem Gebrauch von Computern und anderen digitalen Geräten eine Einfachheit der Nutzung zugrunde liegt, die ein Gehirn an einer sinnvollen Reifung hindern, werden Schulunterrichtsformen propagiert, in denen der Gebrauch dieser Geräte deutlich beschränkt werden soll …

Es sind nicht nur unser Wissen und unsere Fähigkeiten als Mensch, die einer unglaublichen Evolution unterliegen, sondern auch parallel dazu unser Hirngewicht, das sich mit unserer Entwicklung kontinuierlich erhöhte und so immer leistungsfähiger wurde. Gerade dieses Gehirn hat die digitale Welt geschaffen, und jeden Tag zeigt sich eine Zunahme des Einsatzes, den man in dem Begriff der vierten Stufe der industriellen Revolution – 4.0 – zusammenfasst.

Wäre es sinnvoll, dass Menschen daraus ausscheren und einen Unterricht machten, der einer Vorstufe unserer aktuellen evolutionären Entwicklung entspricht? Aus zwei Gründen muss diese Frage energisch verneint werden. Erstens wird die Verfügbarkeit »nichtdigitaler« Unterrichtsmaterialen rasch verarmen, und damit wird die Ausbildung möglicherweise zwar interessant und kulturvoll verbleiben, aber deutlich eingeschränkt sein. Der Wettbewerbsnachteil ist offensichtlich. Der zweite wichtige Punkt liegt in der »Beschleunigung der Welt«. Das Wissen und die Fähigkeiten in von Menschen geschaffenen Produkten unterliegen einer rasanten Entwicklung. Diese basiert auf dem »Digitalen«.

Eine Auseinandersetzung damit zum frühestmöglichen Zeitpunkt ist ausschließlich mit einer digital vermittelten Ausbildung möglich und gestattet einen Aufsprung auf einen und eine Mitfahrt in einem Zug, der unaufhaltsam und alternativlos fährt und keine Rücksicht nimmt. Je früher begonnen wird, desto besser ist der »prozedurale« Umgang. Das prozedurale Lernen umfasst unsere Fähigkeiten. Im digitalen Bereich bedeutet dies den praktischen Umgang mit digitalen Geräten wie Computer, Tablets, Smartphones und was noch so kommen wird. Dies gelingt umso besser, je früher und je häufiger sie genutzt werden. Das deklarative Lernen (Wissenserwerb) kann über digitales Lernen optimiert und vor allem beschleunigt werden. »Was Hänschen nicht lernt, lernt Hans nimmer mehr« gilt auch für die Welt 4.0. Also aus neurowissenschaftlicher Sicht ein klares »Pro«!

Inga Geisler: Medien »gehirngerecht« gestalten: So können digitale Formate gelingen! Um dem Gehirn Ihrer Teilnehmenden das Verarbeiten und Merken zu erleichtern, sollten Sie einige Prinzipien für die Gestaltung von Folien beachten. Lassen Sie uns mit dem Kohärenzprinzip starten: Menschen können Informationen besser aufnehmen, wenn unwesentliche Informationen weggelassen sind. Das nächste Prinzip: Redundanz. Es besagt, dass Informationen leichter aufzunehmen sind, wenn Sie diese mündlich präsentieren. Auf einer Folie oder dem Flipchart verzichten Sie also komplett auf Text und zeigen nur eine Abbildung und die Überschrift. Das führt uns zum Prinzip des Signalisierens: Eine verständliche Überschrift macht es leichter! Es folgt das Personalisierungsprinzip, wonach Menschen Informationen besser verarbeiten können, wenn sie diese in einem informellen Stil präsentiert bekommen. Gemeint ist, authentisch zu sein bei der Vermittlung der Inhalte. Sie sollten so sprechen, wie sie es auch vor Publikum in der Präsenz tun und auf keinen Fall einen Text ablesen. Ich empfehle während des Sprechens zu stehen. Das ist für die Atmung besser, und diese wiederum beeinflusst die Stimme.

Schließlich kommen wir zum Multimediaprinzip, das besagt, dass Menschen Informationen besser aufnehmen, wenn sie eine Kombination aus Wörtern und Bildern erhalten. Eine »gehirnfreundliche« Folie zeigt beispielsweise nur noch drei Abbildungen und eine Überschrift.

Sie sehen anhand der folgenden Abbildung, dass ich gerade beim E-Learning drei verschiedene Folienlayouts nutze:

○ Das »**Agenda-Folienlayout**« wird immer dann eingeblendet, wenn ein neues Thema innerhalb der Lerneinheit beginnt. So erhalten die Teilnehmer eine Orientierung, in welchem Abschnitt wir uns gerade befinden. Auf der Folie ist auch mein Corporate Design zu sehen.
○ Auf der »**Inhaltsfolie**« jedoch fehlt dieses komplett. Hier ist nur eine Kernaussage formuliert und ein passendes Bild beziehungsweise eine Grafik dargestellt.
○ Das dritte Folienlayout bezeichne ich als »**Interaktion**«. Diese Folie hat einen bestimmten farbigen Hintergrund, und die Teilnehmer erkennen sofort, dass sie nun wieder gefordert sind – sprich: Es gibt eine Frage oder Aufgabe zu erledigen.

Agenda Modul 1

Modul 1: Technik I	
Wie kommunizieren wir im virtuellen Raum?	Kommunikation
Mit welchen Werkzeugen arbeiten wir am Whiteboard?	Whiteboard
Schnelle Abfragen – wie geht das?	Abstimmung
Adobe Connect einrichten	Administration

Inga Geisler©

Die »gehirngerechte« Folie ist zwar nun fertig, aber es gibt noch drei weitere Prinzipien, die wichtig sind:

○ **Das Segmentierungsprinzip:** Dabei geht es darum, dass Menschen Informationen besser aufnehmen, wenn sie sie »häppchenweise« präsentiert bekommen. Wir sollten unsere Online-Einheiten in kleine Lernsegmente einteilen. Überlegen Sie nun, wie lange ein Referent maximal sprechen sollte, bevor wieder eine Aktion der Teilnehmer kommen sollte: zwei bis drei Minuten; fünf bis sieben Minuten; zehn bis zwölf Minuten; 15 bis 20 Minuten? Die zutreffende Antwort lautet: fünf bis sieben Minuten. Denn dies ist die Zeitspanne, in der ein Teilnehmer mit voller Aufmerksamkeit zuhören kann, ohne abzudriften. Er benötigt dann Zeit, das Gehörte mit dem für ihn Bekannten abzugleichen und zu spüren, ob es noch Fragen gibt oder ob es weitergehen kann.

- ○ Kurz noch zum **Prinzip der räumlichen Nähe:** Hierbei ist wichtig, dass Beschreibungen von Objekten auf einer Folie immer direkt an dem Objekt platziert werden und nicht als Legende an anderer Stelle zu sehen sind – eben wie eine Bildunterschrift, die das Dargestellte verbal bestätigt.
- ○ Das letzte Prinzip stellen Sie sich bitte anhand einer animierten Folie vor, denn es lautet »**Modalität**« und besagt, dass Menschen Informationen besser aufnehmen können, wenn sie sie in animierter Form erhalten.

Wenn Sie diese Prinzipien beachten und umsetzen, werden Sie auch digital exzellenten Lerntransfer schaffen, zum Beispiel im Virtual Classroom.

Gerald Hüther per E-Mail und Interview: Das Einzige, was es dazu wirklich anzumerken gibt, ist der Hinweis, dass »Lernen« ein aktiver Prozess ist, der sich in Subjekten vollzieht, wenn diese Lust darauf haben, etwas zu lernen, wenn der Lernstoff also subjektiv als bedeutsam betrachtet wird. Der Begriff »E-Learning« ist daher ziemlich unsinnig. Er beschreibt nicht das Lernen, sondern lediglich ein bestimmtes Verfahren der Stoffpräsentation beim Lernen.

Und aus dem Interview (Blick.ch 08.11.2016) lässt sich festhalten: »*Was halten Sie von Handy- und Computerspielen?* Kinder greifen nur deshalb zum Handy, weil ihnen Erwachsene keine attraktivere Beschäftigung anbieten. Schlagen Sie zwölfjährigen Knaben vor, eine Baumhütte zu bauen. Stellen Sie den Kindern nach zwei Stunden die Frage, ob sie lieber mit dem Smartphone spielen wollen. Keines wird Ja sagen. Denn Kinder sind Gestalter und Entdecker. Sie wollen mit anderen in Kontakt treten. Digitale Medien sind lediglich eine Art Ersatz, um mit anderen in Kontakt zu treten.« Also ähnlich wie Spitzer (s. Beitrag S. 332 ff.). Und bei Erwachsenen?

»*Angenommen, ich spiele mit meinem Mann am Abend ›Mensch ärgere dich nicht‹, statt Fernsehen zu schauen. Weshalb ist das gut für mein Gehirn?* Die meiste Zeit fokussieren wir unser Gehirn auf etwas Bestimmtes, damit man es auch gut macht. Dieser Zustand heißt fokussierte Aufmerksamkeit. Alles, was Sie mit dem Gehirn lenken und steuern, ist auf die Bearbeitung dieses einen Problems gerichtet. *Zum Beispiel?* Ihre Arbeit erledigen. Einen Brief schreiben. Telefonieren. Das führt dazu, dass im Hirn nur die Netzwerke aktiviert sind für das, was Sie gerade vorhaben. Wie bei einem Apotheker, der nur eine Schublade offen hat. Sie können nicht das ganze Spektrum an Wissen und Können, was Sie in Ihrem Hirn in Form von Netzwerken verankert haben, aktivieren. *Was ändert sich mit dem Spiel?* Durch das Spiel können sich im Gehirn möglichst viele Netzwerke miteinander verbinden, die sonst, im Zustand der fokussierten Aufmerksamkeit, nie miteinander verknüpft sind. Das Spiel öffnet quasi hundert Schubladen.«

Gerald Lembke: E-Learning unterliegt in seinen Wirkungen zahlreichen und unterschiedlichen Voraussetzungen. Es sind in der Regel nicht die technischen Voraussetzungen wie Vorhandensein von Hard- und Software sowie Zugang zu Onlinenetzwerken, die über erfolgreiches oder nicht erfolgreiches digitales Lernen entscheiden. Gemein ist den unterschiedlichen Ansätzen und Perspektiven, dass sie sich nicht an die individuellen kognitiven und neuronalen Entwicklungsphasen eines Lerners orientieren und auf die unterschiedlichen Lerntypen gezielt eingehen können. Es sei betont, dass damit nicht die prüfende Leistungs- und Lernabfrage einer Software gemeint ist. Entscheidend für den Lernerfolg ist zudem die positive Beziehung zwischen Lernenden und Lehrenden, die den Lernerfolg überproportional fördert.

Hier wird die Rolle der Lehrenden bei der Organisation digital orientierten Lernens falsch eingeschätzt. Neben der Rolle des Ansprechpartners, Fachvermittlers und Lernbegleiters auf Zeit hängt es vor allem vom Lehrenden ab, der eben diese menschliche Entwicklungsstufe nur durch seine erfahrene und meist subjektive Einschätzungsmöglichkeit bestimmen kann. Dies ist eine notwendige Voraussetzung für den Aufbau einer Beziehung. Hier versagen digitale Lösungen, da sie vorprogrammierten Algorithmen folgen, die diese individuellen Informationen nicht berücksichtigen können. Sie fokussieren darüber hinaus auf das Lernprodukt (Output), und nicht auf den Lernprozess. Lernen bleibt für die Mehrheit der Lernenden ein sozialer Prozess, der aus Kommunikation, Empathie und sozialem Austausch besteht.

So kommt es zu einer effizienten, schnelleren Verstärkung bestimmter Nervenzellen im Zentralnervensystem. Diese synaptische Plastizität (Signalübertragung an den Synapsen durch biochemische und strukturelle Modifikationen) wird in den meisten Fächern nicht durch digital-punktierte Stimulierung erzeugt. Dieses Verständnis ist für die komplexen Anforderungen an die Welt heute antiquiert und führt lediglich zur Ausbildung von Reiz-Reaktions-Verbindungen (nach Thorndike und später Skinner). Um die notwendigen Nervenverbindungen kreativer Lösungsfähigkeiten zu entwickeln, bedarf es der Ausbildung zeitlich nachhaltiger Fähigkeiten, wie sie das latente Lernen mit sich bringt. Deren Anwendungen sind meist erst später gefordert. Soziales Spielen in der Gruppe im Wechsel mit personeller Führung und Orientierung des Lernens durch einen Lehrenden ist eine der erfolgreicheren pädagogischen Methoden, die in den meisten Fällen durch Algorithmen digital nicht abgebildet werden können.

Ergänzende Stimmen: Einen weiterführenden Ansatz bringt folgende Aussage eines Experten für künstliche Intelligenz: »Der blinde Visionär Chris Boos« sagt in Zusammenhang mit der Frage, ob den Menschen kaum mehr Arbeitsplätze blieben, wenn »intelligente« Maschinen mehr und mehr Jobs übernähmen: »Falsch. Der Mensch kann sich endlich um Dinge kümmern, die überall auf der Welt dringend erledigt werden müssen. Zwei Sachen habe der Mensch der Maschine voraus: Empathie und Kreativität. Zu beidem ist eine Maschine nicht fähig. [...] Auch er verlangt, dass wir [...] schleunigst [...] die Bildung umkrempeln. Er fordert jedoch keine Programmierkurse für Schüler, sondern mehr Allgemeinbildung ... Statt am Smartphone zu hängen, sollen sie lesen, diskutieren, experimentieren und forschen« (Arago GmbH: https://www.arago.co/, Frankfurter Allgemeine Sonntagszeitung 13.11.2016). Das bedeutet: Sie sollen umgehen können mit all dem, was digital greifbar ist und mehr und mehr greifbar wird. Dazu gehören gute alte Tugenden, die auch in Zukunft von Menschen vermittelt werden (müssen) – und das durchaus auch vis-à-vis gemeinsam erlebt wird.

Aus dem Link zur Information über die Fernsehdokumentation von Peppo Wagner: »Digitale Nebenwirkungen: Wenn Computer für uns denken« können wir weitere Protagonisten, die sich indirekt eher gegen intensives(!) digitales Lernen aussprechen, zitieren:

»Die Forschungsschwerpunkte von Professor Dr. Martin Korte aus Braunschweig sind die zellulären Grundlagen von Gedächtnis und Lernen. Er lehnt eine Pauschalkritik an der digitalen Welt strikt ab, ortet aber sehr wohl Gefahren für den Frontallappen im Gehirn, wenn jemand permanent online ist.

Dr. Victoria Dunckley betreibt eine Ordination für Integrative Psychiatrie in Los Angeles. Sie zählt seit 2012 zum Kreis der ›America's Top Psychiatrists‹. Immer wieder stellt sie im Praxisleben fest, dass eine Reduktion der Bildschirmzeiten bei zahlreichen kognitiven und verhaltensbezogenen Störungen Abhilfe schaffen kann.

Dr. Christian Korbel, Primarius am Landesklinikum Mauer und Niederösterreichischer Suchtbeauftragter, und Dr. Tagrid Leménager, Leiterin der Arbeitsgruppe für Internet- und Medienabhängigkeit am Zentralinstitut für seelische Gesundheit in Mannheim, beleuchten die medizinische Seite der Suchtaspekte. Aufgrund ihrer Forschungstätigkeit im Bereich der sekundären Prävention von Demenzen sieht Prof. Stefanie Auer von der Donauuniversität in Krems den Begriff der Digitalen Demenz kritisch. Sie denkt nicht, dass die aktuelle Datenlage eine solche Begrifflichkeit aus medizinischer Sicht rechtfertige« (http://programm.ard.de/?sendung=2800718952701166).

Kongresse, Messen, Konferenzen

Learntec: Besonders interessant finde ich, wenn sich E-Learning-Anbieter mit klassischen Präsenzveranstaltungen zeigen und diese (erfreulicherweise) durchaus steigende Besucherzahlen verzeichnen, so etwa die Learntec in Karlsruhe. Thema 2017 war »25 Jahre Learntec – digitale Lernkultur im Wandel«, womit sich die Leitmesse erneut als »Nummer 1 in digitaler Bildung – Schule, Hochschule und Beruf« positionierte. Der begleitende Kongress stand unter dem Motto »Zukunft Lernen: Lernwelten neu denken«. Und in zwei Keynotes stand das Gehirn mit im Titel, so bei jenem von Gerhard Roth:

- **»Lernen und Gedächtnisleistungen im älteren Gehirn:** Bei der Frage nach dem lebenslangen Lernen herrscht oft ein übertriebener Optimismus wie auch ein unangebrachter Pessimismus. Einerseits nimmt aus hirnphysiologischen Gründen mit zunehmendem Alter die Schnelligkeit des Denkens, Abspeicherns und Erinnerns ab. Andererseits kann über die Ausbildung von Routinen und eine vergrößerte Anschlussfähigkeit neuer Wissensinhalte an bereits vorhandenes Wissen dieses Nachlassen bis in ein Alter von 60 bis 75 Jahren erfolgreich kompensiert werden. Das größte Hemmnis für Lernen im Alter ist jedoch die nachlassende Lernmotivation, und deshalb müssen lernsteigernde Maßnahmen im Alter besonders hier ansetzen« (https://www.learntec.de/website/der-kongress/vortr%C3%A4ge.jsp#!/lecture/151). Was naturgemäß vor allem via E-Learning eine besondere Herausforderung darstellt. Ableitbare Aussagen dazu finden Sie unter anderem in den Beiträgen von Holger Schulze und Gertraud Teuchert-Noodt.
- Auch beim Beitrag von André Huber kam das Gehirn ins Spiel. **»Die Kraft der Konzentration: Ihr Gehirn kann mehr als Sie glauben:** Sie erlangen an diesem Referat die Erkenntnis, dass konzentriertes Arbeiten und Lernen von Vorteil für Sie ist. Sie erleben, was konzentriertes Lernen ausmacht und warum dieses Vorgehen Ihre Gesamtperformance steigert. Mit Beispielen und Übungen erlernen Sie die Fähigkeit, Ihr Gedächtnis im Alltag effektiver einzusetzen, sich mehr merken zu können, souveräner zu wirken und leistungsfähiger zu agieren. Dabei werden logische Elemente immer mit Bildern, aber auch sinnlichen Wahrnehmungen verknüpft. Die Erinnerungen haften deshalb besser, weil sie über die rechte Gehirnhälfte bis ins Gefühlszentrum gelangen. Je heiterer die Lernsituation, desto besser funktioniert Ihr Gehirn: Lustbetonte Erinnerungen behalten wir mühelos, meist lebenslang. Eine verbesserte Merkfähigkeit hat positive Wirkung in der Kundenberatung, bei Präsentationen, in der Führung, in Weiterbildungsphasen und beim täglichen Informationsmanagement« (https://www.learntec.de/website/der-kongress/vortr%C3%A4ge.

jsp#!/lecture/162). Ein Plädoyer also unter anderem für Spaß im E-Learning. Dazu siehe auch die Aussagen in den Beiträgen von Carl Naughton, Gertrud Kemper und Annette Reher sowie von Cora Besser-Siegmund/Lola Siegmund.

Wer die Learntec besucht hat, stellte sich wohl zudem folgende Frage: Ist »pro E-Learning« eventuell primär eine Frage der Kosten? Virtuelle Lernräume und Software für E-Learning-Programme mögen inzwischen deutlich gesunken sein, für die Buzzwords der nahen Zukunft (oder gar Gegenwart) dagegen wird es noch dauern: Virtual Reality und Augmented Reality. In scheinbaren 3D-Räumen, teils 3D-Welten, Situationen erleben beziehungsweise die erlebte Realität erweitern, etwa in Museen oder in Unternehmen. Beide sind natürlich auch für Ausbildung und Weiterbildung geeignet, wie schon die Medientage in München 2016 zeigten, mit einem eigenen Ausstellungs- und Erlebnisbereich – und auch die Learntec 2017, mit Ausstellern wie TriCAT: »Das menschliche Gehirn lernt nie nur Inhalte, es lernt immer ganze Situationen!« war die zentrale Aussage. Stimuliert wird damit das episodische Gedächtnis, was bei einer rein klassischen Wissensvermittlung fehlen würde, sogar bei Präsenzveranstaltungen im Sinne von Trainings. Vonseiten der Neurowissenschaften ist es so gesehen ein klares »pro analog«! Insofern ist es sicher der richtige Weg, den unter anderem Schulbuchverlage und Handyanbieter gehen, wenn sie Virtual-Reality-Begleitung für den Biologieunterricht entwickeln: Da geht mehr auch für Erwachsenenbildung …

Das zeigte sich eben auch 2017 auf der Learntec (und wird sich in den folgenden Jahren ähnlich fortsetzen): »Future Workplace Learning – wie das Lernen am Arbeitsplatz in Zukunft aussehen kann« war das Motto, mit Ausstellern und Kongressbeiträgen von Virtual Reality über 3D-Lernwelten bis hin zum neuen Lerntool G-Learning.

Zukunft Personal: Auch auf der Zukunft Personal 2016 poppte das Thema »digitales Lernen« bereits vielerorts auf, so beim »Deutschen Personalwirtschaftspreis«. Den gewann zwar Heraeus (für den Umbau der HR im Unternehmen), doch dicht darauf folgte bereits die Deutsche Telekom mit E-Learning: »Deutsche Telekom: Die digitale Transformation verstehen«.

»Den zweiten Platz sicherte sich die Deutsche Telekom mit dem Team um Dr. Reza Moussavian, Senior Vice President HR Digital & Innovation. Moussavian zeigte in seiner Präsentation, wie man es in einem riesigen Unternehmen wie der Telekom schafft, die Mitarbeiter für die digitale Transformation fit zu machen. Dafür hat der Multimediakonzern ein neues Bildungsformat ausprobiert: Massive Open Online Courses (MOOCs), Online-Kurse für große Teilnehmerzahlen. Mit dem »Magenta MOOC« wurde eine Lernplattform entwickelt, mit der sich die Mitarbeiter ein besseres Verständnis der Digitalisierung aneignen können. Die

Kursthemen reichen von neuen Technologien und Geschäftsmodellen bis hin zum konkreten Transfer ins eigene Arbeitsfeld (»Was bedeutet Digitalisierung für mich?«). Das gänzlich freiwillige Bildungsangebot fand großen Anklang. Der MOOC verzeichnete 3 500 Registrierungen aus 32 Ländern. Auch im Topmanagement kam das Projekt gut an. So beteiligten sich zum Beispiel der Vorstandsvorsitzende Timotheus Höttges und Personalvorstand Christian Illek als Referenten an einzelnen Lernvideos. Die Abschlussquote der Kursteilnehmer lag bei 88 Prozent; die meisten Mitarbeiter sagten, sie haben die Chancen und Herausforderungen der Digitalisierung auf diese Lernweise gut verstanden.« (http://www. zukunft-personal.de/de/presse/aktuelles/pressemitteilungen/detail-ansicht-pm/ show-news/detail/News/deutscher-personalwirtschaftspreis-2016-der-sieger-heisst-heraeus/)

MyQ Messe: Die noch recht neue Messe der Erwachsenenbildung bot am zweiten Tag (18. März 2017, Düsseldorf) ebenfalls einigen Input zu E-Learning – und damit Anstöße für Pro und Kontra, etwa mit folgenden Beiträgen:

- Einfach mal digital: Umsetzung digitaler Lernformen
- ElearningLite: Der einfache Weg zur digitalisierten Weiterbildung
- Digitale Weiterbildung: Die Dynamisierung der Zukunft.

Dazu kam noch mein Beitrag vom Vortag zu »Webinare, MOOCs & Co.: Was die Hirnforschung zu E-Learning meint«. Sie als Leser können die PowerPoint-Folien als PDF direkt bei mir anfordern: E-Mail an reiterbdw@aol.com, Stichwort »MyQ«.

SeLC: Bleibt die SeLC zu erwähnen, die Swiss eLearning Conference, die tatsächlich schon seit Jahren auch online zu verfolgen ist. Allerdings ausschließlich linear, womit klar wird: Nur ein Teil des Programms wird gestreamt, da es Parallel-Workshops gibt. Während Präsenzbesucher erstens entscheiden können, welchen Workshop sie besuchen wollen, und zweitens durchaus auch während eines Workshops zu einem anderen wechseln können, sind Online-Teilnehmer schlicht davon abhängig, was die Veranstalter jeweils ausgesucht haben. Natürlich können sie jederzeit entscheiden, auf einen Slot zu verzichten. Und wenn sie möchten, können sie sich mit Fragen und Aussagen an der Diskussion beteiligen, immerhin ebenfalls online. Immer wieder finden sich dort Beiträge, die Antworten zumindest andeuten, was »E-Learning und Hirnforschung« angeht, etwa zu virtuellen Lernräumen mit 3D-Effekt.

E-Trainer-Kongress: Parallel entwickeln sich Veranstaltungen wie der E-Trainer-Kongress mit Inhalten wie:

- ○ Software & Tun
- ○ Gut miteinander (inklusive »Gehirngerecht lernen im Virtual Classroom«)
- ○ Ungewöhnlich aktiv
- ○ Recht & Links
- ○ Kommunikativ
- ○ Agil & Mobil

Womit schon die Knackpunkte angedeutet sind, die Herausforderungen gegenüber Präsenzweiterbildung. Ähnlich den genannten Learntec-Themen gilt übrigens laut Veranstalter: »Bewegen werden wir uns dazu virtuell im 2D- und 3D-Raum«. Mehr dazu finden Sie unter http://www.e-trainer-kongress.de/.

Lassen Sie uns nach dieser zackigen Rundreise also zu einem konkreten Vergleich kommen, was E-Learning und Hirnforschung angeht.

Pro und Kontra: Was spricht gegen digitales Lernen, was dafür?

Wie können wir (besser) verstehen, wie mehr oder weniger wirksam digitales Lernen für das Gehirn des Menschen ist? Lassen Sie uns plakativ aus den bisherigen Kapiteln dieses Handbuchs zusammenfassen, was lernfördernd wirkt.

Pro und Kontra digitales Lernen

Das sind Trigger fürs Gehirn:
- Vielfalt und Auswahl: alle Sinne einbeziehen
- Interaktion und Partizipation: Feedback, Belohnung
- bequem und einfach: wiederholt und leicht verständlich

Ein Vergleich von Für und Wider zeigt mehr Details.

Kontra – Filter

- Distanz infolge Alleinsein: Stresshormon Cortisol statt Serotonin
- generell statt typgerecht – erfordert mehr Durchgänge für das Merken
- Ablenkung höher statt Konzentration: Multitaskingeffekt entsteht
- Haptik fehlt, ebenso Riechen und Schmecken – Ansprache weniger Sinne
- Lernen wann und wo ... Biorhythmus? Schlafphase?
- trotz virtueller Klassenräume: Es mangelt an Raumempfinden.

Pro – Verstärker

- Belohnung via Partizipation, Interaktion und Feedback: Dopamin
- Konsistenz – bei Generation Z allemal: passt zum Bekannten, wenn digital

- Häppchenlernen fällt leichter – 7-Bit-Regel ist bedient
- Formate individuell: Serotonin – Wohlgefühl
- Virtual Reality und Augmented Reality bringen Raumgefühl und Multimedia – spricht Sinne eher an
- wenn wiederholte Lektionen: Bahnen fällt leichter.

Multimedial, also mehrere Sinne adressierend, mit viel Abwechslung? Begründen ließe sich das mit den »schnelleren Gehirnen«, mit denen Generationen ab 1980 Geborener ausgestattet sein sollen, schlicht dem veränderten Medienverhalten (schon durchs Fernsehen!) geschuldet. Doch der Nachweis fehlt, wenn auch die extrem häufigen und kurzen Wechsel im Gaming wie in klassischen Filmen zu zeigen scheinen, dass wir nur dann aufmerksam bleiben, wenn immer wieder Neues (Anderes) geboten wird: Sie erinnern sich vielleicht an »Lola rennt« mit extrem kurzen Szenenschnitten? Wie das letztlich auf das Gehirn wirkt, darüber wird noch weiter zu forschen sein …

Das gilt gleichermaßen für das Thema »Humor und Lernen«: Dass Lachen uns Menschen in einen entspannten Zustand versetzt und Glückshormone anstößt, ist nachgewiesen. Zu klären ist, ob das eine solche Art des positiven Fühlens ist, die den Lerneffekt verstärkt: Denn reines Unterhalten im Sinne des gern genutzten Entertrainments führt nur bedingt zu nachhaltigem Erfolg. Das ist unter anderem das Fragezeichen bei sogenannten Motivationsveranstaltungen, die kurzfristig wirken, doch bereits nach wenigen Tagen versanden … Entsprechend finden Sie zwar Hinweise in den Beiträgen von Cora Besser-Siegmund/Lola Siegmund (S. 61 ff.) und Torsten Seelbach (S. 297 ff.), jedoch eher zurückhaltend.

Alles lesen – aber wie?

Ein entscheidendes Momentum bei E-Learning ist schlicht das Lesen: Was wissen wir hierüber bezüglich Verarbeiten im Gehirn?

Da geht es um Emotionen als Lernverstärker – Beispiel Vorlesen von Eltern. Eine Studie der University of Sussex, zitiert nach The Telegraph online am 15.12.2016 (http://www.telegraph.co.uk/science/2016/12/15/paper-book-better-e-reader-bedtime-story-bonding/) zeigt Folgendes: »They discovered that whilst the medium did not affect information retention, interaction and warmth was lower for screen than for paper and dropped over time for screens, particularly when children rather than mothers took the role of reader. Children also showed higher story engagement with paper than with screen, and there was evidence that mothers made more story-relevant comments with paper books.« Was zusammengefasst im Hinblick auf das Lernen mit digitalen Medien bedeuten kann: Deutlich weniger emotional, übrigens auch stärker ablenkend (»Könnte ich vielleicht einen Spielfilm sehen oder ein Game spielen statt den Lerntext zu lesen?«) – und wahrscheinlich mit geringerem Impact fürs Langzeitgedächtnis, will sagen: Es fehlt an nachhaltigem Lernen! (Dies allerdings müsste in einer erweiterten Studie untersucht werden.)

Lesen braucht Print – stellen Forscher wie Stanislas Dehaene und Maryanne Wolf fest. Denn das Lesen am Monitor ist ein völlig anderes, sei es die Augenbewegung, sei es die Verarbeitung im Gehirn.

»E-Books verändern die Kulturtechnik Lesen« (Börsenblatt des Buchhandels, 05.12.2012), so die Trendreports E-Reading 2012 von Q im Auftrag der E-Book-Leihplattform Skoobe, siehe etwa selektives Lesen. Wieder ein Argument pro Print.

In einer Rezension zu »Das lesende Gehirn« von Maryanne Wolf heißt es: »[...] stehen wir heute zwei konkurrierenden Formen des Lesens gegenüber: dem scannenden, informationsverarbeitenden Lesen, zu dem uns die Informationsflut des Alltags drängt, und dem vertieften, interpretierenden Lesen. Das klassische Lesegehirn läuft angesichts der schnell kursierenden Textmassen der digitalen Welt Gefahr, auf den informationellen Aufnahmemodus beschränkt zu werden. [...] [Ihre] kulturelle Diagnose kann sich erst teilweise auf neurowissenschaftliche Forschungsergebnisse stützen. Die Messung der Hirnaktivität im bildgebenden Verfahren erlaubt bisher keine Aussage über die intellektuelle Qualität der Gedanken beim Lesen. Auch zwischen den verschiedenen Lesemodi, dem interpretierenden, dem analytischen und dem informationserfassenden Lesen kann die Hirnforschung keine Unterscheidung treffen« (Thomas Thiel, FAZ online 30.09.2009, http://www.faz.net/aktuell/feuilleton/buecher/rezensionen/sachbuch/rezension-das-lesende-gehirn-vertiefen-sie-noch-oder-scannen-sie-schon-1858724.html).

Wenn wir dabei bedenken, dass »Lesen« bedeutet, visuelle wie auditive Cortexbereiche zu aktivieren, womit also gar nicht vorhandene Signale verarbeitet werden: Ein Nachhall früheren, rein verbalen Weitergebens von Informationen wie von Geschichten? Denn erst seit wenigen tausend Jahren gibt es Schrift, die noch dazu bis vor wenigen hundert Jahren nur von wenigen der jeweils lebenden Population genutzt worden ist. Ein Zeitraum, der kaum der Rede wert ist, bezogen auf Millionen Jahre Entwicklung unseres Primatengehirns! Ergo nutzen wir nach wie vor Sehen und Hören, wenn es darum geht, Informationen aufzunehmen. So, als sähen wir jemand auf die Lippen, während wir Gesagtes hören: Beobachten Sie sich und andere Personen einmal eine Weile bewusst beim Lesen: Leises Mitsprechen kommt bisweilen vor, viel häufiger das Bewegen der Lippen! Offenbar ein Effekt einer engen Hör-Sprech-Kombination ... Und was passiert beim Lesen in digitalen Medien? Wenn Sie wieder sich und andere beobachten, überlasten wir offenbar unser Gehirn damit: Multitasking ist üblich, also Lesen beim Meeting, Telefonieren beim Lesen, Lesen und Musikhören in Kombination – schon tut sich das menschliche Gehirn schwer(er), die visuelle Information aufzunehmen, weil der eigentlich unterstützende Hörkanal anderweitig belegt ist.

Ins gleiche Horn hat vor Maryanne Wolf bereits Stanislas Dehaene gestoßen (Dehaene 2010), mit dessen Thesen Wolf wiederum nur teilweise übereinstimmt. Hier einige Hinweise dazu aus der Rezension von Regina Mahlmann (http://www. gabal.de/medien/rezensionen/lesen/): »Unser Gehirn ist von seiner Natur her nicht fürs Lesen gemacht, sondern muss es lernen. Also stellt sich die Frage, wie es dazu kam, welche Areale es wie aktiviert, welche Ursprungsfunktionen umfunktioniert, erweitert, spezialisiert werden. [...] Seine These lautet: Das Gehirn ist nicht beliebig formbar – die Betonung liegt auf ›beliebig‹. Sondern: Unser Gehirn erlaubt innerhalb seiner plastischen Grenzen seine eigenen Leistungen. Wir können nur lernen, was seine Konstitution und Funktion vorgibt. Lesen tut es mit vorhandenen Schaltkreisen, und das Entschlüsseln von Worten erfolgt in allen Sprachen(!) mit derselben Gehirnregion und denselben Schaltkreisen. In Kurzform: Unser Gehirn steht in Wechselwirkung der Kultur und passt sich kulturellen Veränderungen an – aber ausschließlich mit alten, und nicht etwa neuartigen Schaltkreisen. Es fabriziert Neues mit Altem. Schrift und Lesen haben sich nach Maßgabe unser neuronalen oder zerebralen Optionen entwickelt.«

Was kann das für das digitale Lesen bedeuten? Unser Gehirn ist aufs lineare Lesen »literalisiert«, ob nun in den westlichen Kulturen von links nach rechts, von vorne nach hinten – oder in diversen asiatischen und orientalischen Kulturen von hinten nach vorne beziehungsweise von rechts nach links oder auch von oben nach unten. Deshalb wird »der Mensch« erst mit der Generation Z (ab der Jahrhundertwende Geborene) beschleunigt anfangen, sich an »blätterfreies« Verarbeiten von Texten am Bildschirm zu gewöhnen. Bis dahin ist der Aufwand deutlich höher respektive das Aufnehmen von Lektüre deutlich »durchlöcherter« als von gedruckten Quellen.

Wie sehr das Lesen von Gedrucktem sich von jenem digitaler Texte unterscheidet, zeigt sich übrigens auch in der Wahl der Schrifttypen: Schon bei PowerPoint hat sich mehr und mehr Arial durchgesetzt, das gilt ebenso für Online- und mobil zu lesende Texte. Eine Schrift, der es genau an dem mangelt, was seit Jahrhunderten für »literarisierte Menschen« als unumgänglich angesehen wird, die Serifen nämlich, Füßchen. Was ist damit gemeint? Wenn Sie die Schrift in diesem Buch nehmen, erkennen Sie: Es entsteht eine Leselinie, die jene Hilfslinie ersetzt, die beim Erlernen des Schreibens gezogen ist. Aufgrund ästhetischer Aspekte des Schriftdesigns wird darauf inzwischen verzichtet. Was bedeutet, digitale Texte fordern von unserem Gehirn zusätzliche Arbeit und erschweren das Rezipieren von Gelesenem! Empfehlung für E-Learning ist hier ganz klar: Back to the roots, nutzen Sie möglichst Schriften mit Serifen wie die Times New Roman.

Alles E-Learning?!

Und wo fängt E-Learning nun eigentlich an und wo hört es auf? Aus einem Interview mit der für den Welt-Lehrer-Preis nominierten Marie-Christine Ghanbari, die zum Beispiel Sport und Mathematik vielfach kombiniert und so auch Bewegung im Lernen einsetzt – und auch Folgendes:

»SPIEGEL ONLINE: Setzen Sie auch elektronische Medien im Unterricht ein?

Ghanbari: Ich unterrichte mit PowerPoint. Und natürlich sollen die Schüler Google für Recherchen nutzen. Wenn es passt, zeige ich auch mal ein YouTube-Video. Da gab es zum Beispiel einen Song über binomische Formeln, der ist bei allen gut angekommen.

SPIEGEL ONLINE: Sie erstellen für jede Schulstunde eine PowerPoint-Präsentation?

Ghanbari: Ja, ich bin damit groß geworden, für mich ist das gar nichts Besonderes. Ich finde es praktisch, wenn ich nicht erst die Tafel vollschreiben muss, sondern gleich schon alles vor mir habe. Und für die Schüler ist es motivierend. Ich würde mir aber nie anmaßen, meinen Unterricht als das Nonplusultra zu sehen. Es gibt viele großartige Ansätze und viele großartige Lehrer, von denen ich viel gelernt habe und noch immer viel lerne. Wichtig ist, authentisch zu sein und eine Lehrmethode zu finden, die zu einem passt. Anders zu sein ist okay. Heterogenität bereichert den Unterricht.« (http://www.spiegel.de/lebenundlernen/schule/global-teacher-prize-lehrerin-aus-dem-muensterland-fuer-weltweiten-lehrerpreis-nominiert-a-1125777.html)

Das lässt sich natürlich erst recht auf Erwachsenenbildung übertragen, wenn doch in der »freien Wirtschaft« PowerPoint quasi als Nonplusultra gilt. Doch ist das E-Learning? Einsatz von Videos, Recherchieren per Google, hm …

Tipp

Wenn Sie bei E-Learning-Themen auf dem Laufenden sein und bleiben wollen, abonnieren Sie am besten den Newsletter von Jochen Robes: http://www.weiterbildungsblog.de/. Er ist einer der wichtigen Blogger zu diesem Thema und lässt für seine Abonnenten wöchentlich (am Wochenende) seine Artikel der Vorwoche zusammenfassen.

Fazit

Wie in der Weiterbildung generell, geht es bei »Pro und Kontra digital« darum, situativ zu überlegen und zu entscheiden: Welche Personen wollen Sie erreichen – sehr auf Digitales fixierte oder durchaus analog sozialisierte, mit entsprechend unterschiedlichem Verhalten? Welche Ziele wollen/sollen Sie mit diesen Personen erreichen? Wissen vermitteln oder Verhalten »verändern« – kurzfristiges Wirken oder Nachhaltiges bewirken? Mit welchem Thema und in welcher Phase des »lebenslangen Lernens«? Wie viel Zeit und Geld können und dürfen Ihre Teilnehmenden einsetzen?

Erweitern Sie Ihre Möglichkeiten und damit die potenzieller Lernender mit Stand-alone-Angeboten (»E-Learning« in kaum endlichen Facetten …) oder in Kombination mit persönlichem Erleben (»Blended-Learning« mit Vorbereiten, Begleiten, Nachbereiten kürzerer oder länger andauernder Maßnahmen und Formaten jeglicher Art). Auf dass Sie als »Weiterbildner jeglicher Couleur« gewappnet sind! Denn es gibt einen Trend zur verstärkten Live-Kommunikation, also Events zum (Mit-)Erleben: Für Weiterbildner heißt das, nur ausgewählte Themen und Inhalte werden langfristig sinnvoll in den virtuellen Raum verschiebbar sein. Das mag bei Sprachkursen gehen – und selbst dort nur bedingt. Denn nur ein (kleinerer?) Teil potenzieller Teilnehmender wird einen Konversationskurs im Web buchen. Schon sind wir bei Soft Skills, in diesem Fall: Kommunikation. Gehen Sie davon aus, dass hier auch künftig Präsenz angesagt sein wird.

Zu guter Letzt: Wissen als Basis, Erfahrung verknüpft zu einem sinnvollen Konstrukt, menschliche Kreativität schafft Weiterführendes … So arbeitet das Gehirn! Sieht weniger nach »digital« aus (s. E-Learning?) – und zeigt, wie emotional wir alle sind und reagieren (s. Neuromarketing).

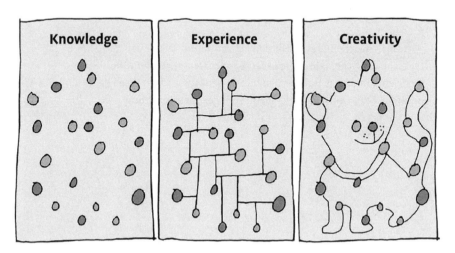

Quelle: Vala Afshar (Salesforce) auf Twitter, 20.11.2016

P. S.: Ihnen fehlt noch ein Stichwort: Neuro-Enhancement? Berichte über Studierende, die sich leistungssteigernde Drogen zuführen, neben »Nahrungsmitteln«

wie Energydrinks, ziehen immer wieder durch die Medienlandschaft. Und da seit Anfang 2017 die US-Serie »Limitless« im deutschen Fernsehen läuft, ist das Thema naturgemäß noch stärker ins Bewusstsein gedrungen: Darin wird der Protagonist zum Superdenker, sobald er die (nächste) Wunderpille geschluckt hat. Mit schlimmen Nebenwirkungen verbunden, gegen die der Erfinder allerdings schon ein Mittel gefunden hat. So schafft dieser »Superbrainman« in zwei Stunden, wofür zwei Wochen prognostiziert waren – und lernt Farsi per Audio mal eben so am Nachmittag: Tja, dann wäre das Thema »Filter und Verstärker beim Lernen« obsolet! Allerdings gilt: Was immer seriös wissenschaftlich auf dem Weg ist, hat kaum die Testphase erreicht. Nutzen Sie also die Erkenntnisse der Hirnforschung aus den letzten zwei Jahrzehnten, Lehren und Lernen gehirngerecht zu forcieren!

Literatur und Quellen

- Dehaene, Stanislas: Lesen. Die größte Erfindung der Menschheit und was dabei in unseren Köpfen passiert. München: Knaus 2010
- Elger, Christian E. u. a.: Neurokommunikation im Eventmarketing. Wiesbaden: Gabler 2009
- Hüther, Gerald/Quarch, Christoph: Rettet das Spiel! München: Hanser 2016
- Hütter, Franz/Lang, Sandra Mareike: Neurodidaktik für Trainer. Bonn: managerSeminare 2017
- Shaw, Julia: Das trügerische Gedächtnis. München: Hanser 2016
- Shaw, Julia: Diese Frau hackt sich in dein Gedächtnis. Salzburg: The Red Bulletin 2/2017, S. 60 ff.
- Wirtschaftswoche 1/2/2017: Ein ziemlich dufter Typ. Düsseldorf, S. 50 ff.
- Wirtschaftspsychologie aktuell 4/2016 »Alles Neuro?« Berlin 2016
- Wolf, Maryanne: Das lesende Gehirn: Wie der Mensch zum Lesen kam – und was es in unseren Köpfen bewirkt. Heidelberg: Springer-Spektrum 2009

Zu guter Letzt: Alles auf Anfang!

Hanspeter Reiter

So vermarkten Sie sich und Ihre Leistung via Neuromarketing

Was Sie in Training, Coaching und Beratung anwenden, nutzen Sie auch, um neue Kunden zu finden und »Altkunden« zu binden. Denn Marketing (Werbung, PR, Vertrieb ...) für ein Produkt oder eine Dienstleistung zielt genau darauf ab, die potenziellen Nutzer ein Verhalten lernen zu lassen – nämlich: Ihr Angebot zu akzeptieren, es konkret nachzufragen! Und gerade, was wir uns zuletzt über digital gestütztes Lernen (und Lehren) angeschaut haben, einem Produktformat zu jeweiligen Marktpreisen, wirft exakt diese Frage auf: Wie vermarkten Sie denn Ihre Leistung, auch und gerade E-Learning & Co.? Lernen wir von themennahen Anbietern im Markt, zeigen sich folgende Modelle des Monetarisierens:

- klassische Teilnahmegebühr für einen Kurs; Umfang und Dauer definiert
- Häppchen: der Bezug erfolgt mit jeweiliger Zahlung, zum Beispiel sechs Module à XY Euro
- Abonnementmodelle verschiedenster Art, zum Beispiel Monatsbetrag

Dann geht es um die Zahlungsweise – und es gibt vielerlei Möglichkeiten, die Risiken wie Chancen für beide Seiten beinhalten für Sie als Anbieter und Ihre Nachfrager:

- Vorabzahlung
- Pay-per-use
- Abonnementausgleich, jeweils zu Anfang einer Bezugsperiode
- Flatrate »all inclusive« (beziehungsweise definiert).

Dann gibt es noch die Sonderpreise, zum Beispiel:

- Last-Minute-Schnäppchen
- Early-Bird-Chance
- ... nur (noch) bis ...
- ... nur (noch) Stück ...
- Saison-, Themen- oder Aktionsrabatte.

Auch diese Strategie können Sie für sich als Trainer, Coach und Berater nutzen, soweit Sie zu Ihrem Image passen: Als absoluter, anerkannter Experte für Ihr Thema beziehungsweise Ihr (Fach)Gebiet werden Sie wahrscheinlich eher eine Hochpreisstrategie fahren. Wenn Sie dagegen mehr an »Masse« denken, etwa bei Speakerauftritten, kann das einzelne Ticket durchaus niedrigpreisig sein. Dann allerdings ergänzt um die aufgeführten Vorgehensweisen – und eventuell auch hiermit:

- VIP-/Premiumticket, inklusive Dinner mit dem Speaker, seinem Buch (signiert natürlich!) und Ähnliches
- Gruppenpaket-Boni, zum Beispiel für mehrere Teilnehmende aus einem Unternehmen
- Kombiticket mit Mehrwert, etwa einem Mittagsbüffet vor dem Start einer Halbtagesveranstaltung (oder danach das Abendbüffet)

Und was hat das nun mit Neurowissenschaften zu tun? Erinnern Sie sich mit mir an einige Reaktionsweisen Ihres (und unser aller) Gehirns:

- Belohnung und Glückshormone
- Bestrafung, Angst und Stresshormone
- Wohlgefühl, positive Emotionen und Serotonin

Wohin führt uns all das? Werfen Sie mit mir einen Blick auf besondere Effekte, die wiederholt durch Studien nachgewiesen wurden:

- Priming-Effekt: erstens einmal gebahnt ..., zweitens künftige Generationen digitaler
- Endowment-Effekt: Verlustangst, denn Besitz wird nur gegen höheren Betrag abgegeben als beim Kauf desselben Guts
- Framing-Effekt: Preis wirkt je nach Kontext unterschiedlich hoch
- Decoy-Effekt: Täuschung je nach gesetztem Köder

Mehr dazu in der genannten Literatur! Guten Lesegewinn auch damit ...

Literatur

- Briesemeister, Benny: Die Neuro-Perspektive. Freiburg: Haufe 2016
- Häusel, Hans-Georg: Neuromarketing. Freiburg: Haufe 2014 (und diverse weitere Titel zu diesem Themenkreis)
- Kahneman, Daniel: Schnelles Denken, langsames Denken. München: Siedler 2012
- Reiter, Hanspeter: Neuromarketing reloaded. Verlagshandbuch, Hamburg: Input 2013

Der Herausgeber

Hanspeter Reiter

E-Mail:		reiterbdw@aol.com
Organisation:		Dialog-Profi, GABAL e. V.
Website:		dialogprofi.de

Hanspeter Reiter, Herausgeber dieses Handbuchs, ist Trainer, Coach und Berater mit der Marke »Dialog Profi«: Themen zu Kommunikation und rund ums Marketing bedient der Sprachwissenschaftler (M. A. phil.) und Werbewirt (BAW) seit drei Jahrzehnten für Medienhäuser, Finanzdienstleister und Bildungsanbieter.

Als Autor hat er zahlreiche Fachartikel sowie diverse Fachbücher veröffentlicht, ist ehrenamtlich Vorsitzender einer IHK-Prüfungskommission und Vorstandssprecher des führenden Weiterbildungsverbandes GABAL e. V.

An diversen Hochschulen ist er als Lehrbeauftragter tätig. Die Neurowissenschaften beobachtet er seit mehr als einem Jahrzehnt aus der Perspektive Marketing und (Weiter-)Bildung. Mit digitaler Bildung befasst er sich professionell als Online-Tutor und mit Formaten wie Webinar und Webtalk.

Die Autoren

Michael Bernecker

E-Mail:	MB@marketinginstitut.biz
Organisation:	Deutsches Institut für Marketing (DIM)
Website:	www.Marketinginstitut.biz

Der Marketingunternehmer Professor Dr. Michael Bernecker ist Geschäftsführer des Deutschen Instituts für Marketing in Köln und Vorstand der YouMagnus AG. Er forscht, berät und trainiert im Kompetenzfeld Marketing & Online-Marketing. Als Professor für Marketing lehrt er unter anderem an der Hochschule Fresenius in Köln, Fachgebiete Marketing & Business Development. Über 20 Buchveröffentlichungen, über 300 Fachbeiträge, Referent, Fachexperte für RTL, N24, WDR 2, WDR 5 sowie verschiedenen Fachzeitschriften und Tageszeitungen.

Ralf Besser

E-Mail:	mail@besser-wie-gut.de
Organisation:	besser wie gut GmbH
Website:	www.besser-wie-gut.de

Ralf Besser ist Geschäftsführer der »besser wie gut GmbH«. Das Geschäftsfeld der GmbH sind Prozessbegleitungen, Train the Trainer, eigene Verlagsprodukte im Verlag »besser wie gut« sowie Workshops zum Thema Neurobiologie. Gründer der »ralf besser stiftung für lebenswerte(s)« in Bremen und Präsident des ‚»Forums Werteorientierung in der Weiterbildung e. V.«. Autor zahlreicher Bücher.

Cora Besser-Siegmund

E-Mail:	info@besser-siegmund.de
Organisation:	Besser-Siegmund-Institut
Website:	www.besser-siegmund.de www.wingwave.com www.nlc-info.org

Cora Besser-Siegmund ist Diplom-Psychologin, approbierte Psychotherapeutin, Business-Coach, Lehrtrainerin, Mitinhaberin des Besser-Siegmund-Instituts in Hamburg, von Volkswagen ausgezeichnet als »Coach mit Spitzenqualität«. Seit 25 Jahren entwickelt sie zusammen mit ihrem Mann Harry Siegmund Kurzzeit-Coaching-Konzepte für den Business- und Leistungskontext, unter anderem die wissenschaftlich fundierte wingwave-Methode, mit der heute international mehrere Tausend Coaches arbeiten. Cora Besser-Siegmund ist Autorin zahlreicher Coaching-Bücher – sowohl für Selbstmanagement-Programme als auch für Methoden- und Interventionskonzepte für den professionellen Coach, Trainer oder Berater.

Hans-Georg Geist

E-Mail:	Hg.geist@hbdi.de
Organisation:	Herrmann International Deutschland GmbH & Co. KG
Website:	www.hbdi.de

Hans-Georg Geist arbeitet nahezu 30 Jahre mit dem HBDI® und dem Whole Brain® Thinking-Modell. Er ist Betriebswirtschaftler, Consultant, Steuerberater und Wirtschaftsprüfer mit der Ausrichtung auf Unternehmensberatung. In eigenen Seminaren über Selbstmanagement und Unternehmensführung und bei der Gestaltung und Durchführung von Seminaren bei Herrmann International hat er umfassende Erfahrungen im Bereich gehirngerecht Lernen und Lehren gesammelt.

Uwe Genz

E-Mail: druwegenz@gmail.com

Organisation: Qualitätsgesellschaft für Bildung und Beratung (QBB), Didacta Verband, ddn

Website: www.qbb.de

Professor Dr. Uwe Genz, Studium der Naturwissenschaften und Philosophie in Münster mit anschließender Promotion in Biochemie, Physikalischer Chemie und Mikrobiologie in Frankfurt, hat langjährige Lehrerfahrung im Bereich der Neurokompetenz, dem Lern- und Gedächtnistraining und der geistigen Gesundheit.

Claudia Gorr

E-Mail: gorr@turmdersinne.de

Organisation: turmdersinne gGmbH, Carl-v.- Ossietzky-Universität Oldenburg

Website: www.turmdersinne.de
www.linkedin.com/in/claudiagorr

Claudia Gorr war von 2014 bis 2016 als Leiterin sowie von 2005 bis 2011 als Referentin für Bildungs- und Öffentlichkeitsarbeit der gemeinnützigen **turm**der**sinne** GmbH tätig. Von 2011 bis 2013 arbeitete sie als Onlineredakteurin für die Wissenschaftskommunikation der Universität Helsinki sowie als selbstständige Videoredakteurin und Texterin für verschiedene Ausstellungen und Bildungsträger. Derzeit promoviert sie an der Carl von Ossietzky-Universität Oldenburg zu Lernprozessen in außerschulischen Umgebungen der naturwissenschaftlichen und technischen Bildung.

Bernd Heckmair

E-Mail:	mail@bernd-heckmair.de
Organisation:	–
Website:	www.bernd-heckmair.de

Bernd Heckmair ist, Dipl.-Pädagoge, Dipl.-Sozialpädagoge (FH), Fachsportlehrer; freiberuflicher Berater und Fachbuchautor.

Inge Hüsgen

E-Mail:	huesgen@turmdersinne.de
Organisation:	turmdersinne gGmbH
Website:	www.turmdersinne.de

Inge Hüsgen, M.A., ist Wissenschaftsjournalistin und arbeitet seit der Museumseröffnung 2003 in den Bereichen Text und Kommunikation für die gemeinnützige **turm**der**sinne** GmbH. So leitet sie die Redaktion des Newsletters SinnesOrgan und betreut die Social-Media-Kanäle, an deren Aufbau sie maßgeblich beteiligt war. Darüber hinaus ist Inge Hüsgen Redaktionsleiterin der Zeitschrift Skeptiker, herausgegeben von der gemeinnützigen GWUP e. V. (Gesellschaft zur wissenschaftlichen Untersuchung von Parawissenschaften).

Ute E. Jülly

E-Mail:	ute.juelly@seiden-glanz.de
Organisation:	Juellys Beratung für innovative Lernkulturen Heidelberg-Brüssel
Website:	www.juellys.com

Ute E. Jülly ist Inhaberin der internationalen Beratungsagentur JÜLLYS. Menschen und Organisationen zu entwickeln ist ihr Motor. Dabei steht das Wirken von JÜLLYS im Zeichen der frischen 5-Sinne-Personal-Entwicklung. Absolutes Alleinstellungsmerkmal ist ihre Arbeit mit ausgewählten Stoffen und Geweben im Coaching und in ihren Seminaren. Wie sehr die Haptik neurophysiologisch und lernpragmatisch für Unternehmen Sinn macht, zeigt die interdisziplinäre und interkulturelle Top-Performerin sehr lebhaft.

Gertrud Kemper

E-Mail:	gk@braincheck.de
Organisation:	Braincheck GmbH
Website:	www.braincheck.de

Dr. Gertrud Kemper hat promoviert im Bereich Pädagogische Psychologie. Sie lehrte und forschte viele Jahre an der Universität Köln.
Lernen durch Bilder zu optimieren, um so dem Gehirn verdauliches Futter zu liefern, ist Kern ihrer Arbeit. Egal, ob es sich um das Erlernen von Sprachen, die Darstellung komplexer Zusammenhänge oder die Belebung nüchterner Quartalszahlen handelt. Neuestes Projekt ist die Veröffentlichung eines Sprachprogrammes für Japanisch. Zusammen mit Annette Reher und Dr. Carl Naughton gehört sie als Gründungsmitglied zur Braincheck GmbH, einem Beratungs- und Umsetzungsunternehmen, das Menschen Lust auf Lernen und Veränderung macht.

Julia Kunz

E-Mail:	kunz@die-gedaechtnistrainerin.de
Organisation:	Die Gedächtnistrainerin
Website:	www.die-gedaechtnistrainerin.de

Julia Kunz ist Diplom-Kulturwirtin und Master of cognitive neuroscience (aon) i.A. Durch diese Ausbildung mit Schulungen verschiedener Hochschullehrer, angeführt von Professor Gerhard Roth, qualifizierte sie sich zur Expertin auf dem Gebiet der Neurotrainer. Seit vielen Jahren schult sie Führungskräfte, Hochschullehrer und Angestellte sowie Auszubildende darin, wie diese ihr Gehirn effektiv nutzen und ihren Alltag somit leichter und effizienter gestalten können. Julia Kunz ist Autorin zahlreicher Fachartikel, außerdem Inhaberin eines Lehrauftrages der HWK Mittelfranken und leitend in verschiedenen Netzwerken tätig.

Regina Mahlmann

E-Mail:	info@dr-mahlmann.de
Organisation:	BeratungCoachingVorträge
Website:	www.dr-mahlmann.de

Dr. rer soc., MA phil. Regina Mahlmann, Soziologin und Philosophin, wechselte zu Beginn der 1990er-Jahre aus Forschung und Lehre in die Beratung. Sie arbeitet als Coach, Referentin, Moderatorin, Beraterin und unterstützt Organisationen und Persönlichkeiten in Veränderungsprozessen. Als erfahrene Rednerin und Autorin berät sie auch bei der Erstellung von Texten.

Barbara Messer

Foto: Uwe Klössing

E-Mail:	info@barbara-messer.de
Organisation:	Barbara Messer GmbH
Website:	www.barbara-messer.de

Barbara Messer ist Speakerin, Trainerin, Coach, Autorin und Künstlerin des Lebens. Vorbild aus Überzeugung. Sie lädt Führungskräfte, Trainer und alle diejenigen ein, die bereit sind, den nächsten Entwicklungsschritt zu gehen und über den eigenen Horizont hinaus zu schauen. Dabei öffnet sie die Schatzkiste einer Lebenserfahrung, die berührt, begeistert und bereichert. Ihre geht es in ihrem Schaffen um Wachsen, Klarheit, Erkenntnisse und neues Wissen gewinnen, Weiterkommen in dem, was wir bewirken und erreichen. Sie plädiert für die Freiheit, dafür selbst Verrücktes zu wagen. Und die Türen zu einer neuen Welt öffnen sich.

Andreas Meyer

Foto by Malte Windwehr

E-Mail:	meyer@verlagsconsult.de
Organisation:	VERLAGSCONSULT Dr. Andreas Meyer & Partner
Website:	www.verlagsconsult.de

Dr. Andreas Meyer ist Gründer wie Partner von VERLAGSCONSULT sowie Lizenzpartner der strategischen Zielgruppentools SINUS® und LIMBIC®. Er begleitet Unternehmen im Medienbereich (zunehmend auch in anderen Branchen) bei der (Re-)Positionierung und Weiterentwicklung ihrer Marken. Seine Leidenschaft gilt dem Perspektivwechsel: Wie sieht eigentlich die Zielgruppe die Welt – und wie kann diese Welt für sie aus den Angeln gehoben werden? Mit dem Nachwuchs arbeitet er neben einem Lehrauftrag für Markenführung an LMU München als Initiator verschiedener Awards und Konferenzformate.

Werner Michl

E-Mail:	Werner.michl@th-nuernberg.de
Organisation:	TH Nürnberg GSO
Website:	www.wernermichl.de

Werner Michl ist Professor für Sozialwissenschaften an der TH Nürnberg und an der Universität Luxemburg. Vorsitzender im Vorstand von GEF | erlebnistage. Mitherausgeber der Buchreihe »erleben und lernen« (Ernst Reinhardt Verlag) und der Zeitschrift »e&l. erleben und lernen« (ZIEL Verlag).

Carl Naughton

E-Mail:	cn@braincheck.de
Organisation:	Braincheck GmbH
Website:	www.braincheck.de
	www.neugier.com

Dr. Carl Naughton kommt aus der Forschung. Er ist promovierter Linguist und psychologischer Pädagoge mit einer Ausbildung in Psychotherapie. Viele Jahre lehrte er an der Universität Köln in der Abteilung für pädagogische Psychologie. In seinen Büchern schreibt er rund um die Themen Lernen, Denken und Neugier sowie als Co-Autor des Zukunftsinstituts zum Beispiel in den Studien »Neugiermanagement – Treibstoff für Innovation« oder »Digitale Erleuchtung«. Aktuell gehört er zum Curiosity Council des Technologieunternehmens Merck. Er ist Mitbegründer der Braincheck GmbH, einem Beratungs- und Umsetzungsunternehmen, das Menschen Lust auf Lernen und Veränderung macht.

Annette Reher

E-Mail:	ar@braincheck.de
Organisation:	Braincheck GmbH
Website:	braincheck.de

Annette Reher ist Geschäftsführerin des Beratungs- und Umsetzungsunternehmens Braincheck: Die Agentur, die Wissen schafft durch Wissenschaft. Mit ihrer langjährigen Expertise als Key Account Managerin in der Veranstaltungsbranche, bringt sie sich praxisnah ein in die Gestaltung lernfreudiger Kommunikationsformate zur Optimierung des Wissenstransfers auf Events, Workshops und Trainings. Als gelernte Handelskauffrau und erfahrene Vertriebsdirektorin, eliminiert sie Zungenbrecher ebenso wie Zahlendreher und lenkt die Projekte der GmbH.

Arnd Roszinsky-Terjung

E-Mail:	art@buchconsult.de
Organisation:	BUCHCONSULT Beratung und Training
Website:	www.buchconsult.de

Arnd Roszinsky-Terjung begleitet die Buchbranche seit Jahrzehnten als Berater für Buchhandlungen. BUCHCONSULT ist, gemeinsam mit VERLAGSCONSULT, Lizenznehmer von Limbic® wie auch von Sinus (Sinus Milieus als strategisches Zielgruppentool). Seine Arbeit im Handel betrifft häufig Relaunchprojekte, bei denen Buchhandlungen ihre Zielgruppen neu fokussieren und sich dementsprechend auf den Markt und veränderte Bedingungen einstellen.
Darüber hinaus koordiniert er seit 2004 den »Libri.Campus«, die größte Weiterbildungsinitiative für den Buchhandel mit jährlich über 300 Teilnehmern.

Gerhard Roth

E-Mail:	Gerhard.roth@uni-bremen.de
Organisation:	Universität Bremen
Website:	-

Professor Dr. Dr. Gerhard Roth studierte Philosophie, Germanistik und Musikwissenschaft und promovierte 1969 zum Dr. phil. in Philosophie. Anschließend studierte er Biologie und promovierte 1974 zum Dr. rer. nat. in Zoologie. Seit 1976 ist er Professor für Verhaltensphysiologie und Entwicklungsneurobiologie an der Universität Bremen. Er war bis 2008 Direktor am dortigen Institut für Hirnforschung, 1997–2008 Gründungsrektor des Hanse-Wissenschaftskollegs und 2003–2011 Präsident der Studienstiftung des deutschen Volkes. Träger des Bundesverdienstkreuzes 1. Klasse. Er publizierte bisher rund 220 Veröffentlichungen, die wichtigsten: »Das Gehirn und seine Wirklichkeit«, »Persönlichkeit, Entscheidung und Verhalten«, »Bildung braucht Persönlichkeit« und »Wie das Gehirn die Seele macht«.

Holger Schulze

E-Mail:	Holger.Schulze@fau.de
Organisation:	Friedrich-Alexander Universität Erlangen-Nürnberg
Website:	Schulze-Holger.de

Professor Dr. Holger Schulze studierte Biologie in Darmstadt und promovierte dort in der Neurobiologie. Er war langjähriger Gruppenleiter am Leibniz Institut für Neurobiologie in Magdeburg und habilitierte sich an der Medizinischen Fakultät der Otto-von-Guericke Universität Magdeburg für das Fach Physiologie, ehe er einem Ruf nach Erlangen folgte. Seine Forschungen beschäftigen sich mit den neurophysiologischen Mechanismen des Lernens und Hörens.

Torsten Seelbach

E-Mail:	seelbach@afnb.de
Organisation:	AFNB Akademie für neurowissenschaftliches Bildungsmanagement
Website:	http://www.afnb-international.com

Torsten Seelbach zählt international zu den führenden Experten für die Integration neurowissenschaftlicher Erkenntnisse im Bereich der Aus- und Weiterbildung für Unternehmen, Organisationen und Bildungseinrichtungen. Er studierte Betriebswirtschaftslehre und kognitive Neurowissenschaften. Er ist geschäftsführender Gesellschafter der TS Holding GmbH und Geschäftsführer mehrerer Tochtergesellschaften im In- und Ausland.

Helmut Seßler

E-Mail:	h.sessler@intem.de
Organisation:	INtem Trainergruppe Seßler & Partner GmbH
Website:	www.intem.de

Helmut Seßler, seit mehr als 27 Jahren erfolgreich als Verkaufstrainer und Verkaufstrainer-Ausbilder tätig, hat eine Vision: Er möchte Menschen helfen, ihren Traumberuf engagiert zu leben. Der Bankkaufmann, Betriebswirt und MBA ist Gründer und geschäftsführender Gesellschafter der INtem Gruppe mit Sitz in Mannheim. Für seine umsetzungsorientierten Konzepte wurden Helmut Seßler und sein INtem-Team sowie die INtem-Trainingspartner mit zahlreichen Preisen geehrt.
Die INtem Trainergruppe Seßler & Partner GmbH bietet in Kooperation mit dem Neuromarketing-Experten Dr. Hans-Georg Häusel das INtem Limbic® Sales-Training an. Das Training wurde von INtem auf den Grundlagen der psychologischen und neurobiologischen Forschungen von Häusel entwickelt. Zudem bildet Helmut Seßler Verkaufstrainer zu Limbic® Sales-Trainern weiter.

Lola Ananda Siegmund

E-Mail:	info@besser-siegmund.de
Organisation:	Besser-Siegmund-Institut
Website:	www.besser-siegmund.de
	www.wingwave.com
	www.nlc-info.org

Lola A. Siegmund ist Business-Coach, Lehrtrainerin und Geschäftsführerin des Besser-Siegmund-Instituts. Sie studierte Wirtschaftspsychologie mit den Schwerpunkten Coaching, Training und Leadership und begründete gemeinsam mit Cora Besser-Siegmund den NLC-Ansatz. In den letzten Jahren entwickelte sie die wingwave-Methode weiter speziell für den Bereich »mentale Gesundheit am Arbeitsplatz« und sie koordiniert die Forschungsprojekte zum Thema wingwave-Coaching und NLC.

Manfred Spitzer

E-Mail:	manfred.spitzer@uni-ulm.de
Organisation:	Universitätsklinikum Ulm
Website:	www.uniklinik-ulm.de/psy3-spitzer

Professor Dr. Dr. Manfred Spitzer studierte in Freiburg Medizin, Psychologie und Philosophie. Nach seiner Promotion in Medizin und Philosophie und seiner Habilitation für das Fach Psychiatrie war er als Oberarzt an der psychiatrischen Universitätsklinik Heidelberg tätig. Drei Forschungsaufenthalte in den USA an der Harvard University und der University of Oregon prägten sein weiteres wissenschaftliches Werk an der Schnittstelle von Neurobiologie, Psychologie und Psychiatrie. Seit 1997 ist Manfred Spitzer Ärztlicher Direktor der Psychiatrischen Universitätsklinik in Ulm. 2004 gründete er das Transferzentrum für Neurowissenschaften und Lernen (ZNL), das im Bildungsbereich sowohl Grundlagenforschung betreibt als auch Bildungseinrichtungen evaluiert und sie bei der Weiterentwicklung ihrer pädagogischen Arbeit begleitet. Manfred Spitzer ist Autor zahlreicher Bestseller.

Gertraud Teuchert-Noodt

E-Mail:	g.teuchert@uni-bielefeld.de
Organisation:	ehem. Universität Bielefeld
Website:	–

Univ. Professorin Dr. Dr. (i.R.) Gertraud Teuchert-Noodt ist eine bekannte Hirnforderin. Frühe Stationen waren die Entwicklungs- und Evolutionsbiologie bei Adolf Remane/Kiel, Verhaltensforschung bei Konrad Lorenz/Seewiesen, Neuroplastizitätsforschung bei Joachim Wolff/Göttingen. Von 1979–2006 war sie Leiterin der Human- und Neurobiologie an der Universität Bielefeld, Fakultät Biologie. Schwerpunkte in Lehre und Forschung waren die physiologisch/neurochemische Erforschung von Lernprozessen im Limbo-Präfrontalen System, die Wirkung von Drogen auf höhere Hirnfunktionen sowie die experimentelle Analyse der Entstehung von Psychosen durch frühkindliche Traumatisierung unter Einsatz eines an Rennmäusen entwickelten nicht-invasiven Environment-Modells. Zu diesen Themen inklusive den Folgen digitaler Medien im Kindesalter entstehen weiterhin Aufsätze und öffentliche Vorträge.